머신러닝
엔지니어링 with 파이썬
AWS 클라우드에서 구현하는
MLOps 기반 머신러닝 모델 라이프사이클 관리

머신러닝
엔지니어링 with 파이썬

**AWS 클라우드에서 구현하는
MLOps 기반 머신러닝 모델 라이프사이클 관리**

지은이 앤드류 맥마흔

옮긴이 최용

펴낸이 박찬규 엮은이 전이주 디자인 북누리 표지디자인 Arowa & Arowana

펴낸곳 위키북스 전화 031-955-3658, 3659 팩스 031-955-3660

주소 경기도 파주시 문발로 115 세종출판벤처타운 311호

가격 32,000 페이지 392 책규격 188 x 240mm

초판 발행 2025년 04월 24일
ISBN 979-11-5839-604-6 (93000)

등록번호 제406-2006-000036호 등록일자 2006년 05월 19일
홈페이지 wikibook.co.kr 전자우편 wikibook@wikibook.co.kr

머신러닝
엔지니어링 with 파이썬

AWS 클라우드에서 구현하는
MLOps 기반 머신러닝 모델 라이프사이클 관리

앤드루 맥마흔 지음

최용 옮김

위키북스

추천사

대기업부터 스타트업까지 다양한 기업에서 일하는 동안 머신러닝이 산업 전반에 가져온 혁명적 변화를 지켜봤다. 머신러닝 기술이 한 단계씩 발전할 때마다 시장은 확장되고, 새로운 사업 기회가 열렸으며, 혁신적인 서비스와 제품이 탄생했다. 지난 10년간 이 분야는 눈부신 성장을 이뤘고, 이제 인공지능 기술은 우리 삶의 필수 요소가 됐다. 확장 가능하며 효율적인 머신러닝 시스템을 구축하는 원리를 이해하는 것이 그 어느 때보다 중요해졌다.

《Scaling Machine Learning with Spark》(오라일리, 2023년 3월)을 출간한 이후 세상은 믿기 힘들 정도로 빠르게 변화했다.

업계에서는 OpenAI 서비스의 폭넓은 도입, GPT 모델의 발전, 그리고 산업 전반의 개방성이 두드러지고 있다. 지금은 더 깊이 탐구하고, 지식을 쌓고, 현장 전문가들의 경험을 배울 수 있는 특별한 기회의 시기다.

본서 《머신러닝 엔지니어링 with 파이썬》은 머신러닝 모델을 실제 애플리케이션으로 구현하는 기술을 익히는 길잡이다. 에어플로(Airflow)로 파이프라인을 구축하고, 스파크(Spark)로 데이터를 처리하며, LLM과 머신러닝용 CI/CD, AWS 서비스 활용까지 실무에 필요한 모든 요소를 다룬다.

이 책의 저자 앤디는 이 분야를 이해하기 쉽고 흥미로운 장들로 나누어, ML 엔지니어로서 딥러닝, 대규모 서빙과 훈련, LLM을 다루는 프로젝트에 접근하는 방법을 포함한 그의 지혜를 전수한다.

이 훌륭한 자료는 이론과 실무 사이의 간극을 메우며, 파이썬 중심의 실무적인 ML 엔지니어링 접근법을 제시한다. 데이터 과학자를 꿈꾸는 사람이든, 경험 많은 머신러닝 실무자든, 처음 AI 분야에 발을 들이는 소프트웨어 엔지니어든, 이 책은 ML 엔지니어링 분야에서 성공하는 데 필요한 지식과 도구를 제공한다.

이 책의 매력은 실용성에 있다. 초보자부터 실무자까지 이 분야를 잘 다루고 있어서, 전체적인 그림을 파악한 뒤 코드 예제와 실제 프로젝트를 통해 깊이 있게 공부할 수 있다.

이 책의 또 다른 특징은 데이터 과학과 ML 엔지니어링에서 인기 있는 언어인 파이썬에 초점을 맞췄다는 점이다. 파이썬은 다재다능하고 사용하기 쉬우며 방대한 라이브러리 생태계를 갖추고 있어 머신러닝 모델을 실용적인 솔루션으로 만드는 데 이상적인 선택이다. 앤디는 이 책에서 넘파이, 판다스, 사이킷런, 텐서플로를 비롯한 파이썬의 강력한 라이브러리와 다양한 오픈소스 솔루션을 활용한다.

기술을 향상하려는 개인 학습자든 머신러닝의 잠재력을 활용하려는 조직이든, 이 책을 궁극적인 동반자로 삼게 될 것이다.

아디 폴락(Adi Polak)

《Scaling Machine Learning with Spark》 저자

저자/검토자 소개

저자 소개

앤드루 피터 맥마흔(Andrew Peter McMahon)은 다양한 산업 분야에서 영향력 있는 ML 제품을 구축한 경험이 있다. 현재 영국 냇웨스트 그룹(NatWest Group)의 ML옵스(MLOps) 책임자이며 임페리얼 칼리지에서 이론 응집물질 물리학 박사 학위를 받았다. 그는 활발한 블로거, 연설가, 팟캐스트 게스트이자 ML옵스 커뮤니티의 유명 인사다. AI Right 팟캐스트의 공동 진행자이며 2022년 British Data Awards에서 '올해의 라이징 스타'로, 2019년 Data Science Foundation에서 '올해의 데이터 과학자'로 선정됐다.

> 인생에서 이루는 모든 것은 혼자만의 힘으로는 불가능하다. 나의 든든한 버팀목이 되어 준 부모님, 형제인 데이비드와 폴, 그리고 모든 친척과 친구들에게 감사한다. 하지만 무엇보다도 내 인생의 반석이자 가장 친한 친구이며, 이 험난한 인생길을 함께 걸을 수 있는 단 하나뿐인 동반자인 아내 헤일리에게 가장 큰 감사를 전한다. 또한 나에게 무한한 영감을 주는 두 아들 테디와 알피에게도 고마움을 전한다. 이 책을 사랑하는 아내와 두 아들에게 바친다.

검토자 소개

함자 타히르(Hamza Tahir)는 소프트웨어 개발자에서 ML 엔지니어로 전향했다. 인디 해커[1]의 열정을 지닌 그는 데이터 기반 제품을 구상하고, 구현하고, 출시하기를 즐긴다. PicHance, Scrilys, BudgetML, you-tldr 같은 머신러닝 기반 제품을 개발한 경험이 있다. 이전 스타트업에서 예측 유지보수 사용 사례를 위해 ML을 프로덕션 환경에 배포한 경험을 바탕으로, 어떤 인프라 스택에서도 쉽게 프로덕션급 ML 파이프라인을 만들 수 있는 오픈소스 MLOps 프레임워크인 ZenML을 공동 개발했다.

> 시장에서 가장 접근하기 쉬운 MLOps 제품을 만들기 위해 매일 열심히 일하는 모든 ZenML 동료들에게 감사를 전하고 싶다. 또한 변함없고 흔들림 없는 지원을 해준 이사벨에게도 감사한다.

---

1 (옮긴이) 회사에 소속되지 않고 혼자서 온라인 비즈니스를 만들어 운영하는 사람을 말한다.

프린스 카누마(Prince Canuma)는 MLOps, ML, 데이터 과학, 컴퓨터비전, NLP 분야에서 풍부한 경험을 가진 ML 엔지니어다. 모잠비크 마푸토 출생으로 2017년 교통통신연구소(ITC)에서 IT 및 통신 학위를 받고 머신러닝 분야에 입문했다. 현재 Neptune.ai의 핵심 구성원으로, ML 엔지니어로서 뛰어난 성과를 거두며 개발자 사이에서 입지를 다졌다.

전문적인 업무 외에도, 그의 전문성은 자동 음성 인식(ASR) 분야의 중요한 연구 기여에서 빛을 발한다. 그의 가장 혁신적인 작업은 화자 분리와 목표 언어 모델을 도입하여 OpenAI의 Whisper ASR 시스템을 벤치마킹하고 개선하는 것이었다.

이 책을 만드는 동안 아낌없는 지지와 격려를 보내준 아버지 엘리세우 카누마와 가족들에게 깊은 감사를 전한다. 가족들의 믿음이 있었기에 이 프로젝트에 참여할 수 있었다.

조나 터너(Jonah Turner)는 툴루즈 Ⅲ 폴 사바티에 대학에서 인공지능 석사 과정을 밟고 있는 학생이다. 이전에 샌드힐스 글로벌에서 컴퓨터비전, NLP, 데이터옵스 분야의 데이터 과학자로 일했다. 프랑스 남부를 여행하고, 깃허브를 둘러보고, 오픈소스 머신러닝 프로젝트에 기여하기를 즐긴다.

서문

"소프트웨어가 세상을 먹어치우고 있지만, 인공지능은 소프트웨어를 먹어치울 것이다."

— 젠슨 황(엔비디아 CEO)

인공지능(AI)의 한 분야인 **머신러닝(ML)**은 조직이 데이터에서 가치를 이끌어내는 데 활용할 수 있는 가장 강력한 도구 중 하나로 인정받고 있다. 머신러닝 알고리즘의 성능이 발전하면서, 이러한 알고리즘을 확장 가능하고 장애에 강하며 자동화된 방식으로 구현하려면 새로운 분야가 필요하다는 점이 분명해졌다. 이 책은 바로 그러한 분야인 **머신러닝 엔지니어링(MLE)**과 **ML옵스(MLOps)**를 다룬다.

이 책은 ML 솔루션을 구축할 때 활용할 수 있는 도구, 기법, 프로세스를 이해하는 데 도움이 되는 다양한 주제를 다룬다. 핵심 개념을 소개함으로써 앞으로의 작업에 토대를 마련하는 데 중점을 둔다. 최신 도구도 많이 다루지만, 주된 목표는 시간이 지나도 변치 않을 기본기와 폭넓은 이해를 키우는 것이다!

모든 코드 예제는 파이썬으로 작성했다. 파이썬은 현재 세계에서 가장 인기 있는 프로그래밍 언어이자 데이터 애플리케이션의 공용어다. 파이썬은 고수준 객체지향 언어로, 데이터 과학과 머신러닝에 초점을 맞춘 풍부한 도구 생태계를 갖추고 있다. 예를 들어 사이킷런이나 판다스 같은 패키지는 전 세계 데이터 과학 팀의 표준이 됐다. 하지만 이런 패키지를 사용하는 방법을 아는 것만으로는 부족하다. 이 책에서는 이런 도구들을 비롯해 더 많은 도구를 다루되, 이를 프로덕션 수준의 파이프라인으로 만들어 클라우드와 오픈소스 도구로 배포하는 데 초점을 맞춘다.

이 책은 ML 팀을 구성하는 방법부터 소프트웨어 개발 방법론과 모범 사례, 모델 빌드 자동화, ML 코드 패키징, ML 파이프라인 배포, 대규모 배치 작업 확장에 이르기까지 모든 것을 다룬다. 이번 2판에서는 새로운 장을 추가해 머신러닝 엔지니어링과 ML옵스를 딥러닝과 생성형 AI에 적용하는 흥미로운 세계도 살펴본다. 여기에는 **대규모 언어 모델(LLM)**을 활용한 솔루션 구축 방법과 **LLM옵스(LLMOps)**라는 새로운 분야도 포함된다.

2판은 거의 모든 장에서 1판보다 더 깊이 있는 내용을 다룬다. 예제를 최신화했으며 핵심 개념에 관한 설명도 보강했다. 더 폭넓은 도구를 다루고 오픈소스 도구와 개발에도 더 많은 관심을 기울였다. 핵심 개념에 초점을 맞추는 기조는 유지하되, 이렇게 시야를 넓힘으로써 머신러닝 엔지니어링의 실용적 지식을 얻고자 하는 이들에게 훌륭한 자료가 되길 바란다.

오픈소스 도구 사용을 크게 강조하긴 했지만, 많은 예제에서 아마존 웹 서비스(AWS)의 서비스와 솔루션도 활용한다. 하지만 책의 설명과 논의를 통해 여기서 배운 모든 것을 다른 클라우드 제공업체나 온프레미스(on-premise) 환경에도 적용할 수 있을 것이다.

이 책은 여러분이 머신러닝을 프로덕션에 적용하는 어려운 과정을 헤쳐 나가고 프로젝트에서 ML옵스를 시작할 때 자신감을 키워줄 것이다. 즐겁게 읽기 바란다!

대상 독자

이 책은 ML 구성 요소를 사용해 강력한 소프트웨어 솔루션을 구축하고자 하는 머신러닝 엔지니어, 데이터 과학자, 소프트웨어 개발자를 위한 책이다. 또한 이러한 시스템의 프로덕션 수명주기를 관리하거나 이해하려는 모든 사람과도 관련이 있다. 이 책은 독자가 파이썬에 대한 중급 수준의 지식과 머신러닝 개념에 대한 기본적인 지식이 있다는 가정하에 썼다. AWS와 bash 또는 zsh와 같은 유닉스 도구 사용에 대한 기본 지식도 도움이 될 것이다.

이 책의 내용

1장 '머신러닝 엔지니어링 소개'에서는 머신러닝 엔지니어링과 머신러닝 운영의 핵심 개념을 설명한다. ML 팀 내의 여러 역할에 대해 자세히 설명하고 ML 엔지니어링과 ML옵스의 과제를 제시한다.

2장 '머신러닝 개발 프로세스'에서는 ML 엔지니어링 프로젝트를 성공적으로 구성하고 실행하는 방법을 살펴본다. 여기에는 애자일, 스크럼, CRISP-DM과 같은 개발 방법론에 대한 논의가 포함되며, 이 책 전반에 걸쳐 참조되는 저자가 개발한 프로젝트 방법론을 공유한다. 또한 지속적 통합/지속적 배포(CI/CD)와 개발자 도구를 소개한다.

3장 '모델에서 모델 팩토리까지'에서는 머신러닝 모델의 훈련과 배포 과정을 표준화하고 체계화하며 자동화하는 방법을 설명한다. 이러한 과정은 저자가 제안한 '모델 팩토리' 개념(반복 가능한 모델 생성과 검증을 위한 방법론)을 활용해 수행된다. 또한 머신러닝 모델을 이해하는 데 필요한 이론적 기초와 함께 다양한 유형의 드리프트 감지 및 모델 재훈련 트리거 기준을 다룬다.

4장 '패키징'에서는 파이썬 코딩의 모범 사례와 이를 여러 프로젝트에서 재사용할 수 있는 패키지, 라이브러리, 컴포넌트 구축에 어떻게 활용하는지 다룬다. 기본적인 파이썬 프로그래밍 개념부터 고급 개념까지 살펴본 다음, 패키지와 환경 관리, 테스트, 로깅, 오류 처리, 보안에 대해 설명한다

5장 '배포 패턴과 도구'에서는 ML 시스템을 설계하고 프로덕션에 투입하는 몇 가지 표준 방법을 알려준다. 먼저 아키텍처, 시스템 설계 및 배포 패턴에 초점을 맞추고 컨테이너화와 AWS 람다를 포함한 마이크로서비스 배포에 더 발전된 도구를 사용하는 방법으로 넘어간다. 그런 다음 널리 사용되는 ZenML과 Kubeflow 파이프라이닝 및 배포 플랫폼을 예제와 함께 자세히 검토한다.

6장 '스케일링'은 대규모 데이터셋을 염두에 둔 개발에 관한 것이다. 이를 위해 아파치 스파크와 Ray 프레임워크를 예제와 함께 자세히 설명한다. 대규모 컴퓨팅이 필요한 배치 워크로드 확장에 중점을 둔다.

7장 '딥러닝, 생성형 AI, LLM옵스'에서는 프로덕션 사용 사례를 위한 딥러닝 모델의 훈련과 배포에 관한 최신 개념과 기술을 다룬다. **대규모 언어 모델(LLM)**에 특히 중점을 두고 이러한 모델을 프로덕션화하려는 ML 엔지니어가 직면하는 과제와 함께 새로운 생성 모델 물결에 대해 설명하는 내용을 포함한다. 이는 LLM옵스(LLMOps)의 핵심 요소를 정의하는 데 도움이 된다.

8장 '예제 ML 마이크로서비스 구축'에서는 FastAPI, 도커(Docker) 및 쿠버네티스를 사용해 예측 솔루션을 제공하는 머신러닝 마이크로서비스를 구축하는 과정을 안내한다. 그 과정에서 책 전반에 걸쳐 개발된 많은 개념을 활용한다.

9장 'ETML(추출, 변환, 머신러닝) 사례 연구'에서는 표준 ML 알고리즘을 활용하고 LLM으로 강화한 일괄 처리 ML 시스템 예시를 구현한다. 이를 통해 LLM과 LLM옵스의 구체적인 활용 사례를 보여주고, Airflow DAG에 관한 심화 내용도 함께 다룬다.

이 책을 최대한 활용하기 위한 팁

- 이 책은 독자가 파이썬 개발을 어느 정도 경험했다고 가정한다. 완성도를 위해 기초 개념도 다루지만, 파이썬 프로그램을 조금이라도 작성해 본 경험이 있다면 예제를 더 쉽게 이해할 수 있을 것이다. 또한 모델이 무엇이고 훈련과 추론이 무엇을 의미하는지 등 머신러닝의 주요 개념도 어느 정도 알고 있다고 가정한다. 본문에서 이러한 개념을 다시 설명하기는 하지만, 머신러닝 모델 구축의 기본 개념을 미리 접해 본 독자라면 더 수월하게 학습할 수 있다.

- 기술적인 면에서는 파이썬과 기타 소프트웨어 패키지 및 애플리케이션을 설치하고 실행할 수 있는 권한이 있는 컴퓨터나 서버가 필요하다. 대부분의 예제는 bash나 zsh 같은 유닉스 계열 터미널 사용을 전제로 한다. 이 책의 예제는 우분투 LTS를 실행하는 리눅스 머신과 macOS를 실행하는 M2 맥북 프로에서 작성하고 테스트했다. 윈도우 환경에서 예제를 실행하려면 약간의 수정이 필요할 수 있다. M2 맥북 프로를 사용했기 때문에 일부 예제에는 애플 실리콘 기기에서 실행하기 위한 추가 정보가 포함돼 있다. 이런 추가 설정이 필요 없는 시스템을 사용한다면 해당 부분을 건너뛰어도 된다.

- 클라우드 기반 예제의 상당수는 **아마존 웹 서비스(AWS)**를 활용하므로 청구 설정이 된 AWS 계정이 필요하다. 대부분의 예제는 AWS에서 제공하는 프리 티어 서비스를 사용하지만 모두 그런 것은 아니므로 요금이 많이 나오지 않게 조심해야 한다. 정확히 모르겠다면 AWS 문서에서 자세한 내용을 확인하기 바란다. 구체적인 예로, 5장 '배포 패턴과 도구'에서는 AWS **MWAA(관리형 Apache Airflow)** 서비스를 사용한다. MWAA에는 무료 옵션이 없으므로 예제를 시작하는 즉시 환경 및 인스턴스에 대한 요금이 부과된다. 진행하기 전에 이를 수행해도 괜찮을지 확인하고, 작업이 끝나면 MWAA 인스턴스를 종료해야 한다.

- 이 책에서는 패키지 및 환경 관리를 위해 **Conda와 Pip**를 사용하지만 포어트리(Poetry)도 여러 경우에 사용된다. 이 책의 깃허브(GitHub) 저장소에는 각 장의 개발 환경을 쉽게 재현할 수 있도록 장별로 폴더가 있고 그 안에 requirements.txt 파일과 콘다(Conda)의 environment.yml 파일, 그리고 유용한 README 파일이 있다. 환경을 만드는 명령어와 기타 요구사항은 각 장 앞부분에 설명했다.

- 이 책의 디지털 버전을 읽을 때도 코드를 직접 타이핑하거나 책의 깃허브 저장소에서 코드를 가져오는 것이 좋다. 코드를 복사해 붙여 넣는 과정에서 혹시 생길지도 모를 오류를 방지할 수 있다.

예제 코드 파일 다운로드

이 책의 코드는 다음 주소의 깃허브 저장소에 있다.

- 원서: https://github.com/PacktPublishing/Machine-Learning-Engineering-with-Python-Second-Edition

- 번역서: https://github.com/ychoi-kr/ml-engineering

컬러 이미지 다운로드

또한 이 책에 사용된 스크린숏/다이어그램의 컬러 이미지가 있는 PDF 파일을 다음 주소에서 다운로드할 수 있다.

- https://packt.link/LMqir

서식

이 책에서 사용한 서식은 다음과 같다.

CodeInText: 텍스트에서 코드 단어, 데이터베이스 테이블명, 폴더명, 파일명, 파일 확장자, 경로명, 더미 URL, 사용자 입력 및 트위터 핸들을 나타낸다. 예를 들면 다음과 같다. '먼저 alibi-detect 패키지에서 TabularDrift 감지기와 데이터 로드 및 분할에 필요한 관련 모듈을 가져온다.'

코드 블록은 다음과 같이 표시한다.

```
from sklearn.datasets import load_wine
from sklearn.model_selection import train_test_split

import alibi
from alibi_detect.cd import TabularDrift
```

명령줄 입력이나 출력은 다음과 같이 작성했으며 본문에서 명령줄 명령으로 표시된다.

```
pip install tensorflow-macos
```

굵은 글씨체: 화면에서 볼 수 있는 새로운 용어, 중요한 단어 혹은 구를 나타낸다. 예를 들어 메뉴나 대화 상자의 단어는 텍스트에 다음과 같이 표시한다. 예: "**배포** 버튼을 클릭하고, 드롭다운 메뉴가 나타나면 **서비스 생성**을 선택한다."

01

머신러닝
엔지니어링 소개

독자 여러분을 환영한다. 이 책에서는 **머신러닝(ML)** 시스템을 프로덕션에 적용하는 흥미진진한 세계로 여러분을 안내하고자 한다.

초판이 나온 뒤 2년 동안 머신러닝 분야는 크게 발전했다. 더 강력한 모델링 기법이 등장했고, 기술 스택은 더욱 복잡해졌으며, 새로운 프레임워크와 패러다임도 계속 생겨나고 있다. 이러한 변화 속에서 핵심을 놓치지 않도록, 이번 2판에서는 초판보다 더 많은 주제를 더 깊이 있게 다루면서도 ML 엔지니어링에 꼭 필요한 도구와 기술에 초점을 맞췄다. ML 프로젝트 관리법, 고품질 파이썬 ML 패키지 제작법, 재사용 가능한 훈련 및 모니터링 파이프라인 구축과 배포 방법 같은 핵심 주제는 그대로 다루되, 최신 도구도 함께 설명한다. 또한 다양한 배포 아키텍처를 더 자세히 분석하고, AWS와 클라우드 중립적 도구를 사용해 애플리케이션을 확장하는 여러 방법도 다룬다. 이 모든 내용을 설명하면서 **사이킷런(Scikit-Learn)** 이나 **아파치 스파크(Apache Spark)** 같은 고전적인 도구부터 **쿠브플로(Kubeflow)**, **레이(Ray)**, **젠 ML(ZenML)** 같은 최신 오픈소스 패키지와 프레임워크를 두루 활용한다. 특히 이번 판에서는 챗GPT 나 GPT-4 같은 트랜스포머와 대규모 언어 모델(LLM)을 다루는 새로운 섹션을 추가했다. 허깅 페이스와 OpenAI API를 사용해 이러한 놀라운 새 모델을 미세 조정하고 파이프라인을 구축하는 예시도 포함했다. 초판과 마찬가지로 ML 엔지니어링의 각 요소를 더 깊이 파고들 수 있는 탄탄한 기초를 제공하는 데 중점을 뒀다. 이 책을 읽고 나면 최신 도구와 개념을 활용해 프로덕션 수준의 ML 시스템을 자신 있게 구축하고, 확장하고, 배포할 수 있을 것이다.

이 책의 기술적 예제를 직접 실행하지 않거나, 다른 프로그래밍 언어나 도구를 사용하더라도 많은 것을 배울 수 있다. 앞서 말했듯이 이 책의 목표는 탄탄한 개념적 토대를 마련하는 것이다. 핵심 원리를 다루면서 독자가 어떤 도구를 선택하든 자신의 머신러닝 엔지니어링 과제를 자신 있게 해결할 수 있게 하고자 한다.

1장에서는 머신러닝 엔지니어링 관련 데이터 직무의 종류와 중요성을 알아본다. 또한 이를 바탕으로 적절한 팀을 구성하고 운영하는 방법, 실제 환경에서 머신러닝 제품을 만들 때 주의할 점, 머신러닝으로 해결하기 적합한 문제를 찾는 방법, 일반적인 비즈니스 문제에 대한 머신러닝 시스템의 상위 설계 방법을 배운다.

이 장의 구성은 다음과 같다.

- 데이터 관련 직무 분류

- 팀 구성

- 실제 환경에서의 머신러닝 엔지니어링

- 머신러닝 솔루션의 모습

- 머신러닝 시스템의 상위 설계

1장에서 다룰 내용을 소개했으니 시작해 보자.

1.1 기술 요구 사항

이 책의 모든 코드 예제는 따로 명시하지 않는 한 파이썬 3.10.8 기준이다. 이번 판의 예제는 2022년형 맥북 프로(M2 애플 실리콘 칩)에서 실행했다. 인텔 기반 애플리케이션과 패키지와의 하위 호환을 위해 로제타 2를 설치했다. 대부분의 예제는 우분투 22.04 LTS 리눅스 환경에서도 테스트했다. 각 장에 필요한 파이썬 패키지는 이 책의 Git 저장소 각 장 폴더에 있는 콘다 환경 .yml 파일에 들어 있다. 패키지와 환경 관리는 책 뒷부분에서 자세히 설명하겠다. 일단 깃허브 계정이 있고 깃허브 원격 저장소에서 pull과 push를 할 수 있다면, `git clone` 명령으로 이 책의 저장소(주소는 앞 부속을 참조)를 복제할 수 있다.

아나콘다(Anaconda) 또는 미니콘다(Miniconda)가 설치돼 있다면 이 책의 깃허브 저장소 Chapter01 폴더로 이동해 다음을 실행하면 된다.

```
conda env create -f mlewp-chapter01.yml
```

이 명령으로 이번 장의 예제를 실행할 환경이 만들어진다. 다른 장도 비슷한 방법으로 진행할 수 있으며, 각 장의 예제에 특별히 필요한 설치 사항이 있으면 그때그때 설명하겠다.

기본 설정을 마쳤으니 이제 머신러닝 엔지니어링의 세계와 이것이 현대 데이터 생태계에서 어떤 위치를 차지하는지 알아보자.

 참고

이 절의 conda 명령을 실행하기 전에 특정 라이브러리를 수동으로 설치해야 할 수 있다. 페이스북 프로핏 라이브러리의 일부 버전이 필요로 하는 PyStan은 애플 실리콘 맥북에서 빌드하기 어려울 수 있다. 이런 문제가 생기면 다음과 같이 httpstan 패키지를 직접 설치해 보자. 먼저 https://github.com/stan-dev/httpstan/tags로 이동해 설치할 패키지 버전을 선택하고 해당 버전의 tar.gz 또는 .zip을 내려받아 압축을 푼다. 그런 다음 압축을 풀어서 나온 폴더로 이동해 다음 명령을 실행한다.

```
make
python3 -m pip install poetry
python3 -m poetry build
python3 -m pip install dist/*.whl
```

또한 뒤에 나올 예제에서 model.fit()을 호출할 때 다음과 같은 오류가 발생할 수 있다.

```
dyld[29330]: Library not loaded: '@rpath/libtbb.dylib'
```

이 경우에는 다음 명령을 실행해야 한다. 콘다 환경에 설치된 프로핏의 경로를 알맞게 바꿔서 실행하면 된다.

```
cd /opt/homebrew/Caskroom/miniforge/base/envs/mlewp-chapter01/lib/python3.10/site-
packages/prophet/stan_model/
install_name_tool -add_rpath @executable_path/cmdstan-2.26.1/stan/lib/stan_math/lib/tbb
prophet_model.bin
```

애플 실리콘으로 머신러닝을 하려면 이 정도 고생은 감수하자!

1.2 데이터 관련 직무 분류

최근 몇 년간 데이터가 폭발적으로 증가하고 그 활용 범위가 넓어지면서 다양한 직무와 책임이 생겨났다. 한때는 데이터 과학자(data scientist)가 통계학자(statistician)와 어떻게 다른지를 두고 논쟁이 있었지만, 지금은 상황이 훨씬 더 복잡해졌다. 하지만 이렇게 복잡할 필요는 없다고 생각한다. 어떤 산업 분야든 데이터에서 가치를 얻기 위한 활동은 대체로 비슷하므로, 이러한 작업을 수행하는 데 필요한 기술과 역할도 어느 정도 일관성이 있을 것이다.

이 장에서는 모든 데이터 프로젝트에 항상 필요하다고 생각하는 몇 가지 주요 데이터 분야에 대해 살펴볼 것이다. 이 책의 제목에서 알 수 있듯이, 특히 ML 엔지니어링이 무엇이고 이것이 어떻게 전체 그림에 들어맞는지 자세히 살펴볼 것이다.

이제 현대의 데이터 활용 현장에서 볼 수 있는 역할들을 살펴보자.

1.2.1 데이터 과학자

《하버드 비즈니스 리뷰》에서 데이터 과학자를 "21세기에 가장 매력적인 직업"이라고 규정하자[1], 이 직업은 가장 인기있는 동시에 과대 광고된 직업 중 하나가 되었다. 그 인기는 여전히 높지만 고급 분석 및 ML을 프로덕션에 적용하는 데 어려움이 있다 보니 데이터 중심 조직에서는 엔지니어링 역할이 점점 더 중요해지고 있다. 전통적인 데이터 과학자의 역할은 산업 분야, 조직, 심지어 개인의 선호도에 따라 매우 다양한 업무와 기술, 책임을 포함한다. 하지만 이 역할을 어떻게 정의하든 데이터 과학자의 직무 프로필에는 다음과 같은 핵심 영역이 반드시 포함돼야 한다.

- **분석**: 데이터 과학자는 데이터에 대한 계산을 수행하기 전에 데이터셋을 다듬고, 정제하고, 조작하고, 통합할 수 있어야 한다. '분석'은 광범위한 의미의 용어지만, 단순하든 복잡하든 시작할 때는 몰랐던 데이터셋에 대한 지식을 얻는 것이 최종 목표라는 점은 분명하다.

- **모델링**: 모든 사람을 흥분시키는 것은(독자 여러분도 마찬가지일 것이다) 데이터에서 발견된 현상을 모델링한다는 개념이다. 데이터 과학자는 일반적으로 데이터에 포함된 프로세스나 관계를 설명하고 예측을 수행하기 위해 통계적, 수학적, ML 기법을 데이터에 적용할 수 있어야 한다.

- **고객 또는 사용자와의 협업**: 데이터 과학자는 앞의 두 가지 활동의 결과가 조직의 의사결정을 지원할 수 있도록 비즈니스 지향적인 업무도 수행해야 한다. 예를 들어 파워포인트 프레젠테이션이나 주피터(Jupyter) 노트북에서 분석

---

1 https://hbr.org/2012/10/data-scientist-the-sexiest-job-of-the-21st-century

결과를 제시하거나, 주요 결과 요약이 포함된 이메일을 보내는 것으로 수행될 수 있다. 이는 일반적인 기술 직무를 넘어서는 의사소통 능력과 비즈니스 감각이 필요한 일이다.

1.2.2 ML 엔지니어

머신러닝(ML) 개념 증명을 만들고 견고한 소프트웨어를 구축하는 과정 사이에는 큰 간극이 존재한다. 내가 강연에서 종종 '협곡(chasm)'이라고 부르는 이 간극은 현재 기술 분야에서 가장 중요한 역할 중 하나로 자리 잡게 된 ML 엔지니어의 등장을 이끌었다. ML 엔지니어는 데이터 과학 모델링과 탐색 및 분석의 영역을 소프트웨어 제품과 시스템 엔지니어링의 세계로 변환하는 절실한 필요를 해결한다. 이는 쉬운 일이 아니므로 ML 엔지니어에 대한 수요는 꾸준히 증가해 왔으며, 이제는 데이터 중심 소프트웨어 가치 사슬의 핵심 요소가 되었다. 프로덕션(실제 서비스가 운영되는 환경)에 적용할 수 없다면 가치를 만들어 낼 수 없고, 이는 바람직하지 않다는 것을 우리 모두가 알고 있다.

이러한 역할의 필요성은 일반적인 음성 비서를 예로 들면 잘 설명할 수 있다. 이 경우 데이터 과학자는 주로 비즈니스 요구사항을 작동하는 음성–텍스트 변환 모델로 구현하는 데 집중한다. 이는 잠재적으로 매우 복잡한 신경망이 될 수 있으며, 이론적으로 원하는 음성 전사 작업을 수행할 수 있음을 보여준다. 머신러닝 엔지니어링은 이러한 음성–텍스트 변환 모델을 가져와 프로덕션에서 사용할 수 있는 제품, 서비스 또는 도구로 구축하는 방법에 관한 것이다. 여기에는 더 많은 전사 데이터가 축적되거나 사용자 선호도가 파악됨에 따라 모델을 훈련하고, 재훈련하고, 배포하며, 성능을 추적하는 소프트웨어를 구축하는 것이 포함될 수 있다. 또한 다른 시스템과의 인터페이스 방법과 적절한 형식으로 모델의 결과를 제공하는 방법을 이해하는 것도 필요하다. 예를 들어, 모델의 결과는 JSON 객체(데이터 포맷의 일종)로 패키징되어 REST API(웹 서비스 상호 작용) 호출을 통해 온라인 슈퍼마켓에 전송되어 주문을 처리해야 할 수 있다.

데이터 과학자와 머신러닝 엔지니어는 많은 기술과 역량이 중복되지만, 초점과 강점이 다르다(자세한 내용은 뒤에서 설명한다). 따라서 일반적으로 같은 프로젝트 팀의 일원이 되며 두 직책 중 하나를 가질 수 있다. 하지만 프로젝트에서 수행하는 작업을 보면 어떤 역할을 맡고 있는지 명확히 알 수 있다.

데이터 과학자와 마찬가지로 ML 엔지니어의 주요 초점 영역은 다음과 같다.

- **변환**: 다양한 형식의 모델과 연구 코드를 더욱 매끄럽고 견고한 코드로 변환한다. 이는 객체 지향 프로그래밍(클래스와 객체를 활용한 프로그래밍), 함수형 프로그래밍(순수 함수를 중심으로 한 프로그래밍), 또는 이들의 혼합 방식으로 수행할 수 있다. 이를 통해 데이터 과학자의 개념 증명 작업을 프로덕션에서 신뢰할 수 있는 형태로 전환한다.

- **아키텍처**: 소프트웨어 배포는 진공 상태에서 이뤄지지 않으며 항상 많은 통합 요소가 포함된다. ML 솔루션도 마찬가지다. ML 엔지니어는 데이터 과학자와 함께 구축한 모델이 제대로 작동하고 확장 가능하도록 적절한 도구와 프로세스의 연결 방식을 이해해야 한다.

- **프로덕션화**: ML 엔지니어는 솔루션 제공에 중점을 두므로 고객 요구 사항을 이해하고, 이것이 프로젝트 개발에 미치는 영향을 파악할 수 있어야 한다. ML 엔지니어의 최종 목표는 단순히 좋은 모델을 제공하거나(물론 이것도 중요하지만) 기본으로 작동하는 무언가를 만드는 것이 아니다. 그들의 역할은 데이터 과학 측면의 노력이 실제 환경에서 최대한의 가치를 창출하도록 보장하는 것이다.

1.2.3 ML옵스 엔지니어

이 책에서는 ML 엔지니어링을 중점적으로 다루지만, ML 엔지니어가 더 높은 품질로, 더 빠른 속도로, 더 큰 규모의 작업을 할 수 있도록 지원하는 중요한 역할이 새롭게 등장하고 있다. 바로 **ML옵스(MLOps)** 엔지니어다.

ML옵스 엔지니어는 ML 엔지니어와 데이터 과학자의 작업을 가능하게 하는 도구와 기능을 구축하는 일을 한다. 다른 역할에서 사용하는 툴링, 플랫폼, 자동화 구축에 더 중점을 두며 이들을 효과적으로 연결한다. ML옵스 엔지니어가 특정 프로젝트나 구축 작업에 참여하지 않는다는 뜻이 아니라, 이들의 주요 가치는 프로젝트나 구축 과정에서 필요한 기능을 제공하는 데 있다.

'ML 엔지니어' 절에서 설명한 음성-텍스트 변환 솔루션 예시를 다시 살펴보면 이를 이해하는 데 도움이 된다. ML 엔지니어가 프로덕션 환경에서 원활하게 작동하는 솔루션 구축에 집중할 때, ML옵스 엔지니어는 ML 엔지니어가 이를 수행하는 데 필요한 플랫폼이나 도구 세트를 구축하는 데 주력한다. ML 엔지니어가 파이프라인을 구축한다면 ML옵스 엔지니어는 파이프라인 템플릿을 만든다. ML 엔지니어가 CI/CD(지속적 통합/지속적 배포) 방식을 사용한다면(자세한 내용은 후술), ML옵스 엔지니어는 그 기능을 구현하고 CI/CD를 원활하게 사용하기 위한 모범 사례를 정의한다.

마지막으로, ML 엔지니어가 "적절한 도구와 기술로 이 특정 문제를 견고하게 해결하려면 어떻게 해야 할까?"라고 생각한다면, ML옵스 엔지니어는 "ML 엔지니어와 데이터 과학자가 일반적으로 필요한 문제를 해결할 수 있게 하려면 어떻게 해야 하고, 그 환경을 지속해서 개선하려면 어떻게 해야 할까?"라고 질문한다.

데이터 과학자와 머신러닝 엔지니어를 다룬 것처럼, ML옵스 엔지니어의 주요 업무 영역을 정의해 보겠다.

- **자동화**: CI/CD와 IaC(Infrastructure-as-Code) 같은 기법을 사용해 데이터 과학 및 머신러닝 엔지니어링 워크플로 전반의 자동화 수준을 높인다. 자동화 스크립트나 표준화된 템플릿 등을 통해 솔루션을 원활하게 배포할 수 있도록 사전 패키지 소프트웨어를 제공한다.

- **플랫폼 엔지니어링**: 다양한 데이터 중심 팀이 사용할 머신러닝 플랫폼을 구축하기 위해 여러 유용한 서비스를 통합한다. 오케스트레이션 도구, 컴퓨팅, 기타 데이터 중심 서비스를 통합 개발해 머신러닝 엔지니어와 데이터 과학자가 사용할 수 있는 하나의 완전한 시스템으로 만든다.

- **핵심 ML옵스 기능 활성화**: ML옵스는 팀의 다른 엔지니어가 머신러닝 모델을 프로덕션 환경에 배포할 수 있게 하는 일련의 관행과 기법이다. ML옵스 엔지니어는 모델 관리와 모델 모니터링 같은 기능을 여러 프로젝트에서 확장 가능한 방식으로 구현해야 한다.

이 책에서 다루는 일부 주제는 ML옵스 엔지니어가 수행할 수 있으며, 자연스럽게 중복되는 부분이 있다. 하지만 ML옵스는 여러 역할이 포괄할 수 있는 일반적인 관행과 기능을 기반으로 하므로 이는 크게 문제 되지 않는다(그림 1.1 참조).

1.2.4 데이터 엔지니어

데이터 엔지니어는 앞에서 설명한 모든 작업의 근간이 되는 데이터를 A 지점에서 B 지점으로 옮기는 일을 책임진다. 이때 데이터의 정확성을 유지하고, 적절한 지연 시간을 보장하며, 다른 팀원의 수고를 최소화해야 한다. ML 제품은 물론 그 어떤 소프트웨어 제품도 데이터 없이는 만들 수 없다.

데이터 엔지니어가 집중하는 핵심 영역은 다음과 같다.

- **품질**: A에서 B로 데이터를 옮기더라도 데이터가 깨지거나, 필드가 누락되거나, ID가 뒤섞이면 의미가 없다. 데이터 엔지니어는 이런 문제를 방지하기 위해 다양한 기법과 도구를 사용하며, 원본 시스템에서 나온 데이터가 그대로 저장소에 담기도록 한다.

- **안정성**: 앞서 설명한 품질과 마찬가지로, 데이터가 A에서 B로 가긴 하지만 전송 시점이 불규칙하고 예측할 수 없다면 무슨 소용이 있겠는가? 데이터 엔지니어는 많은 시간과 노력을 들여 뛰어난 기술로 데이터 파이프라인을 견고하고 안정적으로 만들어서 약속한 대로 데이터가 전달되게 한다.

- **접근성**: 데이터를 A에서 B로 옮기는 궁극적인 목적은 애플리케이션, 분석, ML 모델에서 이를 활용하는 것이므로 B의 성질도 중요하다. 데이터 엔지니어는 데이터를 표출하는 다양한 기술을 활용할 수 있어야 하며, 데이터 소비자(데이터 사이언티스트, ML 엔지니어 등)와 협력해서 이러한 솔루션 안에서 적절한 데이터 모델을 정의하고 만들어야 한다.

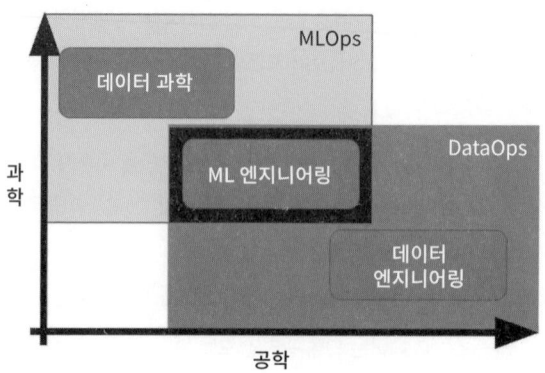

그림 1.1 데이터 과학, ML 엔지니어링, 데이터 엔지니어링 간의 관계를 나타내는 다이어그램

앞서 설명했듯이 이 책은 ML 엔지니어의 업무와 이 역할에 필요한 기술을 배우는 데 초점을 맞추고 있다. 하지만 ML 엔지니어가 혼자서 일하는 것은 아니라는 점을 기억하는 것이 중요하다. 효과적인 협업을 위해서는 팀 구성원들의 다양한 역할을 이해하는 것이 중요하다. 지금까지 설명한 역할 외에도 프로젝트 팀에는 더 많은 역할이 있으니, 자신의 업무뿐 아니라 다른 구성원들이 어떤 일을 하는지도 항상 염두에 두어야 한다. 데이터 분야에서는 팀워크가 생명이다!

이제 현대 데이터 팀의 주요 역할과 성공적인 ML 제품을 구축하는 데 필요한 다양한 활동을 어떻게 수행하는지 이해했으니, 이들이 효율적이고 효과적으로 협력하도록 구성하는 방법을 살펴보자.

1.3 효과적인 팀으로 일하기

현대 소프트웨어 조직에서는 팀을 구성하고 효과적으로 협업하도록 하는 다양한 방법론이 있다. 2장 '머신러닝 개발 프로세스'에서 관련 프로젝트 관리 방법론을 다룰 것이지만, 그 전에 이 절에서는 팀 구성에 참여하거나 팀의 일원으로 일하는 경우 효과적인 팀원 또는 리더가 되는 데 도움이 되는 중요한 점들을 살펴본다.

첫째, **아무도 혼자 모든 것을 할 수 없다**는 점을 항상 명심해야 한다. 재능이 뛰어난 사람을 찾을 수는 있지만, 한 사람이 모든 일을 높은 수준으로 해낼 수 있으리라고 생각해서는 안 된다. 이는 비현실적일 뿐만 아니라 잘못된 관행이며 제품의 품질에 부정적인 영향을 미친다. 자원이 매우 부족한 경우에도 핵심은 팀원들이 성공을 위해 한 가지에 집중하는 것이다.

둘째, **다양성이 최선**이다. 조직과 팀의 다양성이 주는 이점은 잘 알려져 있으며, 이는 당연히 머신러닝 팀에도 적용돼야 한다. 프로젝트를 성공시키려면 수학, 코딩, 엔지니어링, 프로젝트 관리, 의사소통 등 다양한 기술이 필요하다. 따라서 앞서 언급한 점을 고려해 팀 전체에서 이러한 기술을 어느 정도 갖추도록 해야 한다.

셋째, 팀 구조를 프로젝트에 맞춰 유연하게 조정해야 한다. 데이터를 적절히 준비하는 것이 주된 업무이고 머신러닝 모델이 단순한 프로젝트라면, 팀의 중심을 엔지니어링과 데이터 모델링에 두어야 한다. 반대로 복잡한 모델에 대한 깊은 이해가 필요한 프로젝트라면 그에 맞게 팀을 재구성해야 한다. 이는 합리적인 접근법이며, 현재 프로젝트에서 할 일이 많지 않은 팀원들을 다른 프로젝트에 효과적으로 배치할 수 있게 해준다.

예를 들어, 새로운 데이터 레이크로 들어오는 고객 데이터를 분류하는 시스템을 구축하는 작업을 맡았다고 가정해 보자. 이때 스트리밍 애플리케이션을 통해 데이터 수집 시점에 이 작업을 수행하기로 결정됐고, 분류 모델은 이미 다른 프로젝트에서 만들어져 있다. 이 솔루션은 데이터 엔지니어와 머신러닝 엔지니어의 기술을 많이 필요로 하지만, 데이터 과학자는 그다지 필요하지 않다. 해당 부분은 다른 프로젝트에서 이미 완료됐기 때문이다.

다음 절에서는 실제 비즈니스 문제를 해결할 때 팀 운영에서 고려해야 할 중요한 사항들을 살펴보겠다.

1.4 실제 환경에서의 머신러닝 엔지니어링

머신러닝과 데이터 분석 등 관련 분야 종사자 대부분은 다양한 구조와 목적을 가진 조직에서 일한다. 영리 기업일 수도 있고, 비영리 단체나 자선단체, 또는 정부나 대학 같은 공공기관일 수도 있다. 하지만 어느 조직이든 우리는 제약 없는 환경에서 일하지 않으며, 시간과 자원도 무한하지 않다. 따라서 실제 현장에서 이런 작업을 할 때 고려해야 할 중요한 점들이 있다.

먼저 가장 중요한 것은 **가치** 창출이다. 가치를 계산하고 정의하는 방식은 다양하지만, 근본적으로 회사나 고객이 투자한 만큼 개선이 있어야 한다. 일반 기업에서 1년 내내 새로운 도구를 가지고 놀면서 정작 구체적인 결과물을 내지 못하거나, 하루 종일 최신 논문을 읽으며 시간을 보내는 것을 반길 리 없다. 물론 기술 분야에서는 그런 활동이 필요하고 재미도 있지만, 시간을 전략적으로 활용하며 항상 자신이 제공하는 가치를 염두에 둬야 한다.

둘째, 현실 세계에서 성공적인 머신러닝 엔지니어가 되려면 기술뿐 아니라 비즈니스도 이해해야 한다. 회사가 매일 어떻게 운영되는지, 회사의 여러 부서가 어떻게 조화를 이루는지, 그리고 회사 구성원들과 그들의 역할을 이해해야 한다. 가장 중요한 것은 비즈니스와 자신의 작업 모두에서 고객을 이해하는 것이다. 무언가를 만들 때 대상이 되는 사람들의 동기, 어려움, 필요를 모른다면 어떻게 제대로 된 것을 만들 수 있겠는가?

마지막으로, 논란의 여지가 있을 수 있지만, 실무에서 성공적인 머신러닝 엔지니어가 되는 데 가장 중요한 기술은 이 책에서 가르쳐주지 않는 효과적인 의사소통 능력이다. 앞서 언급했듯이 여러분은 팀원, 관리자, 더 넓은 커뮤니티와 비즈니스, 그리고 물론 고객과도 함께 일해야 한다. 의사소통을 잘하면서 동시에 기술과 테크닉(이 책에서 다루는 많은 내용)을 알고 있다면, 여러분의 성공을 막을 수 있는 것이 무엇이겠는가?

하지만 현실 세계에서 머신러닝으로 어떤 종류의 문제를 해결할 수 있을까? 또 다른 논란의 여지가 있는 말로 시작해 보겠다. 많은 경우 머신러닝이 답이 아니다. 이 책의 제목을 고려하면 이상하게 들릴 수 있지만, 머신러닝을 적용하지 않아야 할 때를 아는 것이 적용해야 할 때를 아는 것만큼 중요하다. 이는 많은 비용이 드는 개발 시간과 자원을 절약하게 해 준다. 머신러닝은 다른 해결책으로는 불가능한 수준의 속도와 정확도로, 또는 훨씬 더 큰 규모로 반복적인 작업을 수행하려 할 때 이상적이다.

다음 표에는 일반적인 예시와 머신러닝이 문제 해결에 적합한 도구인지에 대한 논의가 함께 제시되어 있다.

표 1.1 머신러닝의 잠재적 활용 사례

요구 사항	ML 적합성	세부 사항
에너지 가격 신호의 이상 탐지	예	시간에 따라 변하는 신호에서 다수의 데이터 포인트를 분석해야 하므로 머신러닝이 적합하다.
ERP 시스템의 데이터 품질 개선	아니오	프로세스 문제에 가깝다. 머신러닝을 적용할 수는 있지만, 데이터 입력 프로세스를 자동화하거나 프로세스를 더 견고하게 만드는 것이 더 나은 경우가 많다.
창고의 품목 소비량 예측	예	머신러닝이 사람보다 더 정확하게 예측할 수 있으므로, 적용하기에 좋은 분야다.
사업 검토를 위한 데이터 요약	경우에 따라 다름	대규모로 필요할 수 있지만, 머신러닝 문제는 아니다. 단순한 데이터 쿼리로 충분하다.

이 간단한 예시 표가 분명하게 보여주듯이, 머신러닝이 답이 되는 경우는 대개 수학적 또는 통계적 문제로 잘 정의할 수 있는 경우다. 결국 머신러닝이란 데이터를 기반으로 내부 매개변수를 반복할 수 있는, 수학에 기반한 일련의 알고리즘이다. 현대에는 딥러닝이나 강화 학습과 같은 분야의 발전으로 경계가 모호해지기 시작했다. 이전에는 표준 머신러닝 알고리즘에 적합하게 표현하기가 매우 어렵다고 생각했던 문제들을 이제는 해결할 수 있게 됐다.

현실에서 주의해야 할 또 다른 경향은 '머신러닝으로 모든 것을 해결할 수 있다'라는 생각뿐 아니라, 그와 정반대로 머신러닝이 일자리를 빼앗을 것이라 걱정하고 불신하는 태도다. 이는 이해할 만한 반응이다. 2018년 PwC 보고서[2]에 따르면 2030년대까지 영국 일자리의 30%가 자동화의 영향을 받을 것이라고 한다. 그러나 동료와 고객에게 명확히 해야 할 점은 우리가 만드는 것이 그들의 능력을 대체하는 것이 아니라 보완하고 강화하는 도구라는 사실이다.

이 절을 마치며 중요한 점을 다시 짚어보자. 회사에서 일한다는 것은 당연히 투자에 걸맞은 가치를 창출하는 것이 목표라는 뜻이다. 즉, **투자 대비 효과(ROI)**가 좋아야 한다. 이는 실무적으로 다음을 의미한다.

- 설계 방식에 따라 필요한 투자 규모가 어떻게 다른지 이해해야 한다. 예를 들어 GPU로 백만 장의 이미지를 한 달 동안 24시간 훈련해 심층 신경망으로 문제를 해결할 수도 있고, 기본적인 군집화와 몇 가지 통계만으로 몇 시간 안에 같은 문제를 해결할 수도 있다면 어느 쪽을 선택해야 할까?

- 어떤 가치를 창출할지 명확히 해야 한다. 이를 위해서는 전문가와 협력해서 알고리즘의 결과를 실제 금액으로 환산해야 한다. 이는 생각보다 훨씬 어려우므로 충분한 시간을 들여 제대로 해야 한다. 또한 절대로 과도한 약속은 하지 말아야 한다. 약속은 적게 하고 성과는 크게 내는 것이 좋다.

솔루션이 채택될 것이라고 단정할 수는 없다. 회사 동료를 위한 제품을 만들 때도, 배포 후 사용자가 매번 우리 솔루션을 시험한다는 점을 잊지 말아야 한다. 품질이 낮은 솔루션은 아무도 사용하지 않을 것이고, 그러면 가치도 사라지고 만다.

이제 머신러닝으로 비즈니스 문제를 해결할 때 중요한 점들을 이해했으니, 이러한 솔루션이 어떤 모습일 수 있는지 살펴보자.

---

2 〈Will robots really steal our jobs?(로봇이 정말 우리 일자리를 훔칠까?)〉, https://www.pwc.co.uk/economic-services/assets/international-impact-of-automation-feb-2018.pdf

1.5 머신러닝 솔루션은 어떤 모습인가?

머신러닝 엔지니어링을 떠올리면 음성 비서나 시각 인식 앱을 먼저 생각하기 쉽다(앞에서 나도 이런 함정에 빠졌다는 것을 눈치챘는가?). 하지만 머신러닝의 진정한 강점은 그 활용성에 있다. 데이터와 적절한 문제만 있다면 머신러닝은 어디서든 도움이 되고 솔루션의 핵심 요소가 될 수 있다.

몇 가지 예를 살펴보자. 우리가 매일 사용하는 스마트폰의 문자 입력창 너머에서는 자연어 모델이 우리가 다음에 입력할 단어를 추천한다. 소셜 미디어를 구경하거나 영상 스트리밍 서비스를 이용할 때도 추천 알고리즘이 쉴 새 없이 작동한다. 내비게이션 앱에서 목적지까지의 도착 시간을 예측할 때는 회귀 분석이 사용된다. 대출을 신청하면 신청자의 정보와 신청 내용이 분류기를 거친다. 이런 기술들은 (문제를 일으키지만 않으면) 뉴스에서 크게 다루지 않지만, 모두 훌륭하게 이뤄진 머신러닝 엔지니어링의 예다.

이 책에서 다룰 예제들도 이와 비슷하다. 제품과 비즈니스에서 매일 마주치는 전형적인 머신러닝 시나리오를 다룬다. 이런 솔루션을 자신 있게 만들 수 있다면 어떤 조직에서든 중요한 자산이 될 것이다.

먼저 모든 머신러닝 솔루션이 갖춰야 할 기본 요소를 다음 그림에서 살펴보자.

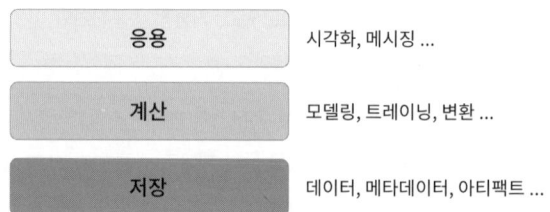

그림 1.2 머신러닝 솔루션의 일반적인 구성 요소(계층)와 각각의 역할을 보여주는 도식

저장 계층(storage layer)은 데이터 엔지니어링 과정의 끝이자 머신러닝의 시작이다. 훈련용 데이터, 모델 실행 결과, 아티팩트, 중요한 메타데이터를 포함하며, 저장된 코드도 이 계층에 포함된다.

계산 계층(compute layer)은 '마법'이 일어나는 곳으로, 이 책에서 가장 중점적으로 다룬다. 훈련, 테스트, 예측, 변환이 대부분 여기서 이뤄진다. 이 책에서는 이 계층을 최대한 잘 설계하고 다른 계층과 연결하는 방법을 설명한다.

계산 계층을 그림 1.3에 나타낸 워크플로와 같이 여러 요소로 나눌 수 있다.

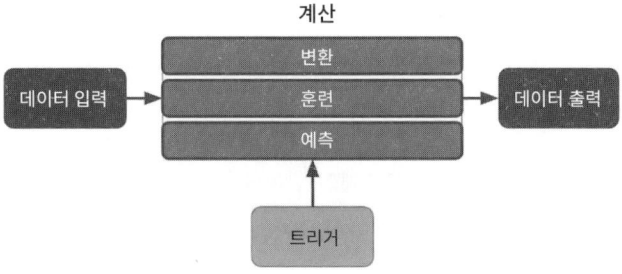

그림 1.3 계산 계층의 핵심 요소

 중요 참고 사항

자세한 내용은 나중에 다루겠지만, 근본적으로 머신러닝 솔루션의 계산 과정은 데이터를 입력받아 출력하는 것이다.

응용 계층(application layer)은 머신러닝 솔루션의 결과를 다른 시스템과 공유하는 곳이다. 애플리케이션 데이터베이스에 삽입하거나 API 엔드포인트, 메시지 큐, 시각화 도구를 통해 이뤄질 수 있다. 고객이 결과를 사용하는 계층이므로, 깔끔하고 이해하기 쉬운 출력을 제공하도록 시스템을 설계해야 한다. 이에 관해서는 나중에 설명하겠다.

간단히 말하면 이것이 전부다. 이러한 계층과 요소들을 자세히 살펴볼 테지만, 지금은 이 큰 개념들만 기억하자. 그러면 세부 기술이 어떻게 맞물리는지 이해하기 시작할 것이다.

1.5.1 왜 파이썬인가?

더 세부적인 주제로 넘어가기 전에, 이 책에서 파이썬을 프로그래밍 언어로 선택한 이유를 설명할 필요가 있다. 이후에 다룰 아키텍처와 시스템 설계 같은 상위 수준의 주제는 어떤 언어를 사용하든, 또는 여러 언어를 함께 사용하든 적용할 수 있다. 하지만 여기서는 몇 가지 이유로 파이썬을 특별히 선택했다.

파이썬은 데이터 세계에서 공용어로 통한다. 파이썬은 컴파일이 필요 없고, 강타입이 아니며[3], 다중 패러다임을 채택한 프로그래밍 언어로, 그 문법이 명확하고 단순하다. 또한 도구 생태계가 풍부하며, 분석과 머신러닝 분야에서 특히 그렇다.

---

3 (옮긴이) 원문에 착오가 있는 것으로 보이는데, 파이썬은 강타입(strongly typed) 언어이면서 동적으로 타입이 결정된다(dynamically typed). https://wikidocs.net/276055 참조.

사이킷런, 넘파이, 사이파이를 비롯한 여러 패키지는 전 세계 기술 및 과학 개발의 근간을 이룬다. 데이터 분야의 거의 모든 주요 신규 소프트웨어 라이브러리가 파이썬 API를 제공한다. 이 책을 쓰는 시점(2023년 8월) 기준으로 TIOBE 지수[4]에 따르면 파이썬은 세계에서 가장 인기 있는 프로그래밍 언어다.[5]

이처럼 파이썬으로 시스템을 구축하면 이 생태계의 뛰어난 머신러닝과 데이터 과학 도구를 활용하면서도 다른 소프트웨어와 잘 어우러지는 애플리케이션을 만들 수 있다.

1.6 고수준 머신러닝 시스템 설계

솔루션을 실제로 구축하려고 하면 도구, 기술, 접근 방식이 너무 많아서 쉽게 압도될 수 있다. 하지만 앞절에서 암시했듯이 이런 복잡성의 상당 부분은 대략적인 아키텍처와 설계를 통해 큰 그림을 이해하는 것으로 단순화할 수 있다. 해결하려는 문제가 무엇인지 파악했다면 이런 작업이 항상 유용하므로, 구현에 관한 세부적인 선택을 하기 전에 이 과정을 거칠 것을 권한다.

이것이 실제로 어떻게 작동하는지 보여주기 위해, 전형적인 비즈니스 문제에 대한 머신러닝 시스템 설계 예시를 몇 가지 살펴보겠다. 이러한 문제들은 필자가 이전에 마주쳤던 것과 비슷하며, 여러분도 업무에서 비슷한 문제를 만날 가능성이 크다.

1.6.1 예제 1: 배치 이상 탐지 서비스

수천 대의 차량을 보유한 기술 지향적인 택시 회사에서 일한다고 하자. 이 회사는 운행 시간을 더 일관되게 만들고 장거리 운행을 이해함으로써 고객 경험을 개선하고, 이를 통해 고객 유지율과 재방문율을 높이고자 한다. 머신러닝 팀은 비정상적인 운행 시간이나 거리를 보이는 운행을 찾아내는 이상 탐지 서비스를 만드는 임무를 맡았다. 데이터 과학자들은 운행 거리와 시간이라는 특징(feature)을 사용해 운행 데이터를 군집화하면 운영 팀이 조사해야 할 이상값을 명확하게 식별할 수 있다는 것을 발견했다. 데이터 과학자들이 CTO와 다른 이해관계자들에게 이 결과를 발표했고, 회사의 내부 분석 도구에 있는 주요 테이블 중 하나에 이상값 표시를 새로운 필드로 추가하는 서비스를 개발하는 것에 관해 승인을 받았다.

---

4 https://www.tiobe.com/tiobe-index/
5 (옮긴이) 이 책을 번역하고 있는 2025년 2월에도 파이썬이 1위를 지키고 있다.

이 예시에서는 택시 회사의 데이터 과학자들이 어떻게 진행할 수 있는지 보여주기 위해 데이터를 시뮬레이션해 보겠다. 책의 저장소에서 Chapter01 폴더로 가면 clustering_example.py라는 스크립트가 있다. mlewp-chapter01.yml 환경 파일로 만든 콘다 환경을 활성화했다면 다음 명령으로 이 스크립트를 실행할 수 있다.

```
python3 clustering_example.py
```

잘 실행되면 taxi-rides.csv, taxi-labels.json, taxi-rides.png 파일이 만들어진다. taxi-rides.png의 이미지는 그림 1.4와 비슷할 것이다.

이 스크립트가 어떻게 구성되는지 살펴보자.

1. 먼저 넘파이에서 제공하는 무작위 분포를 기반으로 운행 거리를 시뮬레이션하고 결과를 넘파이 배열로 반환하는 함수를 정의한다. 코드가 반복되는 이유는 데이터에서 정상 패턴과 이상값을 만들어 내기 위해서이며, 다음 단계에서 각 택시 세트에 대해 생성할 속도와 명확하게 비교할 수 있다.

```python
import numpy as np
from numpy.random import MT19937
from numpy.random import RandomState, SeedSequence
rs = RandomState(MT19937(SeedSequence(123456789)))

# 운행 거리 데이터 시뮬레이션 함수 정의
def simulate_ride_distances():
    ride_dists = np.concatenate(
        (
            10 * np.random.random(size=370),
            30 * np.random.random(size=10),   # 장거리
            10 * np.random.random(size=10),   # 같은 거리
            10 * np.random.random(size=10)    # 같은 거리
        )
    )
    return ride_dists
```

2. 이제 속도에 대해서도 똑같은 작업을 할 수 있다. 여기서도 택시를 370, 10, 10, 10개 세트로 나눴는데, 이는 '일반적인' 움직임을 보이는 데이터와 몇 가지 이상값 세트를 만들면서도 거리 함수의 값과 명확하게 대응되게 하기 위해서다.

```python
def simulate_ride_speeds():
    ride_speeds = np.concatenate(
        (
            np.random.normal(loc=30, scale=5, size=370),
            np.random.normal(loc=30, scale=5, size=10),
            np.random.normal(loc=50, scale=10, size=10),
            np.random.normal(loc=15, scale=4, size=10)
        )
    )
    return ride_speeds
```

3. 이제 이 두 보조 함수를 사용해서 운행 ID, 속도, 거리, 시간이 포함된 시뮬레이션 데이터셋을 만드는 함수를 작성할 수 있다. 결과는 모델링에 사용할 수 있도록 판다스 데이터프레임으로 반환된다.

```python
def simulate_ride_data():
    # 일부 운행 데이터를 시뮬레이션
    ride_dists = simulate_ride_distances()
    ride_speeds = simulate_ride_speeds()
    ride_times = ride_dists / ride_speeds
    # 데이터 프레임으로 조립
    df = pd.DataFrame(
        {
            'ride_dist': ride_dists,
            'ride_time': ride_times,
            'ride_speed': ride_speeds
        }
    )
    ride_ids = datetime.datetime.now().strftime("%Y%m%d") + df.index.astype(str)
    df['ride_id'] = ride_ids
    return df
```

4. 이제 데이터 과학자들이 프로젝트에서 만드는 핵심 부분에 도달했다. 바로 사이킷런 코드를 감싸서 군집화 실행 메타데이터와 결과를 딕셔너리로 반환하는 간단한 함수다. 편의상 관련 임포트 문을 여기에 포함한다.

```python
from sklearn.preprocessing import StandardScaler
from sklearn.cluster import DBSCAN
from sklearn import metrics


def cluster_and_label(data, create_and_show_plot=True):
    data = StandardScaler().fit_transform(data)
    db = DBSCAN(eps=0.3, min_samples=10).fit(data)
    # 군집화에서 레이블 찾기
    core_samples_mask = np.zeros_like(db.labels_, dtype=bool)
    core_samples_mask[db.core_sample_indices_] = True
    labels = db.labels_
    # 레이블의 군집 수(존재하는 경우 노이즈 무시)
    n_clusters_ = len(set(labels)) - (1 if -1 in labels else 0)
    n_noise_ = list(labels).count(-1)
    run_metadata = {
        'nClusters': n_clusters_,
        'nNoise': n_noise_,
        'silhouetteCoefficient': metrics.silhouette_score(data, labels),
        'labels': labels,
    }
    if create_and_show_plot:
        plot_cluster_results(data, labels, core_samples_mask, n_clusters_)
    else:
        pass
    return run_metadata
```

4단계의 함수는 다음과 같은 플롯 유틸리티 함수를 사용한다.[6]

```python
import matplotlib.pyplot as plt


def plot_cluster_results(data, labels, core_samples_mask, n_clusters_):
    fig = plt.figure(figsize=(10, 10))
```

---

6 (옮긴이) 맷플롯립의 기본 폰트는 한글을 표시하지 못하므로 차트에 한글을 표시하려고 하면 글자가 깨지는 현상이 있다. 이를 해결하려면 한글 사용이 가능한 폰트를 지정해야 하는데, 매번 그렇게 하기 번거롭다. koreanize-matplotlib 패키지를 사용하면 편리하게 처리할 수 있다. https://github.com/ychoi-kr/koreanize-matplotlib

```python
# 검은색을 제거하고 노이즈로 사용
unique_labels = set(labels)
colors = [plt.cm.cool(each) for each in np.linspace(0, 1, len(unique_labels))]
for k, col in zip(unique_labels, colors):
    if k == -1:
        # 노이즈는 검은색 사용
        col = [0, 0, 0, 1]
    class_member_mask = (labels == k)
    xy = data[class_member_mask & core_samples_mask]
    plt.plot(xy[:, 0], xy[:, 1], 'o',
             markerfacecolor=tuple(col),
             markeredgecolor='k', markersize=14)
    xy = data[class_member_mask & ~core_samples_mask]
    plt.plot(xy[:, 0], xy[:, 1], '^',
             markerfacecolor=tuple(col),
             markeredgecolor='k', markersize=14)
plt.xlabel('표준화된 운행 거리')
plt.ylabel('표준화된 운행 시간')
plt.title('예상 군집 수: %d' % n_clusters_)
plt.savefig('taxi-rides.png')
```

이 모든 것이 다음과 같이 프로그램의 진입점에서 하나로 모인다.

```python
import logging
logging.basicConfig()
logging.getLogger().setLevel(logging.INFO)


if __name__ == "__main__":
    # 데이터가 존재하면 읽어 들임
    file_path = 'taxi-rides.csv'
    if os.path.exists(file_path):
        df = pd.read_csv(file_path)
    else:
        logging.info('운행 데이터 시뮬레이션...')
        df = simulate_ride_data()
        df.to_csv(file_path, index=False)

    X = df[['ride_dist', 'ride_time']]
    logging.info('군집화 및 레이블링 진행...')
```

```
    results = cluster_and_label(X, create_and_show_plot=True)
    df['label'] = results['labels']

    logging.info('JSON으로 출력...')
    df.to_json('taxi-labels.json', orient='records')
```

이 스크립트를 실행하면 시뮬레이션된 각 택시 운행에 대한 군집화 레이블이 포함된 taxi-labels.json, taxi-rides.csv의 시뮬레이션된 데이터셋 및 그림 1.4와 같이 군집화 결과를 보여주는 taxi-rides.png를 생성한다.

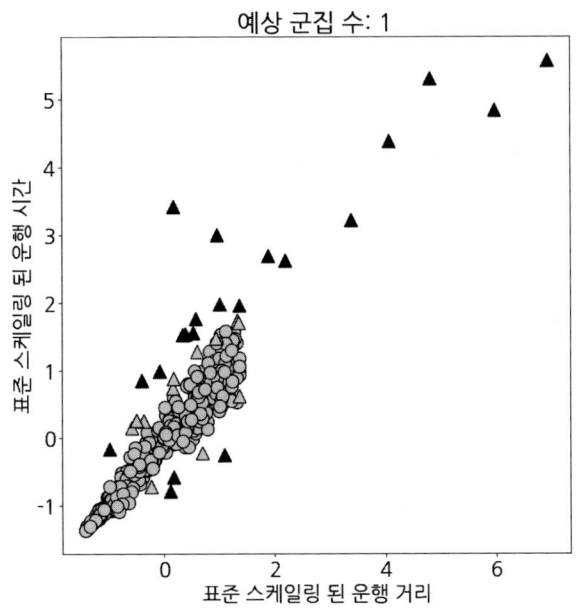

그림 1.4 일부 택시 운행 데이터에 대해 군집화를 수행한 결과 예시

이제 작동하는 기본 모델을 완성했으니, 이 모델을 실제 적용 가능한 엔지니어링된 솔루션으로 전환하는 방안을 고민할 때다. 이 과정을 어떻게 진행할 수 있을까?

이 솔루션은 다른 팀의 장기간에 걸친 조사를 지원하는 것이므로 데이터가 들어오는 즉시 처리할 필요는 없다. 이해관계자들은 군집화 결과를 매일 마감 시점에 받아도 된다는 데 동의했다. 데이터 과학 팀과 협력하면서, (당신이 이끄는) ML 엔지니어들은 군집화를 매일 실행하면 적절한 군집을 만들기에 충분한 데이터를 얻을 수 있지만, 더 자주 실행하면 오히려 데이터가 부족해 결과가 나빠질 수 있다는 점을 파악했다. 그래서 일일 배치 처리를 하기로 했다.

다음으로 작업을 어떻게 스케줄링할지를 고려해야 한다. 사전 정의된 작업들을 스케줄링하고 관리할 수 있게 해주는 오케스트레이션 레이어가 필요하며, 아파치 에어플로(Apache Airflow)가 이런 용도에 알맞은 도구다.

그다음 고려할 사항은 무엇일까? 실행 주기는 매일로 정했고, 처리해야 할 데이터가 매우 많다. 이런 대용량 데이터를 다루려면 분산 컴퓨팅을 활용하는 것이 좋다. 팀에서 이미 사용할 수 있는 기술로는 아파치 스파크(Apache Spark)와 레이(Ray)가 있다. 기본 인프라에서 최대한 분리하고 코드 리팩터링의 필요성을 최소화하기 위해 Ray를 사용하기로 한다. 데이터가 최종적으로 SQL 데이터베이스의 테이블에 쓰일 것임을 알고 있으므로 결과 전달을 설계하기 위해 데이터베이스 팀과 협력해야 한다. 보안과 안정성을 고려할 때, 프로덕션 데이터베이스에 직접 기록하는 것은 바람직하지 않다. 따라서 클라우드상의 다른 데이터베이스를 데이터 중간 저장소로 삼고, 주 데이터베이스가 일일 빌드에서 이를 질의하게 한다.

아직 기술적인 작업을 하지 않은 것 같지만, 사실 프로젝트의 상위 수준 시스템 설계는 이미 마쳤다. 이 책의 나머지 부분에서 다음 그림의 빈 곳을 채우는 방법을 알려줄 것이다!

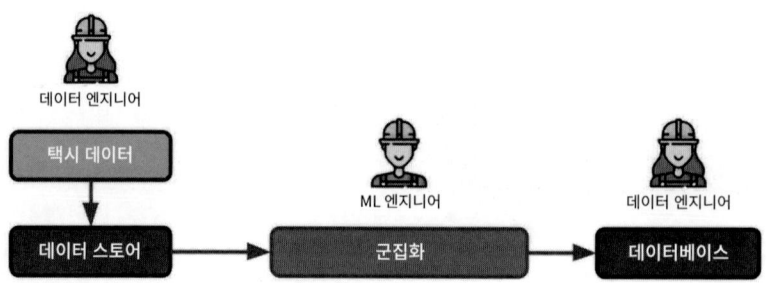

그림 1.5 예제 1의 워크플로

이제 다음 예제로 넘어가 보자!

1.6.2 예제 2: 예측 API

대형 소매 체인의 물류 부문에서 일한다고 하자. 회사는 상품의 흐름을 최적화하기 위해 지역 물류 기획자들이 특별히 바쁜 기간을 미리 파악하고 제품 품절을 피할 수 있게 돕고자 한다. 사업부 전반의 이해관계자 및 전문가들과 논의한 결과, 기획자들이 웹 대시보드를 통해 특정 창고 품목에 대한 예측을 동적으로 요청하고 분석할 수 있게 하는 것이 가장 좋겠다는 결론이 났다. 이를 통해 기획자들은 발주하기 전에 향후 예상 수요 패턴을 파악할 수 있다.

데이터 과학자들은 다시 한번 좋은 성과를 거두어, 개별 매장 단위의 데이터가 매우 예측 가능한 패턴을 보인다는 것을 발견했다. 이들은 여러 모델을 빠르게 훈련하기 위해 페이스북의 프로핏(Prophet) 라이브러리를 사용하기로 했다. 다음 예시에서 이들의 접근 방식을 보여주되, 이는 설명을 위한 것이므로 최상의 예측 성능을 위한 모델 최적화 과정은 생략한다.

이 예시에서는 다양한 소매점의 판매 데이터를 가져오기 위해 캐글 API를 사용한다. 파이썬 환경을 적절히 구성했다면 책의 리포지터리 Chapter01/forecasting 폴더에 있는 forecasting_example.py 스크립트를 다음 명령으로 실행할 수 있다.

```
python3 forecasting_example.py
```

이 스크립트는 데이터셋을 다운로드하고 변환한 다음, 프로핏 예측 모델을 훈련하고 테스트 세트에 대한 예측을 실행한 후 그래프를 저장한다. 앞서 말했듯이 이는 설명을 위한 것이므로 검증 세트를 만들거나 프로핏 라이브러리의 기본값 외의 복잡한 초매개변수 튜닝은 수행하지 않는다.

이 예시의 구성 방식을 이해하기 위해 스크립트 구성 요소를 하나씩 살펴보겠다. 간결하게 설명하기 위해 플로팅이나 로깅만을 위한 기능은 생략했다.

1. 스크립트의 메인 블록을 보면, 첫 단계는 모두 데이터셋을 읽어오는 작업이다. 데이터셋이 이미 올바른 디렉터리에 있으면 바로 읽고, 그렇지 않으면 다운로드한 후 읽는다.

```python
import pandas as pd

if __name__ == "__main__":
    import os
    file_path = 'train.csv'
    if os.path.exists(file_path):
        df = pd.read_csv(file_path)
    else:
        download_kaggle_dataset()
        df = pd.read_csv(file_path)
```

2. 다운로드를 수행한 함수는 캐글 API를 사용했으며 다음 코드에 있다. 캐글 API 문서를 참조해, 이것이 올바르게 설정되었는지 확인할 수 있다(캐글 계정 필요[7]).

```python
import kaggle


def download_kaggle_dataset(kaggle_dataset: str = "pratyushakar/rossmann-store-sales")
-> None:
    api = kaggle.api
    kaggle.api.dataset_download_files(kaggle_dataset, path="./", unzip=True,
quiet=False)
```

3. 다음으로 스크립트는 `prep_store_data`라는 데이터셋을 변환하는 함수를 호출한다. 이 함수는 두 개의 기본값을 받는데, 하나는 매장 ID이고 다른 하나는 매장이 영업 중인 시간의 데이터만 조회하도록 지정하는 값이다. 이 함수의 정의는 다음 코드에 있다.

```python
def prep_store_data(df: pd.DataFrame,
                    store_id: int = 4,
                    store_open: int = 1) -> pd.DataFrame:
    df['Date'] = pd.to_datetime(df['Date'])
    df.rename(columns={'Date': 'ds', 'Sales': 'y'}, inplace=True)
    df_store = df[
        (df['Store'] == store_id) &
        (df['Open'] == store_open)
    ].reset_index(drop=True)
    return df_store.sort_values('ds', ascending=True)
```

4. 그런 다음 Prophet 예측 모델이 데이터의 처음 80%에 대해 훈련되고 나머지 20%의 데이터에 대해 예측을 수행한다. 모델에 계절성 매개변수가 제공되어 최적화를 안내한다.

```python
seasonality = {
    'yearly': True,
    'weekly': True,
    'daily': False
}

predicted, df_train, df_test, train_index = train_predict(
    df = df,
```

---

7 (옮긴이) 캐글 사이트에 가입하고 설정 페이지에서 API 키(kaggle.json 파일)를 다운로드해 사용자 홈 아래 .kaggle 폴더에 넣는다.

```
        train_fraction = 0.8,
        seasonality=seasonality
)
```

train_predict 메서드의 정의는 다음 코드에 있으며, 추가 데이터 준비 및 Prophet 패키지에 대한 주요 호출을 래 핑하는 것을 볼 수 있다.

```
def train_predict(df: pd.DataFrame, train_fraction: float,
                  seasonality: dict) -> tuple[
                      pd.DataFrame, pd.DataFrame, pd.DataFrame, int]:
    train_index = int(train_fraction * df.shape[0])
    df_train = df.copy().iloc[:train_index]
    df_test = df.copy().iloc[train_index:]
    model = Prophet(
        yearly_seasonality=seasonality['yearly'],
        weekly_seasonality=seasonality['weekly'],
        daily_seasonality=seasonality['daily'],
        interval_width=0.95
    )
    model.fit(df_train)
    predicted = model.predict(df_test)
    return predicted, df_train, df_test, train_index
```

5. 마지막으로 그래프 생성용 유틸리티 함수를 호출하면 그림 1.6과 같은 결과가 나온다. 이 그림은 테스트 데이터셋에 대한 예측을 확대해서 보여준다. 앞서 언급했듯이 간단히 하기 위해 이 함수의 세부 내용은 생략한다.

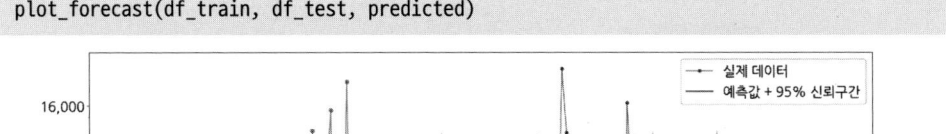

```
plot_forecast(df_train, df_test, predicted)
```

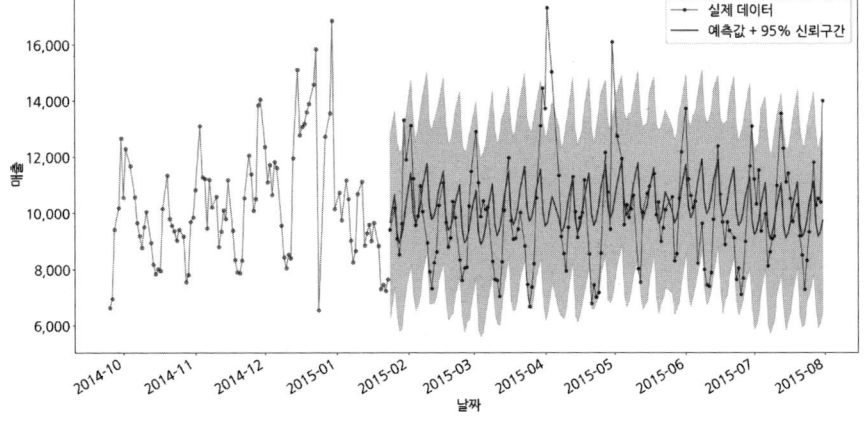

그림 1.6 매장 판매 예측

여기서 한 가지 문제는, 이와 같은 예측 모델을 모든 매장에 대해 적용하면 수백~수천 개의 모델이 필요해질 수 있다는 점이다. 또 다른 문제로, 회사에서 쓰는 자원 계획 시스템에 아직 편입되지 않은 매장도 있어서, 어떤 기획자들은 자신이 속한 매장과 유사한 다른 매장의 예측 결과를 보고 싶어 한다. 그들은 유사하다고 생각하는 지역 데이터를 살펴본 뒤, 최적의 결정을 내릴 수 있다고 여긴다.

이러한 상황과 동적이고 임시적인 요청이라는 고객 요구사항을 고려할 때, 전체 일괄 처리 방식은 적절하지 않다. 핵심 시스템에 편입되지 않은 지역의 사용 사례를 다룰 수 없고, 웹사이트를 통해 다양한 미래 시점의 예측을 제공하는 모델을 배포하는 데 필요한 최신 예측을 동적으로 가져올 수도 없기 때문이다. 또한 매일 수천 건의 예측 결과를 저장하고 업데이트하느라 연산 자원을 낭비하지 않고 모델 학습에 집중하려면, 필요한 시점에 예측을 제공하는 편이 낫다.

그러므로 사용자가 요청할 때마다 예측 결과를 반환하도록 클라우드 기반 API 엔드포인트를 구축하는 방식이 가장 합리적이라는 결론에 이른다. 하지만 빠른 응답을 위해서는 전형적인 사용자 세션이 어떤 식으로 이뤄지는지 고민해야 한다. 대시보드 잠재 사용자들과 협의해 보니, 요청이 동적이긴 하지만 대부분의 기획자는 한 번 접속할 때 관심 품목 몇 가지만 집중해서 조회하고, 지역도 별로 바꾸지 않는다는 점이 드러났다. 따라서 자주 있을 것 같은 요청을 저장해 뒀다가 애플리케이션에서 재사용하는 캐싱 전략을 세우기로 했다.

이렇게 하면 사용자가 처음 선택한 후에는 결과를 더 빠르게 반환할 수 있어 사용자 경험이 개선된다. 이는 그림 1.7과 같은 대략적인 시스템 구상으로 이어졌다.

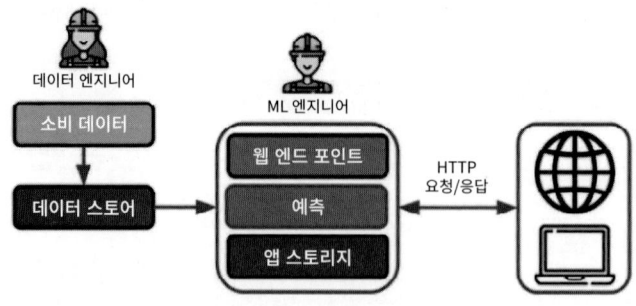

그림 1.7 예제 2 워크플로

다음으로 마지막 예제를 살펴보자.

1.6.3 예제 3: 분류 파이프라인

이 마지막 예제에서는 당신이 웹 기반 기업에서 일한다고 가정한다. 이 회사는 마케팅 비용을 더 효과적으로 지출하기 위해, 이용 패턴에 따라 사용자를 분류해 각기 다른 광고 유형의 대상으로 삼으려 한다. 예를 들어 사이트에 자주 방문하지 않는 사용자의 경우, 더 큰 폭의 할인 혜택으로 유인하고 싶을 것이다. 비즈니스의 주요 요구사항 중 하나는 최종 결과를 다른 애플리케이션이 사용하는 데이터 저장소에 저장하는 것이다.

이러한 요구 사항을 토대로 팀에서는 분류 모델을 실행하는 파이프라인이 모든 조건을 충족하는 가장 간단한 솔루션이라고 판단했다. 데이터 엔지니어는 데이터 수집과 저장소 인프라 구축에 집중하고, ML 엔지니어는 데이터 사이언스 팀이 과거 데이터를 사용해 훈련한 분류 모델을 래핑하는 작업을 맡았다. 데이터 사이언스 팀이 최종적으로 선택한 기반 알고리즘은 사이킷런(scikit-learn)으로 구현돼 있다. 아래에서는 실제 현업 사례와 유사한 마케팅 데이터셋에 이를 적용해 살펴볼 것이다.

이 가상의 예는 UCI ML 리포지터리의 은행 마케팅 데이터셋[8]과 같은 많은 고전적인 데이터셋과 비슷하다. 앞선 예시와 마찬가지로 명령줄에서 실행할 수 있는 스크립트가 준비돼 있다. Chapter01/ classifying 폴더에 있는 classify_example.py 스크립트를 실행하면 된다.

```
python3 classify_example.py
```

이 스크립트를 실행하면 다운로드한 은행 데이터를 읽고 훈련 데이터셋의 균형을 맞춘 다음, 랜덤 포레스트 분류기에 대해 무작위 그리드 탐색으로 초매개변수 최적화를 수행한다. 앞에서처럼 데이터 과학 팀이라면 이 문제에 어떻게 접근할지 감을 잡을 수 있도록 단계별로 설명하겠다.

1. 스크립트의 메인 블록에는 관련 단계가 모두 포함되어 있으며, 다음 몇 단계에서 살펴볼 메서드들로 깔끔하게 정리돼 있다.

```
if __name__ == "__main__":
    X_train, X_test, y_train, y_test = ingest_and_prep_data()
    X_balanced, y_balanced = rebalance_classes(X_train, y_train)
    rf_random = get_randomised_rf_cv(
        random_grid=get_hyperparam_grid()
    )
    rf_random.fit(X_balanced, y_balanced)
```

---

8 https://archive.ics.uci.edu/ml/datasets/Bank+Marketing#

2. ingest_and_prep_data 함수는 다음과 같으며, 현재 폴더 아래 bank_data 디렉터리에 bank.csv 데이터가 저장돼 있다고 가정한다. 데이터를 판다스 데이터프레임으로 읽어들인 다음 데이터에 대해 훈련–테스트 분할을 수행하고 훈련 특징을 원핫 인코딩한 후 모든 훈련/테스트 특징과 타깃을 반환한다. 다른 예제에서와 마찬가지로 이러한 개념과 도구의 대부분은 3장 '모델에서 모델 팩토리까지'에서 다룰 예정이다.

```python
def ingest_and_prep_data(
    bank_dataset: str = 'bank_data/bank.csv'
) -> tuple[pd.DataFrame, pd.DataFrame, pd.DataFrame, pd.DataFrame]:
    df = pd.read_csv('bank_data/bank.csv', delimiter=';', decimal=',')
    feature_cols = ['job', 'marital', 'education', 'contact',
                    'housing', 'loan', 'default', 'day']
    X = df[feature_cols].copy()
    y = df['y'].apply(lambda x: 1 if x == 'yes' else 0).copy()
    X_train, X_test, y_train, y_test = train_test_split(X, y,
                                       test_size=0.2, random_state=42)
    enc = OneHotEncoder(handle_unknown='ignore')
    X_train = enc.fit_transform(X_train)
    return X_train, X_test, y_train, y_test
```

3. 데이터가 불균형하므로 오버샘플링 기법으로 훈련 데이터의 균형을 맞춰야 한다. 이 예에서는 imblearn 패키지의 SMOTE(Synthetic Minority Over-Sampling Technique)를 사용한다.

```python
def rebalance_classes(X: pd.DataFrame, y: pd.DataFrame
                     ) -> tuple[pd.DataFrame, pd.DataFrame]:
    sm = SMOTE()
    X_balanced, y_balanced = sm.fit_resample(X, y)
    return X_balanced, y_balanced
```

4. 이제 스크립트의 주요 머신러닝 구성 요소로 넘어가자. 초매개변수 검색(3장 '모델에서 모델 팩토리까지'에서 자세히 설명)을 수행할 것이므로 검색할 그리드를 정의해야 한다.

```python
def get_hyperparam_grid() -> dict:
    n_estimators = [int(x) for x in np.linspace(start=200, stop=2000, num=10)]
    max_features = ['auto', 'sqrt']
    max_depth = [int(x) for x in np.linspace(10, 110, num=11)]
    max_depth.append(None)
    min_samples_split = [2, 5, 10]
    min_samples_leaf = [1, 2, 4]
```

```
    bootstrap = [True, False]  # 랜덤 그리드 생성
    random_grid = {
        'n_estimators': n_estimators,
        'max_features': max_features,
        'max_depth': max_depth,
        'min_samples_split': min_samples_split,
        'min_samples_leaf': min_samples_leaf,
        'bootstrap': bootstrap
    }
    return random_grid
```

5. 마지막으로, 이 초매개변수 그리드를 사용해 RandomizedSearchCV 객체를 정의한다. 이 객체를 통해 초매개변수 값으로 추정기(여기서는 RandomForestClassifier)를 최적화할 수 있다.

```
def get_randomised_rf_cv(
        random_grid: dict
    ) -> sklearn.model_selection._search.RandomizedSearchCV:
    rf = RandomForestClassifier()
    rf_random = RandomizedSearchCV(
        estimator=rf,
        param_distributions=random_grid,
        n_iter=100,
        cv=3,
        verbose=2,
        random_state=42,
        n_jobs=-1,
        scoring='f1'
    )
    return rf_random
```

앞의 예에서 일반적인 분류 모델을 만드는 기본 요소를 살펴봤다. 이제 엔지니어로서 우리는 '그 다음 단계는 무엇인가'라고 자문해야 한다. 생성된 모델로 실제 예측을 수행하려면 모델을 저장했다가 나중에 다시 불러와야 하는데, 이는 이 장에서 다룬 다른 사용 사례와 비슷하다.

이 경우에는 일괄 처리나 요청-응답 방식 대신 스트리밍 방식으로 시스템을 구현할 수 있어 더 복잡하다. 이렇게 하려면 '이벤트'라는 데이터 패킷을 '토픽'으로 주고받을 수 있는 **아파치 카프카(Apache Kafka)** 같은 새로운 기술이 필요하다. 또한 ML 모델을 이런 방식의 데이터 처리에 어떻게 적용할지,

어떤 모델 호스팅 방식이 적합할지도 결정해야 한다. 분류기가 시간이 지나도 효과적으로 작동하도록 알고리즘을 얼마나 자주 재훈련할지도 고민해야 한다. 게다가 이런 환경에서의 지연 시간이나 모델 성능 모니터링은 또 다른 문제다. 이처럼 ML 엔지니어의 업무는 매우 복잡하다. 그림 1.8은 이 모든 복잡한 내용을 추상적인 다이어그램으로 요약해, 이 프로젝트에서 필요한 시스템 상호작용의 종류를 보여준다.

스트리밍에 관해서는 이 책에서 자세히 다루지 않겠지만, 실제 솔루션을 구축하는 데 도움이 될 다른 핵심 구성 요소는 모두 상세하게 다룰 것이다. 스트리밍 ML 애플리케이션에 대한 자세한 내용은 조스 코르스탄예(Joose Korstanje)의 《Machine Learning for Streaming Data with Python》(Packt, 2022)을 참조하기 바란다.

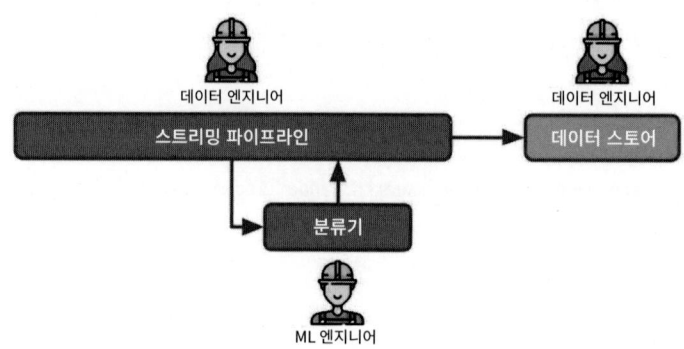

그림 1.8 예제 3 워크플로

지금까지 세 가지 높은 수준의 ML 시스템 설계를 살펴보고 워크플로 선택의 근거를 논의했다. 또한 데이터 과학자들이 모델링 작업에서 자주 만드는, 그리고 앞으로의 ML 엔지니어링 작업에 입력으로 사용될 코드의 유형도 자세히 살펴봤다. 따라서 이 절에서는 일반적인 프로젝트에서 우리의 엔지니어링 작업이 어디서 시작되고 어떤 유형의 문제를 해결하려 하는지 이해할 수 있었을 것이다. 자, 이제 당신은 ML 엔지니어가 되는 길에 들어섰다!

1.7 요약

이 장에서는 머신러닝 엔지니어링이 무엇이고 데이터를 기반으로 가치 있는 솔루션을 만드는 현대적 팀에서 어떤 역할을 하는지 소개했다. 머신러닝 엔지니어링이 데이터 과학과 데이터 엔지니어링의 장점을 어떻게 보완하는지, 그리고 이들 분야가 어떤 부분에서 서로 맞닿아 있는지도 살펴봤다. 또한 이러한 내용을 바탕으로 프로젝트에 필요한 인력을 어떻게 구성할지도 다뤘다.

이어서 현대 조직에서 머신러닝 제품을 만들 때 부딪히는 어려움을 논의하고, 이를 해결하는 데 도움이 되는 조언을 제시했다. 특히 가치를 합리적으로 추정하고 이해관계자와 효과적으로 소통하는 것이 중요함을 강조했다.

마지막으로 일반적인 머신러닝 솔루션이 어떤 모습이고 주요 사용 사례에서 고수준 설계를 어떻게 해야 하는지 살펴보면서, 이후 장에서 다룰 기술적 내용을 맛보기로 제시했다.

이러한 내용은 책의 나머지 부분을 깊이 있게 살펴보기에 앞서 중요하다. 머신러닝 엔지니어링이 왜 핵심 분야인지, 데이터 중심 조직과 팀의 복잡한 생태계에서 어떤 역할을 하는지 이해하는 데 도움이 되기 때문이다. 또한 머신러닝 엔지니어링이 다루는 복잡한 과제를 엿보고, 이러한 과제를 해결하는 데 필요한 개념적 도구를 제공한다. 이를 통해 이 책의 나머지 내용을 공부할 동기를 부여하고, 머신러닝 엔지니어로서 성공적인 경력을 쌓는 데 필요한 자기 주도 학습의 길로 이끌고자 한다.

다음 장에서는 원하는 머신러닝 솔루션을 만들기 위한 개발 프로세스를 구축하고 실행하는 방법을 중점적으로 다루면서, 이것이 일반적인 소프트웨어 개발 프로세스와 어떻게 다른지 살펴본다. 또한 프로젝트의 작업과 결과물을 큰 어려움 없이 관리할 수 있는 도구도 소개한다. 이를 통해 이후 장에서 머신러닝 솔루션의 핵심 요소를 만드는 기술적 세부 사항을 다룰 준비가 될 것이다.

2장에서는 원하는 머신러닝 솔루션을 구축하기 위한 개발 프로세스를 설정하고 구현하는 방법을 중점적으로 다루면서, 이것이 표준 소프트웨어 개발 프로세스와 어떻게 다른지 알아본다. 또한 프로젝트의 작업과 산출물을 큰 어려움 없이 관리할 수 있는 도구도 소개한다. 이를 통해 이후 장들에서 ML 솔루션의 핵심 요소를 구축하는 기법을 상세히 다룰 준비를 갖춘다.

02

머신러닝
개발 프로세스

이 장에서는 머신러닝 소프트웨어 엔지니어링 프로젝트를 성공적으로 수행하기 위한 작업 구성 방법을 설명한다. 프로젝트의 프로세스와 워크플로를 소개하고, 각 단계에 필요한 도구를 설정하는 방법을 알아본다. 또한 실제 머신러닝 코드 예제와 함께 중요한 모범 사례를 소개한다.

이번 개정판에서는 데이터 과학과 ML 프로젝트 관리 방법론인 **CRISP-DM(Cross-Industry Standard Process for Data Mining)**을 더 자세히 다룬다. 이 방법론을 전통적인 애자일, 폭포수 방법론과 비교하고, ML 프로젝트에 적용하기 위한 팁도 제공한다. 또한 깃허브 액션을 사용한 **CI/CD(지속적 통합/지속적 배포)** 구현 예시를 더 많이 포함했으며, 자동 모델 검증과 같은 **ML** 중심 프로세스를 실행하는 방법도 설명한다. **IDE(통합 개발 환경)** 설정에 관한 조언도 특정 도구에 국한되지 않도록 개선하여, 어떤 IDE를 사용하든 도움이 되게 했다. 이전 판과 마찬가지로 발견, 플레이, 개발, 배포로 이어지는 4단계 방법론을 중점적으로 다룬다. 이 프로젝트 워크플로를 데이터 과학 분야에서 인기 있는 CRISP-DM 방법론과 비교할 것이다. 또한 프로젝트 성공에 필요한 개발 도구의 구성과 통합, 버전 관리 전략과 기본 구현, ML 프로젝트를 위한 CI/CD 설정도 다룬다. 그리고 ML 솔루션이 실제로 실행될 환경도 소개한다. 이 장을 마치면 파이썬 ML 엔지니어링 프로젝트를 성공적으로 수행할 준비가 될 것이다. 이는 이후 장들의 토대가 된다.

마지막 절에서는 주요 내용을 요약하고 책의 나머지 부분과 어떻게 연결되는지 살펴본다.

한 가지 강조하고 싶은 점은, 이 장이 ML 과제를 중심으로 설명하지만 여기서 배울 내용 대부분을 다른 파이썬 소프트웨어 엔지니어링 프로젝트에도 적용할 수 있다는 것이다. 이러한 기본 개념을 자세히 다룸으로써 여러분의 모든 작업에서 반복해서 활용할 수 있는 토대를 마련하고자 한다.

이 장은 다음과 같이 구성된다.

- 도구 설정
- 개념에서 솔루션까지의 4단계:
  - 발견
  - 플레이
  - 개발
  - 배포

흥미진진한 내용이 많고 배울 것도 많다. 시작해 보자.

2.1 기술 요구 사항

1장과 마찬가지로 여기서 제공하는 예시를 실행하려면 이 책의 깃허브 저장소 Chapter02 폴더에 있는 환경 YAML 파일로 콘다 환경을 만들면 된다.

```
conda env create -f mlewp-chapter02.yml
```

이 장의 예시 대부분에는 다음 소프트웨어와 패키지가 필요하다. 이들은 책의 나머지 부분에서도 계속 사용하게 될 것이다.

- 아나콘다(Anaconda)
- 파이참 커뮤니티 에디션(PyCharm Community Edition), 비주얼 스튜디오 코드(VS Code) 또는 다른 파이썬 호환 IDE
- 깃(Git)

다음 계정도 필요하다.

- **아틀라시안 지라(Atlassian Jira) 계정**: 다음 주소에서 무료로 가입할 수 있으며, 이 장의 뒷부분에서 더 논의한다.
  https://www.atlassian.com/software/jira/free

- **AWS 계정**: 다음 주소에서 가입할 수 있으며, 역시 이번 장에서 다룬다. AWS에 가입하려면 결제 세부 정보를 추가 해야 하지만, 이 책의 모든 실습은 프리 티어 솔루션만으로 진행할 수 있다.
  https://aws.amazon.com/

이 장의 기술적 단계는 관리자 권한이 있는 우분투 22.04 LTS 리눅스 머신과 1장에서 설명한 대로 설정 된 맥북 프로 M2에서 모두 테스트했다. 다른 시스템에서 실행한다면 단계가 계획대로 진행되지 않을 경 우 해당 도구의 문서를 참고해야 할 수 있다. 그래도 대부분의 시스템에서 대부분의 단계는 같거나 매우 비슷할 것이다.

예제 코드 저장소의 Chapter02 폴더에 이 장의 모든 코드가 있으며, 코드 예제를 시작하고 실행하는 데 필요한 추가 자료도 있다.

2.2 도구 설정

이 장과 이 책의 나머지 부분을 준비하기 위해 몇 가지 도구를 설정하면 도움이 된다. 크게 다음과 같은 것들이 필요하다.

- 코딩 환경
- 코드 변경 관리 도구
- 이슈 관리 도구
- 인프라 프로비저닝 및 솔루션 배포

차례대로 이에 접근하는 방법을 살펴보자.

- **코딩 환경**: 데이터 과학자들이 선호하는 도구는 당연히 주피터 노트북이지만, 머신러닝 엔지니어링을 시작하려면 IDE가 반드시 필요하다. IDE는 좋은 소프트웨어를 개발하는 데 도움이 되는 여러 도구와 기능이 통합된 애플리케이 션이다. PyCharm은 파이썬 개발자를 위한 훌륭한 IDE로, ML 엔지니어에게 유용한 다양한 플러그인, 애드온, 통합

기능을 제공한다. JetBrains 웹사이트[1]에서 커뮤니티 에디션을 내려받을 수 있다. VS Code도 가볍고 기능이 뛰어나 많이 쓰인다. PyCharm을 설치한 후에는 그림 2.1과 같이 **Welcome to PyCharm** 창에서 새 프로젝트를 만들거나 기존 프로젝트를 열 수 있다.

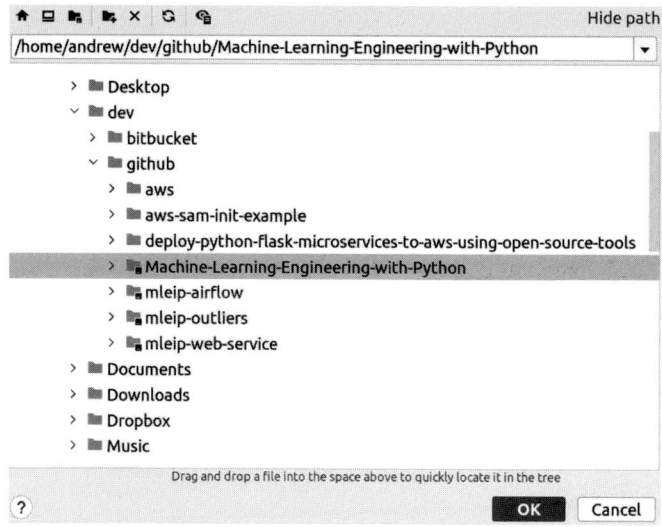

그림 2.1 PyCharm 프로젝트 열기 또는 생성

- **코드 변경 관리 도구**: 다음으로 코드 버전 관리 시스템이 필요하다. 이 책에서는 **깃허브(GitHub)**를 사용하지만, 오 픈소스인 Git 기술을 기반으로 한 다양한 무료 도구가 있다. 이러한 도구를 개발 과정에서 어떻게 활용하는지는 뒤에 서 설명하겠다. 우선 버전 관리 시스템이 없다면 github.com에서 무료 계정을 만들면 된다.

사이트의 안내에 따라 첫 번째 저장소를 만들면 그림 2.2와 같은 화면이 나타난다. 나중에 편하도록 **Add a README**와 **Add .gitignore**를 체크하는 것이 좋다(이때 **Python**용을 선택). README 파일은 프로젝트를 설명하 는 마크다운 문서이고, .gitignore 파일은 버전 관리가 필요 없는 파일 유형을 Git에서 무시하도록 지정하는 파일 이다. 저장소를 공개할지 비공개로 할지, 어떤 라이선스를 사용할지는 자유롭게 선택할 수 있다. 이 책의 저장소는 MIT 라이선스를 사용한다.

---

1 https://www.jetbrains.com/pycharm/

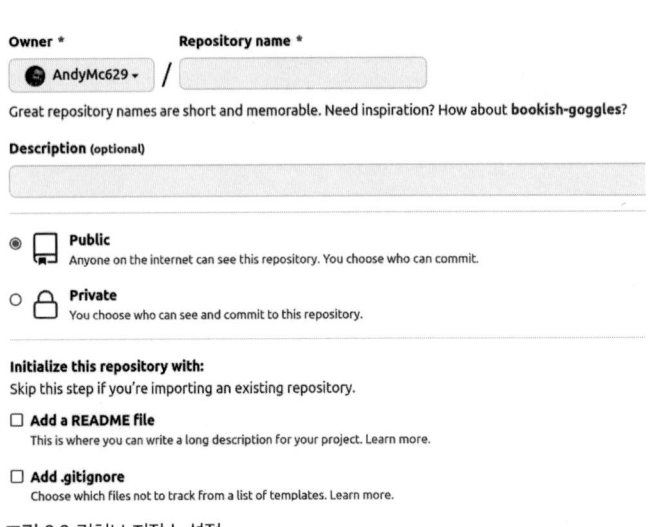

Create a new repository

A repository contains all project files, including the revision history. Already have a project repository elsewhere? Import a repository.

Owner * **Repository name ***

AndyMc629 ▾ /

Great repository names are short and memorable. Need inspiration? How about **bookish-goggles**?

Description (optional)

◉ **Public**
Anyone on the internet can see this repository. You choose who can commit.

○ **Private**
You choose who can see and commit to this repository.

Initialize this repository with:
Skip this step if you're importing an existing repository.

☐ **Add a README file**
This is where you can write a long description for your project. Learn more.

☐ **Add .gitignore**
Choose which files not to track from a list of templates. Learn more.

그림 2.2 깃허브 저장소 설정

IDE와 버전 관리 시스템을 설정한 후에는 PyCharm이 제공하는 Git 플러그인을 사용해 두 도구를 연동해야 한다. VCS | Enable Version Control Integration에서 Git을 선택하기만 하면 된다. File | Settings | Version Control에서 버전 관리 설정을 편집할 수 있다(그림 2.3 참고).

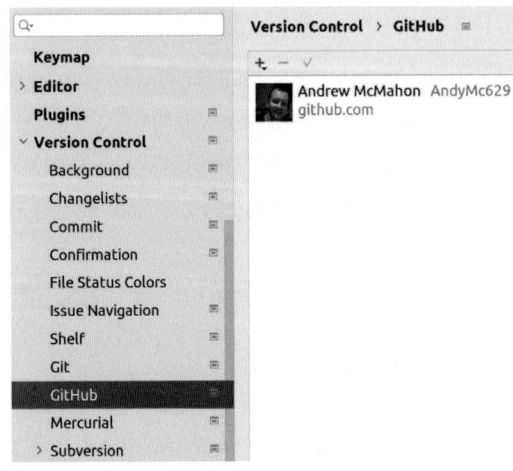

그림 2.3 PyCharm으로 버전 제어 구성

- **이슈 추적 도구**: 이제 파이썬 코드를 작성하고 변경 사항을 추적할 수 있게 됐지만, 대규모 프로젝트에서 팀원들과 협업하려면 더 많은 것이 필요하다. 작업, 이슈, 버그, 사용자 스토리와 그 밖의 문서 및 업무를 관리할 수 있는 도구가 있으면 좋다. 게다가 이런 도구는 앞서 설명한 다른 도구들과도 잘 연동돼야 한다. 이 책에서는 Jira를 예시로 사용한다. https://www.atlassian.com/software/jira에서 무료 클라우드 Jira 계정을 만들 수 있다. 그런 다음 Jira에서 제공하는 따라하기 안내에 따라 첫 번째 보드를 설정하고 작업을 만들면 된다. 그림 2.4는 필자가 이 책을 저술한 프로젝트인 MEIP(Machine Learning Engineering in Python)의 작업 보드의 모습이다.

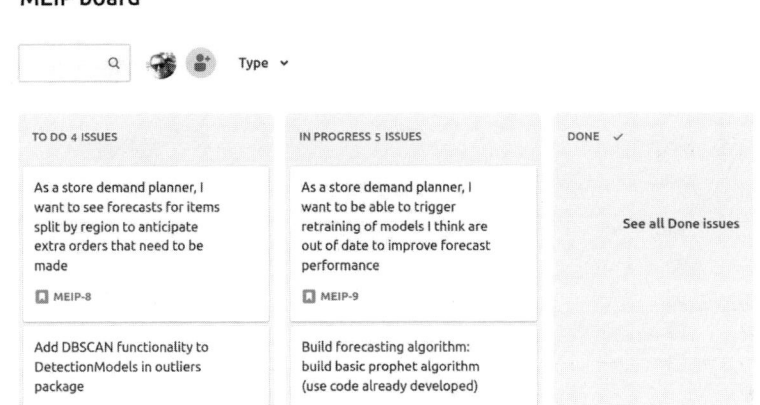

그림 2.4 Jira의 이 책 프로젝트 작업 보드

- **인프라 프로비저닝 및 솔루션 배포**: 지금까지 설치한 모든 도구는 워크플로와 소프트웨어 개발 방식을 한 단계 끌어올리는 데 도움이 될 것이다. 마지막 퍼즐 조각은 최종 솔루션을 배포하는 데 필요한 도구와 기술, 인프라를 갖추는 것이다. 애플리케이션용 컴퓨팅 인프라를 관리하는 일은 원래 인프라 팀의 고유 영역이었다(지금도 그런 경우가 많다). 하지만 퍼블릭 클라우드의 등장으로 소프트웨어 분야 전반에서 이러한 역량의 진정한 민주화가 이뤄졌다. 특히 현대 머신러닝 엔지니어링은 **아마존 웹 서비스(AWS), 마이크로소프트 애저(Azure), 구글 클라우드 플랫폼(GCP)** 같은 주요 퍼블릭 클라우드 제공자의 기술을 얼마나 잘 활용하느냐에 크게 좌우된다. 이 책에서는 AWS 생태계의 도구를 사용하지만, 여기서 다루는 모든 도구와 기법은 다른 클라우드에도 그에 상응하는 것들이 있다.

클라우드가 가져온 역량의 민주화는 한편으로 솔루션 배포를 담당하는 팀에게 새로운 기술과 지식을 습득해야 한다는 과제를 안겨준다. 필자는 '만든 사람이 책임지고 운영한다'라는 원칙을 고수한다. 이는 ML 엔지니어가 여러 새로운 도구와 원칙을 체득하고, 나아가 배포한 솔루션의 성능까지 책임져야 한다는 뜻이다. 큰 힘에는 큰 책임이 따르는 법이다. 5장 '배포 패턴과 도구'에서 이 주제를 자세히 다룰 것이다.

이제 환경 설정 방법을 알아보자.

2.2.1 AWS 계정 설정

앞서 말했듯이 꼭 AWS를 사용할 필요는 없지만, 이 책에서는 AWS를 사용한다. 이 책을 실습하는 데 사용할 계정을 만들자.

1. 웹브라우저에서 aws.amazon.com으로 가서 **AWS 계정 생성**을 선택한다. 결제 정보를 입력해야 하지만, 이 책에서 다루는 모든 내용은 AWS 프리 티어로 사용할 수 있다. 프리 티어는 사용량이 일정 한도 미만이면 비용이 발생하지 않는다.

2. 계정을 만든 후 AWS 관리 콘솔로 이동하면 사용 가능한 모든 서비스를 확인할 수 있다(그림 2.5 참고).

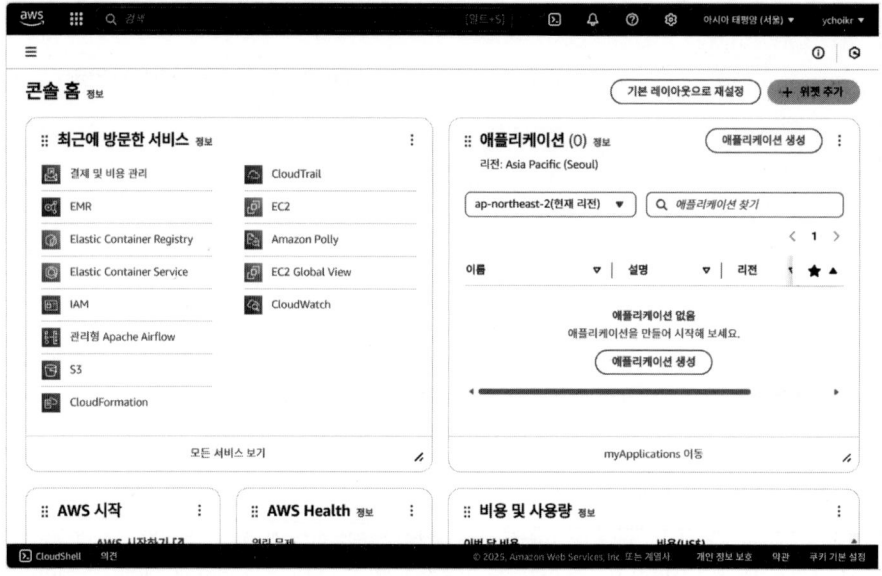

그림 2.5 AWS 관리 콘솔

AWS 계정 준비가 끝났으니 전체 과정을 다루는 4단계를 살펴보자.

2.3 개념에서 솔루션까지의 4단계

머신러닝 프로젝트는 저마다 특색이 있다. 조직과 데이터, 참여자, 활용하는 도구와 기술이 프로젝트마다 다르기 때문이다. 이러한 다양성은 이 분야의 발전을 보여주는 동시에 일하는 재미도 더해준다.

그렇지만 세부 사항에 관계없이, 대체로 모든 성공적인 머신러닝 프로젝트는 실제로 공통점이 많다. 비즈니스 문제를 기술적 문제로 변환하는 것부터 시작해서, 많은 연구와 이해가 필요하고, 개념 증명과 분석을 수행하며, 반복 작업과 결과물 통합을 거쳐, 최종 제품을 구축하고 적절한 환경에 배포하는 과정이 필요하다. 이것이 바로 머신러닝 엔지니어링을 한마디로 표현한 것이다!

이러한 활동들을 체계화하면 크게 네 단계로 구분할 수 있으며, 각 단계의 결과물은 다음 단계의 입력값이 된다. 이를 그림 2.6에 나타냈다.

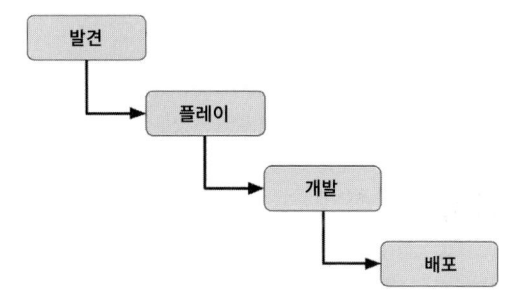

그림 2.6 머신러닝 개발 프로세스의 일부로 모든 머신러닝 프로젝트가 거치는 단계

각 단계는 저마다 다른 성격을 띠지만, 이들이 모여 훌륭한 머신러닝 프로젝트의 토대가 된다. 다음 절에서는 각 단계를 자세히 살펴보고 이를 머신러닝 엔지니어링 솔루션 구축에 어떻게 활용할 수 있는지 설명한다. 이 4단계를 반드시 프로젝트 전체에 한 번에 적용할 필요는 없다. 프로젝트의 특정 기능이나 구성 요소마다 각 단계를 따로 진행할 수도 있다. 이에 관해서는 '소프트웨어 개발 방법론 선택'에서 더 자세히 다룬다.

이를 좀 더 현실적으로 만들어 보자. 모든 단계의 주요 초점과 산출물은 표 2.1에 요약돼 있다.

표 2.1 개발 프로세스의 다양한 단계의 산출물

단계	산출물
발견	• 해결할 비즈니스 문제 명확화 • 머신러닝 접근 방식 채택의 타당성 확보 • 최적화할 KPI와 지표 선정 • 가치 창출 방안 구상
플레이	• 데이터 심층 분석 • 개념 증명 구현 • 문제 해결에 사용할 모델/알고리즘/로직 선정 • 가용 자원으로 구현 가능함을 입증 • 투자 대비 효과 검증

개발	• 사용 가능한 인프라에서 구동되는 솔루션 구현 • 알고리즘과 소프트웨어의 성능 테스트 완료 • 모델 재훈련 및 배포 전략 수립 • 단위/통합/회귀 테스트 구축 • 솔루션 패키징과 파이프라인 구성
배포	• 검증을 마친 배포 프로세스 • 보안과 성능 요구사항을 충족하는 인프라 구축 • 모델 재훈련 및 관리 프로세스 구축 • 완벽하게 작동하는 엔드투엔드 솔루션!

📝 **중요 참고 사항**

머신러닝 엔지니어는 **개발**과 **배포**라는 후반 두 단계만 고려하면 되고, 초기 단계는 데이터 과학자나 비즈니스 분석 가의 몫이라고 생각할 수 있다. 실제로 이 책에서는 주로 이 단계들에 초점을 맞출 것이고, 이러한 업무 분담도 효과 적으로 작동할 수 있다. 하지만 머신러닝 솔루션을 구축하려 한다면, 이전 단계에서 이뤄진 모든 동기와 개발 단계를 반드시 이해해야 한다. 프로젝트의 목적과 방향을 정확히 파악하는 것이 성공적인 구현의 첫걸음이기 때문이다.

2.3.1 CRISP-DM과 비교

이 장의 나머지 부분에서 설명할 프로젝트 단계의 상위 수준 분류는 CRISP-DM이라는 중요한 방법론 과 비슷하면서도 다른 점이 있다. CRISP-DM은 1999년에 발표된 이후 데이터 프로젝트 수행 방법을 이해하는 틀로 널리 사용되고 있다. CRISP-DM은 앞 절에서 설명한 4단계와 비슷한 영역을 다루는 6 단계로 구성된다.

1. **비즈니스 이해**: 비즈니스 문제와 도메인 영역을 파악하는 단계다. 4단계 모델에서는 발견 단계에 포함된다.

2. **데이터 이해**: 비즈니스 도메인에 관한 지식을 확장해 데이터의 상태와 위치, 문제와의 관련성을 파악한다. 역시 발견 단계에 포함된다.

3. **데이터 준비**: 데이터를 변환해 후속 작업에 사용할 수 있게 만드는 단계로, 대개 반복적으로 수행해야 한다. 플레이 단계에서 다룬다.

4. **모델링**: 준비된 데이터로 분석을 수행하는 단계다. 여기에는 다양한 수준의 머신러닝이 포함될 수 있다. 4단계 방법 론의 플레이와 개발 단계에서 이뤄진다.

5. **평가**: 솔루션이 비즈니스 요구사항을 충족하는지 확인하고 이전 작업을 종합적으로 검토한다. 놓친 부분이나 개선할 점이 있는지 확인하는 데 도움이 된다. 개발과 배포 단계의 중요한 부분이지만, 이 장에서 설명할 방법론에서는 이러한 작업이 프로젝트 전반에 걸쳐 더 깊이 통합돼 있다.

6. **배포**: CRISP-DM에서 이 단계는 원래 대시보드나 예정된 ETL 파이프라인처럼 단순한 분석 솔루션을 배포하는 데 초점이 맞춰져 있었다. 머신러닝 엔지니어링에서는 이 책에서 다루는 모든 내용이 이 단계에 해당할 수 있다. CRISP-DM은 배포를 계획하고 검토하는 세부 단계를 제시한다.

보다시피 CRISP-DM의 많은 단계가 내가 제안하는 4단계와 비슷한 주제를 다룬다. CRISP-DM은 데이터 과학 커뮤니티에서 매우 인기가 높아서 전 세계의 많은 데이터 전문가가 그 장점을 인정하고 있다. 그렇다면 '왜 군이 다른 방법을 만들었을까?'라는 의문이 들 수 있다. 새로운 방법이 필요한 이유를 설명하겠다.

CRISP-DM은 데이터 프로젝트의 주요 활동을 체계화하는 한 가지 방식일 뿐이다. 앞서 간단히 설명한 단계들을 보면 CRISP-DM이 현대 머신러닝 엔지니어링 프로젝트에서 몇 가지 잠재적 한계를 가진다는 것을 알 수 있다.

- CRISP-DM은 비교적 엄격하고 선형적인 프로세스를 제시한다. 체계를 갖추는 데는 도움이 되지만 프로젝트의 빠른 진행을 저해할 수 있다.

- 이 방법론은 문서화를 매우 중시한다. 대부분의 단계에서 보고서나 검토 문서, 요약본 작성을 요구한다. 좋은 문서를 작성하고 유지하는 것은 프로젝트에서 매우 중요하지만, 문서화가 과도할 수 있다.

- CRISP-DM은 '빅데이터'와 대규모 머신러닝이 등장하기 전에 만들어졌다. ETL 패턴이 여러 방식 중 하나일 뿐인 지금의 상황에서 그 세부 내용이 여전히 적용될 수 있을지는 불분명하다.

- CRISP-DM은 분명히 데이터 영역에서 출발해 마지막 단계에서야 배포 가능한 솔루션으로 나아가려 한다. 이는 바람직하지만 충분하지 않다. 머신러닝 엔지니어링은 전통적인 소프트웨어 엔지니어링과 매우 가까운 분야다. 이 책에서는 이 점을 계속 강조할 것이다. 따라서 배포와 개발이라는 개념이 소프트웨어 및 현대적 머신러닝 기법과 전체적으로 맞춰진 방법론이 필요하다.

4단계 방법론은 이러한 문제를 해결하려 하며, 소프트웨어 엔지니어링과 머신러닝 기술을 계속 참조하는 방식으로 접근한다. 이것이 프로젝트에서 CRISP-DM을 절대 사용하지 말라는 뜻은 아니다. CRISP-DM이 딱 맞는 경우도 있을 것이다. 이 책에서 소개하는 다른 개념들처럼 중요한 것은 도구 상자에 다양한 도구를 갖추고 상황에 가장 적합한 것을 선택하는 것이다.

이제 4단계를 자세히 알아보자.

2.3.2 발견

어떤 솔루션을 만들기 전에 가장 중요한 것은 해결하려는 문제를 정확히 이해하는 것이다. 비즈니스 분석에서는 이를 **발견(discovery)**이라고 하며, 머신러닝 프로젝트의 성공을 좌우하는 핵심 단계다.

발견 단계에서 해야 할 주요 작업은 다음과 같다.

- **고객과 대화하고 또 대화하기**: 올바른 시스템을 설계하고 구축하려면 최종 사용자의 요구사항을 상세히 파악해야 한다.

- **모든 것을 문서화하기**: 요구사항을 얼마나 잘 이행했는지로 평가받게 되므로, 논의한 핵심 내용을 모두 문서화하고 팀원과 고객(또는 담당자)의 승인을 받아야 한다.

- **중요한 지표 정의하기**: 프로젝트 초기에는 새로 만들 멋진 도구로 모든 문제를 해결할 수 있을 것 같은 기분에 빠지기 쉽다. 이는 나중에 큰 골칫거리가 될 수 있으므로 최대한 경계해야 한다. 대신 성공을 정의하는 지표를 하나 또는 매우 적은 수로 정하는 데 집중하자.

- **데이터가 어디 있는지 파악하기**: 필요한 데이터를 얻으려면 어떤 시스템에 접근해야 하는지 미리 알아두면 시간을 절약할 수 있고, 프로젝트를 좌초시킬 수 있는 큰 문제를 사전에 발견할 수 있다.

2.3.2.1 사용자 스토리 사용

고객과 여러 차례 대화한 후에는 사용자 스토리를 정의할 수 있다. 사용자 스토리란 사용자나 고객이 원하는 것과 해당 기능이나 작업 단위의 수용 기준을 간단명료하고 일관된 형식으로 표현한 것이다. 예를 들어 1장 '머신러닝 엔지니어링 소개'의 택시 운행 예시를 바탕으로, "이상한 택시 운행 패턴을 발견하면 내부 웹 서비스에서 바로 확인하고 상세 내용을 검토할 수 있어야 한다."와 같은 사용자 스토리를 정의할 수 있다.

그럼 시작해 보자!

1. Jira에서 이를 추가하려면 Create 버튼을 선택한다.

2. 다음으로 Story를 선택한다.

3. 그런 다음 적절하다고 생각하는 세부 정보를 입력한다.

이제 작업 관리 도구에 사용자 스토리를 추가했다! 이를 통해 이 사용자 스토리에 새 작업을 만들고 연결하거나 프로젝트가 진행됨에 따라 상태를 업데이트하는 등의 작업을 수행할 수 있다.

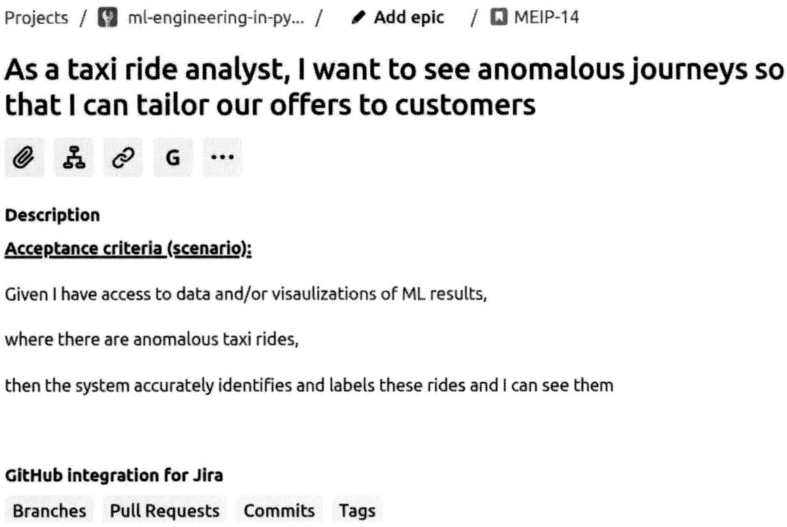

Projects / 🎮 ml-engineering-in-py... / ✏ Add epic / 🗂 MEIP-14

As a taxi ride analyst, I want to see anomalous journeys so that I can tailor our offers to customers

📎 🔗 G ···

Description
<u>Acceptance criteria (scenario):</u>

Given I have access to data and/or visaulizations of ML results,

where there are anomalous taxi rides,

then the system accurately identifies and labels these rides and I can see them

GitHub integration for Jira

Branches   Pull Requests   Commits   Tags

그림 2.7 Jira의 사용자 스토리 예시

사용하는 데이터 소스를 이해하는 것은 특히 중요하다. 알다시피 쓰레기를 넣으면 쓰레기가 나오고, 더 나쁘게는 데이터가 없으면 아무것도 진행되지 않는다! 데이터와 관련해 특히 검토해야 할 네 가지는 **접근성, 기술, 품질, 관련성**이다.

접근성과 기술 면에서는 데이터 엔지니어가 작업 파이프라인을 시작하기 위해 얼마나 많은 작업을 해야 하는지, 그리고 이것이 프로젝트의 나머지 부분을 얼마나 지연시킬 것인지를 예측하고 싶을 것이다. 따라서 이 부분을 제대로 파악하는 것이 중요하다.

좋은 예를 들면, 필요한 대부분의 데이터가 현대적 API도 없고 재무 팀 외 구성원을 위한 접근 요청 체계도 없는 레거시 내부 재무 시스템에 있다는 것을 빨리 알게 되는 경우다. 주요 백엔드가 온프레미스에 있고 보안이 엄격한 재무 데이터를 클라우드로 이전해야 하는데 이것이 현업 부서를 불안하게 만든다면, 구현에 들어가기에 앞서 처리할 일이 많으리라는 것을 알 수 있다. 반면 데이터가 이미 팀이 접근할 수 있는 엔터프라이즈 데이터 레이크에 있다면 훨씬 유리한 상황이다. 가치 제안이 충분히 강력하다면 모든 과제를 극복할 수 있지만, 이런 것들을 미리 알아내면 나중에 시간과 에너지, 비용을 절약할 수 있다.

데이터의 관련성은 시작 전에 파악하기가 좀 더 어렵지만, 어느 정도 감을 잡을 수는 있다. 예를 들어 1장 '머신러닝 엔지니어링 소개'에서 논의한 재고 예측을 수행하려면 고객 계정 정보가 필요할까? 마찬가지로 1장에서 언급했던 마케팅 대상으로서 프리미엄/비프리미엄 고객을 분류하려면 소셜 미디어 피드 데이터가 필요할까? 무엇이 관련 있는지는 이런 예시보다 덜 명확한 경우가 많겠지만, 중요한 것을 놓쳤다면 나중에 다시 검토할 수 있다는 점을 기억하자. 초기에 가장 중요한 설계 결정을 포착하려는 것이므로, 상식적으로 판단하고 이해관계자 및 주제 전문가와 많이 교류하는 것이 도움이 될 것이다.

데이터 품질은 프로젝트를 진행하기 전에 현재 데이터 사용자나 소비자, 데이터 입력 과정에 참여하는 사람들에게 물어보면서 어느 정도 예측할 수 있다. 하지만 정량적인 이해를 위해서는 데이터 과학자가 직접 데이터를 다뤄봐야 할 때가 많다.

다음 절에서는 가장 연구가 집중적으로 이뤄지는 '플레이' 단계에서 개념 증명용 머신러닝 솔루션을 어떻게 개발하는지 살펴보겠다.

2.3.3 플레이

플레이(play) 단계에서는 개념 증명 수준에서라도 해당 과제를 해결할 수 있는지 확인하는 것이 목표다. 이를 위해 이전 장에서 언급한 탐색적 데이터 분석이나 설명적 모델링 같은 기본적인 데이터 과학 기법을 활용한 다음, 필요한 기능을 수행하는 머신러닝 모델을 만들어본다.

이 단계에서는 구현 세부사항보다는 실현 가능성을 탐색하고 초기 발견 단계를 넘어 데이터와 문제를 깊이 이해하는 데 집중한다. 프로덕션용 코드나 재사용 가능한 도구를 만드는 것이 목표가 아니므로, 코드의 품질이나 정교한 패턴 사용을 걱정할 필요가 없다. 예를 들어 다음과 같은 코드를 흔히 볼 수 있다(이 책의 저장소에서 가져온 예시다).

Prep for Prophet

```
df.rename(columns= {'Datetime': 'ds', 'AEP_MW': 'y'}, inplace=True)
```

```
df['ds']=df['ds'].astype('datetime64[ns]')
```

```
df.dtypes
```

```
#Initialize Split Class, we'll split our data 5 times for cv
ts_splits = TimeSeriesSplit(n_splits=5)
```

Train and Forecast

```
tmp = time_split_train_test(df.sort_values('ds', ascending=True).iloc[-1000:], ts_splits)
```

```
tmp.head()
```

Plot

```
nrow = 5; ncol = 1;
fig, axs = plt.subplots(nrows=nrow, ncols=ncol, figsize=(20,30))
fig.subplots_adjust(hspace=0.4, wspace=0.4)
for i, ax in enumerate(fig.axes):
    split_rmse = tmp[(tmp['split']==i) & (tmp['train']==False)]['rmse'].iloc[0]

    ax.set_title('Split '+str(i)+' - RMSE: '+"{:.2f}".format(split_rmse))

    tmp[(tmp['split']==i) & (tmp['train']==True)].plot(x='ds', y='y', ax=ax, color='blue', marker='o')
    tmp[(tmp['split']==i) & (tmp['train']==False)].plot(x='ds', y='y', ax=ax, color='red', marker='o')
    tmp[(tmp['split']==i) & (tmp['train']==False)].plot(x='ds', y='yhat', ax=ax, color='orange', marker='^')
```

그림 2.8 플레이 단계에서 작성하는 프로토타입 코드의 예

이 스크린숏을 훑어보면 몇 가지가 눈에 띈다.

- 코드는 사용자가 웹 브라우저에서 대화형으로 실행하는 주피터 노트북에 있다.

- 데이터의 특정 요소를 확인하거나 탐색하기 위한 메서드(예: df.head()와 df.dtypes)를 산발적으로 호출한다.

- 임시방편으로 작성한 플롯 코드가 있다(그리 직관적이지도 않다!).

- tmp라는 변수명이 사용되었는데, 이는 변수의 용도를 잘 설명하지 못한다.

탐색 단계에서는 이런 방식의 코드 작성도 괜찮다. 하지만 이 책의 목표 중 하나는 이러한 코드를 프로덕션 머신러닝 파이프라인에 맞게 변환하는 방법을 설명하는 것이다. 다음 절에서 그 과정을 시작하자.

2.3.4 개발

앞서 여러 번 언급했듯이, ML 코드 작성을 넘어서 완성된 소프트웨어 제품을 개발해야 한다는 점을 이해하는 것이 중요하다. 수학이나 알고리즘을 주로 다뤄온 개발자들에게 소프트웨어 엔지니어링은 처음에 만만치 않은 도전이다. 하지만 이 분야에서 수십 년에 걸쳐 발전시켜온 모범 사례와 기술들이 있어 큰 도움이 될 것이다.

이 섹션에서는 ML 엔지니어링 프로젝트의 개발 단계에서 채택할 수 있는 몇 가지 방법론, 프로세스 및 고려 사항을 탐구한다.

2.3.4.1 소프트웨어 개발 방법론 선택

머신러닝 엔지니어가 거리낌 없이 차용할 수 있는 첫 번째는 전 세계 프로젝트에서 활용하는 소프트웨어 개발 방법론이다. 그중 **폭포수(Waterfall)** 방식은 복잡한 것(건물이나 자동차)을 만드는 과정과 잘 어울린다. 폭포수 방법론에서는 작업이 명확한 단계로 구분되고 순차적으로 진행되며, 다음 단계로 넘어가려면 각 단계의 산출물이 필요하다. 예를 들어 일반적인 폭포수 프로젝트는 요구사항 정의, 분석, 설계, 개발, 테스트, 배포 단계를 거친다(익숙하지 않은가?). 중요한 점은 폭포수 방식에서는 각 단계에서 해당 작업만 수행한다는 것이다. 즉 요구사항 정의 단계에서는 요구사항을 모으는 일에, 테스트 단계에서는 테스트에 집중하는 식이다. 머신러닝에 이러한 방식을 적용할 때의 장단점은 다른 방법론들을 더 소개한 후에 알아보겠다.

또 다른 방법론으로, 2001년 **애자일 선언[2]**과 함께 등장한 **애자일(Agile)**이 있다. 애자일 개발의 핵심은 유연성, 반복, 점진적 개선, 빠른 실패, 요구사항 변화 수용이다. 연구나 과학 분야에서 일했다면 결과와 새로운 발견에 따라 유연하게 적응하는 이러한 개념이 익숙할 것이다.

하지만 과학이나 학계 배경을 가진 사람이라면 이런 개념을 결과물 중심의 엄격한 틀 안에서도 실천할 수 있다는 점이 생소할 것이다. 애자일 소프트웨어 개발 방법론은 실험과 결과물 사이의 균형을 찾는 것이 핵심이다. 이를 위해 **스크럼(Scrum)**과 **스프린트 회고(Sprint Retrospective)** 같은 정례 활동과 **스크럼 마스터(Scrum Master)**, **제품 책임자(Product Owner)** 같은 역할을 도입한다.

애자일 개발에서 특히 인기 있는 두 가지 방식이 **스크럼**과 **칸반(Kanban)**이다. 스크럼은 **스프린트 (Sprint)**라는 짧은 작업 단위를 중심으로 하는데, 이는 제품의 구상부터 배포까지를 짧은 기간에 완료하는 것이 목표다. 칸반은 조직화된 백로그의 작업이 진행 중인 작업을 거쳐 완료 단계까지 꾸준한 **흐름 (flow)**을 만드는 데 초점을 맞춘다.

이런 방법론들을 포함해 더 많은 방법론이 있는데, 저마다 장단점이 있다. 한 가지 방식만 고집할 필요 없이 상황에 따라 바꿔가며 사용할 수 있다. 예를 들어 ML 프로젝트에서 이미 운영 중인 서비스의 모델 개선이나 소프트웨어 최적화 같은 유지보수 작업(일상 업무)은 칸반 방식으로 진행하는 것이 좋다. 반면

---

2 https://agilemanifesto.org/

명확한 결과물이 있는 핵심 작업은 스프린트로 진행하는 것이 효과적일 수 있다. 결국 사용 사례와 팀, 조직에 가장 잘 맞는 방식을 선택하면 된다.

그렇다면 이런 워크플로를 ML 프로젝트에 적용할 때 특별히 다른 점은 무엇일까? ML에서는 이전과 달리 어떤 점을 고려해야 할까? 주요 사항은 다음과 같다.

- **데이터가 성패를 결정한다**: 데이터를 보기 전에는 문제를 해결할 수 있을지 알 수 없다. 일반 소프트웨어 엔지니어링은 시스템이 다루는 데이터에 크게 좌우되지 않지만, ML 엔지니어링은 다르다. 이론적으로는 해결 방법을 알더라도 적절한 데이터가 충분하지 않거나 품질이 떨어지면 실제로는 문제를 해결할 수 없다.

- **시스템이 계속 변화한다**: 일반적인 웹사이트는 백엔드 데이터베이스, 멋진 프런트엔드, 뛰어난 부하 분산 등을 갖추고 나면 리소스만 있다면 그대로 계속 실행할 수 있다. 시간이 지나도 웹사이트와 그 작동 방식은 근본적으로 바뀌지 않는다. 사용자가 클릭하면 항상 같은 기능이 실행되고 페이지 이동도 항상 똑같이 작동한다. 하지만 여기에 일반적인 사용자 프로필을 기반으로 한 ML 기반 광고를 추가한다고 생각해 보자. 과연 '일반적인' 사용자 프로필이란 무엇이고, 그것이 시간에 따라 변하지는 않을까? 트래픽과 사용자가 늘어나면서, 이전에는 보지 못했던 행동이 새로운 표준으로 자리 잡지는 않을까? 시스템이 계속 학습하면서 **모델 드리프트**(model drift)와 **분포 이동**(distributional shift) 문제가 생기고, 업데이트와 롤백도 더 복잡해진다.

- **결과가 확정적이지 않다**: 규칙 기반 로직으로 시스템을 만들 때는 매번 어떤 결과가 나올지 알 수 있다. 'X이면 Y다'라는 규칙은 언제나 똑같이 적용된다. 하지만 머신러닝 모델은 질문에 대한 답을 미리 알기가 훨씬 어렵다. 이것이 바로 이런 알고리즘이 그토록 강력한 이유다.

  이는 앞서 설명한 이유로 예측하지 못한 작동이 나타날 수 있다는 뜻이다. 알고리즘이 사람은 눈치채지 못한 패턴을 데이터에서 학습했을 수도 있고, 머신러닝 알고리즘이 확률과 통계에 기반하므로 결과에 태생적으로 불확실성이나 모호함(fuzziness)이 따르기 때문이다. 로지스틱 회귀가 대표적인 예다. 데이터 포인트가 특정 클래스에 속할 확률을 출력하므로 그것이 확실히 맞다고 할 수는 없고, 얼마나 그럴 것 같은지만 알 수 있다. 머신러닝 시스템의 출력을 사용자나 다른 시스템의 의사결정에 활용할 때는 이런 불확실성을 특히 잘 고려해야 한다.

이러한 문제를 고려해, 머신러닝 솔루션을 구축할 때 도움이 되는 개발 방법론을 뒤에서 알아보겠다. 머신러닝 엔지니어링 프로젝트의 단계와 유형에 따른 애자일 방법론의 장단점을 표 2.2에 정리했다.

표 2.2 머신러닝 개발을 위한 애자일과 폭포수 방식 비교

방법론	장점	단점
애자일	• 유연성을 전제로 함 • 개발에서 배포까지 주기가 빠름	• 관리가 부실하면 범위가 쉽게 변질될 수 있음 • 칸반이나 스프린트가 일부 프로젝트에 부적합할 수 있음
폭포수	• 배포 경로가 더 명확함 • 작업의 단계와 책임이 명확함	• 유연성이 부족함 • 관리 비용이 높음

다음으로 넘어가 보자!

2.3.4.2 패키지 관리(conda 및 pip)

순수 파이썬만으로 데이터 과학이나 머신러닝 프로그램을 작성하라고 하면 굉장히 시간이 오래 걸리고 지루할 것이다. 이는 당연하다. 파이썬으로 소프트웨어를 개발할 때의 큰 장점은 방대한 도구와 기능을 비교적 쉽게 활용할 수 있다는 점이다. 반면 코드베이스의 의존성 관리가 매우 복잡해지고 재현하기 어려울 수 있다. 이때 pip나 콘다(conda) 같은 패키지 및 환경 관리자가 필요하다.

pip는 PyPA(Python Package Authority)가 권장하는 표준 패키지 관리자다. PyPI(파이썬 패키지 인덱스)에서 파이썬 패키지를 가져와서 설치한다. pip는 사용하기가 매우 쉬워서 튜토리얼이나 책에서 자주 패키지 설치 방법으로 소개된다.

conda는 아나콘다와 미니콘다 파이썬 배포판에 포함된 패키지 및 환경 관리자다. 파이썬 생태계에서 시작됐지만 파이썬에 국한되지 않는 범용 패키지 관리자라는 점이 큰 장점이다. 예를 들어 넘파이(NumPy)나 사이파이(SciPy)처럼 파이썬 외의 의존성이 필요한 라이브러리를 설치할 때, pip로는 설치만 할 수 있을 뿐 파이썬 외 의존성의 추적이나 버전 관리는 할 수 없다. 반면 conda는 이런 부분까지 모두 관리할 수 있다.

또한 콘다 환경 내에서 pip를 사용할 수도 있으므로 둘의 장점을 모두 취할 수 있다. 나는 보통 콘다로 환경을 만들고 관리하면서, pip로는 잘 처리하지 못하는 파이썬 외 의존성이 있는 패키지를 설치한다. 그리고 나머지는 대부분 만들어진 콘다 환경 안에서 pip를 사용한다. 따라서 이 책에서는 pip와 콘다 설치 명령을 혼용하는데, 이는 전혀 문제가 되지 않는다.

콘다를 시작하려면 아나콘다 웹사이트[3]에서 **개인용(Individual)** 배포판 설치 프로그램을 다운로드하면 된다. 아나콘다에는 기본 파이썬 패키지가 설치되어 있지만, 완전히 빈 환경에서 시작하고 싶다면 같은 웹사이트에서 미니콘다를 다운로드하면 된다(기능은 완전히 동일하고 시작 환경만 다르다).

아나콘다 문서에서 필요한 명령어를 자세히 배울 수 있지만, 주요 명령어를 간단히 살펴보자.[4]

---

3 https://www.anaconda.com/products/individual

4 (옮긴이) 원서에는 콘다 환경 생성, 활성화, 환경 구성 파일 생성 명령이 각각 다음과 같이 소개되어 있으나 번역하면서 수정했다.
- conda env --name mleng python=3.10
- source activate mleng
- conda export env > environment.yml

먼저 파이썬 3.10이 설치된 `mleng`라는 콘다 환경을 만들려면 터미널에서 다음 명령을 실행한다.

```
conda create --name mleng python=3.10
```

그러고 나서 다음 명령으로 콘다 환경을 활성화한다.

```
conda activate mleng
```

이제 새로운 콘다나 pip 명령을 실행하면 시스템 전체가 아닌 이 환경에만 패키지가 설치된다.

같은 프로젝트에서 작업하는 다른 사람과 환경 정보를 공유하기 위해 패키지 구성을 .yml 파일로 내보내면 유용하다.

```
conda env export > environment.yml
```

이 책의 깃허브 저장소에는 `mleng-environment.yml` 파일이 있어서 이를 통해 `mleng` 환경의 복사본을 만들 수 있다. 이 파일로 환경을 만들려면 다음 명령을 사용한다.

```
conda env create --file mleng-environment.yml
```

환경 파일로 콘다 환경을 만드는 이 방식은 책의 예제를 실행하기 위한 환경을 설정하는 좋은 방법이다. 각 장의 '기술적 요구사항' 섹션에서 책의 저장소에 있는 알맞은 환경 YAML 파일을 안내한다.

이러한 명령어와 함께 일반적인 콘다나 `pip install` 명령을 사용하면 프로젝트를 잘 준비할 수 있다.

```
conda install <패키지명>
```

또는 다음과 같이 설치할 수 있다.

```
pip install <패키지명>
```

어떤 작업을 하는 방법이 여러 가지 있으면 좋고, 이는 일반적으로 좋은 엔지니어링 관행이다. 이제 전통적인 파이썬 환경 및 패키지 관리자인 콘다와 pip를 살펴봤으니, 또 다른 패키지 관리자를 소개하겠다. 사용하기 쉽고 다재다능한 이 도구는 콘다와 pip의 기능을 멋지게 보완한다. 바로 Poetry다. 이제 이것을 살펴보자.

2.3.4.3 Poetry

포어트리(Poetry)는 최근 몇 년 사이에 큰 인기를 얻은 패키지 관리자다. 프로젝트의 의존성과 패키지 정보를 하나의 설정 파일로 관리할 수 있게 해주는데, 이는 콘다 환경 YAML 파일과 비슷하다. Poetry 의 강점은 복잡한 의존성을 관리하고 '결정론적' 빌드를 보장하는 우수한 능력에 있다. 패키지의 의존성 이 백그라운드에서 업데이트되어 솔루션이 망가지는 일을 걱정하지 않아도 된다는 뜻이다. Poetry는 '잠금 파일'을 핵심 기능으로 사용하고 의존성을 깊이 있게 검사해 이를 실현한다. 덕분에 재현성을 확보 하기가 더 쉬운 경우가 많다. 다만 콘다는 C++ 라이브러리 같은 다른 패키지도 설치하고 관리할 수 있 는 반면, Poetry는 파이썬 패키지 관리에만 초점을 맞춘다는 점에 주의해야 한다. Poetry는 파이썬 설 치 도구인 **pip**를 업그레이드한 것이면서 환경 관리 기능도 일부 갖춘 도구라고 이해하면 된다. Poetry 를 설정하고 기본적으로 사용하는 방법을 알아보자.

이 책의 뒷부분에서 더 많은 예시를 다룰 것이다. 우선 다음 단계를 따라 해보자.

1. 먼저, 일반적으로 하듯이 Poetry를 설치한다.

```
pip install poetry
```

2. Poetry가 설치됐으면 poetry new 명령 뒤에 프로젝트 이름을 붙여 새 프로젝트를 만든다.

```
poetry new mleng-with-python
```

3. 이 명령을 실행하면 mleng-with-python이라는 새 디렉터리와 함께 파이썬 프로젝트에 필요한 파일과 디렉터리가 만들어진다. 프로젝트 의존성을 관리하려면 프로젝트 루트 디렉터리에 있는 pyproject.toml 파일에 추가하면 된 다. 이 파일에는 의존성과 패키지 메타데이터를 포함한 모든 프로젝트 설정 정보가 담긴다.

   예를 들어 머신러닝 프로젝트를 구축하고 사이킷런 라이브러리를 사용하려면 pyproject.toml 파일에 다음을 추가 한다.

```
[tool.poetry.dependencies]
scikit-learn = "*"
```

4. 그런 뒤 다음 명령을 실행하면 pyproject.toml 파일에 지정된 사이킷런 라이브러리를 비롯한 의존성들이 설치된 다.

```
poetry install
```

5. 프로젝트에서 의존성을 사용할 때는 다음과 같이 파이썬 코드에서 임포트하면 된다.

```
from sklearn import datasets
from sklearn.model_selection import train_test_split
from sklearn.linear_model import LogisticRegression
```

이처럼 Poetry는 시작하기가 매우 쉽다. 이 책에서는 콘다 관련 지식을 보완하는 예시를 제공하기 위해 Poetry를 계속 사용할 것이다. 특히 4장 '패키징'에서 Poetry를 자세히 다루면서 최대한 활용하는 방법을 알아본다.

2.3.4.4 코드 버전 관리

실제 시스템용 코드를 작성할 때는 대부분 팀 단위로 일하게 될 텐데, 코드를 어떻게 변경하고 편집하고 업데이트했는지 기록이 깔끔하게 남아 있으면 솔루션이 발전해 온 과정을 파악하기 쉽다. 또한 구축 중인 솔루션의 안정적인 버전과 배포 가능한 버전을 개발 중인 임시 버전과 깔끔하고 안전하게 분리할 필요도 있다. 다행히 소스 코드 버전 관리 시스템이 이 모든 것을 처리해 주며, 그중 가장 널리 쓰이는 것이 **Git**이다.

Git이 내부적으로 어떻게 작동하는지는 여기서 설명하지 않겠다(이 주제만으로도 책을 한 권 쓸 수 있다!). 대신 Git을 실제로 사용하는 데 필요한 핵심 요소를 살펴보자.

1. 이 장의 앞부분에서 깃허브 계정을 이미 만들었으니, 먼저 파이썬을 언어로 하는 저장소를 만들고 README.md와 .gitignore 파일을 초기화한다. 다음으로 Bash, Git Bash 또는 다른 터미널에서 다음 명령을 실행해 이 저장소의 로컬 복사본을 가져온다.

```
git clone <repo-name>
```

2. 이제 README.md 파일을 열어 편집한다(아무 내용이나 상관없다). 그리고 나서, 다음 명령을 실행해 Git이 이 파일을 추적하고 변경 사항을 간단한 설명과 함께 로컬에 저장하게 한다.

```
git add README.md
git commit -m "멋진 변경을 했다..."
```

이제 로컬 Git 인스턴스에 변경한 내용이 저장됐고 원격 저장소와 공유할 준비가 됐다.

3. 다음과 같이 하면 이러한 변경 사항을 main 브랜치에 통합할 수 있다.

```
git push origin main
```

이제 깃허브 사이트로 돌아가면 변경 사항이 원격 저장소에 반영됐고 추가한 설명도 변경 사항과 함께 있는 것을 볼 수 있다.

4. 그러면 팀의 다른 사람들은 다음을 실행하여 업데이트된 변경 사항을 받을 수 있다.

```
git pull origin main
```

지금까지 설명한 내용은 Git의 가장 기본적인 단계일 뿐이며, 온라인에는 더 많은 학습 자료가 있다. 이제 머신러닝 엔지니어링에 맞게 저장소와 워크플로를 구성해 보자.

2.3.4.5 Git 전략

버전 관리 시스템을 사용하는 전략은 데이터 과학과 머신러닝 엔지니어링의 차이를 보여주는 핵심 요소가 될 수 있다. 발견(Discover) 단계와 플레이(Play) 단계 같은 탐색적 모델링 시점에는 엄격한 Git 전략을 정의하는 것이 다소 과할 수 있다. 하지만 배포를 위한 엔지니어링을 하려면(이 책을 읽고 있다면 아마 그럴 것이다) 이는 매우 중요하다.

그렇다면 'Git 전략'이 정확히 무슨 뜻일까?

예를 들어, 버전 관리와 코드를 어떻게 구성할지에 대한 합의나 방향이 전혀 없는 상태에서 솔루션을 개발하는 상황을 상상해 보자.

ML 엔지니어 A는 데이터 사이언스 코드를 Spark ML 파이프라인(이 부분은 뒤에서 더 자세히 다룬다)으로 옮기고자 한다. 그래서 main 브랜치에서 pipeline1spark라는 새 브랜치를 만든다.

```
git checkout -b pipeline1spark
```

그런 다음 이 브랜치에서 작업을 시작하고 pipeline.py라는 새 파일에 멋진 코드를 작성한다.

```
# tokenizer, hasingTf, lr의 세 단계로 머신러닝 파이프라인을 구성
tokenizer = Tokenizer(inputCol="text", outputCol="words")
hashingTF = HashingTF(inputCol=tokenizer.getOutputCol(), outputCol="features")
```

```
lr = LogisticRegression(maxIter=10, regParam=0.001)
pipeline = Pipeline(stages=[tokenizer, hashingTF, lr])
```

아주 좋다. 기존 사이킷런 코드를 이 사용 사례에 알맞은 스파크 코드로 옮기는 데 큰 진전을 이뤘다. 모든 작업을 한 곳에서 하는 것이 낫다고 생각해서 이 브랜치에서 계속 작업한다. 브랜치를 원격 저장소에 푸시하고 싶을 때는 다음 명령을 실행한다.

```
git push origin pipeline1spark
```

이제 ML 엔지니어 B가 등장한다. B는 A가 작성한 파이프라인 코드를 활용해 주변에 몇 가지 단계를 더 추가하고 싶다. B는 A가 작성한 코드가 pipeline1spark라는 브랜치에 있다는 것을 알고, A의 코드를 포함한 새로운 브랜치 pipeline을 만들기로 한다.

```
git pull origin pipeline1spark
git checkout pipeline1spark
git checkout -b pipeline
```

그런 다음 변수에서 모델의 매개변수를 읽어 오는 코드를 추가한다.

```
lr = LogisticRegression(maxIter=model_config["maxIter"],
                        regParam=model_config["regParam"])
```

엔지니어 B는 매개변수 일부를 추상화하는 방향으로 코드를 수정했다. 그런 다음 새 브랜치를 원격 저장소로 푸시한다.

```
git push origin pipeline
```

마지막으로 ML 엔지니어 C가 팀에 합류해 코드 작업을 시작하려고 한다. Git을 열고 브랜치를 보면 세 개가 있다는 것을 알 수 있다.

```
main
pipeline1spark
pipeline
```

어느 것이 최신 버전인지, 새로 수정을 하려면 어느 브랜치에서 시작해야 할지 애매하다. 게다가 실행 환경에 배포 코드를 푸시해야 하는 사람이 main 브랜치에 모든 변경이 반영돼 있을 것으로 착각할 수 있어 위험하다. 오래 진행된 바쁜 프로젝트에서는 main에서 브랜치를 분기해서, B와 C가 이미 작업한 것을 중복으로 구현하는 일마저 생길 수 있다! 작은 프로젝트에서는 그저 시간을 조금 낭비하는 선에서 끝나겠지만, 여러 작업이 진행되는 큰 프로젝트에서는 제대로 된 워크플로를 유지하기조차 거의 불가능해진다.

```
# pipeline1spark 브랜치 - 커밋 1 (엔지니어 A)
lr = LogisticRegression(maxIter=10, regParam=0.001)
pipeline = Pipeline(stages=[tokenizer, hashingTF, lr])

# pipeline 브랜치 - 커밋 2 (엔지니어 B)
lr = LogisticRegression(maxIter=model_config["maxIter"], regParam=model_config["regParam"])
pipeline = Pipeline(stages=[tokenizer, hashingTF, lr])
```

이러한 커밋이 동시에 main 브랜치로 푸시되면 **병합 충돌(merge conflict)**이 발생하고, 엔지니어들은 각각 현재 코드와 새 코드 중 어느 것을 유지할지 선택해야 한다. 엔지니어 A가 먼저 자신의 변경사항을 main에 푸시했다면 다음과 같은 상황이 된다.

```
<<<<<<< HEAD
lr = LogisticRegression(maxIter=10, regParam=0.001)
pipeline = Pipeline(stages=[tokenizer, hashingTF, lr])
=======
lr = LogisticRegression(maxIter=model_config["maxIter"], regParam=model_config["regParam"])
pipeline = Pipeline(stages=[tokenizer, hashingTF, lr])
>>>>>>> pipeline
```

코드의 구분선은 병합 충돌이 발생했다는 것을 나타내며, 개발자는 두 버전 중 어느 것을 유지할지 선택해야 한다.

 중요

이 예제는 단순하기 때문에 엔지니어들이 더 나은 코드를 고를 수 있을 것이다. 하지만 이런 상황이 반복적으로 발생하도록 내버려 두면 프로젝트에 심각한 위험이 된다. 개발 시간이 크게 낭비될 뿐만 아니라, 때로는 품질이 더 낮은 코드가 선택될 수도 있기 때문이다!

이런 혼란과 불필요한 작업을 피하려면 버전 관리 시스템을 어떻게 활용할지에 관해 명확한 전략을 세워야 한다. 이제부터 그 한 가지 예시를 살펴보겠다.

2.3.4.6 Gitflow 워크플로

이전 예에서 가장 큰 문제점은 여러 엔지니어들이 각기 다른 곳에서 같은 코드를 작업한다는 것이었다. 이런 상황이 생기지 않게 하려면 팀 전체가 따를 수 있는 프로세스, 즉 버전 관리 전략 또는 워크플로를 만들어야 한다.

이러한 전략 중 가장 인기 있는 것이 **Gitflow 워크플로다.** 이는 기능별 브랜치라는 기본 개념을 토대로, 지속적 배포가 필요한 프로젝트에서 특히 중요한 릴리스와 핫픽스 개념을 추가로 통합한 것이다.

각 브랜치는 다음과 같이 명확한 목적을 가지고 있다.

- main은 공식 릴리스를 담고 있으며 안정적인 코드만 포함한다.

- dev는 저장소의 대부분 작업이 시작되고 병합되는 중심점으로, 진행 중인 개발 내용을 담고 있으며 main으로 가기 전 준비 영역의 역할을 한다.

- **기능** 브랜치는 main 브랜치에 직접 병합하지 않는다. 모든 것은 dev에서 분기되어야 하고 dev로 다시 병합되어야 한다.

  릴리스 브랜치는 dev에서 만들어 빌드나 릴리스 과정을 시작하고, main과 dev에 병합한 후 삭제한다.

- **핫픽스** 브랜치는 배포되었거나 프로덕션에서 실행 중인 소프트웨어의 버그를 수정할 때 사용한다. main에서 분기한 후 작업이 끝나면 main과 dev에 병합한다.

그림 2.9는 Gitflow 워크플로에서 여러 브랜치가 코드베이스 발전에 어떻게 기여하는지 보여준다.

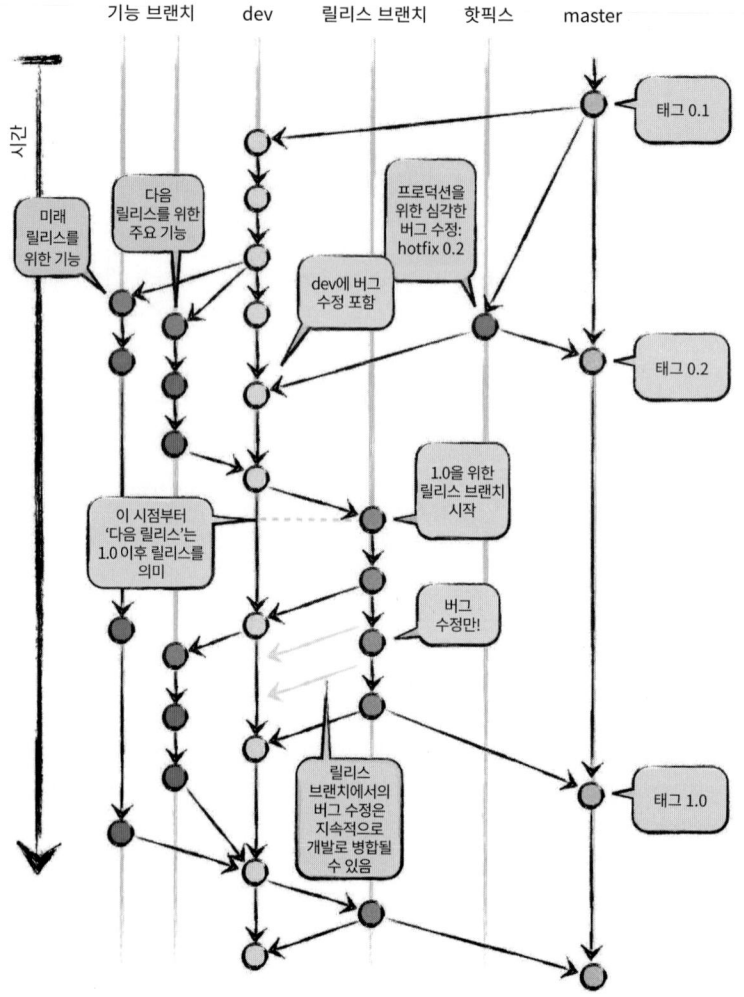

그림 2.9 Gitflow 워크플로

이 다이어그램은 〈Git Flow vs Github Flow〉[5]에서 가져왔다. 더 자세한 내용은 아틀라시안의
〈Gitflow 워크플로〉[6]에서 확인할 수 있다.

머신러닝 프로젝트가 이러한 종류의 전략을 따를 수 있다면(반드시 엄격하게 따를 필요는 없으며 상황에
맞게 조정할 수 있다) 생산성과 코드 품질, 문서화 수준이 크게 향상될 것이다.

---

5 https://lucamezzalira.com/2014/03/10/git-flow-vs-github-flow/

6 https://www.atlassian.com/ko/git/tutorials/comparing-workflows/gitflow-workflow

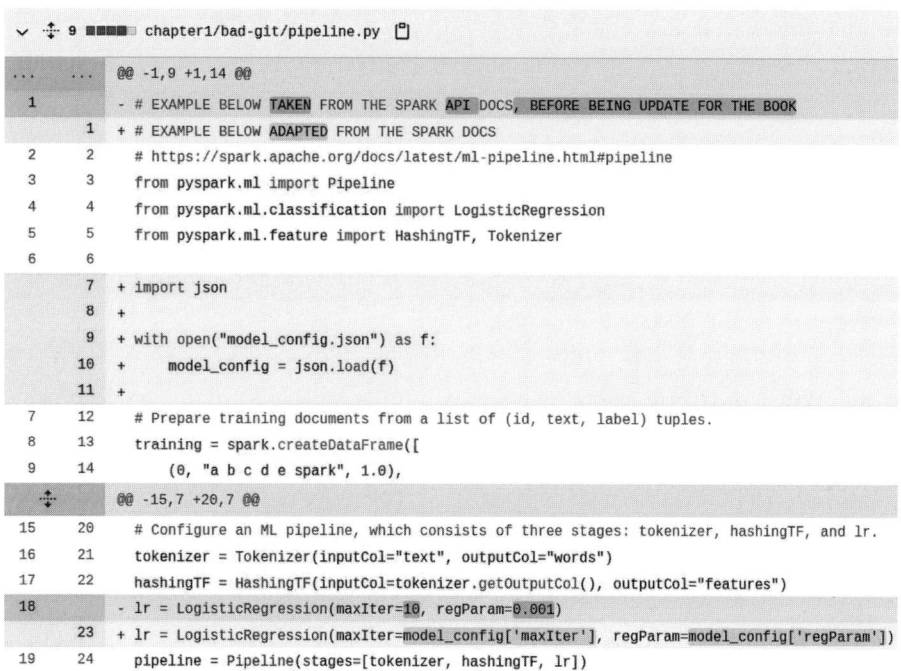

```
    ⌄  ✛ 9 ■■■■  chapter1/bad-git/pipeline.py  📋

    ...    ...    @@ -1,9 +1,14 @@
    1            - # EXAMPLE BELOW TAKEN FROM THE SPARK API DOCS, BEFORE BEING UPDATE FOR THE BOOK
           1    + # EXAMPLE BELOW ADAPTED FROM THE SPARK DOCS
    2      2      # https://spark.apache.org/docs/latest/ml-pipeline.html#pipeline
    3      3      from pyspark.ml import Pipeline
    4      4      from pyspark.ml.classification import LogisticRegression
    5      5      from pyspark.ml.feature import HashingTF, Tokenizer
    6      6
           7    + import json
           8    +
           9    + with open("model_config.json") as f:
          10    +     model_config = json.load(f)
          11    +
    7     12      # Prepare training documents from a list of (id, text, label) tuples.
    8     13      training = spark.createDataFrame([
    9     14          (0, "a b c d e spark", 1.0),
    ✛            @@ -15,7 +20,7 @@
   15     20      # Configure an ML pipeline, which consists of three stages: tokenizer, hashingTF, and lr.
   16     21      tokenizer = Tokenizer(inputCol="text", outputCol="words")
   17     22      hashingTF = HashingTF(inputCol=tokenizer.getOutputCol(), outputCol="features")
   18           - lr = LogisticRegression(maxIter=10, regParam=0.001)
          23    + lr = LogisticRegression(maxIter=model_config['maxIter'], regParam=model_config['regParam'])
   19     24      pipeline = Pipeline(stages=[tokenizer, hashingTF, lr])
```

그림 2.10 깃허브에서 pull 요청 시 코드 변경 예시

아직 다루지 않은 중요한 개념이 하나 있다. 바로 코드 리뷰다. 코드 리뷰는 **풀 리퀘스트(pull request)**
라는 과정을 통해 이뤄진다. 다른 브랜치에 병합하려 할 때 팀원이 먼저 코드를 검토할 수 있게 하는 것
이다. 이는 워크플로에 코드 리뷰를 도입하는 자연스러운 방법이다. dev나 main 브랜치에 변경 사항을
병합하고 업데이트하려 할 때마다 이 과정을 거친다. 그러면 제안된 변경 사항을 팀원 모두가 볼 수 있어
서, 병합을 완료하기 전에 토론하고 커밋을 통해 개선할 수 있다.

이렇게 하면 코드 리뷰를 통해 품질을 높이고, 감사 이력과 업데이트 보호 장치도 마련할 수 있다. 그림
2.10은 깃허브의 풀 리퀘스트에서 코드 변경 사항을 토론할 수 있도록 보여주는 화면이다.

지금까지 코드 버전 관리에 관한 모범 사례를 살펴봤다. 이제 머신러닝 프로젝트에서 만드는 모델의 버
전 관리 방법을 알아보자.

2.3.4.7 모델 버전 관리

머신러닝 엔지니어링 프로젝트에서는 코드 변경 사항뿐만 아니라 모델의 변경 사항도 명확하게 추적해
야 한다. 모델링 방식의 변화는 물론 새로운 데이터나 다른 데이터를 알고리즘에 입력했을 때의 성능 변

화도 추적해야 한다. 이러한 변경 사항을 추적하고 ML 모델의 버전을 관리하는 데 가장 좋은 도구 중 하나가 **MLflow**다. MLflow는 리눅스 재단의 관리하에 **데이터브릭스(Databricks)**가 만든 오픈소스 플랫폼이다.

MLflow를 설치하려면 선택한 파이썬 환경에서 다음 명령을 실행한다.

```
pip install mlflow
```

MLflow의 주요 목적은 모델 실험, 아티팩트, 성능 지표를 기록할 수 있는 플랫폼을 제공하는 것이다. 이는 파이썬 `mlflow` 라이브러리가 제공하는 매우 간단한 API를 통해 이뤄지며, 중앙에서 개발한 플러그인과 커뮤니티 플러그인을 통해 선택한 저장소 솔루션과 연동된다. 또한 그림 2.11과 같은 **그래픽 사용자 인터페이스(GUI)**를 통해 데이터를 조회, 분석, 가져오기/내보내기할 수 있는 기능도 제공한다.

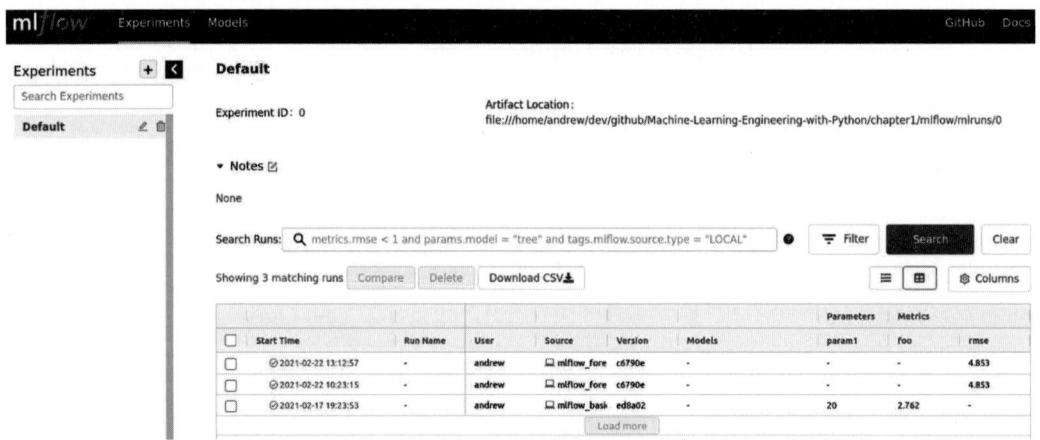

그림 2.11 MLflow 추적 서버 UI에서 본 예측 모델 실행 결과

이 라이브러리는 사용하기가 매우 쉽다. 다음 예제에서는 1장 '머신러닝 엔지니어링 소개'의 판매 예측 예시에 성능 지표 추적과 훈련된 프로핏 모델 저장을 위한 기본적인 MLflow 기능을 추가한다.

1. 먼저 관련 라이브러리를 임포트한다. MLflow의 `pyfunc` 모듈도 포함하는데, 이는 파이썬 함수로 작성할 수 있는 모델의 저장과 로딩을 위한 범용 인터페이스 역할을 한다. 이를 통해 `fbprophet` 라이브러리처럼 MLflow가 기본으로 지원하지 않는 라이브러리와 도구도 다룰 수 있다.

```
import pandas as pd
from fbprophet import Prophet
```

```
from fbprophet.diagnostics import cross_validation
from fbprophet.diagnostics import performance_metrics
import mlflow
import mlflow.pyfunc
```

2. fbprophet의 예측 모델과 더 원활하게 통합하기 위해 mlflow.pyfunc.PythonModel 객체에서 상속받는 작은 래퍼 클래스를 정의한다.

```
class FbProphetWrapper(mlflow.pyfunc.PythonModel):
    def __init__(self, model):
        self.model = model
        super().__init__()

    def load_context(self, context):
        from fbprophet import Prophet
        return

    def predict(self, context, model_input):
        future = self.model.make_future_dataframe(
            periods=model_input["periods"][0])
        return self.model.predict(future)
```

이제 여러 번 실행하기 쉽도록 훈련과 예측 기능을 train_predict()라는 도우미 함수로 감싼다. 이 함수의 세부 내용을 모두 설명하지는 않겠지만, 그 안에 포함된 주요 MLflow 기능을 살펴보자.

3. 먼저 추적할 훈련의 실행을 시작한다고 MLflow에 알려야 한다.

```
with mlflow.start_run():
    # 실험 코드와 mlflow 로깅이 여기에 들어간다
```

4. 이 루프 내에서 모델을 정의하고 코드의 다른 곳에 정의된 매개변수를 사용해 훈련한다.

```
# 프로핏 모델 생성
model = Prophet(
    yearly_seasonality=seasonality_params['yearly'],
    weekly_seasonality=seasonality_params['weekly'],
    daily_seasonality=seasonality_params['daily']
)
```

```
# 훈련 및 예측
model.fit(df_train)
```

5. 그런 다음 교차 검증을 수행하여 기록하고 싶은 지표를 계산한다.

```
# 지표 평가
df_cv = cross_validation(model, initial="730 days", period="180 days", horizon="365
days")
df_p = performance_metrics(df_cv)
```

6. 이러한 지표(여기서는 **평균 제곱근 오차**(RMSE))를 MLflow 서버에 기록할 수 있다.

```
# 매개변수, 지표, 모델을 MLflow에 기록
mlflow.log_metric("rmse", df_p.loc[0, "rmse"])
```

7. 마지막으로 모델 래퍼 클래스를 사용해 모델을 기록하고 실행에 대한 정보를 출력한다.

```
mlflow.pyfunc.log_model("model", python_model=FbProphetWrapper(model))
print(
    "기록된 모델의 URI: runs:/{run_id}/model".format(
        run_id=mlflow.active_run().info.run_id
    )
)
```

8. 몇 줄의 코드만 추가했을 뿐인데 모델의 버전 관리와 여러 실행의 통계 추적을 시작했다.

ML 모델의 버전을 추적할 때 특히 중요한 것이 모델을 MLflow(또는 다른 도구)에 저장하는 방법이다. 주요 옵션은 다음과 같다.

- pickle: pickle[7]은 파이썬의 객체 직렬화 라이브러리로, 사이킷런으로 만든 머신러닝 모델이나 사이파이(scipy) 생태계의 파이프라인을 내보낼 때 자주 사용된다. 사용하기가 매우 쉽고 속도도 빠르지만 모델을 pickle 파일로 내보낼 때는 다음 사항에 주의해야 한다.
  - **버전 관리**: pickle 객체는 안정성을 위해 동일 버전의 pickle을 사용해 언피클해야 한다. 이는 프로젝트 관리의 복잡성을 더하는 요인이다.

---

7 https://docs.python.org/3/library/pickle.html#module-pickle

- **보안**: 공식 문서에 따르면 pickle은 보안성이 없으며 언피클할 때 위험한 코드를 실행하는 악성 피클을 만들기 쉽다. 특히 프로덕션으로 이행할 때는 이 점을 매우 중요하게 고려해야 한다.

  모델을 빠르고 간편하게 공유할 수 있는 방법이므로, pickle 파일의 출처와 내력을 알고 있고 신뢰할 수 있다면 사용해도 괜찮다.

- **joblib**: joblib은 파이썬의 범용 파이프라이닝 라이브러리로, 강력하면서도 가볍다. 캐싱, 병렬화, 압축 등 유용한 기능이 많아서 ML 파이프라인을 저장하고 읽어들이는 데 매우 유용하다. 특히 대규모 넘파이 배열을 저장하는 속도가 빨라서 데이터 저장에도 유용하다. joblib은 이후 장에서 더 자세히 다룰 것이다. 단, joblib도 피클과 같은 보안 문제가 있으므로 파일의 출처를 아는 것이 매우 중요하다.

- **JSON**: pickle이나 joblib을 사용하기 곤란하다면 모델과 매개변수를 JSON 형식으로 직렬화해도 된다. JSON은 여러 솔루션과 플랫폼에서 널리 사용되는 표준 텍스트 직렬화 형식이라는 장점이 있다. 다만 JSON으로 모델을 직렬화할 때는 저장하고 싶은 매개변수에 맞는 JSON 구조를 직접 정의해야 하는 경우가 많아서 추가 작업이 많이 필요할 수 있다. 파이썬의 여러 ML 라이브러리가 자체적으로 JSON 내보내기 기능을 제공하는데(예: 딥러닝 패키지인 케라스), 각각 형식이 다를 수 있다.

- **MLeap**: MLeap은 자바 가상 머신(JVM)을 기반으로 하는 직렬화 형식이자 실행 엔진이다. 스칼라, PySpark, 사이킷런과 통합할 수 있지만 주로 스파크 파이프라인, 특히 Spark ML로 만든 모델을 저장하는 예제나 튜토리얼에서 볼 수 있다. 이처럼 특정 분야에 초점을 맞추고 있어서 유연성은 떨어지지만 스파크 생태계에서 작업할 때는 매우 유용하다.

- **ONNX**: ONNX(Open Neural Network Exchange) 형식은 완벽한 크로스 플랫폼을 목표로 하며, 주요 ML 프레임워크와 생태계 사이에서 모델을 교환할 수 있게 해준다. ONNX의 주요 단점은 이름에서 알 수 있듯이 사이킷런 API를 제외하면 주로 신경망 기반 모델을 대상으로 한다는 것이다. 하지만 신경망을 만든다면 매우 좋은 선택이 될 수 있다.

3장 '모델에서 모델 팩토리까지'에서는 이러한 형식 중 일부를 사용해 모델을 MLflow로 내보낼 것이다. 이 모든 형식이 MLflow와 호환되므로 머신러닝 엔지니어링 워크플로의 일부로 편하게 사용할 수 있다.

다음으로 솔루션 배포 계획에 필요한 중요한 개념을 소개하고, 이후 이 책에서 더 자세히 다룰 내용을 미리 살펴본다.

2.3.5 배포

머신러닝 개발 과정의 마지막 단계인 배포는 가장 중요한 단계다. 우리가 만든 뛰어난 솔루션을 실제 환경에 적용해 원래 문제를 해결하려면 어떻게 해야 할까? 이 질문에 대한 답은 여러 부분으로 나뉘는데, 이 책의 뒷부분에서 자세히 다룰 내용도 있지만 여기서는 개요를 설명하겠다. 솔루션을 성공적으로 배포하려면 먼저 배포 옵션을 알아야 한다. 어떤 인프라를 사용할 수 있고 어떤 것이 해당 작업에 적합한지 파악해야 한다. 그런 다음 솔루션을 개발 환경에서 프로덕션 인프라로 옮겨야 하며, 적절한 오케스트레이션과 제어를 통해 필요한 작업을 실행하고 결과를 표시할 수 있어야 한다. 이때 **데브옵스(DevOps)** 와 **ML옵스(MLOps)**의 개념이 중요해진다.

이제 이 핵심 개념을 자세히 살펴보면서 이후 장의 기반을 마련하고 우리의 작업을 어떻게 배포할지 알아보자.

2.3.5.1 배포 옵션 알기

5장 '배포 패턴과 도구'에서 머신러닝 엔지니어링 프로젝트를 개발에서 배포 단계로 옮기는 데 필요한 내용을 자세히 다룰 것이다. 그에 앞서 우리가 사용할 수 있는 배포 옵션의 종류를 간단히 살펴보자.

- **온프레미스 배포**: 퍼블릭 클라우드를 사용하지 않고 자체 인프라에 솔루션을 배포하는 방식이다. 레거시 소프트웨어가 많고 데이터 위치와 처리에 엄격한 규제가 있는 대규모 기관에서 주로 사용한다. 온프레미스 배포의 기본 단계는 클라우드 배포와 비슷하지만, 특정 전문성을 가진 다른 팀의 참여가 더 많이 필요하다. 예를 들어 클라우드에서는 네트워킹 설정이나 로드 밸런서 구현에 많은 시간을 들일 필요가 없지만, 온프레미스 솔루션에서는 이런 작업이 필요하다.

  온프레미스 배포의 가장 큰 장점은 보안과 데이터가 회사 방화벽을 벗어나지 않는다는 안정성이다. 반면에 하드웨어에 대한 초기 투자가 크고 하드웨어를 효과적으로 설정하고 관리하는 데 많은 노력이 필요하다는 단점이 있다. 이 책에서는 온프레미스 배포를 자세히 다루지 않지만, 소프트웨어 개발, 패키징, 환경 관리, 훈련 및 예측 시스템과 관련된 모든 개념은 여전히 적용된다.

- **IaaS(Infrastructure-as-a-Service)**: 클라우드를 사용할 때 가장 낮은 수준의 배포 추상화 중 하나가 IaaS 솔루션이다. 이는 주로 가상화 개념을 기반으로 하여 사용자가 필요에 따라 다양한 스펙의 서버를 실행할 수 있다. 이러한 솔루션은 유지보수와 운영을 서비스의 일부로 추상화한다. 가장 중요한 점은 필요에 따라 인프라를 대규모로 확장할 수 있다는 것이다. 다음 주에 서버 100대가 더 필요하다고? 문제없다. IaaS 요청을 늘리기만 하면 된다. IaaS 솔루션은 완전히 관리되는 온프레미스 인프라보다 한층 발전된 형태지만, 여전히 고려하고 설정해야 할 사항이 많다. 클라우드 컴퓨팅에서는 항상 편의성과 제어 수준 사이의 균형을 맞춰야 한다. IaaS는 제어는 최대화하지만 다른 솔루션에 비해 상대적으로 편의성은 떨어진다. AWS의 S3(Simple Storage Service)와 EC2(Elastic Compute Cloud)가 IaaS 서비스의 좋은 예다.

- **PaaS(Platform-as-a-Service)**: PaaS 솔루션은 더 높은 수준의 추상화를 제공하며, 내부 작동 방식을 자세히 알지 못해도 많은 기능을 사용할 수 있다. 따라서 기반 인프라는 신경 쓰지 않고 플랫폼이 지원하는 개발 작업에만 집중할 수 있다. **AWS Lambda** 함수가 좋은 예다. 사실상 제한 없이 확장할 수 있는 서버리스 함수로, 실행하고 싶은 핵심 코드만 입력하면 된다.

또 다른 예로 **데이터브릭스(Databricks)**가 있다. **스파크 클러스터** 인프라 위에 직관적인 UI를 제공하여 클러스터를 거의 원활하게 프로비저닝하고 설정하며 확장할 수 있다.

이런 다양한 옵션과 각각의 기능을 파악하면 ML 솔루션을 설계할 때 도움이 된다. 또한 팀의 엔지니어링 역량을 가장 필요하고 가치 있는 곳에 집중할 수 있다. 예를 들어 ML 엔지니어가 라우터 설정 같은 일을 하고 있다면 분명 어디선가 잘못된 것이다.

하지만 사용할 구성 요소를 선택하고 인프라를 프로비저닝한 후에는 어떻게 이들을 통합하고 배포와 업데이트 주기를 관리할까? 이제 이 내용을 살펴보자.

2.3.5.2 데브옵스와 ML옵스 이해

현대 소프트웨어 개발에서는 필요할 때마다 코드베이스를 계속 업데이트할 수 있어야 한다. 또한 테스트, 통합, 빌드, 패키징, 배포 과정은 최대한 자동화돼야 한다. 이렇게 하면 긴 업데이트 주기를 미리 계획할 필요 없이 거의 연속적으로 프로세스를 진행할 수 있다. 이것이 **CI/CD**의 핵심 개념이다. CI/CD는 소프트웨어 개발과 배포 후 운영을 통합하는 것을 목표로 하는 **데브옵스(DevOps)**와, 그 머신러닝 분야 응용인 **ML옵스(MLOps)**의 핵심을 이룬다. 이 책에서 다룰 여러 개념과 솔루션은 ML옵스 프레임워크에 자연스럽게 들어맞도록 구성했다.

CI(지속적 통합)는 주로 코드베이스에 지속적으로 변경 사항을 안정적으로 통합하면서 기능을 유지하는 데 초점을 맞춘다. CD(지속적 배포)는 이렇게 안정화된 버전의 솔루션을 적절한 인프라에 배포하는 것을 다룬다.

이러한 프로세스를 그림 2.12에 개략적으로 나타냈다.

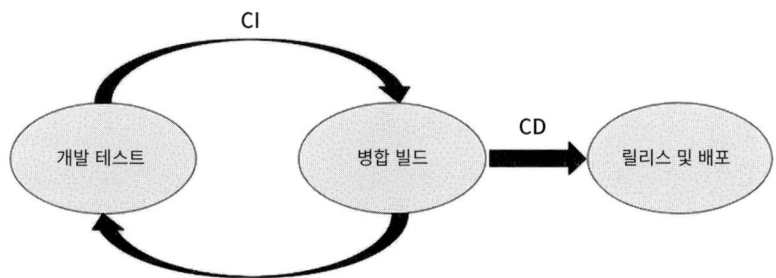

그림 2.12 CI/CD 프로세스의 개략도

CI/CD를 실현하려면 기존에 수동으로 하던 개발과 배포 작업을 자동화하는 도구가 필요하다. 예를 들어 코드 병합 시 테스트를 자동으로 실행하거나 코드 아티팩트나 모델을 적절한 환경에 자동으로 배포할 수 있다면 CI/CD에 한걸음 다가간 것이다.

솔루션의 데브옵스나 ML옵스 생명주기에 포함되는 작업 유형을 더 자세히 살펴보자. 개발 작업은 보통 빈 화면에서 시작해 작동하는 소프트웨어를 만들기까지의 모든 활동을 포함한다. 그래서 데브옵스나 ML옵스 프로젝트에서는 개발에 가장 많은 시간을 쓴다. 여기에는 코드 작성부터 형식 맞추기, 테스트까지 모든 것이 포함된다.

표 2.3은 이러한 일반적인 작업을 구분하고, 작업들이 어떻게 서로 연결되는지 설명하며, 파이썬 스택에서 이를 구현하는 데 사용할 수 있는 대표적인 도구들을 보여준다.

표 2.3 데브옵스나 ML옵스 프로젝트에서 수행되는 개발 활동의 세부 사항

생명주기 단계	활동	세부 사항	도구
개발(Dev)	테스팅	단위 테스트: 코드의 가장 작은 단위의 기능을 테스트하는 데 중점을 둔 테스트	pytest 또는 unittest
		통합 테스트: 코드 내부 및 다른 솔루션과의 인터페이스 작동을 확인	Selenium
		인수 테스트: 비즈니스 중심 테스트	Behave
		UI 테스트: 프런트엔드가 예상대로 작동하는지 확인	
	린팅(linting)	사소한 스타일 오류와 버그를 찾아냄	flake8 또는 bandit
	포매팅	코드 형식을 자동으로 통일	black 또는 sort
	빌드	솔루션을 하나로 모으는 최종 단계	Docker, twine 또는 pip

이제 이 책에서 중점적으로 다룰 ML옵스의 머신러닝 활동을 살펴보자. 여기에는 일반 파이썬 소프트웨어 엔지니어는 신경 쓸 필요가 없지만 우리 같은 머신러닝 엔지니어에게는 매우 중요한 작업들이 포함된다. 머신러닝 모델을 자동으로 훈련하고, 모델이 생성해야 할 예측이나 추론을 실행하며, 이를 코드 파이프라인으로 통합하는 기능을 개발하는 것이 이에 해당한다. 또한 Git 같은 도구로 애플리케이션 코드의 버전을 관리하는 것처럼 모델의 버전을 관리하고 단계별로 진행하는 것도 포함된다. 마지막으로 머신러닝 엔지니어는 기존 데브옵스 워크플로에서 다루지 않는, 솔루션의 운영 모드를 위한 특별한 모니터링 기능도 구축해야 한다. 머신러닝 솔루션에서는 정밀도, 재현율, F1 점수, 분포 안정성, 엔트로피, 데이터 드리프트 등을 모니터링하여 솔루션의 모델 구성 요소가 허용 범위 내에서 작동하는지 확인해야 할 수

있다. 이는 머신러닝 모델의 작동 방식과 오류 발생 가능성을 이해하고 이 모든 것에 대한 데이터 품질의 중요성을 진정으로 인식해야 하므로 전통적인 소프트웨어 엔지니어링과는 매우 다르다. 이것이 바로 머신러닝 엔지니어링이 그토록 흥미진진한 이유다! 이러한 활동의 자세한 내용은 표 2.4를 참조하자.

표 2.4 ML옵스 프로젝트에서 수행되는 머신러닝 중심 활동의 세부 사항

생명주기 단계	활동	세부 정보	도구
머신러닝(ML)	훈련	모델 훈련	모든 머신러닝 패키지
	예측	예측 또는 추론 단계 실행	모든 머신러닝 패키지
	빌드	모델이 포함된 파이프라인과 애플리케이션 로직 생성	사이킷런 파이프라인, Spark ML 파이프라인, ZenML
	스테이징	모델과 파이프라인의 적절한 버전에 태그를 지정하고 릴리스	MLflow 또는 Comet.ml
	모니터링	솔루션 성능을 추적하고 필요할 때 경고 발생	Seldon, Neptune.ai, Evidently.ai, Arthur.ai

마지막으로 데브옵스나 ML옵스에서 운영(Operations)을 뜻하는 Ops 부분이 있다. 이는 솔루션을 실제로 어떻게 실행하고, 문제가 생겼을 때 어떻게 알림을 받으며, 오류에서 복구할 수 있는지를 다룬다. 당연히 운영은 솔루션의 최종 패키징, 빌드, 릴리스와 관련된 활동을 포함한다. 또한 머신러닝 모델의 성능 모니터링과는 다른 유형의 모니터링도 다뤄야 한다. 이 모니터링은 인프라 활용도, 안정성, 확장성과 솔루션의 지연 시간, 전반적인 솔루션 작동에 더 중점을 둔다. 데브옵스와 ML옵스 생명주기의 이 부분은 도구 측면에서 상당히 성숙해 있어서 선택할 수 있는 옵션이 많다. 표 2.5에서 시작하는 데 도움이 될 만한 정보를 소개한다.

표 2.5 데브옵스 또는 ML옵스 프로젝트에서 솔루션을 운영하기 위해 수행되는 활동의 세부 정보

생명주기 단계	활동	세부 정보	도구
운영(Ops)	릴리스	작성한 소프트웨어를 재사용을 위해 중앙 저장소에 저장	Twine, pip, GitHub, BitBucket
	배포	작성한 소프트웨어를 적절한 대상 위치와 환경에 배포	Docker, GitHub Actions, Jenkins, TravisCI, CircleCI
	모니터링	기반 인프라의 성능과 활용도 및 일반적인 소프트웨어 성능을 추적하고 필요할 때 경고 발생	DataDog, Dynatrace, Prometheus

이제 ML옵스 생명주기 전반에 필요한 핵심 개념을 설명했으니, CI/CD 방식을 구현하여 머신러닝 엔지니어링 프로젝트에서 이를 실현하는 방법을 알아보겠다. 또한 머신러닝 모델과 파이프라인의 성능에 대한 자동화된 테스트는 물론, 모델의 자동 재훈련까지 범위를 확장할 것이다.

2.3.5.3 깃허브 액션으로 첫 번째 CI/CD 예제 구축

이 책에서는 CI/CD 도구로 깃허브 액션(GitHub Actions)을 사용한다. 물론 비슷한 일을 하는 다른 도구도 여러 가지가 있지만, 깃허브 액션은 깃허브 계정만 있으면 사용할 수 있고, 문서[8]도 잘 정리돼 있어 쉽게 시작할 수 있다.

깃허브 액션을 사용하려면 깃허브에 언제 어떤 작업을 수행할지 알려주는 .yml 파일을 만들어야 한다. 이 파일은 저장소 최상위 디렉터리의 .github/workflows 폴더에 넣는다(폴더가 없다면 만든다). feature/actions라는 새 브랜치에서 이 작업을 진행해 보자. 다음 명령으로 브랜치를 만든다.

```
git checkout -b feature/actions
```

그다음 github-actions-basic.yml이라는 파일을 만든다. 이제부터 파이썬 프로젝트를 위한 CI/CD 워크플로 예제를 하나씩 만들어 볼 것이다. 이 워크플로는 자동으로 의존성을 설치하고, 린터로 버그와 문법 오류 등 코드 문제를 검사한 다음, 단위 테스트를 실행한다.

이 예제는 GitHub Starter Workflows 저장소를 참고해서 만들었다. github-actions-basic.yml 파일을 열고 다음 단계를 수행한다.

1. 먼저 깃허브 액션 워크플로의 이름과 Git 이벤트 트리거를 정의한다.

   ```
   name: Python package
   on: [push]
   ```

2. 그다음 워크플로의 작업과 구성을 지정한다. 여기서는 build라는 작업을 하나 만들어서 최신 우분투에서 실행하고, 여러 파이썬 버전으로 빌드를 시도한다.

   ```
   jobs:
     build:
   ```

---

8 https://docs.github.com/en/actions

```
    runs-on: ubuntu-latest
    strategy:
      matrix:
        python-version: [3.9, 3.10]
```

3. 이제 작업의 실행 단계를 정의한다. 각 단계는 하이픈으로 구분하며 별도의 명령으로 실행된다. uses 키워드는 표준 깃허브 액션을 가져온다. 예를 들어 첫 단계에서는 checkout 액션의 v3 버전을 사용하고, 두 번째 단계에서는 워크 플로에서 실행하려는 파이썬 버전을 설정한다.

```
steps:
- uses: actions/checkout@v3
- name: Set up Python ${{ matrix.python-version }}
  uses: actions/setup-python@v4
  with:
    python-version: ${{ matrix.python-version }}
```

4. 다음 단계에서는 pip와 requirements.txt 파일을 사용해 필요한 의존성을 설치한다(콘다를 사용해도 된다).

```
- name: Install dependencies
  run: |
    python -m pip install --upgrade pip
    pip install flake8 pytest
    if [ -f requirements.txt ]; then pip install -r requirements.txt; fi
```

5. 그다음 린팅을 실행한다.

```
- name: Lint with flake8
  run: |
    # 파이썬 문법 오류나 정의되지 않은 이름이 있으면 빌드를 중단
    flake8 . --count --select=E9,F63,F7,F82 --show-source --statistics
    # exit-zero는 모든 오류를 경고로 처리한다. 깃허브 편집기는 127자까지 표시한다.
    flake8 . --count --exit-zero --max-complexity=10 --max-line-length=127 --statistics
```

6. 마지막으로 선호하는 파이썬 테스트 라이브러리로 테스트를 실행한다. 저장소 전체를 테스트하면 너무 복잡하므로 그렇게 하지 않고 working-directory 키워드로 특정 디렉터리만 지정해 pytest를 실행한다. test_basic.py에 간단한 테스트 함수가 있어서 자동으로 통과한다.

```
  - name: Test with pytest
    run: pytest
    working-directory: Chapter02
```

깃허브 액션 워크플로를 만들었으니 이제 실행해 보자. 원격 저장소에 푸시하면 나머지는 깃허브가 자동으로 처리해 줄 것이다. 수정한 .yml 파일을 추가하고 커밋한 다음 푸시한다.

```
git add .github/workflows/github-actions-basic.yml
git commit —m "Basic CI run with dummy test"
git push origin feature/actions
```

터미널에서 이 명령을 실행한 후 깃허브 UI로 가서 상단 메뉴의 **Actions**를 클릭하면 그림 2.13과 같이 저장소의 모든 액션 실행 내역이 표시된다.

그림 2.13 GitHub UI에서 본 GitHub Actions 실행

그런 다음 실행을 클릭하면 그림 2.14처럼 해당 액션 실행의 모든 작업 상세 내역이 표시된다.

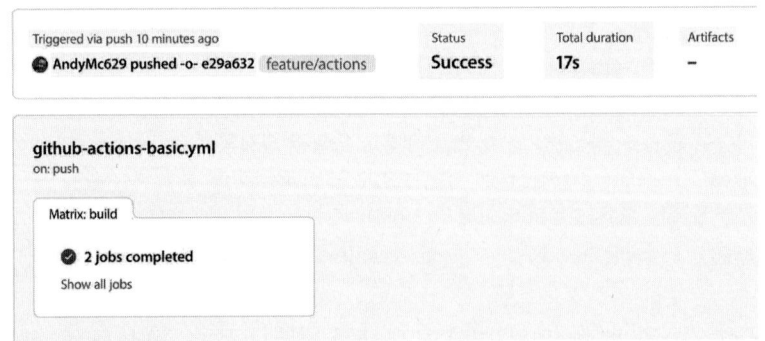

그림 2.14 GitHub UI의 GitHub Actions 실행 세부 정보

각 작업을 클릭하면 그림 2.15처럼 실행된 단계가 표시된다. 단계를 클릭하면 각 단계의 출력도 볼 수 있어서 실행 실패를 분석할 때 매우 유용하다.

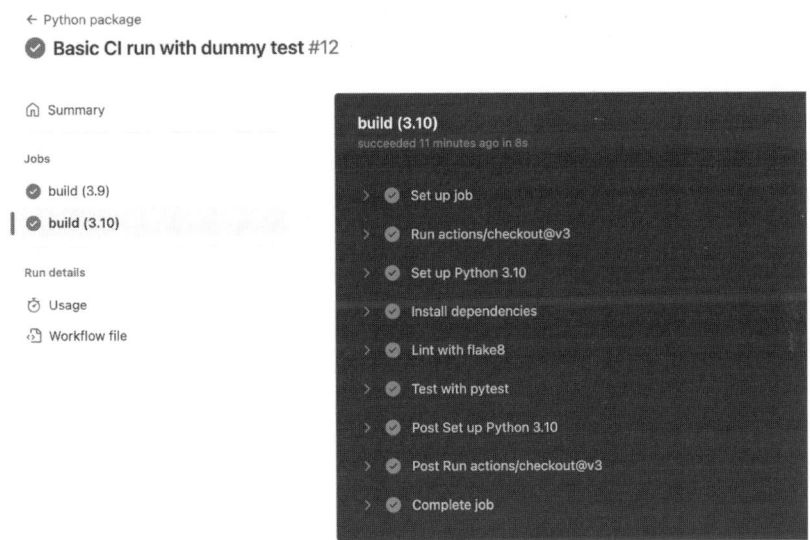

그림 2.15 GitHub UI에 표시된 GitHub Actions 실행 단계

지금까지 본 것은 CI의 예시다. CD까지 확장하려면 결과물을 대상 호스트에 배포하는 단계를 추가해야 한다. 예를 들어 파이썬 패키지를 만들어 pip에 배포하거나, 파이프라인을 만들어 다른 시스템에서 실행할 수 있게 푸시하는 것이다. 후자는 5장 '배포 패턴과 도구'에서 Airflow DAG를 다룰 때 살펴본다. 이것으로 CI/CD 파이프라인 구축을 시작하는 방법을 살펴봤다. 앞서 언급했듯이 이 책 뒷부분에서 머신러닝 솔루션에 특화된 워크플로를 만들어볼 것이다.

이제 CI/CD 개념을 머신러닝 엔지니어링으로 확장해서 모델 성능 테스트를 만들고 이를 지속적인 프로세스의 일부로 실행하는 방법을 알아보자.

2.3.5.4 지속적인 모델 성능 테스트

머신러닝 엔지니어는 작성하는 코드의 핵심 기능 작동뿐만 아니라 구축하는 모델에도 신경을 써야 한다. 전통적인 소프트웨어 프로젝트에서는 이런 요소를 고려할 필요가 없어서 쉽게 간과하기 쉽다.

이제 기준 참조 데이터를 가져와서 다양한 테스트를 구축하는 과정을 설명하겠다. 이를 통해 모델 배포 시 예상대로 작동할 것이라는 확신을 가질 수 있다.

앞서 파이테스트와 깃허브 액션을 사용한 자동 테스트 방법을 소개했다. 다행히 이 개념을 확장해 모델 성능 지표 테스트도 포함할 수 있다. 이를 위해서는 다음과 같은 준비가 필요하다.

1. 작업이나 테스트 내에서 모델 검증용 참조 데이터를 가져와야 한다. 이는 객체 저장소나 데이터베이스 같은 원격 데이터 저장소에서 가져올 수 있으며, 적절한 인증 정보만 있으면 된다. 인증 정보는 깃허브 시크릿으로 저장하는 것이 좋다. 여기서는 간단한 예시로 사이킷런 라이브러리로 데이터셋을 직접 생성해 사용한다.

2. 테스트할 모델을 어딘가에서 가져와야 한다. 이는 완전한 모델 레지스트리나 다른 저장소가 될 수 있다. 1번 항목에서 언급한 접근 권한과 시크릿 관리가 여기서도 적용된다. 여기서는 허깅 페이스 허브에서 모델을 가져올 것이다(허깅 페이스는 3장에서 자세히 다룬다). MLflow 추적 인스턴스나 다른 도구를 사용할 수도 있다.

3. 실행할 테스트를 정의하고 원하는 결과를 얻을 수 있다는 확신이 있어야 한다. 지나치게 민감해서 사소한 이유로 빌드가 실패하는 테스트는 피해야 하며, 실제로 주목해야 할 실패 유형을 감지할 수 있는 유용한 테스트를 작성하도록 노력해야 한다.

1번 항목과 관련해 사이킷런 라이브러리에서 일부 데이터를 가져와 파이테스트 픽스처를 통해 테스트에 사용할 수 있게 한다.

```python
@pytest.fixture
def test_dataset() -> Union[np.array, np.array]:
    # 데이터셋 로드
    X, y = load_wine(return_X_y=True)

    # 2인 경우 True, 그렇지 않으면 False인 배열 생성
    y = y == 2

    # 훈련 및 테스트 분할
    X_train, X_test, y_train, y_test = train_test_split(X, y, random_state=42)

    return X_test, y_test
```

2번 항목의 경우 저장된 모델을 가져오기 위해 허깅 페이스 허브 패키지를 사용할 것이다. 앞서 설명했듯이 사용하는 모델 저장 메커니즘에 맞게 이를 조정해야 한다. 이 경우 저장소가 공개되어 있어서 시크릿을 저장할 필요가 없다. 만약 시크릿이 필요하다면 깃허브 시크릿 저장소를 사용하기 바란다.

```
@pytest.fixture
def model() -> sklearn.ensemble._forest.RandomForestClassifier:
    REPO_ID = "electricweegie/mlewp-sklearn-wine"
    FILENAME = "rfc.joblib"

    model = joblib.load(hf_hub_download(REPO_ID, FILENAME))

    return model
```

이제 테스트를 작성하면 된다. 모델의 예측이 올바른 객체 유형을 생성하는지 확인하는 간단한 테스트부터 시작해 보자.

```
def test_model_inference_types(model, test_dataset):
    assert isinstance(model.predict(test_dataset[0]), np.ndarray)
    assert isinstance(test_dataset[0], np.ndarray)
    assert isinstance(test_dataset[1], np.ndarray)
```

그런 다음 테스트 데이터셋에서 모델 성능이 특정 조건을 충족하는지 확인하는 테스트를 작성할 수 있다.

```
def test_model_performance(model, test_dataset):
    metrics = classification_report(y_true=test_dataset[1],
                                    y_pred=model.predict(test_dataset[0]),
                                    output_dict=True)
    assert metrics['False']['f1-score'] > 0.95
    assert metrics['False']['precision'] > 0.9
    assert metrics['True']['f1-score'] > 0.8
    assert metrics['True']['precision'] > 0.8
```

지금까지 설명한 테스트는 데이터 기반 단위 테스트의 일종으로, 모델의 구성 요소(파이프라인의 특징 공학 단계나 초매개변수 등)를 변경해도 성능 기준을 충족하는지 검증한다. 이 테스트를 저장소에 추가하고 나면 다음번 코드를 푸시할 때 깃허브 액션이 자동으로 실행되어 모델 성능을 검증한다.

이로써 CI/CD 프로세스에 모델 검증 단계를 포함시켰다!

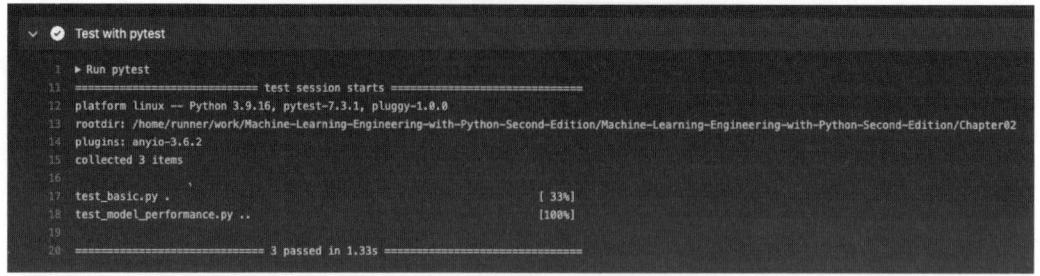

그림 2.16 깃허브 액션을 사용해 CI/CD 프로세스의 일부로 모델 검증 테스트를 성공적으로 실행

이러한 기본 개념을 바탕으로 더 정교한 테스트를 만들 수 있으며, 필요에 따라 환경과 패키지를 조정할 수 있다.

2.3.5.5 지속적인 모델 훈련

ML 엔지니어링에서 '지속적'이라는 개념을 확장한 것이 지속적 모델 훈련이다. 앞에서는 코드를 푸시할 때 ML 프로세스로 테스트하는 방법을 다뤘다. 이번에는 코드가 변경됐을 때 모델 재훈련을 실행하는 방법을 알아본다. 3장 '모델에서 모델 팩토리까지'에서는 데이터나 모델 드리프트 같은 여러 요인에 따른 ML 모델의 훈련과 재훈련에 관해 자세히 다루고, 5장 '배포 패턴과 도구'에서는 ML 모델 배포 전반을 설명한다. 따라서 여기서는 다양한 대상에 배포하는 세부 사항 대신 CI/CD 파이프라인에 지속적 훈련 단계를 추가하는 방법을 설명한다.

생각보다 간단하다. 이미 눈치챘겠지만 CI/CD는 개발 과정에서 특정 이벤트가 발생하면 일련의 단계를 자동으로 실행하는 것이다. 각 단계는 매우 단순할 수도, 복잡할 수도 있지만, 근본적으로는 트리거 이벤트가 활성화됐을 때 지정된 순서대로 다른 프로그램을 실행하는 것뿐이다.

지속적 훈련이 목적이므로 코드 개발 중 언제 재훈련하면 좋을지 생각해 보자. 일정에 따른 재훈련이나 모델 성능 또는 데이터 품질의 드리프트로 인한 재훈련은 나중에 다룰 예정이므로 지금은 논외로 한다. 코드 변경만 고려한다면, 코드에 실질적인 변경이 있을 때 훈련하는 것이 자연스러운 접근법이라 할 수 있다.

예를 들어 코드를 버전 관리에 커밋할 때마다 트리거가 실행되면, ML 모델의 성능이 크게 달라지지 않는데도 많은 컴퓨팅 리소스가 낭비될 것이다. 대신 메인 브랜치에 풀 리퀘스트가 병합될 때만 재훈련하도록 트리거를 제한할 수 있다. 이는 프로젝트에서 새로운 소프트웨어 기능이나 작동 방식이 추가되어 솔루션의 핵심에 통합되었음을 나타내는 이벤트다.

깃허브 액션으로 CI/CD를 구축할 때는 Git 저장소의 .github 폴더에 있는 YAML 파일을 만들거나 수정한다. 풀 리퀘스트가 있을 때 훈련 프로세스를 실행하려면 다음과 같이 추가하면 된다.

```
name: Continous Training Example
on: [pull_request]
```

그다음 훈련 스크립트를 대상 시스템에 푸시하고 실행하는 단계를 정의해야 한다. 먼저 액세스 토큰을 가져와야 한다. AWS를 예로 들어, 적절한 AWS 자격 증명을 깃허브 시크릿으로 등록했다고 하자. 자세한 내용은 5장 '배포 패턴과 도구'를 참고한다. deploy-trainer 작업의 첫 단계에서 다음과 같이 자격 증명을 가져올 수 있다.

```
jobs:
  deploy-trainer
    runs-on: [ubuntu-latest]
    steps:
    - name: Checkout
      uses: actions/checkout@v3
    - name: Configure AWS Credentials
      uses: aws-actions/configure-aws-credentials@v2
      with:
        aws-access-key-id: ${{ secrets.AWS_ACCESS_KEY_ID }}
        aws-secret-access-key: ${{ secrets.AWS_SECRET_ACCESS_KEY }}
        aws-region: us-east-2
        role-to-assume: ${{ secrets.AWS_ROLE_TO_ASSUME }}
        role-external-id: ${{ secrets.AWS_ROLE_EXTERNAL_ID }}
        role-duration-seconds: 1200
        role-session-name: TrainingSession
```

그다음 저장소의 파일을 대상 S3로 복사해야 할 수 있다. 메인 훈련 스크립트를 실행하는 데 필요한 모듈이 포함되어 있을 수 있기 때문이다. 다음과 같이 하면 된다.

```
- name: Copy files to target destination
  run: aws s3 sync . s3://<S3-BUCKET-NAME>
```

마지막으로 이 파일들을 사용해 훈련을 수행하는 프로세스를 실행해야 한다. ML 프로세스를 배포하는 방법은 매우 다양하므로 여기서는 구체적인 내용은 생략했다. 5장 '배포 패턴과 도구'에서 다양한 방법을 다룬다.

```
- name: Run training job
  run: |
    # 여러분의 맞춤형 실행 명령이 여기에 들어간다. 선택한 도구를 사용하라!
```

이렇게 하면 앞서 다룬 지속적 모델 성능 테스트와 함께 지속적 ML 모델 훈련을 실행하는 데 필요한 모든 핵심 요소가 갖춰진다. 이것이 바로 데브옵스의 CI/CD 개념을 ML옵스에 적용하는 방법이다.

2.4 요약

이 장에서는 향후 작업의 기반을 다졌다. '발견(Discover), 플레이(Play), 개발(Develop), 배포(Deploy)'라는 ML 엔지니어링의 공통 개발 단계를 설명하고 CRISP-DM 같은 전통적인 방법론과 비교했다. 특히 각 단계의 목표와 산출물을 자세히 다뤘다.

이어서 도구에 관해 전반적으로 살펴보고 주요 설정 단계를 안내했다. 코드 개발, 코드 변경 사항 추적, ML 엔지니어링 프로젝트 관리, 솔루션 배포에 필요한 도구를 설정했다.

나머지 부분에서는 앞서 설명한 네 단계를 자세히 살펴봤다. 특히 개발과 배포 단계에 중점을 뒀다. 폭포수와 애자일 개발 방법론의 장단점부터 시작해 환경 관리, 소프트웨어 개발 모범 사례까지 다뤘다. ML 솔루션을 패키징하는 방법과 사용 가능한 배포 인프라를 살펴보고 데브옵스와 ML옵스 워크플로 설정의 기본을 다뤘다. 마지막으로 ML 코드의 테스트 방법을 자세히 설명했는데, CI/CD 파이프라인의 일부로 테스트를 자동화하는 방법도 포함했다. 이를 바탕으로 지속적 모델 성능 테스트와 지속적 모델 훈련으로 확장했다.

다음 장에서는 여기서 다룬 기법을 활용해 모델의 자동 훈련과 재훈련을 수행하는 소프트웨어를 구축하는 방법을 알아본다.

03

모델에서
모델 팩토리까지

이 장에서는 머신러닝 엔지니어링의 핵심 개념을 다룬다. 모델 훈련과 미세 조정이라는 어려운 작업을 프로덕션 시스템에서 자동화하고, 재현하고, 확장할 수 있게 만드는 방법을 알아본다.

먼저 ML 모델 훈련의 주요 개념을 이론과 실무 관점에서 복습한다. 그다음 ML 모델이 영원히 좋은 성능을 유지할 수 없다는 점을 설명하면서 재훈련이 필요한 이유를 살펴본다. 이는 **드리프트(drift)**라고도 한다. 이어서 모든 머신러닝 작업의 핵심인 특징 공학의 주요 개념을 다룬다. 머신러닝이 본질적으로 일련의 최적화 문제라는 점과 이를 해결하는 다양한 수준의 도구도 자세히 살펴본다. 특히 직접 모델을 정의하는 방법(필자는 이를 '수동 조작'이라고 부른다), 초매개변수 튜닝, **오토ML(AutoML)** 등을 다룬다. 이러한 작업에 사용할 수 있는 여러 라이브러리와 도구의 예시를 살펴보고, 훈련 워크플로에 적용하는 방법을 알아본다. 2장 '머신러닝 개발 프로세스'에서 소개한 MLflow를 확장해서 다양한 MLflow API 로 모델을 관리하고 MLflow 모델 레지스트리에서 상태를 업데이트하는 방법도 설명한다.

마지막으로 ML 모델 훈련의 모든 단계를 **파이프라인**이라는 단일 단위로 연결하는 도구를 다룬다. 이는 앞서 설명한 단계를 더 간단히 표현하는 데 도움이 된다. 요약에서는 핵심 내용을 정리하고, 4장 '패키징' 과 5장 '배포 패턴과 도구'에서 이를 어떻게 발전시킬지 설명한다.

요컨대, 이 장에서는 솔루션에 어떤 요소가 필요한지 알아보고, 이후 장에서는 이를 견고하게 결합하는 방법을 설명한다. 이번 장에서 다룰 내용은 다음과 같다.

- 모델 팩토리 정의하기

- 학습에 대해 학습하기

- 머신러닝을 위한 특징 공학

- 훈련 시스템 설계하기

- 재훈련 필요성

- 모델 영속화

- 파이프라인으로 모델 팩토리 구축하기

3.1 기술적 요구사항

이전 장과 마찬가지로 이 장에 필요한 패키지는 Chapter03 폴더의 콘다 환경 .yml 파일에 있다. 다음 명령으로 콘다 환경을 만들 수 있다.

```
conda env create -f mlewp-chapter03.yml
```

이렇게 하면 MLflow, AutoKeras, Hyperopt Optuna, auto-sklearn, Alibi Detect, Evidently 같은 패키지가 설치된다.

 팁

애플 실리콘이 탑재된 맥북에는 텐서플로와 auto-sklearn을 pip나 콘다로 바로 설치할 수 없다.

텐서플로를 사용하려면 다음 패키지를 설치해야 한다.

```
pip install tensorflow-macos
pip install tensorflow-metal
```

auto-sklearn을 설치하려면 먼저 다음 명령을 실행하거나 다른 Mac용 패키지 관리자로 swig를 설치해야 한다.

```
brew install swig
```

그리고 나서 다음 명령을 실행한다.

```
pip install auto-sklearn
```

3.2 모델 팩토리 정의하기

수작업에 의존하고 일관성이 떨어지는 방식에서 벗어나 자동화되고 견고하며 확장 가능한 ML 시스템을 만들려면, 그 핵심인 모델을 어떻게 만들고 관리할지부터 고민해야 한다.

이 절에서는 이를 위해 필요한 핵심 요소들을 살펴보고 코드로 구현하는 방법을 예시와 함께 설명한다. 구현 방식은 이외에도 다양하겠지만, 이 예시들은 실제 배포에 필요한 수준의 정교한 ML 솔루션을 만들어가는 데 도움이 될 것이다.

주요 구성 요소는 다음과 같다.

- **훈련 시스템**: 가지고 있는 데이터를 사용해 모델을 자동화된 방식으로 강력하게 훈련하는 시스템. ML 모델을 훈련하는 데 필요한 모든 코드를 포함한다.
- **모델 저장소**: 훈련된 모델을 저장하고 프로덕션에 사용할 모델을 예측 구성 요소와 공유하는 공간이다.
- **드리프트 감지기**: 모델 성능의 열화를 감지해 재훈련이 필요한 시점을 알려주는 시스템이다.

이러한 구성 요소들이 배포된 예측 시스템과 상호작용하면서 모델 팩토리를 이룬다. 그림 3.1은 이를 도식화한 것이다.

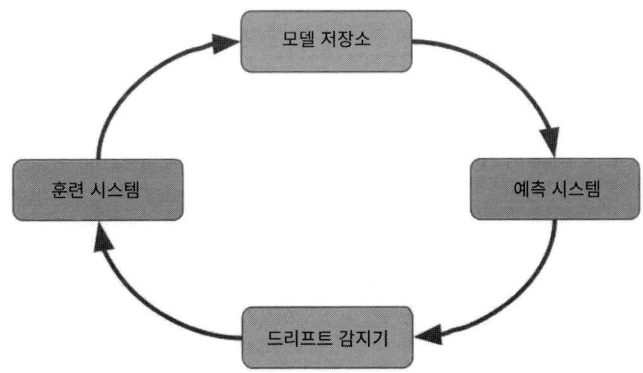

그림 3.1 모델 팩토리의 구성 요소

이 장의 나머지 부분에서는 위 세 구성 요소를 자세히 살펴본다. **예측 시스템**에 관해서는 5장 '배포 패턴과 도구'에서 중점적으로 다룬다.

먼저 ML 모델 훈련이 무엇을 의미하는지, 그리고 이를 위한 시스템을 어떻게 구축할 수 있는지 살펴보자.

3.3 학습이란 무엇인가

모든 ML 알고리즘의 핵심은 최적화다. 이 알고리즘들이 학습한다는 것(더 많은 데이터를 접할수록 적절한 지표에 따라 성능을 반복적으로 개선한다는 것)이 바로 이들을 강력하고 흥미롭게 만드는 요소다. 우리가 '훈련(training)'이라고 부르는 것이 바로 이 학습 과정이다.

이 절에서는 훈련의 핵심 개념과 코드에서 선택할 수 있는 옵션들을 살펴보고, 이것이 훈련 시스템의 성능과 기능에 어떤 영향을 미치는지 알아본다.

3.3.1 목표 정의하기

앞서 훈련이 최적화라고 했는데, 정확히 무엇을 최적화하는 걸까? 지도 학습을 예로 들어보자. 훈련할 때는 주어진 특징에 대해 예측하고 싶은 레이블이나 값을 제공한다. 이를 통해 알고리즘이 특징과 목표 간의 관계를 학습할 수 있다. 알고리즘은 훈련 중에 내부 매개변수를 최적화하기 위해 현재 매개변수로는 얼마나 틀릴지 알아야 한다. 이 '틀린 정도'를 점점 줄이도록 매개변수를 갱신하는 것이 바로 최적화다. 손실 함수(loss function)가 바로 이를 수치화한 것이다.

손실 함수는 여러 종류가 있으며, 많은 패키지에서는 필요할 경우 직접 정의할 수도 있다. 알아두면 좋을 표준적인 손실 함수는 다음과 같다.

회귀 문제에 사용할 수 있는 손실 함수:

- 평균 제곱 오차/L2 손실
- 평균 절대 오차/L1 손실

이진 분류 문제에 사용할 수 있는 손실 함수:

- 로그 손실/로지스틱 손실/교차 엔트로피 손실
- 힌지 손실

다중 클래스 분류 문제에 사용할 수 있는 손실 함수:

- 다중 클래스 교차 엔트로피 손실
- 쿨백–라이블러 발산 손실

비지도 학습에서도 손실 함수 개념이 적용되지만, 이때는 입력 데이터의 올바른 분포가 목표가 된다. 손실 함수를 정의한 후에는 이를 최적화해야 한다. 다음 절에서 이에 관해 살펴보자.

3.3.2 손실 최소화하기

지금까지 훈련이 최적화에 관한 것이며, 무엇을 최적화해야 하는지 알아보았다. 이제 어떻게 최적화하는지 살펴보자.

여러 방법이 있지만, 주요 접근법을 살펴보면 다음과 같다.

다음은 **고정 학습률** 접근법이다.

- **경사하강법**: 손실 함수의 매개변수에 관한 미분값을 구한 뒤, 이를 이용해 손실이 감소하는 방향으로 갱신한다.

- **배치 경사하강법**: 훈련 집합의 모든 데이터 포인트에서 구한 기울기(gradient)의 평균을 사용한다. 데이터셋이 너무 크지 않고 손실 함수가 비교적 매끄럽고 볼록하다면 전역 최솟값에 도달할 수 있다.

- **확률적 경사하강법**: 매 반복마다 무작위로 선택한 하나의 데이터 포인트로 기울기를 계산한다. 전역 최솟값(global minimum)에 더 빨리 도달하지만, 최적화 단계마다 손실이 크게 변동할 수 있다.

- **미니배치 경사하강법**: 배치와 확률적 방식을 혼합한 것이다. 매개변수를 갱신할 때마다 전체 데이터셋보다는 작지만 한 개보다는 많은 데이터 포인트를 사용한다. 배치 크기는 조정이 필요한 매개변수가 된다. 배치가 클수록 배치 경사하강법에 가까워져 더 나은 기울기 추정값을 얻지만 속도는 느려진다. 배치가 작을수록 확률적 경사하강법에 가까워져 속도는 빨라지지만 안정성은 떨어진다. 미니배치를 사용하면 이 둘 사이에서 원하는 지점을 선택할 수 있다. 배치 크기는 여러 기준으로 선택할 수 있다. 메모리 사용량을 고려해야 하는데, 병렬 처리되는 배치와 큰 배치는 메모리를 더 많이 사용하지만 작은 배치는 일반화 성능이 더 좋다. 자세한 내용은 이안 굿펠로, 요슈아 벤지오, 애런 쿠빌의 《심층 학습》(제이펍, 2018) 8장을 참고한다.

다음으로 **적응적 학습률 기법**은 다음이 대표적이다.

- **AdaGrad**: 최적화 과정에서 학습 업데이트의 특성에 따라 학습률 매개변수를 동적으로 조정한다.

- **AdaDelta**: AdaGrad를 확장한 방법으로, 이전 기울기 업데이트를 모두 사용하지 않고 특정 구간의 업데이트만 사용한다.

- **RMSprop**: 모든 기울기 단계의 제곱에 대한 이동 평균을 유지하면서, 최신 기울기를 이 값의 제곱근으로 나누는 방식으로 작동한다.

- **Adam**: AdaGrad와 RMSprop의 장점을 결합하려는 알고리즘이다.

ML 엔지니어 입장에서는 이러한 최적화 방법들의 한계와 성능을 이해하는 것이 중요하다. 훈련 시스템에 각 문제에 맞는 최적의 도구를 사용하기 위해서다. 내부 최적화에 여러 선택지가 있다는 것을 아는 것만으로도 작업의 초점을 맞추고 성능을 높이는 데 도움이 된다.

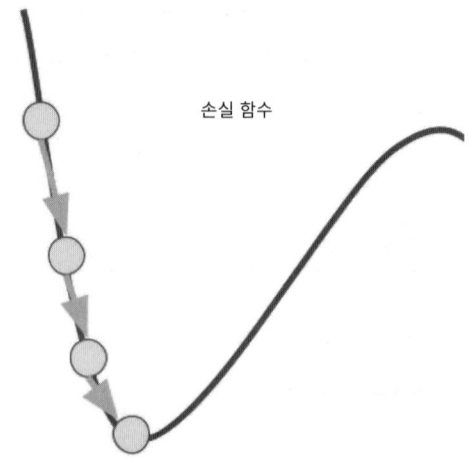

손실 함수

그림 3.2 손실 함수 최적화로서의 훈련을 단순화한 표현

이제 모델 팩토리가 작업하는 데 필요한 원자재, 즉 데이터를 특징 공학을 통해 어떻게 준비하는지 살펴보자.

3.3.3 데이터 준비하기

데이터는 형태와 품질이 매우 다양하다. 관계형 데이터베이스의 표 형식 데이터, 웹 크롤링으로 수집한 비정형 텍스트, REST API의 형식화된 응답, 이미지, 오디오 파일 등 어떤 형태든 가능하다.

하지만 이러한 데이터에 머신러닝 알고리즘을 적용하려면 먼저 알고리즘이 읽을 수 있는 형태로 만들어야 한다. 이를 특징 공학이라고 하며, 다음 몇 절에서 주요 원리를 살펴본다. 특징 공학에 관한 좋은 자료는 많다. 예를 들어 솔레다드 갈리(Soledad Galli)의 《Feature Engineering Cookbook》(Packt, 2022)을 참고하면 더 자세히 알 수 있다.

3.4 머신러닝을 위한 특징 공학

머신러닝 모델에 데이터를 입력하기 전에, 모델이 이해할 수 있는 형태로 변환해야 한다. 또한 모델의 성능을 향상하는 데 유용하다고 판단되는 데이터에 대해서만 이 작업을 수행해야 한다. 특징의 수가 너무 많아지면 **차원의 저주(curse of dimensionality)**에 빠지기 쉽기 때문이다. 차원의 저주란 고차원 문제에서 데이터가 특징 공간에서 점점 희소해져서 통계적 유의성을 얻기 위해 데이터가 기하급수적으로 더 많이 필요해지는 현상을 말한다. 이 절에서는 특징 공학(feature engineering)의 이론적 기반을 다루지 않을 것이다. 그 대신 머신러닝 엔지니어로서 프로덕션 환경에서 이러한 단계를 어떻게 자동화할 수 있는지에 초점을 맞출 것이다. 이를 위해 주요 특징 준비와 특징 공학 단계를 빠르게 살펴보고, 이 장의 뒷부분에서 파이프라인에 추가할 필요한 요소들을 알아볼 것이다.

3.4.1 범주형 특징 처리하기

범주형 특징은 숫자가 아닌 구분된 객체(요일, 머리색 등)의 집합을 이루는 것이다. 이러한 특징은 데이터에 다양한 방식으로 분포할 수 있다.

머신러닝 알고리즘을 활용해 범주형 특징을 처리하려면, 이를 숫자로 변환하되 수치 표현이 편향을 일으키거나 부적절한 가중치를 부여하지 않게 해야 한다. 예를 들어 슈퍼마켓에서 판매되는 여러 상품을 담은 특징이 있다고 하자.

```
data = [['표백제'], ['시리얼'], ['화장지']]
```

사이킷런의 `OrdinalEncoder`를 사용해 각각을 양의 정수에 대응시킬 수 있다.

```
from sklearn import preprocessing

ordinal_enc = preprocessing.OrdinalEncoder()
ordinal_enc.fit(data)
print(ordinal_enc.transform(data))
```

【 실행 결과 】
```
[[0.]
 [1.]
 [2.]]
```

이를 **순서형 인코딩**(ordinal encoding)이라고 한다. 이 특징들을 숫자로 매핑했다는 점에서는 좋지만, 이 표현이 적절할까? 잠깐 생각해 보면 그렇지 않다는 것을 알 수 있다. 이 숫자들은 시리얼이 표백제에 대해 갖는 관계가 화장지가 시리얼에 대해 갖는 관계와 같다는 것을 암시하며, 화장지와 표백제의 평균이 시리얼이라는 것을 의미한다. 이는 말이 되지 않는다(아침 식사로 표백제와 화장지를 원하지는 않을 테니까). 따라서 다른 접근 방식을 시도해야 한다.

하지만 범주형 특징에서 순서 관계를 유지하고 싶을 때는 이러한 표현이 적절하다. 예를 들어 '아침이 하루 중 가장 중요한 식사'라는 진술에 대한 설문조사를 예로 들어보자. 참가자들이 '전혀 동의하지 않음', '동의하지 않음', '동의도 반대도 하지 않음', '동의함', '매우 동의함' 중 하나를 선택하고, 이를 1, 2, 3, 4, 5라는 숫자 목록으로 순서형 인코딩한다면, "평균적인 응답이 동의에 가까웠는가 반대에 가까웠는가?", "이 진술에 대한 의견은 얼마나 다양했는가?" 같은 질문에 더 직관적으로 답할 수 있다. 앞서 언급했듯이 이 경우에는 순서형 인코딩이 도움이 되지만, 우리의 예시에서는 반드시 적절하지는 않다.

대신 이 특징의 값 목록을 고려해서, 원래 목록의 특정 값이 해당하는지 여부를 이진수로 표현할 수 있다. 이를 위해 사이킷런의 OneHotEncoder를 사용해 보자.

```
onehot_enc = preprocessing.OneHotEncoder()
onehot_enc.fit(data)
print(onehot_enc.transform(data).toarray())
```

【 실행 결과 】

```
[[1. 0. 0.]
 [0. 1. 0.]
 [0. 0. 1.]]
```

이러한 표현 방식을 **원핫 인코딩**(one-hot encoding)이라고 한다. 이 인코딩 방법에는 다음과 같은 몇 가지 장점이 있다.

- 값의 순서가 강제되지 않는다.

- 모든 특징 벡터는 단위 노름을 가진다(이에 관해서는 나중에 설명한다).

- 각 특징값이 서로 완전히 독립적이므로, 앞서 본 순서형 인코딩처럼 특징값들 사이에 의미 없는 관계(평균이나 거리)가 생기지 않는다.

이 방식의 단점 중 하나는 범주형 목록에 항목이 많을 경우 특징 벡터의 크기가 쉽게 커진다는 점이다. 그러면 알고리즘 수준에서 매우 희소한 벡터와 행렬을 저장하고 다뤄야 한다. 이는 여러 구현에서 쉽게 문제를 일으킬 수 있으며, 앞서 말한 차원의 저주가 또 다른 형태로 나타난 것이다. 다음 절에서는 수치형 특징에 대해 다룬다.

다음으로 수치형 특징에 대해 논의하자.

3.4.2 수치형 특징 처리하기

수치형 특징은 이미 숫자 형태이므로 범주형보다 처리가 쉽다. 하지만 다양한 알고리즘에 적용하기 위해서는 몇 가지 추가 작업이 필요하다. 대부분의 머신러닝 알고리즘에서는 모든 특징의 척도를 비슷하게 맞춰야 한다. 보통 −1에서 1 사이, 또는 0에서 1 사이의 값으로 변환한다. 이유는 간단하다. 두 특징의 크기가 매우 다른 경우, 알고리즘이 자동으로 큰 값을 가진 특징에 더 높은 가중치를 부여하기 때문이다. 예를 들어 아파트 데이터에서 가격은 600만 원에서 160억 원까지, 면적은 10제곱미터에서 500제곱미터까지 분포한다고 하자[1]. 이렇게 값이 크게 차이 나면, 알고리즘은 자연히 더 큰 값인 집값에 더 높은 가중치를 부여하게 된다. 또한 척도가 다르면 각 특징값이 전체 분포에서 어떤 위치를 차지하는지에 대한 중요한 정보도 잃게 된다. 예를 들어 중간 정도 넓이인 250제곱미터와 중간 정도 가격인 85억 원은 둘 다 분포상 비슷한 위치에 있지만, 숫자 크기가 너무 달라서 알고리즘이 이를 인식하기 어렵다. 이런 경우 둘 다 0.5로 변환하면 여러 알고리즘에서 더 나은 성능을 얻을 수 있다. 또는 모든 분포가 정규 분포라고 가정했을 때 같은 의미를 갖도록 변환하면, 알고리즘이 분포의 절대적 위치보다 형태에 집중할 수 있게 된다.

어떤 방법을 사용해야 할까? 다행히 이미 잘 정립된 표준 기법들이 많이 있다. 여기서는 가장 많이 사용되는 몇 가지만 소개한다.

- **표준화(standardization):** 수치형 특징을 변환하는 방법으로, 분산을 1로, 평균을 0으로 조정하기 전에 값의 분포가 정규 분포나 가우스 분포라고 가정한다. 데이터가 실제로 정규 분포나 가우스 분포를 따른다면 이 방법이 적합하다. 표준화 공식은 매우 간단하다. 다음 식에서 z는 변환된 값, x는 원래 값, μ와 σ는 각각 평균과 표준 편차를 나타낸다.

$$z_i = \frac{x_i - \mu}{\sigma}$$

- **최소−최대 정규화(min−max normalization):** 수치형 특징의 분포 유형과 관계없이 모든 값을 0과 1 사이로 조정하는 방법으로, 구현하기 쉽다. ① 먼저 각 값에서 분포의 최솟값을 뺀 뒤, ② 그 결과를 데이터의 범위(최댓값에서 최솟값을 뺀 값)로 나누면 된다. ①단계에서는 모든 값이 0 이상이 되도록 하고, ②단계에서는 최댓값이 1이 되도록 한다고 볼 수 있다. 이 과정을 다음 공식으로 요약할 수 있다. x_i는 원래 값, x_i'는 변환된 값이다.

$$x_i' = \frac{x_i - \min(x)}{\max(x) - \min(x)}$$

---

1 (옮긴이) 서울 강남구에 위치한 '힐데스하임'의 전용면적이 501 제곱미터이고, '더펜트하우스 청담'의 2024년 공시가격이 164억원이다. 한편 1인 가구의 최저주거기준 면적은 14제곱미터이고, 2023년에 가장 싼 값에 팔린 아파트는 1채당 630만 원에 거래됐다.

- **특징 벡터 정규화(feature vector normalization)**: 여기서는 데이터셋의 모든 샘플을 스케일링해 노름이 1이 되도록 한다. 이는 거리나 코사인 유사도가 중요한 요소인 군집화와 같은 알고리즘을 사용하는 경우 매우 중요할 수 있다. 또한 TF-IDF **통계**와 같은 다른 특징 공학 기법과 결합하여 텍스트 분류에서 일반적으로 사용된다. 이 경우 전체 특징이 수치형이라고 가정하면 특성 벡터의 적절한 노름을 계산한 다음 모든 구성 요소를 해당 값으로 나누기만 하면 된다. 예를 들어 특성 벡터의 유클리드 또는 L2 노름 $\|x\|$를 사용한다면 다음 공식을 통해 각 구성 요소 x_j를 변환할 것이다.

$$x'_j = \frac{x_j}{\|x\|}$$

이러한 간단한 단계가 모델의 성능을 향상시킬 수 있음을 강조하기 위해 사이킷런 와인 데이터셋의 간단한 예제를 살펴보겠다. 여기서는 표준화되지 않은 데이터와 표준화된 데이터에 대해 Ridge 분류기를 훈련시킨 다음 결과를 비교할 것이다.

1. 먼저 관련 라이브러리를 가져오고 훈련 및 테스트 데이터를 설정해야 한다.

```
from sklearn.model_selection import train_test_split
from sklearn.preprocessing import StandardScaler
from sklearn.linear_model import RidgeClassifier
from sklearn import metrics
from sklearn.datasets import load_wine
from sklearn.pipeline import make_pipeline
X, y = load_wine(return_X_y=True)
```

2. 그런 다음 일반적인 70:30 비율로 훈련/테스트 분할을 수행한다.

```
X_train, X_test, y_train, y_test =\
train_test_split(X, y, test_size=0.30, random_state=42)
```

3. 다음으로 특징에 표준화를 수행하지 않고 모델을 훈련시키고 테스트 세트에 대해 예측해야 한다.

```
no_scale_clf = make_pipeline(RidgeClassifier(tol=1e-2, solver="sag"))
no_scale_clf.fit(X_train, y_train)
y_pred_no_scale = no_scale_clf.predict(X_test)
```

4. 마지막으로 표준화 단계를 추가하여 동일한 작업을 수행해야 한다.

```
std_scale_clf = make_pipeline(StandardScaler(),
                              RidgeClassifier(tol=1e-2, solver="sag"))
std_scale_clf.fit(X_train, y_train)
y_pred_std_scale = std_scale_clf.predict(X_test)
```

5. 이제 일부 성능 메트릭을 출력하면, 스케일링하지 않은 경우 예측의 정확도(accuracy)가 0.76이고 정밀도 (precision), 재현율(recall), F1 점수(f1-score)의 가중 평균과 같은 다른 메트릭은 각각 0.83, 0.76, 0.68임을 알 수 있다.

```
print('\nAccuracy [no scaling]')
print('{:.2%}\n'.format(metrics.accuracy_score(y_test, y_pred_no_scale)))
print('\nClassification Report [no scaling]')
print(metrics.classification_report(y_test, y_pred_no_scale))
```

6. 이는 다음과 같은 출력을 생성한다.

```
Accuracy [no scaling]75.93%

Classification Report [no scaling]
              precision    recall  f1-score   support
           0       0.90      1.00      0.95        19
           1       0.66      1.00      0.79        21
           2       1.00      0.07      0.13        14

    accuracy                           0.76        54
   macro avg       0.85      0.69      0.63        54
weighted avg       0.83      0.76      0.68        54
```

7. 데이터를 표준화한 경우 메트릭이 전반적으로 훨씬 더 우수하며, 정확도가 98%이고 정밀도, 재현율, F1 점수의 가중 평균도 모두 0.98이다.

```
print('\nAccuracy [scaling]')
print('{:.2%}\n'.format(metrics.accuracy_score(y_test, y_pred_std_scale)))
print('\nClassification Report [scaling]')
print(metrics.classification_report(y_test, y_pred_std_scale))
```

8. 이는 다음과 같은 출력을 생성한다.

```
Accuracy [scaling]
98.15%
Classification Report [scaling]
              precision    recall  f1-score   support

           0       0.95      1.00      0.97        19
           1       1.00      0.95      0.98        21
           2       1.00      1.00      1.00        14

    accuracy                           0.98        54
   macro avg       0.98      0.98      0.98        54
weighted avg       0.98      0.98      0.98        54
```

여기서 머신러닝 훈련 과정에 간단한 단계를 하나 추가하는 것만으로도 성능이 크게 향상되는 것을 볼 수 있다.

이제 훈련이 어떻게 설계되고 핵심적으로 어떻게 작동하는지 살펴보자. 이를 통해 알고리즘과 훈련 접근 법에 대해 현명한 선택을 할 수 있을 것이다.

3.5 훈련 시스템 설계하기

가장 높은 수준에서 보면 머신러닝 모델은 **훈련** 단계와 **출력** 단계라는 두 단계의 생명주기를 거친다. 훈련 단계에서는 모델이 데이터셋으로부터 학습하기 위한 데이터를 받는다. 예측 단계에서는 최적화된 매 개변수를 갖춘 모델이 새로운 데이터를 받아 원하는 출력을 반환한다.

이 두 단계는 컴퓨팅과 처리 요구사항이 매우 다르다. 훈련 단계에서는 최고의 성능을 얻기 위해 가능한 한 많은 데이터를 모델에 노출해야 하는데, 이때 테스트와 검증을 위해 일부 데이터는 따로 남겨두어야 한다. 모델 훈련은 본질적으로 최적화 문제이며, 솔루션에 도달하기까지 여러 번의 점진적인 단계가 필 요하다. 따라서 이는 컴퓨팅 리소스를 많이 필요로 하며, 데이터가 비교적 크거나 (또는 컴퓨팅 리소스가 비교적 적은 경우) 오랜 시간이 걸릴 수 있다. 작은 데이터셋과 많은 컴퓨팅 리소스가 있더라도 훈련은 여전히 지연 시간이 긴 프로세스다. 또한 이는 주로 일괄(batch)로 실행되는 프로세스이며, 데이터셋에 약간의 데이터를 추가한다고 해서 모델 성능이 크게 달라지지는 않는다(물론 예외는 있다). 반면 예측은 더 단순한 프로세스로, 코드에서 계산이나 함수를 실행하는 것과 같은 방식으로 생각할 수 있다. 입력이

들어가고, 계산이 이루어지고, 결과가 나온다. 이는 (일반적으로) 컴퓨팅 리소스를 많이 필요로 하지 않으며 지연 시간이 짧다.

종합해 보면, 첫째로 이 두 단계(훈련과 예측)를 논리적으로나 코드상으로나 분리하는 것이 합리적이라는 것을 알 수 있다. 둘째로 이 두 단계의 실행 요구사항이 다르다는 점을 고려해 솔루션을 설계해야 한다. 마지막으로 배치로 훈련을 스케줄링할지, 점진적 학습을 사용할지, 또는 모델 성능 기준에 따라 훈련을 트리거할지 등 훈련 체계에 대한 선택을 해야 한다. 이것들이 훈련 시스템의 핵심 부분이다.

3.5.1 훈련 시스템 설계 옵션

훈련 시스템의 상세 설계에 들어가기 전에 늘 고려해야 할 기본적인 질문들이 있다.

- 문제 해결에 적합한 인프라가 있는가?
- 데이터는 어디에 있고 알고리즘에 어떻게 공급할 것인가?
- 모델의 성능을 어떻게 테스트할 것인가?

먼저 인프라는 훈련에 사용할 모델과 데이터에 따라 크게 달라질 수 있다. 세 가지 특징만 있는 데이터로 선형 회귀를 수행하고 표 형식 레코드가 1만 개뿐이라면, 노트북 컴퓨터로도 충분할 것이다. 데이터도 많지 않고 모델의 자유 매개변수도 많지 않기 때문이다. 하지만 표 형식 레코드가 1억 개나 되는 훨씬 큰 데이터셋이라면 스파크 클러스터 같은 환경에서 병렬 처리하는 것이 좋다. 반면 100개 계층으로 된 심층 합성곱 신경망으로 1,000개의 이미지를 훈련한다면 GPU를 사용하고 싶을 것이다. 선택지는 많지만 중요한 것은 작업에 맞는 것을 고르는 일이다.

알고리즘에 데이터를 공급하는 일도 간단하지는 않다. 원격으로 호스팅되는 데이터베이스에서 SQL 쿼리를 실행할 예정인가? 그렇다면 어떻게 연결할 것인가? 쿼리를 실행하는 머신에 데이터를 저장할 RAM이 충분한가?

RAM이 부족하다면 점진적으로 학습하는 알고리즘을 고려해야 할 수도 있다. 전통적인 알고리즘 성능 테스트를 위해서는 머신러닝 분야의 잘 알려진 방법들을 활용해 데이터를 훈련/테스트/검증용으로 나눠야 한다. 또한 어떤 교차 검증 전략을 사용할지도 결정해야 한다. 그다음 선택한 모델 성능 지표를 적절하게 계산해야 한다. 그런데 머신러닝 엔지니어 입장에서는 훈련 시간, 메모리 사용 효율성, 지연 시간은 물론이고 비용과 같은 다른 성능 척도에도 관심이 있다. 이러한 지표들을 어떻게 측정하고 최적화할지도 이해해야 한다.

이런 점들을 염두에 두고 진행한다면 좋은 위치에서 시작할 수 있다. 이제 설계로 넘어가자.

서두에서 언급했듯이 훈련 과정과 출력 과정이라는 두 가지 기본 요소를 고려해야 하며, 이 둘을 솔루션에 결합하는 방법도 두 가지가 있다. 자세히 알아보자.

3.5.2 훈련–실행

첫 번째 방식은 훈련과 예측을 동일한 프로세스에서 수행하는 것으로, 훈련은 일괄 모드(batch mode)나 증분 모드(incremental mode)로 이뤄진다. 이를 다음 그림으로 나타냈다. 이런 패턴을 **훈련–실행(train-run)**이라고 한다.

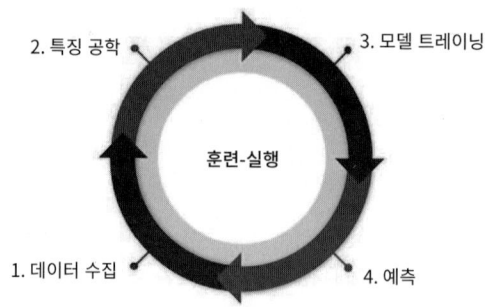

그림 3.3 훈련–실행 프로세스

훈련–실행 패턴은 두 가지 설계 방식 중 더 단순하지만, 앞서 언급한 관심사의 분리 원칙을 구현하지 않기 때문에 실제 문제를 해결하는 데는 한계가 있다. 하지만 이것이 잘못된 패턴은 아니며, 구현하기가 더 쉽다는 장점이 있다. 훈련–실행 패턴에서는 훈련과 예측이 하나의 연속된 과정으로 이뤄진다. 즉 모델을 훈련하고 나서 곧바로 예측을 수행한다. 하지만 이런 방식은 예측 요청이 들어오면 즉시 응답해야 하는 상황에서는 사용할 수 없다. 예를 들어 이벤트 기반 시스템이나 스트리밍 솔루션(뒤에서 자세히 다룰 것이다)처럼 매우 짧은 지연 시간이 요구되는 경우에는 적합하지 않다.

하지만 이 방식이 적절한 선택이 되는 경우도 있다(실제로 이런 경우를 몇 번 봤다). 적용하는 알고리즘의 훈련이 실제로 매우 가볍고 매우 최신 데이터를 계속 사용해야 하는 경우, 또는 비교적 드물게 대규모 일괄 처리를 실행하는 경우가 이에 해당한다.

이는 단순한 접근 방식이고 모든 경우에 적용할 수는 없지만, 뚜렷한 장점이 있다.

- 예측할 때마다 훈련하므로 모델 성능 저하를 최대한 방지할 수 있다. 즉 드리프트에 대응한다(이 장의 뒷부분에서 다룰 내용이다).

- 솔루션의 복잡성을 크게 줄인다. 보통은 훈련과 예측 부분을 분리해야 하지만, 각각의 코드가 매우 단순하다면 하나로 합치는 것이 오히려 개발 시간을 크게 절약할 수 있다. 개발 시간이 곧 비용이므로 이는 무시할 수 없는 장점이다.

이제 다른 방식을 살펴보자.

3.5.3 훈련–보관

두 번째 방식은 훈련은 배치로 실행하고, 예측은 상황에 맞는 방식으로 실행한다. 이때 예측 솔루션은 저장소에 있는 훈련된 모델을 가져와 사용한다. 이런 설계 패턴을 **훈련–보관(train-persist)**이라고 부르겠다. 다음 그림에 나타냈다.

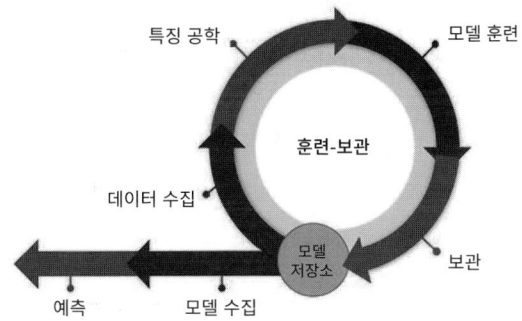

그림 3.4 훈련–보관 프로세스

모델을 훈련하고 나중에 예측 프로세스가 사용할 수 있도록 저장하려면 몇 가지를 확인해야 한다.

- 모델을 어떤 방식으로 저장할 수 있는가?

- 모델 저장소에 쓰고 읽을 수 있는 명확한 방법이 있는가?

- 예측 빈도에 비해 훈련은 얼마나 자주 해야 하는가?

이러한 질문 중 첫 번째와 두 번째를 MLflow로 해결할 것이다. MLflow는 2장 '머신러닝 개발 프로세스'에서 소개했고 나중에 다시 다룰 예정이다. 다른 솔루션도 많이 있다. 중요한 점은 모델 저장소로 무엇을 사용하고 훈련과 예측 프로세스 사이에서 모델을 어떻게 주고받든, 안정적이고 접근하기 쉬운 방식으로 사용해야 한다는 것이다.

세 번째는 좀 더 까다롭다. 처음부터 일정에 따라 훈련하기로 정하고 그대로 따르면 된다. 아니면 좀 더 정교한 방법으로, 훈련이 시작되기 전에 충족해야 할 트리거 기준을 만들 수도 있다. 이 역시 ML 엔지니어인 여러분이 팀과 함께 결정해야 할 사항이다. 이 장의 뒷부분에서 훈련 실행을 예약하는 방법을 다룰 것이다.

다음 절에서는 모델의 성능이 시간이 지남에 따라 저하될 수 있다는 점을 고려해 훈련을 실행하고 싶을 때 무엇을 해야 하는지 살펴본다.

3.6 드리프트와 재훈련

학교를 졸업했다고 해서 새로운 논문이나 책을 읽고 다른 사람과 대화를 나누지 않는다면, 세상의 변화에 대해 제대로 된 판단을 내릴 수 없을 것이다. 마찬가지로 머신러닝 모델도 한 번 훈련하고 끝낼 수는 없다.

이 개념은 직관적으로 이해할 수 있지만, 머신러닝에서는 이를 공식적인 문제로 간주해 **드리프트** (drift)[2]라고 부른다. 드리프트는 시간이 지나면서 모델 성능이 저하되는 다양한 이유를 포괄하는 용어다. 이는 두 가지 주요 유형으로 나눌 수 있다.

- **개념 드리프트(concept drift)**: 데이터 특징과 예측 대상 간의 관계가 바뀔 때 발생한다. '공변량 드리프트(covariate drift)'라고도 부른다. 예를 들어, 훈련 시점에는 특징과 예측 대상 간에 선형 관계가 있는 것처럼 보이는 데이터의 일부만 가지고 있었다고 해보자. 그런데 배포 후 더 많은 데이터를 수집해보니 그 관계가 비선형임이 드러난다면, 이는 개념 드리프트가 발생한 경우다. 이럴 때는 올바른 관계를 반영하는 데이터로 다시 훈련해야 한다.

- **데이터 드리프트(data drift)**: 특징으로 사용하는 변수들의 통계적 분포가 바뀔 때 발생한다. 예를 들어 '나이'를 특징으로 사용하는 모델을 16~24세 데이터로만 훈련했는데, 배포 후에 더 넓은 연령대의 데이터가 들어오기 시작하는 경우다.

머신러닝 엔지니어라면 드리프트는 피할 수 없는 현실이므로, 드리프트를 탐지하고 완화하는 방법을 잘 알아둬야 한다. 그런데 왜 드리프트가 발생하는 걸까? 예상하듯이 드리프트에는 다양한 원인이 있으며, 이를 제대로 이해하는 것이 중요하다. 몇 가지 예를 살펴보자. 훈련 데이터를 수집할 때 샘플링 방식이 적절하지 않은 경우를 생각해 보자. 예를 들어 특정 지역이나 인구 집단의 데이터만 샘플링했는데, 이 모델을 더 폭넓은 상황에 적용하려 할 때 문제가 발생할 수 있다.

---

2 (옮긴이) 이러한 의미의 'drift'를 '표류' 또는 '변화'라고도 번역한다. 이 책에서는 '드리프트'로 옮긴다.

우리가 다루는 문제 영역에서 계절적 영향이 있을 수 있으며, 이는 판매 예측이나 날씨 예측에서 예상할 수 있는 현상이다. '블랙 스완'[3]이나 희귀 사건, 예를 들어 지정학적 사건이나 코로나19 대유행으로 인해 이상치가 발생할 수 있다. 데이터 수집 프로세스는 어느 시점에서 오류를 발생시킬 수 있는데, 예를 들어 업스트림 시스템에 버그가 있거나 프로세스 자체를 따르지 않거나 변경된 경우가 있다. 특히 데이터의 수동 입력이 필요한 프로세스에서 이 마지막 예는 널리 퍼져 있을 수 있다. 영업 담당자가 **고객 관계 관리(CRM)** 시스템에서 판매 상태를 정확하게 레이블링하는 것을 신뢰해야 하는 경우, 교육이나 경험이 부족한 영업 담당자는 데이터의 레이블을 정확하게 또는 시기 적절하게 지정하지 않을 수 있다. 소프트웨어 개발의 많은 영역에서 이뤄진 발전에도 불구하고, 이러한 종류의 데이터 수집 프로세스는 여전히 매우 널리 퍼져 있으며, 따라서 머신러닝 시스템 개발에서 이를 경계해야 한다. 데이터 수집 과정을 더 많이 자동화하거나 데이터를 입력하는 사람들에게 가이드(예: 드롭다운 메뉴)를 제공함으로써 이를 어느 정도 완화할 수 있다. 하지만 많은 데이터가 여전히 이런 방식으로 수집되고 있으며, 당분간은 그럴 가능성이 매우 높다.

지금까지 설명한 것처럼 드리프트는 시스템의 중요한 고려사항이지만, 이에 대처하려면 여러 단계를 거쳐야 한다. 우선 드리프트를 감지해야 한다. 배포된 모델에서 드리프트를 감지하는 것은 ML옵스의 핵심이며 머신러닝 엔지니어가 가장 신경 써야 할 부분이다. 드리프트가 감지되면 그 원인을 찾아내야 하는데, 이는 보통 모니터링 담당자가 오프라인에서 조사하는 방식으로 이뤄진다. 여기에서 언급할 도구와 기술은 문제가 탐지되면 반복 가능한 작업이 처리되도록 워크플로를 정의하는 데 도움이 될 것이다. 마지막으로는 드리프트에 대처하기 위한 조치를 취해야 한다. 보통은 새로운 데이터나 수정된 데이터로 모델을 다시 훈련하는 것으로 충분하지만, 때로는 모델의 핵심 구성 요소를 새로 만들어야 할 수도 있다. 일반적으로 모델의 드리프트를 정확히 파악해 재훈련 시점을 결정할 수 있는 훈련 시스템을 구축한다면, 필요한 시점에만 훈련을 진행함으로써 컴퓨팅 리소스를 크게 절약할 수 있다.

다음으로 모델의 드리프트를 감지하는 여러 방법을 살펴보겠다. 이를 통해 체계적인 모델 재훈련 전략을 세울 수 있을 것이다.

3.6.1 데이터 드리프트 감지

지금까지 드리프트를 정의했고, 정교한 훈련 시스템을 구축하려면 이를 감지하는 것이 중요하다는 것을 알게 됐다. 이제 '어떻게 감지할 것인가?'라는 질문이 자연스레 떠오른다.

---

3 (옮긴이) 블랙 스완(Black Swan)이란 발생 가능성은 매우 낮지만 한번 발생하면 엄청난 충격과 파급효과를 가져오는 예측 불가능한 사건을 의미한다. 2007년 나심 니콜라스 탈레브의 저서 《블랙 스완》에 나왔다.

앞에서 설명한 드리프트의 정의는 매우 정성적인 성격을 띠고 있었다. 이제 드리프트 감지에 도움이 되는 계산과 개념을 탐구하면서 이러한 설명을 좀 더 정량적으로 바꿔볼 수 있다.

이 섹션에서는 Seldon에서 제공하는 `alibi-detect` 파이썬 패키지를 주로 활용할 것이다. 이 글을 작성하는 시점 기준으로, 이 패키지는 Anaconda.org에서는 제공되지 않으며 PyPI에서만 다운로드할 수 있다. 설치하려면 다음 명령어를 사용한다.

```
pip install alibi
pip install alibi-detect
```

`alibi-detect` 패키지는 사용하기가 매우 쉽다. 다음 예제에서는 이 장의 다른 곳에서도 사용할 사이킷런의 와인 데이터셋으로 작업할 것이다. 첫 번째 예제에서는 데이터를 50:50으로 나누어 한쪽은 참조 세트로, 다른 쪽은 테스트 세트로 부를 것이다. 그 다음에는 콜모고로프–스미르노프 검정(Kolmogorov–Smirnov test)을 활용해 예상대로 이 두 데이터셋 간에 데이터 드리프트가 발생하지 않았음을 확인한 뒤, 인위적으로 드리프트를 추가해 이를 성공적으로 감지할 수 있음을 보여줄 것이다.

1. 먼저 `alibi-detect` 패키지에서 TabularDrift 감지기와 데이터 로드 및 분할에 필요한 관련 모듈을 가져온다.

```
from sklearn.datasets import load_wine
from sklearn.model_selection import train_test_split
import alibi
from alibi_detect.cd import TabularDrift
```

2. 다음으로 데이터를 가져와서 분할한다.

```
wine_data = load_wine()
feature_names = wine_data.feature_names
X, y = wine_data.data, wine_data.target
X_ref, X_test, y_ref, y_test = train_test_split(X, y, test_size=0.50,
                                                random_state=42)
```

3. 참조 데이터를 사용해 드리프트 감지기를 초기화하고 통계적 유의성 검정에 사용할 p값을 제공한다. 데이터 분포에서 더 작은 차이가 발생할 때 드리프트 감지기가 작동하게 하려면 더 큰 p_val을 선택해야 한다.

```
cd = TabularDrift(X_ref=X_ref, p_val=.05 )
```

4. 이제 참조 데이터셋과 비교해 테스트 데이터셋에서 드리프트가 발생했는지 확인할 수 있다.

```
preds = cd.predict(X_test)
labels = ['No', 'Yes']
print('Drift: {}'.format(labels[preds['data']['is_drift']]))
```

5. 결과는 'Drift: No'이다.

6. 예상대로 여기서는 드리프트가 감지되지 않았다(자세한 내용은 '중요 참고 사항'을 참조).

7. 이 경우 드리프트가 없었지만, 화학적 특성을 측정하는 데 사용되는 화학 장치에 보정 오류가 발생해 모든 값이 실제 값보다 10% 높게 기록되는 시나리오를 쉽게 시뮬레이션할 수 있다. 이 경우 동일한 참조 데이터셋에서 드리프트 감지를 다시 실행하면 다음과 같은 출력이 나온다.

```
X_test_cal_error = 1.1*X_test
preds = cd.predict(X_test_cal_error)
labels = ['No', 'Yes']
print('Drift: {}'.format(labels[preds['data']['is_drift']]))
```

8. 결과는 'Drift: Yes'로, 드리프트가 성공적으로 감지되었음을 보여준다.

> ### 중요 참고 사항
>
> 이 예제는 매우 인위적이지만 요점을 설명하는 데 유용하다. 이렇게 표준화된 데이터셋에서는 무작위로 샘플링된 데이터의 50%와 나머지 50% 사이에 데이터 드리프트가 발생하지 않는다. 그래서 감지기가 실제로 작동한다는 것을 보여주기 위해 일부 데이터 포인트를 인위적으로 이동시켜야 했다. 실제 상황에서는 측정에 사용되는 센서 업데이트부터 소비자 행동 변화, 심지어 데이터베이스 소프트웨어나 스키마 변경에 이르기까지 다양한 이유로 데이터 드리프트가 자연스럽게 발생할 수 있다. 따라서 많은 드리프트 사례가 이 예제처럼 쉽게 발견되지 않을 수 있으니 주의해야 한다!

이 예시는 몇 줄의 간단한 파이썬 코드만으로 데이터셋의 변화를 감지할 수 있음을 보여준다. 이렇게 감지된 변화는 모델 재훈련의 필요성을 알려주는 신호가 된다. 새로운 데이터의 특성을 반영해 모델을 재훈련하지 않으면 성능이 떨어지기 시작할 수 있기 때문이다. 또한 유사한 기법을 사용해 정확도나 평균 제곱 오차 같은 모델 성능 지표의 드리프트도 추적할 수 있다. 이 경우에는 새로운 테스트 또는 검증 데이터셋에 대한 성능을 주기적으로 계산해야 한다.

첫 번째 드리프트 감지 예시는 매우 단순했으며, 일회성 데이터 드리프트, 특히 특징 드리프트를 감지하는 방법을 보여줬다. 이제 **레이블 드리프트**를 감지하는 예시를 살펴보겠다. 기본적으로 동일한 방법이지만 이번에는 레이블을 참조 및 비교 데이터셋으로 사용한다. 처음 몇 단계는 동일하므로 생략하고, 참조 및 테스트 데이터셋이 준비된 시점부터 설명하겠다.

1. 앞서 특징의 드리프트를 탐지할 때처럼 TabularDrift 탐지기를 설정하되, 이번에는 초기 레이블을 기준 데이터셋으로 사용한다.

```
cd = TabularDrift(X_ref=y_ref, p_val=.05 )
```

2. 이제 참조 데이터셋에 대해 테스트 레이블의 변화를 확인할 수 있다.

```
preds = cd.predict(y_test)
labels = ['No', 'Yes']
print('Drift: {}'.format(labels[preds['data']['is_drift']]))
```

3. 이는 'Drift: No'를 반환한다.

4. 예상대로 여기서는 드리프트가 감지되지 않았다. 이 방법은 훈련 및 테스트 데이터 레이블이 유사한 분포를 따르는지, 테스트 데이터 샘플링이 대표성을 갖는지 확인하는 좋은 점검 방법이다.

5. 앞의 예제처럼 데이터에 인위적으로 드리프트를 주입한 다음, 이것이 실제로 감지되는지 확인할 수 있다.

```
y_test_cal_error = 1.1*y_test
preds = cd.predict(y_test_cal_error)
labels = ['No', 'Yes']
print('Drift: {}'.format(labels[preds['data']['is_drift']]))
```

이제 훨씬 더 복잡한 시나리오인 개념 드리프트 탐지로 넘어가 보자.

3.6.2 개념 드리프트 탐지하기

앞에서 개념 드리프트에 대해 설명했으며, 이러한 유형의 드리프트는 모델의 변수 간 관계의 변화와 관련이 있다는 점을 강조했다. 정의상 이러한 유형의 경우는 복잡하고 진단하기 어려울 가능성이 훨씬 높다.

개념 드리프트를 감지하는 가장 일반적인 방법은 시간에 따른 모델 성능을 모니터링하는 것이다. 예를 들어 다시 와인 분류 문제를 다루는 경우, 모델의 분류 성능을 알려주는 지표를 살펴보고 이를 시간에 따라 그래프로 나타낸 다음, 이러한 값에서 볼 수 있는 추세와 이상치를 중심으로 로직을 구축할 수 있다.

앞서 소개한 alibi-detect 패키지는 모델 성능에 영향을 미치는 개념 드리프트를 실시간으로 찾아내는 다양한 온라인 방법을 제공한다. 개별 데이터 포인트를 즉시 처리하는 '온라인' 방식은 프로덕션 환경에 데이터가 완전히 순차적으로 입력되더라도 실시간으로 드리프트를 감지할 수 있다. 온라인 방식에서는 **비훈련 오토인코더(Untrained Auto Encoders)**를 데이터 전처리에 활용하는 경우가 많으며, 이를 위해 파이토치나 텐서플로 같은 딥러닝 프레임워크를 사용한다.

이러한 온라인 감지기 중 하나인 온라인 최대 평균 불일치(Online Maximum Mean Discrepancy) 방법을 구현하고 활용하는 예를 살펴보자. 다음 예에서는 참조 데이터셋 X_ref 외에도 예상 실행 시간 (expected run time, ert)과 윈도 크기(window_size)에 대한 변수를 정의했다고 가정한다. ert는 감지기가 오탐(false positive)을 발생시키기 전까지 처리해야 하는 평균 데이터 포인트 수를 나타낸다. 이 값을 크게 설정하면 감지기가 실제 드리프트에 둔감해질 수 있으므로 적절한 균형이 필요하다. window_size는 드리프트 검정 통계량을 계산할 때 사용하는 슬라이딩 윈도의 크기를 나타낸다. 윈도 크기가 작을수록 감지기가 짧은 시간 내의 데이터나 성능 변화에 민감하게 반응하며, 반대로 윈도 크기가 클수록 더 긴 기간에 걸친 미묘한 드리프트 변화를 탐지하도록 조정된다.

1. 먼저 메서드를 가져온다.

```
from alibi_detect.cd import MMDDriftOnline
```

2. 이전에 설명한 변수들을 설정해 드리프트 감지기를 초기화한다. 또한 드리프트 감지를 위한 임곗값을 계산할 때 사용할 부트스트랩 시뮬레이션 횟수를 지정한다. 사용하는 딥러닝 라이브러리의 하드웨어 설정과 데이터 크기에 따라 시간이 걸릴 수 있다.

```
ert = 50
window_size = 10
cd = MMDDriftOnline(X_ref, ert, window_size, backend='pytorch',
                    n_bootstraps=2500)
```

3. **와인** 데이터셋에서 테스트 데이터를 가져와 한 번에 하나의 특징 벡터를 입력함으로써 프로덕션 환경에서의 드리프트 감지를 시뮬레이션할 수 있다. 특정 데이터 인스턴스의 특징 벡터가 x로 주어지면 드리프트 감지기의 predict 메서드를 호출하고, 반환된 메타데이터에서 'is_drift' 값을 다음과 같이 가져올 수 있다.

```
cd.predict(x)['data']['is_drift']
```

4. 테스트 데이터의 모든 행에 대해 앞서 수행한 단계를 반복하고 드리프트가 감지된 모든 위치를 주황색 세로 막대로 표시해 그림 3.5와 같은 그래프를 그릴 수 있다.

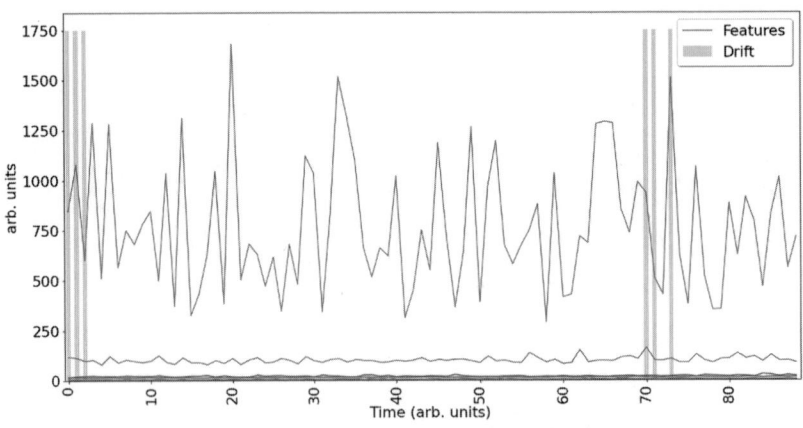

그림 3.5 드리프트 감지를 시뮬레이션하는 데 사용한 와인 데이터셋 테스트셋의 특징

시뮬레이션된 데이터의 그래프를 보면 시간이 지나면서 데이터의 정확도가 변하는 것을 알 수 있다. 하지만 이런 변화를 자동으로 탐지하려면 단순히 그래프를 그리는 것만으로는 부족하다. 프로덕션 환경의 모델 모니터링 프로세스에 포함할 수 있도록 체계적인 분석 방법이 필요하다.

 참고

여기서는 설명을 위해 **와인** 데이터셋의 테스트 데이터로 드리프트 예를 보였다. 실제 프로덕션에서는 처음 보는 데이터로 드리프트를 탐지하지만 원리는 같다.

이제 드리프트가 발생한다는 것을 확인했으니, 드리프트 감지기의 임곗값을 어떻게 정할지를 살펴보고, 이어서 드리프트 유형과 원인을 진단하는 데 도움이 되는 프로세스와 기법을 알아보겠다.

3.6.3 한계 설정하기

지금까지 설명한 드리프트 관련 기법들은 통계학 및 머신러닝의 표준 기법과 많은 부분이 일치한다. 이러한 기법들은 대부분 별다른 수정 없이 바로 활용할 수 있어 다양한 문제를 진단하는 데 큰 도움이 된다. 그러나 이러한 기법들을 드리프트 감지 메커니즘으로 통합하는 방법에 관해서는 아직 다루지 않았다. 이를 위해 가장 먼저 고려해야 할 점은 데이터와 모델의 허용 가능한 작동 범위를 정하는 것이다. 이를 통해 시스템이 언제 경고를 발생시키거나 조치를 취해야 하는지 알 수 있다. 우리는 이것을 드리프트 감지 시스템의 '한계 설정'이라고 부를 것이다.

그렇다면 어디서부터 시작해야 할까? 여기서부터는 기술적인 내용보다는 비즈니스 환경에서의 운영에 초점을 맞추게 된다. 핵심 사항을 살펴보자.

첫째, 어떤 경우에 경고가 필요한지 이해하는 것이 중요하다. 생각할 수 있는 모든 지표의 편차에 대해 경고를 설정하면 좋을 것 같지만, 이는 시스템에 과도한 노이즈를 일으켜 정작 진짜 문제가 되는 이슈를 찾기 어렵게 만들 수 있다. 따라서 추적하고 모니터링할 지표를 신중하게 선택해야 한다.

둘째, 문제 탐지의 적시성에 관한 요구사항을 이해해야 한다. 이는 소프트웨어 분야의 **서비스 수준 협약(SLA)**과 밀접한 관련이 있는데, SLA는 해당 시스템에 요구되는 성능과 기대치를 정의하는 문서다. 예를 들어 극한 환경에서 가동하는 장비에 대한 실시간 이상 탐지와 예측 유지보수 모델을 운영하는 비즈니스라면, 경고 발생과 조치 실행이 신속히 이뤄져야 한다. 반면 주간 재무 예측을 수행하는 머신러닝 시스템이라면 즉각적인 탐지가 필요하지 않을 수도 있다.

마지막으로, 허용할 수 있는 한계를 정해야 한다. 즉, 추적 중인 지표들에 대해 '어떤 상태가 문제가 되는가' 또는 '어떤 상황에서 알림을 받아야 하는가'를 신중하게 생각해야 한다. 프로젝트의 '발견' 단계에서 비즈니스 요구사항을 파악했다면, 회귀 모델이 적절한 신뢰 구간을 제공하기만 하면 예측 정확도가 다소 변동해도 괜찮다는 것을 알 수 있을 것이다.

다른 시나리오를 보면, 재현율이 비교적 좁은 범위 내에서만 변동하는 분류 모델을 만들어야 할 수도 있다. 그렇지 않으면 후속 프로세스의 효율성이 저하될 수 있기 때문이다.

3.6.4 드리프트를 진단하기

앞서 모델의 드리프트가 발생하는 다양한 이유에 대해 살펴봤지만, 결국 머신러닝 모델은 특징을 기반으로 예측을 수행할 뿐이다. 따라서 드리프트의 원인을 찾으려면 특징을 살펴보는 것만으로도 충분하다.

어디서부터 시작해야 할까? 우선 모든 특징에서 드리프트가 발생할 수 있지만, 모델에 미치는 영향은 특징마다 다르다는 점을 고려해야 한다. 즉 특징의 중요도를 파악한 다음, 어떤 특징부터 개선 조치를 취할지 우선순위를 정해야 한다.

특징 중요도(feature importance)는 모델 의존적인 방법과 모델 독립적인 방법으로 계산할 수 있다. 모델 의존적인 방법은 의사결정 트리나 랜덤 포레스트 같은 트리 기반 모델에 특화된 방식이다. 이런 경우 모델 개발에 사용한 패키지에 따라 모델에서 특징 중요도를 추출해 살펴볼 수 있다. 예를 들어 사이킷런으로 학습한 랜덤 포레스트 분류기에서는 다음과 같은 구문으로 특징 중요도를 추출할 수 있다. 이 예시에서는 랜덤 포레스트 모델의 기본 특징 중요도를 가져온다. 이는 **평균 불순도 감소(MDI: Mean Decrease in Impurity)** 또는 '지니 중요도'라고도 하는 방식으로 계산되며, 나중에 분석할 수 있도록 정렬된 판다스 시리즈로 저장한다.

```
import pandas as pd
feature_names = rf[:-1].get_feature_names_out()
mdi_importances = pd.Series(rf[-1].feature_importances_,
                            index=feature_names).sort_values(ascending=True)
```

이 방법은 매우 간단하지만 두 가지 이유로 잘못된 결과를 낼 수 있다. 여기서 특징 중요도는 불순도 측정값으로 계산되는데, 이는 높은 카디널리티(예: 수치형)를 가진 특징에 편향되기 쉽고 훈련 데이터만으로 계산되므로 모델이 처음 보는 테스트 데이터에 대해 얼마나 일반화될 수 있는지는 고려하지 않는다. 이런 종류의 중요도 측정값을 사용할 때는 이 점을 항상 염두에 두어야 한다.

순열 중요도는 또 다른 표준적인 특징 중요도 측정 방법으로, 모델에 구애받지 않으면서 MDI나 지니 중요도가 가진 문제점 일부를 해결한다.

순열 중요도는 다음과 같이 계산한다. 먼저 살펴보려는 특징의 값을 무작위로 섞는다(특징 행렬에서 해당 열의 값을 위아래로 옮기거나 다른 방식으로 재배열). 그런 다음 모델의 정확도나 오차를 다시 계산한다. 중요도가 낮은 특징일수록 값을 섞었을 때 모델 성능의 변화가 작을 것이므로, 이 변화량을 특징의 중요도로 사용할 수 있다. 다음은 앞의 예시와 같은 모델에 사이킷런을 사용해 이 방법을 적용한 예시다.

```
from sklearn.inspection import permutation_importance

result = permutation_importance(
    rf, X_test, y_test, n_repeats=10, random_state=42, n_jobs=2
```

```
    )
sorted_importances_idx = result.importances_mean.argsort()
importances = pd.DataFrame(
    result.importances[sorted_importances_idx].T,
    columns=X.columns[sorted_importances_idx])
```

특징 중요도를 판단하는 또 다른 인기 있는 방법으로 **SHAP(SHapley Additive exPlanation)** 값 계산이 있다. 이는 게임 이론의 개념을 활용해 특징들이 어떻게 조합되어 예측에 영향을 미치는지 살펴본다. SHAP 값을 계산하려면 특정 특징을 포함하거나 제외한 모든 특징 조합으로 모델을 학습한 다음, 그 특징이 예측값에 기여하는 한계 효과를 계산한다. 이는 단순히 특징값을 섞는 순열 중요도와는 다르다. 이제는 특징을 포함하거나 제외한 여러 특징 집합으로 실제 계산을 수행하기 때문이다.

모델의 SHAP 값을 구하려면 먼저 shap 패키지를 설치해야 한다.

```
pip install shap
```

그런 다음 이전 예제와 같은 랜덤 포레스트 모델을 사용해 다음과 같은 구문을 실행해 shap 설명자(Explainer) 객체를 정의하고 테스트 데이터셋의 특징에 대한 SHAP 값을 계산할 수 있다. 여기서는 X_test가 특징 이름을 칼럼명으로 갖는 판다스 데이터프레임이라고 가정한다.

```
explainer = shap.Explainer(rf, predict, X_test)
shap_values = explainer(X_test)
```

SHAP 값을 계산할 때는 모든 순열을 실행해야 하므로 시간이 걸릴 수 있다는 점에 유의하자. shap_values 자체는 특징 중요도가 아니라, 서로 다른 특징 조합으로 실험했을 때 각 특징에 대해 계산된 SHAP 값을 담고 있다. 특징 중요도를 알아내려면 각 특징의 shap_values 절댓값 평균을 구해야 한다. 다음 명령을 실행하면 이 계산과 결과 도식화를 자동으로 수행한다.

```
shap.plots.bar(shap_values)
```

지금까지 모델의 특징 중요도를 계산하는 세 가지 방법을 다뤘는데, 그중 두 가지는 완전히 모델 독립적이다. 특징 중요도는 드리프트의 근본 원인을 매우 빠르게 찾는 데 매우 도움이 된다. 만약 모델 성능이 드리프트되거나 설정한 기준을 넘어서면, 특징 중요도를 활용해 가장 중요한 특징에 진단 노력을 집중하고 덜 중요한 특징의 드리프트는 무시할 수 있다.

드리프트를 파헤치는 데 도움이 되는 유용한 방법을 다뤘으니, 가장 문제가 되는 것으로 보이는 특징을 발견한 뒤에 이를 어떻게 개선할 수 있는지 논의하자.

3.6.5 드리프트 대응 방안

시스템의 성능을 유지하기 위해 드리프트에 대응할 수 있는 방법에는 다음과 같은 것들이 있다.

- **특징 제거 후 재훈련**: 특정한 특징에서 드리프트가 발생하거나 다른 형태의 성능 저하가 나타나면, 해당 특징을 제거한 뒤 모델을 다시 훈련할 수 있다. 이때 데이터 과학자는 이러한 접근 방식이 모델링 관점에서 여전히 타당한지 확인하기 위해 분석과 테스트를 다시 수행해야 할 수 있어 시간이 많이 걸릴 수 있다. 또한 제거하려는 특징의 중요도도 고려해야 한다.

- **추가 데이터를 사용한 재훈련**: 개념 드리프트가 발생했다면, 이는 모델이 데이터의 분포 및 분포 간의 관계를 더 이상 적절히 반영하지 못하고 있다는 신호일 수 있다. 이런 경우 최신 데이터를 포함해 모델을 재훈련하면 성능이 다소 향상될 수 있다. 또는 최신 데이터 중 일부만 선별해 모델을 재훈련하는 방법도 있다. 이는 코로나19 봉쇄 조치 도입과 같이 데이터에 급격한 변화나 특이한 사건이 발생했을 때 특히 유용하다. 다만 이 방법은 자동화하기 어려울 수 있어, 현재 시점까지의 데이터 중 미리 정해둔 기간의 데이터만 사용하는 시간 기반 접근 방식을 대안으로 고려할 수 있다.

- **모델 롤백**: 현재 모델을 이전 버전이나 기본 모델로 되돌릴 수 있다. 기본 모델이 더 단순하고 성능을 예측하기 쉬운 경우, 예를 들어 단순한 비즈니스 로직을 적용하는 모델이라면, 이 방법이 매우 효과적일 수 있다. 이전 버전으로 롤백하려면 모델 레지스트리를 중심으로 자동화된 프로세스를 충분히 구축해 두어야 한다. 이는 일반적인 소프트웨어 엔지니어링에서의 롤백 개념과 유사하며, 견고한 시스템을 구축하는 핵심 요소다.

- **솔루션 재작성 또는 디버깅**: 경우에 따라 드리프트가 너무 심각해서 현재 모델로는 앞서 언급한 어떤 방법으로도 대응할 수 없는 상황이 발생할 수 있다. 모델을 다시 작성하는 것이 과감한 결정처럼 보일 수 있지만, 생각보다 흔한 일이다. 예를 들어, 처음에는 5개의 특징을 바탕으로 이진 분류를 수행하는 잘 조정된 LightGBM 모델을 배포해 매일 새로운 데이터를 처리하도록 설정했다고 가정해 보자. 몇 달간 운영한 후 모델 성능에서 드리프트가 여러 차례 감지되면, 더 나은 접근 방식이 있는지 조사하는 것이 더 나은 선택이 될 수 있다. 이 시점에서는 프로덕션 환경의 데이터를 더 잘 이해하고 있기 때문에, 이러한 조사가 특히 유용할 수 있다. 그 과정에서 랜덤 포레스트 분류기가 동일한 프로덕션 데이터에서 평균적으로 성능은 낮을 수 있지만, 더 안정적이고 일관되게 작동하며 드리프트 경보를 덜 발생시킨다는 사실을 발견할 수도 있다. 이런 경우, 드리프트 경보를 관리하는 데 드는 운영 비용을 줄이고 비즈니스에서 더 신뢰할 수 있는 모델이므로, 이 새로운 모델을 배포하는 것이 더 나은 선택이 될 수 있다. 새로운 파이프라인이나 모델을 작성해야 하는 상황이라면, 팀이 작업을 진행하는 동안 이전 모델로 롤백해 두는 것이 중요하다.

- **데이터 소스 개선**: 때로는 가장 까다로운 문제가 모델 자체와는 관계없이 데이터를 수집하고 하위 시스템으로 전달하는 방식의 변화 때문에 발생하기도 한다. 새로운 프로세스 도입, 시스템 업데이트, 데이터 입력 담당자 변경 등 여러 이유로 데이터의 수집, 변환, 특성이 달라질 수 있다. 대표적인 예로 **고객 관계 관리(CRM: Customer Relationship**

Management) 시스템을 들 수 있다. CRM 시스템에서는 영업 팀이 입력하는 데이터의 품질이 여러 요인에 따라 달라질 수 있어서, 데이터의 품질, 일관성, 적시성이 점진적으로 또는 갑자기 변할 수 있음을 예상해야 한다.

이런 경우에는 기술적 해결책이 아닌 프로세스 개선이 정답일 수 있다. 관련 팀 및 이해관계자들과 협력해 데이터 품질을 유지하고 표준 프로세스를 준수하도록 해야 한다. 이는 고객과 비즈니스에 도움이 되지만, 조직을 설득하기는 쉽지 않을 수 있다.

이를 바탕으로 그림 3.6과 같이 ML 모델 재훈련을 자동으로 실행하는 솔루션을 만들 수 있다.

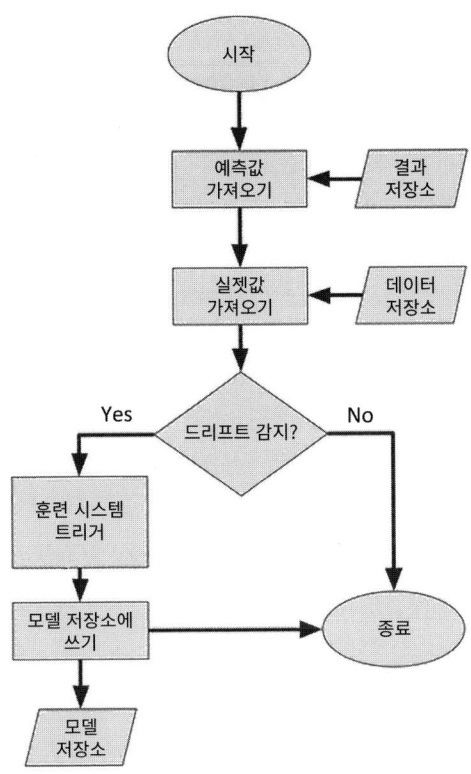

그림 3.6 드리프트 감지 및 훈련 시스템 프로세스의 예

3.6.6 모니터링을 위한 다른 도구

이 장의 예제에서는 주로 alibi-detect 패키지를 사용했지만, 지금은 오픈소스 **ML옵스** 도구의 황금기라고 할 수 있다. 단 한 푼도 들이지 않고 모니터링 솔루션을 구축하는 데 사용할 수 있는 여러 패키지와 솔루션이 있다.

이번 항에서는 이러한 도구들을 간단히 살펴보고 기본적인 문법을 소개할 것이다. 이를 통해 모니터링 파이프라인을 개발하고자 할 때 바로 시작할 수 있고, 어떤 도구를 어디에 사용하는 것이 가장 좋은지 알 수 있을 것이다.

먼저 **에비던틀리 AI(Evidently AI)**[4]를 살펴보자. 이는 사용하기 매우 쉬운 파이썬 패키지로, 사용자가 모델을 모니터링할 수 있을 뿐 아니라 몇 줄의 코드만으로 커스터마이징 가능한 대시보드를 만들 수 있다. 다음은 문서의 시작하기 가이드를 수정한 것이다.

1. 먼저 에비던틀리를 설치한다.

```
pip install evidently
```

2. Report를 임포트한다. Report는 여러 지표에 걸친 계산을 수집해 시각화하거나 JSON 객체로 출력할 수 있게 해주는 객체다. JSON 객체로 출력하는 방법을 나중에 보여줄 것이다.

```
from evidently.report import Report
```

3. 다음으로 데이터 드리프트를 위한 지표 프리셋을 임포트한다. 이는 나중에 커스터마이징할 수 있는 템플릿화된 리포트 객체라고 생각하면 된다.

```
from evidently.metric_preset import DataDriftPreset
```

4. 이제 데이터가 준비됐다고 가정하고 데이터 드리프트 리포트를 실행할 수 있다. 앞선 예제의 와인 데이터셋이 있다고 가정하자. 사이킷런의 train_test_split() 메서드를 사용해 와인 데이터를 50:50으로 나누면 두 개의 데이터셋이 생기는데, 이를 다시 참조 데이터셋 X_ref와 현재 데이터셋 X_curr을 시뮬레이션하는 데 사용한다.

```
data_drift_report = Report(metrics=[
    DataDriftPreset(),
])
report.run(
    reference_data=X_ref,
    current_data=X_ref
)
```

---

4 https://www.evidentlyai.com/

5. 에비던틀리는 리포트의 결과를 시각화하는 매우 좋은 기능을 제공한다. 몇 가지 다른 방법으로 이를 내보내거나 볼 수 있다. JSON이나 HTML 객체로 리포트를 내보내면 다른 애플리케이션에서 사용하거나 검토할 수 있다. 그림 3.7 과 3.8은 다음 명령으로 이러한 출력을 만들 때의 결과 일부를 보여준다.

```
data_drift_report.save_json('data_drift_report.json')
data_drift_report.save_html('data_drift_report.html')
```

```
{
    "version": "0.3.1",
    "timestamp": "2023-05-01 14:55:28.221095",
    "metrics": [
        {
            "metric": "DatasetDriftMetric",
            "result": {
                "drift_share": 0.5,
                "number_of_columns": 13,
                "number_of_drifted_columns": 0,
                "share_of_drifted_columns": 0.0,
                "dataset_drift": false
            }
        },
        {
            "metric": "DataDriftTable",
            "result": {
                "number_of_columns": 13,
                "number_of_drifted_columns": 0,
                "share_of_drifted_columns": 0.0,
                "dataset_drift": false,
                "drift_by_columns": {
                    "alcalinity_of_ash": {
                        "column_name": "alcalinity_of_ash",
                        "column_type": "num",
                        "stattest_name": "K-S p_value",
                        "stattest_threshold": 0.05,
                        "drift_score": 0.39530698914758006,
                        "drift_detected": false,
                        "current": {
                            "small_distribution": {
                                "x": [
                                    14.6,
                                    15.99,
                                    17.38,
                                    18.77,
                                    20.16,
                                    21.55,
                                    22.939999999999998,
                                    24.33,
                                    25.72,
                                    27.11,
                                    28.5
                                ],
                                "y": [
                                    0.06466736722981163,
                                    0.16975183897825574.
```

그림 3.7 50/50으로 분할된 와인 특징 세트에 대한 에비던틀리 보고서의 JSON 출력

Dataset Drift

Dataset Drift is NOT detected. Dataset drift detection threshold is 0.5

13	0	0.0
Columns	Drifted Columns	Share of Drifted Columns

			Data Drift Summary				

Drift is detected for 0.0% of columns (0 out of 13).

🔍 Search ×

	Column	Type	Reference Distribution	Current Distribution	Data Drift	Stat Test	Drift Score
>	magnesium	num			Not Detected	K-S p_value	0.756091
>	ash	num			Not Detected	K-S p_value	0.630804
>	hue	num			Not Detected	K-S p_value	0.630804
>	proline	num			Not Detected	K-S p_value	0.630804
>	malic_acid	num			Not Detected	K-S p_value	0.507237
>	total_phenols	num			Not Detected	K-S p_value	0.507237

그림 3.8 50/50으로 분할된 와인 특징 세트에서 에비던틀리가 생성한 드리프트 보고서의 HTML 버전

렌더링된 HTML 보고서의 장점 중 하나는 유용한 정보를 동적으로 드릴다운할 수 있다는 것이다. 예를 들어 그림 3.9는 어떤 특징이든 클릭하면 시간에 따른 데이터 드리프트 그래프가 제공되는 것을 보여주고, 그림 3.10은 같은 방식으로 특징의 분포 그래프도 얻을 수 있음을 보여준다.

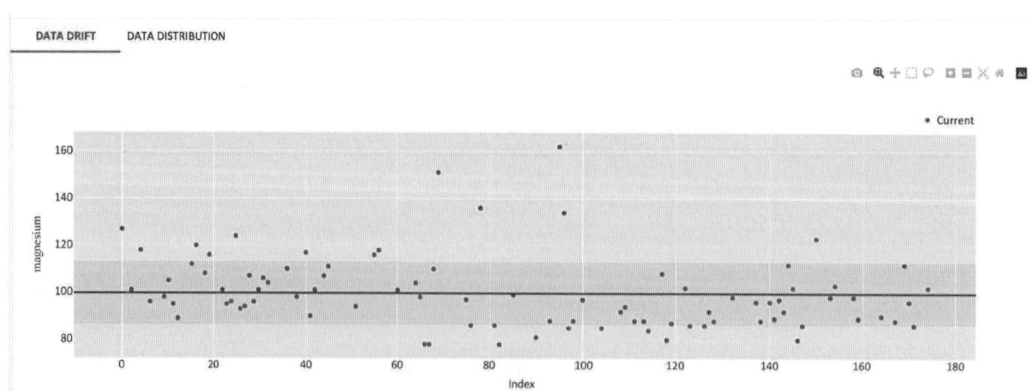

그림 3.9 와인 특징에 대한 에비던틀리 보고서에서 드릴다운할 때 자동으로 생성되는 데이터 드리프트 플롯

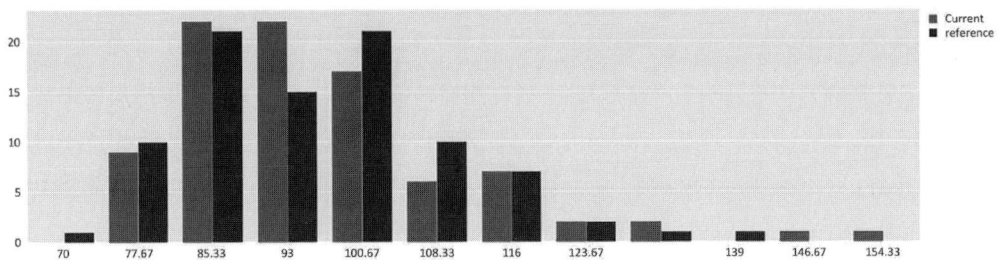

그림 3.10 와인 특징 세트에 대한 에비던틀리 보고서에서 드릴다운할 때 특징의 분포를 보여주는 자동 생성된 히스토그램

이는 에비던틀리로 할 수 있는 일의 극히 일부일 뿐이다. 모델 테스트 스위트와 모니터링 기능을 직접 생성하고, 지금까지 본 것처럼 이 모든 것을 보기 좋게 시각화할 수 있는 많은 기능이 있다.

이제 모델 드리프트와 데이터 드리프트의 개념, 그리고 이를 감지하는 방법을 살펴봤으니, 이 장의 앞부분에서 다룬 많은 개념을 어떻게 자동화할 수 있는지 논의해 보자.

이어지는 내용에서는 훈련 프로세스를 자세히 살펴보면서, 특히 다양한 도구를 사용한 자동화 방법을 중점적으로 다룰 것이다.

3.6.7 훈련 자동화하기

훈련 프로세스는 모델 팩토리의 필수적인 부분이자 ML 엔지니어링과 전통적인 소프트웨어 엔지니어링을 구분하는 주요 차별점 중 하나다. 다음 절에서는 우수한 오픈소스 도구를 사용해 이 과정의 요소들을 간소화하고, 최적화하고, 경우에 따라 완전히 자동화하는 방법을 자세히 설명한다.

3.6.8 자동화의 계층

머신러닝이 오늘날 소프트웨어 개발은 물론 학계와 기업 활동에서도 널리 쓰이게 된 데는 다양한 도구의 발전이 큰 역할을 했다. 정교한 알고리즘을 구현하고 최적화한 패키지와 라이브러리가 풍부해져서, 이제는 모든 것을 처음부터 새로 만들 필요 없이 이미 검증된 도구들을 활용할 수 있게 됐다.

이는 소프트웨어 개발에서 말하는 **추상화(abstraction)**의 좋은 예다. 추상화를 통해 저수준 요소를 고수준에서 쉽게 활용할 수 있다.

이러한 추상화는 모델 훈련 과정 전체에도 적용할 수 있다. 가장 기본적인 방법은 훈련 과정의 세부 사항을 직접 지정하는 것이다. 이는 기반 알고리즘의 관점에서는 매우 높은 수준이지만, 구현 측면에서는 가장 낮은 수준이다. 예를 들어 코드에서 훈련에 사용할 초매개변수를 직접 정의하는 방식인데(이어지는 '하이퍼파라미터 최적화'를 참조), 필자는 이를 '수동 조작'[5]이라고 부른다. 한 단계 위 수준에서는 초매개변수의 범위와 한계만 지정하면 된다. 그러면 특별히 설계된 도구가 그 범위 내에서 효율적으로 샘플을 추출하고 각각의 모델 성능을 테스트한다. 이른바 '자동화된 초매개변수 튜닝'이다. 최근 몇 년간 언론의 주목을 받은 최고 수준의 추상화는 어떤 알고리즘을 사용할지까지 최적화하는 단계다. 이를 **자동화된 머신러닝** 또는 **오토ML(AutoML)**이라고 한다.

오토ML을 둘러싼 과장된 기대가 많은데, 어떤 사람은 모든 머신러닝 개발 직무가 결국 자동화될 것이라고 주장한다. 하지만 모델과 하이퍼파라미터를 선택하는 것은 매우 복잡한 엔지니어링 과제의 한 측면일 뿐이므로(이 책이 한 장짜리 전단지가 아닌 이유다) 이는 현실적이지 않다. 그래도 오토ML은 매우 강력한 도구이므로 새로운 ML 프로젝트를 진행할 때 활용해 보기를 권한다.

이 모든 것을 자동화의 계층 구조로 간단히 요약할 수 있다. 기본적으로 ML 엔지니어로서 학습 과정에서 얼마나 많은 제어권을 원하느냐의 문제다. 자동차의 변속기 조작에 비유한 설명을 들은 적이 있다(출처: 2019년 스파크 AI의 데이터브릭스). '수동 조작'은 수동 변속 자동차처럼 모든 것을 직접 제어하는 방식이다. 매개변수와 알고리즘을 일일이 조정해야 해서 고려할 사항이 많지만, 제대로 다룰 줄 안다면 매우 효율적일 수 있다. 한 단계 위로 가면 자동 변속기처럼 일부 과정이 자동화된 방식이 있다. 세세한 조정에 대한 걱정이 줄어들어 더 중요한 문제에 집중할 수 있다. 이는 많은 사람에게 좋은 선택이지만, 여전히 충분한 지식과 기술, 이해가 필요하다. 마지막으로 자율주행 자동차와 같은 완전 자동화 방식이 있다. 모델 최적화 과정을 걱정할 필요 없이, 결과물 활용에만 집중할 수 있다.

이러한 자동화 계층 구조를 다음 다이어그램에서 확인할 수 있다.

---

5 (옮긴이) 원서에서 'hand cranking'이라고 표현했는데, 이는 시동 모터가 없는 내연 기관의 시동을 걸기 위해 손으로 시동 핸들을 돌리는 행위를 가리키는 말이지만, 이와 다른 개념인 '자동차의 수동 변속'을 가리키는 데 이 용어를 사용했다. 저자가 나타내고자 하는 뜻을 고려해, 번역서에서는 '수동 조작'으로 옮겼다.

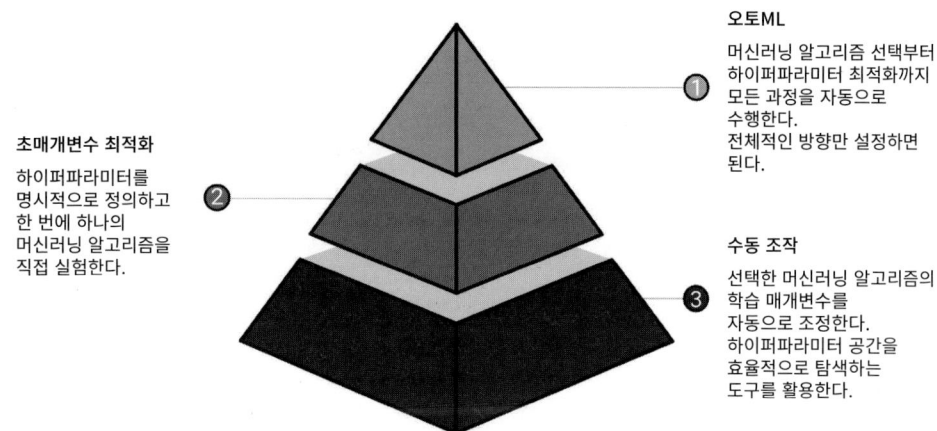

오토ML
머신러닝 알고리즘 선택부터
하이퍼파라미터 최적화까지
모든 과정을 자동으로
수행한다.
전체적인 방향만 설정하면
된다.

초매개변수 최적화
하이퍼파라미터를
명시적으로 정의하고
한 번에 하나의
머신러닝 알고리즘을
직접 실험한다.

수동 조작
선택한 머신러닝 알고리즘의
학습 매개변수를
자동으로 조정한다.
하이퍼파라미터 공간을
효율적으로 탐색하는
도구를 활용한다.

그림 3.11 머신러닝 모델 최적화의 자동화 계층 구조. 오토ML이 가장 자동화된 수준을 보여준다.

간단히 말해, 이것이 다양한 수준의 학습 자동화가 서로 연결되는 방식이다.

뒤에서는 초매개변수 최적화와 오토ML 구현을 시작하는 방법을 설명한다. '수동 조작'은 용어 자체가 뜻을 드러내므로 다루지 않는다.

3.6.9 하이퍼파라미터 최적화

데이터를 수학적 함수로 근사할 때는 피팅 또는 훈련 과정에서 조정되는 값들이 있는데, 이를 **매개변수(parameter)**라고 한다. 머신러닝에서는 여기서 한 단계 더 나아가 알고리즘이 매개변수를 어떻게 업데이트할지 지정하는 값을 정의해야 한다. 이러한 값을 **초매개변수(hyperparameter)**라고 하며, 이를 선택하는 것이 머신러닝 알고리즘 훈련의 중요한 기술 중 하나다.

다음 표에는 일반적인 머신러닝 알고리즘에 사용되는 몇 가지 초매개변수와 그 형태를 보여준다. 이 목록이 전부는 아니지만 초매개변수 최적화가 간단한 작업이 아님을 보여주기에 충분하다.

표 3.1 일부 지도 학습 알고리즘의 초매개변수와 제어 내용

알고리즘	초매개변수	제어 대상
의사 결정 트리 및 랜덤 포레스트	• 트리 깊이 • 최소/최대 리프 노드 수	• 트리의 레벨 수 • 각 레벨의 분기량
서포트 벡터 머신	• C • 감마	• 오분류에 대한 벌점 • 방사 기저 함수(RBF) 커널의 훈련 점 영향 반경

알고리즘	초매개변수	제어 대상
신경망(다양한 아키텍처)	• 학습률 • 은닉층 수 • 활성화 함수 • 기타 다수	• 업데이트 단계 크기 • 네트워크의 깊이 • 신경망의 활성화 조건
로지스틱 회귀	• 솔버 • 정규화 유형 • 정규화 계수	• 손실 최소화 방법 • 과적합 방지/문제 안정화 방법 • 정규화 강도

추가 예제는 다음 표에서 볼 수 있다.

표 3.2 일부 비지도 학습 알고리즘의 초매개변수와 제어 내용

알고리즘	초매개변수	제어 대상
K-최근접 이웃	• K • 거리 측정 방식	• 군집 수 • 점 간 거리 정의 방법.
DBSCAN	• 엡실론 • 최소 샘플 수 • 거리 측정 방식	• 이웃으로 판단할 최대 거리 • 핵심점으로 판단할 최소 이웃 수 • 점 간 거리 정의 방법.

모든 초매개변수는 각자 고유한 값의 범위를 가진다. 머신러닝 솔루션에 적용할 수 있는 다양한 알고리즘에 대한 이러한 초매개변수 값의 범위는 실용 모델(구현을 깨뜨리지 않는 모델)을 정의하는 방법이 많다는 뜻이다. 그렇다면 최적의 모델은 어떻게 찾을 수 있을까?

여기서 초매개변수 검색이 필요하다. 유한한 수의 초매개변수 값 조합 중에서 최상의 모델 성능을 내는 집합을 찾는 것이 목표다. 이는 처음 훈련과 비슷한 또 다른 최적화 과제다.

다음 섹션에서는 두 가지 인기 있는 초매개변수 최적화 라이브러리를 설명하고 파이썬 코드 몇 줄로 구현하는 방법을 보여준다.

 중요 참고 사항

이러한 초매개변수 라이브러리가 최적화에 어떤 알고리즘을 사용하는지 이해하는 것이 중요하다. 서로 다른 접근 방식을 비교하고 성능을 평가하기 위해 각 라이브러리의 여러 구현을 사용하고 싶을 수 있기 때문이다. 내부 작동 방식을 살펴보지 않으면 불공정한 비교를 하기 쉽고, 더 나쁜 경우 거의 같은 것을 비교하고 있다는 사실도 모른 채 지나갈 수 있다. 이러한 솔루션의 작동 방식을 깊이 이해하면 언제 유용하고 언제 과도한지 더 잘 판단할 수 있다. 이

3.6.9.1 하이퍼옵트

하이퍼옵트(Hyperopt)는 실숫값, 이산값, 조건부 차원을 포함하는 다양한 검색 공간에서 직·병렬 최적화를 수행하는 오픈소스 파이썬 패키지다. 자세한 내용은 다음 주소를 참조한다.

- https://github.com/Hyperopt/Hyperopt

이 글을 쓰는 시점에 0.2.5에는 사용자가 제공한 검색 공간에서 최적화를 수행하는 세 가지 알고리즘이 포함돼 있다.

- **무작위 탐색(random search)**: 이 알고리즘은 주어진 매개변숫값 범위에서 무작위로 숫자를 선택해 시도한다. 그런 다음 선택한 목적 함수에 따라 어떤 숫자 조합이 가장 좋은 성능을 보이는지 평가한다.
- **TPE(Tree of Parzen Estimators)**: 베이지안 최적화 방식으로, 목적 함수의 임곗값을 기준으로 하이퍼파라미터 분포를 모델링한다(대략 좋은 점수와 나쁜 점수로 구분). 그런 다음 좋은 하이퍼파라미터 분포에서 더 많은 값을 추출하려고 시도한다.
- **적응형 TPE(adaptive TPE)**: TPE의 수정된 버전으로, 탐색 최적화를 수행하고 최적화 과정을 안내하는 ML 모델을 만들 수 있다.

하이퍼옵트 저장소와 문서에 자세한 예시가 여럿 있다. 여기서는 그 예시를 다루지 않고, 대신 1장 '머신 러닝 엔지니어링 소개'에서 정의한 것과 같은 간단한 분류 모델에서 이를 사용하는 방법을 알아보겠다.

1. 하이퍼옵트에서는 최적화할 초매개변수를 정의해야 한다. 예를 들어 일반적인 로지스틱 회귀 문제에서는 다음과 같은 초매개변수 공간을 정의할 수 있다. 이전 모델 실행에서 학습한 매개변수를 매번 재사용할지(warm_start), 의사 결정 함수에 편향을 포함할지(fit_intercept), 최적화 중단을 결정하는 허용 오차(tol), 정규화 매개변수(C), 사용할 최적화 알고리즘(solver), 훈련 실행당 최대 반복 횟수(max_iter) 등이다.

```python
from hyperopt import hp
space = {
    'warm_start' : hp.choice('warm_start', [True, False]),
    'fit_intercept' : hp.choice('fit_intercept', [True, False]),
```

```
    'tol' : hp.uniform('tol', 0.00001, 0.0001),
    'C' : hp.uniform('C', 0.05, 2.5),
    'solver' : hp.choice('solver', ['newton-cg', 'lbfgs', 'liblinear']),
    'max_iter' : hp.choice('max_iter', range(10,500))
}
```

2. 그다음 최적화할 목적 함수를 정의해야 한다. 우리의 분류 알고리즘에서는 1에서 F1 점수를 뺀 값을 최소화하는 손실 함수를 정의할 수 있다. fmin 기능을 사용할 때는 하이퍼옵트를 통해 목적 함수에서 실행 통계와 메타데이터를 반환문으로 제공할 수 있다. 이때 유일한 요구 사항은 loss라는 이름의 값과 하이퍼옵트의 STATUS_STRING 목록에서 가져온 유효한 상탯값(기본값은 ok, 실패로 표시하고 싶은 계산 오류가 있으면 fail)을 반환하는 것이다.

```
def objective(params, n_folds, X, y):
    # n_fold 교차 검증을 초매개변수와 함께 수행
    clf = LogisticRegression(**params, random_state=42)
    scores = cross_val_score(clf, X, y, cv=n_folds, scoring='f1_macro')

    # 최고 점수 추출
    max_score = max(scores)

    # 손실은 최소화돼야 함
    loss = 1 - max_score

    # 평가에 필요한 정보를 담은 딕셔너리
    return {'loss': loss, 'params': params, 'status': STATUS_OK}
```

3. 이제 TPE 알고리즘으로 fmin 메서드를 사용해 최적화한다.

```
# 진행 상황을 추적할 Trials 객체
trials = Trials()

# 최적화
best = fmin(
    fn=partial(objective, n_folds=n_folds, X=X_train, y=y_train),
    space=space,
    algo=tpe.suggest,
    max_evals=16,
    trials=trials
)
```

4. best에는 정의한 검색 공간에서 찾은 최적의 하이퍼파라미터가 모두 담긴 딕셔너리가 들어 있다. 이 경우 다음과 같다.

```
{'C': 0.26895003542493234,
 'fit_intercept': 1,
 'max_iter': 452,
 'solver': 2,
 'tol': 1.863336145787027e-05,
 'warm_start': 1}
```

이제 이 초매개변수로 데이터 훈련용 모델을 정의할 수 있다.

3.6.9.2 옵튜나

옵튜나(Optuna)는 **정의 실행(define-by-run)** API와 모듈식 구조 등의 핵심 설계 원칙을 바탕으로 광범위한 기능을 제공하는 소프트웨어 패키지다. 여기서 정의 실행이란 사용자가 테스트할 매개변수를 모두 미리 정의하지 않아도 된다는 뜻이다. 대신 초깃값만 제공하면 옵튜나가 알아서 실험할 값을 제안한다. 덕분에 시간도 절약되고 코드도 간단해진다(내가 생각하는 큰 장점이다!).

옵튜나에는 **그리드 탐색, 무작위 탐색, TPE, 공분산 행렬 적응 진화 전략(CMA-ES)** 알고리즘이라는 네 가지 기본 탐색 알고리즘이 있다. 그중 CMA-ES를 제외한 세 가지는 앞에서 다뤘다. CMA-ES는 그 이름에서 알 수 있듯이 이는 진화 알고리즘을 기반으로 하며, 다변량 가우스 분포에서 초매개변수 샘플을 추출한다. 그런 다음 주어진 목적 함수에 대한 평가 점수의 순위를 사용해 가우스 분포의 매개변수(공분산 행렬 포함)를 동적으로 업데이트하면서 탐색 공간에서 최적값을 빠르고 안정적으로 찾는다.

옵튜나의 최적화 과정이 하이퍼옵트와 다른 가장 큰 특징은 **가지치기(pruning)** 또는 **자동 조기 중단 (automated early stopping)**을 적용한다는 점이다. 최적화 중에 어떤 초매개변수 조합으로는 더 나은 알고리즘을 얻을 수 없다고 판단되면 그 시도를 중단한다. 이를 통해 불필요한 계산을 줄여 초매개변수 최적화 효율이 전반적으로 향상된다.

앞에서 본 예시를 이번에는 하이퍼옵트 대신 옵튜나로 구현해 보자.

1. 먼저, 옵튜나를 사용할 때는 Study라고 하는 객체를 사용해 작업할 수 있는데, 이는 검색 공간을 목적 함수에 편리하게 결합하는 방법을 제공한다.

```python
def objective(trial, n_folds, X, y):
    """로지스틱 회귀 초매개변수를 튜닝하기 위한 목적 함수"""
    params = {
        'warm_start':
        trial.suggest_categorical('warm_start', [True, False]),
        'fit_intercept':
        trial.suggest_categorical('fit_intercept', [True, False]),
        'tol': trial.suggest_uniform('tol', 0.00001, 0.0001),
        'C': trial.suggest_uniform('C', 0.05, 2.5),
        'solver': trial.suggest_categorical('solver', ['newton-cg',
                                        'lbfgs', 'liblinear']),
        'max_iter': trial.suggest_categorical('max_iter', range(10, 500))
    }
    # 초매개변수로 n_fold 교차 검증 수행
    clf = LogisticRegression(**params, random_state=42)
    scores = cross_val_score(clf, X, y, cv=n_folds,
                            scoring='f1_macro')
    # 최고 점수 추출
    max_score = max(scores)
    # 손실은 최소화되어야 함
    loss = 1 - max_score
    # 평가를 위한 정보가 담긴 딕셔너리
    return loss
```

2. 이제 하이퍼옵트 예제에서와 같은 방식으로 데이터를 설정해야 한다.

```python
n_folds = 5
X, y = datasets.make_classification(n_samples=100000, n_features=20,
                                n_informative=2, n_redundant=2)
train_samples = 100  # 모델을 훈련하는 데 사용된 샘플
X_train = X[:train_samples]
X_test = X[train_samples:]
y_train = y[:train_samples]
y_test = y[train_samples:]
```

3. 이제 앞서 언급한 Study 객체를 정의하고 objective 함수에서 반환된 값을 어떻게 최적화할지, 그리고 몇 번의 시도를 할지 설정한다. 여기서는 TPE 샘플링 알고리즘을 다시 사용한다.

```python
from optuna.samplers import TPESampler
study = optuna.create_study(direction='minimize', sampler=TPESampler())
study.optimize(partial(objective, n_folds=n_folds, X=X_train, y=y_train),
               n_trials=16)
```

4. 이제 study.best_trial.params 변수를 통해 최적의 매개변수에 접근할 수 있다. 가장 좋은 경우의 값은 다음과 같다.

```
{'warm_start': False,
 'fit_intercept': False,
 'tol': 9.866562116436095e-05,
 'C': 0.08907657649508408,
 'solver': 'newton-cg',
 'max_iter': 108}
```

보다시피 옵튜나도 매우 간단하면서 강력하다. 이제 자동화 계층의 최종 단계인 오토ML을 살펴보자.

📝 중요 참고 사항

하이퍼옵트와 다른 값이 나왔는데, 이는 각각 16회만 시도했기 때문에 탐색 공간을 효과적으로 샘플링하지 못한 탓이다. 같은 이유로, 하이퍼옵트나 옵튜나 예시를 여러 번 실행하면 매번 다른 결과가 나올 수 있다. 여기서는 문법을 보여주기 위한 예시일 뿐이다. 원한다면 반복 횟수를 크게 늘리거나(또는 더 작은 공간을 샘플링하도록 하면) 두 방식의 결과가 대체로 수렴할 것이다.

3.6.10 오토ML

우리는 엔지니어로서 이 계층의 마지막 단계에 도달했다. 여기서는 훈련 과정에 대한 직접적인 제어가 가장 어렵지만, 적은 노력으로도 좋은 결과를 얻을 수 있다. 문제를 해결하기 위해 수많은 초매개변수와 알고리즘을 탐색할 때는, 합리적인 검색 조건과 반복문을 작성했더라도 개발에 많은 시간이 들 수 있다.

최근 몇 년 사이에 다양한 프로그래밍 언어와 소프트웨어 환경에 맞춘 오토ML 라이브러리와 도구들이 등장했다. 과대 선전으로 인해 많은 주목을 받았고, 많은 데이터 과학자들은 자신의 직업이 곧 사라질지도 모른다는 불안감을 느끼게 됐다. 이 장에서 앞서 언급했듯이, 내 생각에는 데이터 과학의 종말을 선언

하는 것은 매우 시기상조이며, 조직과 비즈니스 성과 측면에서도 위험하다. 오토ML 도구들이 마치 무슨 마법 도구라도 되는 것처럼 과대평가되다 보니, 많은 기업이 이를 몇 번만 사용하면 모든 데이터 과학과 머신러닝 문제가 해결될 거라고 기대한다.

이러한 기대는 일면 타당하면서도 한편으로는 잘못된 것이다.

오토ML은 분명 강력하고 여러 문제를 해결하는 데 도움이 되지만, 만능 해결책은 아니다. 이제 이 도구들을 살펴보고, 우리의 머신러닝 엔지니어링 워크플로와 솔루션에 어떻게 녹여낼 수 있을지 고민해 보자.

3.6.10.1 auto-sklearn

머신러닝 개발자들이 가장 즐겨 쓰는 라이브러리인 사이킷런(Scikit-Learn)은 당연히 오토ML 라이브러리로도 가장 먼저 개발될 것이었다. 오토-사이킷런(auto-sklearn)의 가장 큰 장점은 API 설계에 있다. 모델과 초매개변수를 최적화하고 선택하는 핵심 객체를 기존 코드에 자연스럽게 통합할 수 있다.

늘 그렇듯이 예제를 통해 이를 더 명확하게 보여줄 수 있다. 다음 예제에서는 와인 데이터셋(이 장의 단골 데이터셋)이 이미 검색되어 데이터 드리프트 감지 예제처럼 훈련 데이터와 테스트 데이터로 나뉘어 있다고 가정한다.

1. 먼저, 이는 분류 문제이므로 auto-sklearn에서 필요한 주요 요소는 `autosklearn.classification` 객체다.

```
import numpy as np
import sklearn.datasets
import sklearn.metrics
import autosklearn.classification
```

2. 그런 다음 auto-sklearn 객체를 정의해야 한다. 이 객체는 모델과 초매개변수 튜닝 과정을 어떻게 진행할지 정의하는 여러 매개변수를 제공한다. 이 예제에서는 전체 최적화 실행 시간의 상한과 머신러닝 모델의 단일 호출에 대한 시간 상한을 초 단위로 지정한다.

```
automl = autosklearn.classification.AutoSklearnClassifier(
    time_left_for_this_task=60,
    per_run_time_limit=30
    )
```

3. 이제 일반적인 사이킷런 분류기를 학습시키듯이 auto-sklearn 객체를 학습시킬 수 있다. 앞서 언급했듯이 auto-sklearn API는 익숙한 형태로 설계됐다.

```
automl.fit(X_train, y_train, dataset_name='wine')
```

4. 객체를 훈련한 후에는 최적화 과정에서 어떤 결과가 나왔는지 살펴볼 수 있다.
   먼저 어떤 모델이 시도됐고 최종 앙상블에 어떤 모델이 포함됐는지 확인할 수 있다.

```
print(automl.show_models())
```

5. 실행의 주요 통계를 확인할 수 있다.

```
print(automl.sprint_statistics())
```

6. 이제 예상대로 일부 테스트 특징을 예측할 수 있다.

```
predictions = automl.predict(X_test)
```

7. 이제 선호하는 메트릭 계산기를 사용해 성능이 얼마나 좋은지 확인할 수 있다. 여기서는 사이킷런의 metrics 모듈을 사용한다.

```
print(sklearn.metrics.accuracy_score(y_test, predictions))
```

보다시피 사이킷런에 익숙하다면 이 강력한 라이브러리를 매우 쉽게 사용할 수 있다.

다음으로 신경망으로 이 개념을 확장하는 방법을 살펴보자. 신경망은 다양한 모델 아키텍처가 가능해서 복잡도가 한 단계 더 높다.

3.6.10.2 AutoKeras

오토ML이 특히 빛을 발하는 분야가 바로 신경망이다. 신경망에서는 '어떤 모델이 가장 좋을까?'라는 질문에 답하기가 매우 어렵기 때문이다. 일반적인 분류기를 만들 때는 시도해 볼 만한 알고리즘이 그리 많지 않다. 그러나 신경망에서는 뉴런들을 계층으로 구성하고 서로 연결하는 방법만 해도 무수히 많은 조합의 아키텍처를 만들어 낼 수 있다. 이처럼 신경망 구조를 최적화하는 작업은 ML 엔지니어나 데이터 과학자에게 큰 부담이 된다. 하지만 강력한 최적화 도구를 활용하면 훨씬 더 수월해진다.

이번에는 케라스(Keras)라고 하는 매우 인기 있는 신경망 API 라이브러리 위에 구축된 오토ML 솔루션을 탐색할 것이다. 이 패키지의 이름은 바로 오토케라스(AutoKeras)다!

이 예제에서는 구현 세부 사항에 집중할 수 있도록 와인 데이터셋이 이미 로드돼 있다고 가정하겠다. 시작해 보자.

1. 먼저 autokeras 라이브러리를 임포트한다.

    ```
    import autokeras as ak
    ```

2. 이제 오토케라스의 가장 단순하면서도 흥미로운 부분이 시작된다. 우리 데이터는 정의된 스키마가 있는 표 형식의 구조화된 데이터이므로, 신경망 아키텍처와 초매개변수 검색을 자동화하는 StructuredDataClassifier 객체를 사용할 수 있다.

    ```
    clf = ak.StructuredDataClassifier(max_trials=5)
    ```

3. 그런 다음 사이킷런 API와 비슷한 방식으로 이 분류기 객체를 훈련하기만 하면 된다. 이 장의 다른 예제처럼 훈련 데이터와 테스트 데이터가 판다스 데이터프레임에 있다고 가정한다.

    ```
    clf.fit(x=X_train, y=y_train)
    ```

4. 오토케라스의 훈련 객체에는 편리한 평가 메서드가 내장돼 있다. 이를 사용해 우리 솔루션의 정확도를 확인해 보자.

    ```
    accuracy=clf.evaluate(x=X_train, y=y_train)
    ```

5. 이렇게 파이썬 코드 몇 줄로 신경망 아키텍처와 초매개변수 검색을 성공적으로 수행했다. 다양한 메서드에서 사용할 수 있는 매개변수에 대한 자세한 내용은 솔루션 문서를 참고하면 된다.

이제 성능 좋은 모델을 만드는 방법을 살펴봤으니, 다음 절에서는 이러한 모델을 다른 프로그램에서 사용할 수 있도록 보관하는 방법을 알아보겠다.

3.7 모델 영속화하기

앞 장에서는 MLflow를 사용한 모델 버전 관리의 기초를 소개했다. 특히 MLflow 추적 API로 머신러닝 실험의 지표를 기록하는 방법을 설명했다. 이제 이를 바탕으로 훈련 시스템이 모델 관리 시스템과 어떤 접점을 가져야 하는지 살펴보겠다.

먼저 훈련 시스템으로 무엇을 하려는지 다시 짚어보자. 데이터 과학자가 처음 작동하는 모델을 찾을 때 했던 많은 작업을 최대한 자동화해서, 앞으로도 문제를 계속 해결할 수 있는 새로운 모델 버전을 지속해서 만들고 업데이트하고자 한다. 또한 훈련 결과를 프로덕션 환경에서 예측을 수행할 부분과 공유할 수 있는 간단한 방법도 필요하다. 모델 버전 관리 시스템은 2장 '머신러닝 개발 프로세스'에서 살펴본 ML 개발 프로세스의 여러 단계를 연결하는 다리라고 할 수 있다. 특히 실험 결과를 추적하는 기능은 **플레이** 단계의 결과를 보존하고 **개발** 단계에서 이를 발전시킬 수 있게 해준다. 또 **개발** 단계에서는 같은 공간에서 더 많은 실험, 테스트 실행, 초매개변수 최적화 결과를 추적할 수 있다. 그런 다음 성능이 좋은 모델에 배포 후보라는 태그를 붙여 **개발** 단계와 **배포** 단계 사이의 간극을 메울 수 있다.

지금은 MLflow에 초점을 맞추겠지만, 모델 버전 관리 시스템으로 활용할 수 있는 다른 도구도 많이 있다. MLflow의 추적과 모델 레지스트리 기능은 앞서 말한 다리 역할을 훌륭히 수행한다. 다음 그림은 이를 도식화한 것이다.

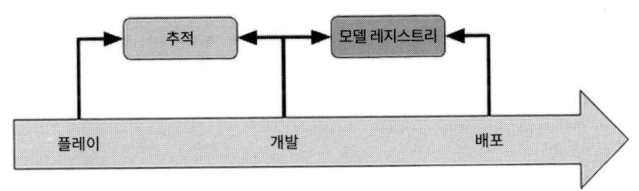

그림 3.12 MLflow의 추적과 모델 레지스트리 기능이 어떻게 ML 개발 프로세스의 각 단계를 이어주는지 보여준다.

2장 '머신러닝 개발 프로세스'에서는 MLflow 추적 API로 실험 모델 실행 메타데이터를 저장하는 기초적인 내용만 다뤘다. 이제는 프로덕션용 모델을 체계적으로 저장해서 모델 스테이징을 수행하는 방법을 간단히 살펴보겠다. 모델 스테이징이란 모델의 준비 단계를 진행하고 필요에 따라 프로덕션 환경에서 모델을 교체할 수 있는 과정이다. 이는 이 책의 주제인 배포된 솔루션의 일부로 실행되며 모델을 공급하는 모든 훈련 시스템의 매우 중요한 부분이다.

앞서 언급했듯이 개발 수명 주기에 걸쳐 모델의 스테이징을 관리할 수 있게 해주는 MLflow의 기능을 **모델 레지스트리(Model Registry)**라고 한다. 여기서는 기록된 모델을 레지스트리에 올리는 방법, 레지스트리에서 모델 버전 번호 같은 정보를 업데이트하는 방법, 그리고 모델을 여러 수명 주기 단계로 진행하는 방법을 예시와 함께 살펴볼 것이다. 마지막으로 다른 프로그램에서 레지스트리의 특정 모델을 가져오는 방법도 배울 것이다. 이는 훈련 서비스와 예측 서비스 사이에서 모델을 공유하려면 꼭 필요한 부분이다.

모델 레지스트리를 다루는 파이썬 코드를 살펴보기 전에 중요한 설정이 하나 필요하다. 레지스트리는 모델 메타데이터와 매개변수를 저장하는 데이터베이스가 있어야 작동한다. 이는 파일 백엔드 저장소만으로도 작동하는 기본 트래킹 API와는 다르다. 따라서 모델을 레지스트리에 올리기 전에 데이터베이스 백엔드가 있는 MLflow 서버를 실행해야 한다. 터미널에서 다음 명령을 실행하면 로컬에서 **SQLite** 데이터베이스를 사용할 수 있다.

이 절의 나머지 코드를 실행하려면 먼저 다음 명령어를 실행해야 한다(이 명령어는 이 책의 깃허브 저장소 Chapter03/mlflow-advanced/start-mlflow-server.sh에 있다).

```
mlflow server \
--backend-store-uri sqlite:///mlflow.db \
--default-artifact-root ./artifacts \
--host 0.0.0.0
```

이제 백엔드 데이터베이스가 실행 중이므로 모델 워크플로에서 사용할 수 있다. 시작해 보자.

1. 먼저 이 장에서 앞서 훈련한 모델 중 하나에 대한 지표와 매개변수를 기록한다. 이 장 앞부분에서 훈련시킨 모델 중 하나에 대한 메트릭과 매개변수를 로깅하는 것부터 시작하자.

```
with mlflow.start_run(run_name="YOUR_RUN_NAME") as run:
    params = {'tol': 1e-2, 'solver': 'sag'}
    std_scale_clf = make_pipeline(StandardScaler(),RidgeClassifier(**params))
    std_scale_clf.fit(X_train, y_train)
    y_pred_std_scale = std_scale_clf.predict(X_test)

    mlflow.log_metrics({
        "accuracy":
                metrics.accuracy_score(y_test, y_pred_std_scale),
        "precision":
                metrics.precision_score(y_test, y_pred_std_scale, average="macro"),
        "f1":
```

```
            metrics.f1_score(y_test, y_pred_std_scale, average="macro"),
        "recall":
            metrics.recall_score(y_test, y_pred_std_scale, average="macro"),
    })
    mlflow.log_params(params)
```

2. 같은 코드 블록에서 나중에 참조할 수 있도록 이름을 지정해 모델 레지스트리에 모델을 기록한다.

```
mlflow.sklearn.log_model(
    sk_model=std_scale_clf,
    artifact_path="sklearn-model",
    registered_model_name="sk-learn-std-scale-clf"
)
```

3. 이제 예측 서비스를 실행 중이고 모델을 검색하여 이를 사용해 예측하려는 시나리오를 가정해 보자. 여기서는 다음과 같이 작성해야 한다.

```
model_name = "sk-learn-std-scale-clf"
model_version = 1
model = mlflow.pyfunc.load_model(
    model_uri=f"models:/{model_name}/{model_version}"
)
model.predict(X_test)
```

4. 모델 레지스트리에 새로 등록된 모델은 기본적으로 'Staging' 단계 값이 할당된다. 따라서 모델 버전은 모르지만 단계는 알고 있다면 다음 코드로 모델을 불러올 수 있다.

```
stage = 'Staging'
model = mlflow.pyfunc.load_model(
    model_uri=f"models:/{model_name}/{stage}"
)
```

5. 이 장에서 논의한 대로, 훈련 시스템의 결과물은 프로덕션에 배포할 수 있는 모델이어야 한다. 다음 코드는 모델을 "Production" 단계로 승격한다.

```
client = MlflowClient()
client.transition_model_version_stage(
    name="sk-learn-std-scale-clf",
```

```
    version=1,
    stage="Production"
)
```

이상이 모델 레지스트리와 상호작용하는 가장 중요한 방법이다. 훈련(및 예측) 시스템에서 모델을 등록, 업데이트, 승격, 검색하는 기본적인 방법을 다뤘다.

이제 주요 훈련 단계를 **파이프라인(pipeline)**이라는 단일 단위로 연결하는 방법을 배워보자. 단일 스크립트에서 이를 수행하는 표준적인 방법을 다루면서 첫 번째 훈련 파이프라인을 만들어볼 것이다. 5장 '배포 패턴과 도구'에서는 머신러닝 솔루션을 위한 더 일반적인 소프트웨어 파이프라인을 만드는 도구를 다룬다(훈련 파이프라인은 그중 한 구성 요소가 될 수 있다).

3.8 파이프라인으로 모델 팩토리 구축하기

소프트웨어 파이프라인은 직관적인 개념이다. 코드에서 여러 단계가 이어져 있고 각 단계가 이전 단계의 출력을 입력으로 받는다면, 이를 파이프라인이라고 한다.

이 절에서는 머신러닝에 특화된 처리나 계산 단계를 포함하는 파이프라인을 다룬다. 예를 들어 그림 3.13 은 1장 '머신러닝 엔지니어링 소개'에서 설명한 마케팅 분류기에 이 개념을 적용한 사례를 보여준다.

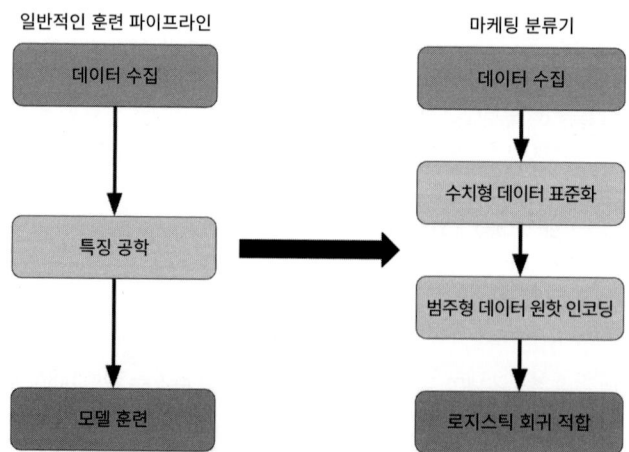

그림 3.13 모든 훈련 파이프라인의 주요 단계와 1장에서 설명한 구체적인 사례와의 대응

이제 코드로 ML 파이프라인을 구축하는 표준 도구에 대해 알아보자.

3.8.1 사이킷런 파이프라인

머신러닝 엔지니어에게 익숙한 **사이킷런(Scikit-learn)**에는 편리한 파이프라인 기능이 있다. 사이킷런의 다른 기능들처럼 이 API도 사용하기가 매우 쉽다. 하지만 본격적으로 시작하기 전에 몇 가지 개념부터 알아두어야 한다.

- **파이프라인(pipeline) 객체**: 여러 단계의 작업을 하나로 묶어주는 객체다. 사이킷런에서는 파이프라인 객체를 만들 때 변환기와 추정기를 순서대로 연결해야 한다. 이때 중간 단계의 객체들은 반드시 .fit()과 .transform() 메서드를 가지고 있어야 하고, 마지막 단계는 최소한 .fit() 메서드를 가진 추정기여야 한다. 파이프라인 객체는 시퀀스의 마지막 항목에서 메서드를 상속받기 때문에 이런 제약이 있다.

- **추정기(estimator)**: 사이킷런의 가장 기본이 되는 객체다. 데이터로 학습(.fit())하고 예측(.predict())할 수 있는 모든 것이 추정기 클래스에서 파생된다.

- **변환기(transformer)**: .transform() 또는 .fit_transform() 메서드를 가진 추정기를 말한다. 예측보다는 데이터셋의 형태를 바꾸는 데 주로 쓰인다.[6]

파이프라인 객체를 사용하면 코드가 훨씬 간단해진다. 학습, 변환, 예측 단계마다 함수를 따로 호출하고 데이터 흐름을 관리할 필요 없이, 하나의 객체로 모든 것을 처리할 수 있으며 동일한 간단한 API를 사용할 수 있다.

사이킷런에는 새로운 변환기와 기능이 계속 추가되어 더욱 유용한 파이프라인을 만들 수 있게 됐다. 예를 들어 이 글을 쓰는 시점에 사이킷런 0.20 이상 버전에는 ColumnTransformer 객체가 포함돼 있어서 특정 열마다 다른 작업을 수행하는 파이프라인을 구축할 수 있다. 앞서 논의한 로지스틱 회귀 마케팅 모델 예시에서 수치형 값은 표준화하고 범주형 변수는 원핫 인코딩하려 했는데, 바로 이런 작업이 가능하다. 이제 시작해 보자.

1. 이 파이프라인을 만들려면 ColumnTransformer와 Pipeline 객체를 가져와야 한다.

```
from sklearn.compose import ColumnTransformer
from sklearn.pipeline import Pipeline
```

---

6 (옮긴이) LLM의 트랜스포머 아키텍처와 구분하여, 사이킷런의 transformer를 '변환기'로 표기했다.

2. 파이프라인을 구성하는 변환기 안에서 단계를 연결하는 방법을 보여주기 위해 나중에 결측값 대체를 추가할 것이다. 이를 위해 SimpleImputer 객체를 가져온다.

```
from sklearn.impute import SimpleImputer
```

3. 이제 결측값 대체와 스케일링이라는 두 단계로 이뤄진 수치형 변환기 하위 파이프라인을 정의해야 한다. 또한 이를 적용할 수치형 열의 이름도 지정해야 나중에 사용할 수 있다.

```
numeric_features = ['age', 'balance']
numeric_transformer = Pipeline(steps=[
    ('imputer', SimpleImputer(strategy='median')),
    ('scaler', StandardScaler())])
```

4. 범주형 변수도 비슷한 단계를 거치지만, 여기서는 원핫 인코더라는 변환 단계 하나만 정의하면 된다.

```
categorical_features = ['job', 'marital', 'education', 'contact',
                        'housing', 'loan', 'default','day']
categorical_transformer = OneHotEncoder(handle_unknown='ignore')
```

5. 이제 ColumnTransformer 객체를 사용해 모든 전처리 단계를 하나로 모아 preprocessor라는 객체를 만든다. 이 객체는 데이터프레임의 각 열에 맞는 변환기를 적용한다.

```
preprocessor = ColumnTransformer(
    transformers=[
        ('num', numeric_transformer, numeric_features),
        ('cat', categorical_transformer, categorical_features)])
```

6. 마지막으로 앞서 만든 단계들 뒤에 머신러닝 모델 단계를 추가해 파이프라인을 완성한다. 이를 clf_pipeline이라고 부르자.

```
clf_pipeline = Pipeline(steps=[('preprocessor', preprocessor),
('classifier', LogisticRegression())])
```

7. 이것이 우리의 첫 머신러닝 훈련 파이프라인이다. 사이킷런 API의 장점은 clf_pipeline 객체를 라이브러리의 다른 일반 알고리즘처럼 호출할 수 있다는 점이다. 따라서 다음과 같이 쓸 수 있다.

```
clf_pipeline.fit(X_train, y_train)
```

이렇게 하면 파이프라인의 모든 단계에서 `fit` 메서드가 차례로 실행된다.

앞서 소개한 예제는 비교적 기본적이었지만, 필요에 따라 이런 파이프라인을 더 정교하게 만들 수 있는 방법이 몇 가지 있다. 가장 간단하면서도 확장성이 좋은 방법은 사이킷런의 기본 클래스를 상속받아 고유한 변환기 객체를 만드는 것이다. `BaseEstimator`와 `TransformerMixin` 클래스를 상속받아 자신만의 변환 로직을 구현할 수 있다. 다음은 지정된 열에 일정 값을 더하는 간단한 변환기로, 구현 방법을 설명하기 위한 단순한 예시일 뿐이다. 이처럼 칼럼에 단순히 실숫값을 더하는 코드는 그다지 쓸모가 없을 것이다.

```python
from sklearn.base import BaseEstimator, TransformerMixin

class AddToColumnsTransformer(BaseEstimator, TransformerMixin):
    def __init__(self, addition = 0.0, columns=None):
        self.addition = addition
        self.columns = columns

    def fit(self, X, y=None):
        return self

    def transform(self, X, y=None):
        transform_columns = list(X.columns)
        if self.columns:
            transform_columns = self.columns
        X[transform_columns] = X[transform_columns] + self.addition
        return X
```

이제 이 변환기를 파이프라인에 추가할 수 있다.

```python
pipeline = Pipeline(
    steps=[
        ("add_float", AddToColumnsTransformer(0.5, columns=["col1", "col2", "col3"]))
    ]
)
```

숫자를 더하는 이 예시는 클래스 기반 트랜스포머를 사용하기에 적절하지 않다. 이는 상태를 유지할 필요가 없는 단순한 연산이기 때문이다. 입력값에 대해 복잡한 조작이나 훈련이 필요하지 않고 클래스가 상태를 보존하거나 업데이트할 필요도 없으므로, 사실상 함수를 감싼 것에 불과하다. 사용자 정의 단계를 추가하는 두 번째 방법은 FunctionTransformer 클래스를 활용하는 것이다. 이 클래스는 사용자가 작성한 함수를 감싸서 파이프라인에 통합할 수 있게 해준다.

```python
from sklearn.pipeline import Pipeline
from sklearn.preprocessing import FunctionTransformer

def add_number(X, columns=None, number=None):
    if columns is None and number is None:
        return X
    X[columns] = X[columns] + number

pipeline = Pipeline(
    steps=[
        (
            "add_float",
            FunctionTransformer(
                add_number,
                kw_args={"columns": ["col1", "col2", "col3"], "number": 0.5}
            ),
        )
    ]
)
```

이러한 예제를 기반으로 원하는 특징 공학 작업을 수행하는 복잡한 파이프라인을 만들 수 있다.

이 절을 마무리하자면, 특징 공학과 모델 훈련 단계를 하나의 객체로 추상화하면 매우 강력한 이점이 있다. 구현 세부 사항을 반복해서 작성하지 않고도 여러 곳에서 이 객체를 재사용하고 더 복잡한 워크플로를 만들 수 있기 때문이다. 추상화는 좋은 것이다!

이제 스파크 ML을 사용한 또 다른 파이프라인 작성 방법을 살펴보자.

3.8.2 스파크 ML 파이프라인

이 책에서 계속 다뤄온 도구 중 하나가 특히 솔루션의 확장성을 논할 때 중요해질 것이다. 바로 아파치 스파크(Apache Spark)와 그 머신러닝 생태계다. 스파크 ML(Spark ML)로 비슷한 파이프라인을 만들려면 약간 다른 문법이 필요하지만, 핵심 개념은 사이킷런의 경우와 매우 비슷하다는 것을 알 수 있을 것이다.

파이스파크(PySpark) 파이프라인에 대해 몇 가지 중요한 점을 언급하겠다. 첫째, 스파크는 스칼라로 작성됐는데, 스칼라(Scala)의 좋은 프로그래밍 관행에 따라 객체를 **불변**으로 유지한다. 이는 데이터를 변환할 때 기존 객체를 수정하지 않고 새로운 객체를 만든다는 뜻이다. 따라서 모든 변환의 출력은 원래 데이터프레임(DataFrame)에 새로운 열을 추가하거나(또는 새로운 데이터프레임에 새로운 열을 만들거나) 하는 방식으로 이뤄진다.

둘째, 스파크 ML의 추정기(즉, 머신러닝 알고리즘)는 모든 특징을 단일 열의 튜플 형태로 조립해야 한다. 반면 사이킷런에서는 특징을 데이터 객체의 여러 열에 그대로 둔 상태로 사용할 수 있다. 특히 범주형과 수치형 특징이 섞여 있어서 알고리즘에 투입하기 전에 서로 다른 방식으로 변환해야 할 때는, 여러 특징 열을 하나로 모으는 유틸리티인 **어셈블러** 사용법을 잘 알아야 한다.

셋째, Spark에는 특정 작업에 의해 트리거될 때만 실행되는 **지연 평가**를 사용하는 함수가 많다. 그러므로 전체 ML 파이프라인을 구축하고 데이터를 변환할 필요가 없다. 지연 평가를 하는 이유는 연산 단계를 **방향성 비순환 그래프(DAG)**에 저장해 두었다가 실제 연산을 수행하기 전에 실행 계획을 최적화할 수 있기 때문이다. 이런 방식으로 스파크는 매우 효율적으로 작동한다.

마지막으로(이는 작은 포인트지만), PySpark 변수는 파이썬 변수에 자주 사용되는 일반적인 스네이크 케이스(예: variable_name)가 아닌 캐멀 케이스(예: `variableName`)를 사용해 작성하는 것이 일반적이다. 이는 스파크 뒤에 있는 기본 스칼라 코드에서 이 규칙을 상속하는 PySpark 함수와 코드를 일치시키기 위해 수행된다.

스파크 ML 파이프라인 API는 사이킷런 파이프라인 API와 유사한 방식으로 변환기와 추정기 개념을 활용하지만 몇 가지 중요한 차이점이 있다. 첫 번째 차이점은 스파크 ML의 변환기가 .transform() 메서드는 구현하지만 .fit_transform() 메서드는 구현하지 않는다는 것이다. 둘째, 스파크 ML의 변환기 및 추정기 객체는 상태를 유지하지 않으므로(stateless) 훈련이 완료되면 변경되지 않으며 모델 메타데이터만 포함한다. 원래 입력 데이터에 대한 어떤 것도 저장하지 않는다. 한 가지 유사점은 스파크 ML에서도 파이프라인이 추정기로 취급된다는 것이다.

이제 스파크 ML API를 사용해 훈련 파이프라인을 구축하는 방법을 보여주는 기본 예제를 만들어 보겠다.

한번 살펴보자.

1. 먼저 다음 구문을 사용해 이전 예제의 범주형 특징을 원핫 인코딩해야 한다.

```
from pyspark.ml import Pipeline, PipelineModel

categoricalColumns = [
    "job", "marital", "education", "contact", "housing", "loan", "default", "day"
]
for categoricalCol in categoricalColumns:
    stringIndexer = StringIndexer(inputCol=categoricalCol,
                                  outputCol=categoricalCol + "Index"
                                 ).setHandleInvalid("keep")
    encoder = OneHotEncoder(inputCols=[stringIndexer.getOutputCol()],
                            outputCols=[categoricalCol + "classVec"])
    stages += [stringIndexer, encoder]
```

2. 수치형 열의 경우 대체를 수행해야 한다.

```
numericalColumns = ["age", "balance"]
numericalColumnsImputed = [x + "_imputed" for x in numericalColumns]
imputer = Imputer(inputCols=numericalColumns,
outputCols=numericalColumnsImputed)
stages += [imputer]
```

3. 그런 다음 표준화를 수행해야 한다. 여기서는 표준 스케일러(StandardScaler)가 한 번에 하나의 열에만 적용되므로 적용하려면 조금 영리한 방법을 써야 한다. 따라서 수치적으로 대체된 특징을 단일 특징 벡터로 가져온 후 각 수치 특징에 대한 스케일러를 생성해야 한다.

```
from pyspark.ml.feature import StandardScaler, VectorAssembler

numericalAssembler = VectorAssembler(
    inputCols=numericalColumnsImputed,
    outputCol='numerical_cols_imputed'
)
stages += [numericalAssembler]
scaler = StandardScaler(
    inputCol='numerical_cols_imputed',
    outputCol="numerical_cols_imputed_scaled"
```

```
)
stages += [scaler]
```

4. 이제 지금까지 변환한 수치형 특징과 범주형 특징을 하나의 특징 열로 통합한다.

```
assemblerInputs = [c + "classVec" for c in categoricalColumns] + \
                  ["numerical_cols_imputed_scaled"]
assembler = VectorAssembler(
    inputCols=assemblerInputs,
    outputCol="features"
)
stages += [assembler]
```

5. 마지막으로 모델 단계를 정의하고 이를 파이프라인에 추가한 다음 훈련 및 변환할 수 있다.

```
lr = LogisticRegression(labelCol="label", featuresCol="features", maxIter=10)
stages += [lr]
(trainingData, testData) = data.randomSplit([0.7, 0.3], seed=100)
clfPipeline = Pipeline().setStages(stages).fit(trainingData)
clfPipeline.transform(testData)
```

그런 다음 다음과 같이 Spark 객체와 동일한 방식으로 모델 파이프라인을 유지할 수 있다.

```
clfPipeline.save(path)
```

여기서 path는 대상 위치에 대한 경로다. 그러고 나서 다음을 사용해 이 파이프라인을 메모리로 읽어들일 것이다.

```
from pyspark.ml import Pipeline
clfPipeline = Pipeline().load(path)
```

이렇게 Spark ML을 사용해 PySpark에서 훈련 파이프라인을 구축할 수 있다. 이 예시를 통해 API 사용을 시작하고 더 정교한 파이프라인을 만드는 데 필요한 내용을 배웠다.

이제 지금까지 다룬 내용을 요약하며 이 장을 마무리하겠다.

3.9 요약

이 장에서는 프로덕션에서 실행할 머신러닝 모델의 훈련과 스테이징을 위한 솔루션을 구축하는 방법이라는 중요한 주제를 다뤘다. 이러한 솔루션의 구성 요소를 모델 훈련, 모델의 영속성, 모델 서빙, 드리프트 대응과 모델 훈련 자동화를 다루는 부분으로 나눴으며, 이를 '모델 팩토리'로 명명했다.

구체적으로, 머신러닝 모델을 훈련한다는 것이 실제로 무엇을 의미하는지 깊이 있게 살펴보면서 중요한 개념들의 기술적인 세부 사항을 다뤘다. 이를 머신러닝 모델의 학습 방식을 이해하는 관점에서 설명했다. 또한 특징 공학의 핵심 개념, 즉 머신러닝 모델이 이해할 수 있도록 데이터를 변환하는 방법도 살펴봤다. 이어서 훈련 시스템의 실행 모드를 '훈련-보관'과 '훈련-실행'으로 구분해 설명했다.

그다음으로, 모델과 해당 모델이 사용하는 데이터에서 발생하는 드리프트를 다양한 기법으로 감지하는 방법을 설명했다. 이 내용에는 Alibi Detect와 Evidently 패키지를 사용한 드리프트 감지 예시와 특성 중요도 계산 방법도 포함됐다.

이후, 훈련 과정을 다양한 추상화 수준에서 자동화하는 개념을 다루고, MLflow 모델 레지스트리를 활용해 모델의 스테이징을 프로그래밍 방식으로 관리하는 방법을 설명했다. 마지막 섹션에서는 사이킷런과 스파크 ML 패키지를 사용해 학습 파이프라인을 정의하는 방법을 다뤘다.

다음 장에서는 이번 장에서 다룬 개념들을 구현한 코드를 파이썬다운 방식으로 패키지화하는 방법을 살펴볼 것이다. 이렇게 만든 패키지는 다른 프로젝트에서도 쉽게 재사용할 수 있다.

04

패키징

이전 장에서는 **머신러닝** 제품을 성공적으로 만드는 데 필요한 많은 도구와 기법을 소개했다. 또한 이러한 도구와 기법을 구현하는 방법을 이해하는 데 도움이 되는 많은 예제 코드도 함께 소개했다. 지금까지는 무엇을 프로그래밍해야 하는지에 관한 내용이었지만, 이번 장에서는 어떻게 프로그래밍할 것인지에 초점을 맞출 것이다. 특히 넓은 파이썬 소프트웨어 개발 커뮤니티에서 널리 사용되는 많은 기법, 방법론, 표준을 소개하고 이를 머신러닝 사례에 적용할 것이다. 이번 장의 중심 주제는 사용자 정의 라이브러리와 패키지 개발 개념이 될 것이다. 이러한 라이브러리와 패키지는 반복적으로 사용되는 기능을 체계적으로 묶어 놓은 것으로, ML 솔루션을 배포하거나 새로운 솔루션을 개발할 때 효율적으로 재활용할 수 있다. 여기서 다루는 모든 내용은 ML 프로젝트 개발 수명주기 전반에 걸친 모든 파이썬 개발 활동에 적용할 수 있다는 점이 중요하다. 노트북에서 탐색적 데이터 분석을 수행하거나 프로젝트의 연구 부분을 위한 모델링 스크립트를 작성하는 경우에도 이제부터 소개할 개념을 통해 작업이 크게 향상될 것이다.

이 장에서는 먼저 파이썬 프로그래밍의 기본 사항을 간략히 살펴본 다음, 코딩 표준의 개념과 고품질 파이썬 코드 작성을 위한 몇 가지 팁을 알아볼 것이다. 또한 파이썬에서 **객체지향** 프로그래밍과 **함수형** 프로그래밍의 차이점, 그리고 이것이 솔루션에서 사용하고자 하는 다른 도구와 어떤 강점과 시너지를 가지는지도 살펴볼 것이다. 머신러닝 패키지를 직접 작성하는 좋은 사례를 살펴보고 패키징 옵션을 살펴볼 것이다. 다음으로는 코드의 테스팅, 로깅, 오류 처리에 관한 내용이 이어진다. 이는 코드가 제대로 작동할 뿐만 아니라 작동하지 않을 때 진단도 가능하게 만드는 중요한 개념이다. 이어서 패키지의 논리적 흐름을 깊이 살펴볼 것이다. 마지막으로 이미 다른 곳에 존재하는 기능을 활용하고 바퀴를 재발명하지 않도록 하는 방법을 살펴볼 것이다.

이 장에서는 다음과 같은 주제를 다룰 것이다.

- 좋은 파이썬 코드 작성하기
- 스타일 선택하기
- 코드 패키징하기
- 패키지 빌드하기
- 테스트, 로깅 및 오류 처리
- 바퀴 재발명하지 않기

> ### 📝 중요 참고 사항
>
> 파이썬에서는 패키지와 라이브러리를 명확히 구분하지 않는다. 일반적으로 라이브러리는 다른 프로젝트에서 재사용할 수 있는 모든 코드 모음을, 패키지는 파이썬 모듈의 모음(이 장에서 다룰 예정)을 의미한다고 보면 된다. 이 책에서는 두 용어를 혼용하되, 라이브러리라고 할 때는 깔끔하게 정리된 코드 모음으로서 최소한 하나의 패키지를 포함하는 것을 의미한다. 따라서 나중에 재사용할 목적의 단일 스크립트는 여기서 말하는 라이브러리에 해당하지 않는다.

더 견고하고 깔끔하며 읽기 쉽고 테스트 가능한 고성능 코드를 만들어보자. 이런 코드라면 동료와 머신러닝 커뮤니티, 그리고 고객 모두가 유용하게 사용할 수 있을 것이다. 자, 시작해 보자!

4.1 기술적 요구사항

다른 장과 마찬가지로 이번 장의 예제를 실행하는 데 필요한 패키지는 책 저장소의 Chapter04 폴더로 이동한 다음 새로운 콘다 환경을 만들어 설치할 수 있다.

```
conda env create -f mlewp-chapter04.yml
```

이번 장은 주로 패키징과 관련된 파이썬의 기본 사항에 초점을 맞추고 있어서 평소보다 요구사항이 좀 더 가벼운 편이다.

4.2 좋은 파이썬 코드 작성하기

이 책에서 계속 다뤘듯이, 파이썬은 매우 인기 있고 다재다능한 프로그래밍 언어다. 세계에서 가장 널리 사용되는 소프트웨어 제품 중 일부와 머신러닝 엔지니어링 솔루션 중 상당수가 파이썬을 핵심 언어로 사용한다.

이처럼 파이썬이 널리 사용되는 만큼, 우수한 머신러닝 기반 소프트웨어를 작성하려면 이와 같은 솔루션들이 채택해온 모범 사례와 표준을 살펴볼 필요가 있다. 이번 절에서는 패키징이 실제로 무엇을 의미하는지 살펴보고, 품질과 일관성 측면에서 머신러닝 코드를 한 단계 끌어올리는 방법을 설명하겠다.

4.2.1 파이썬 기초 다지기

더 고급 개념으로 들어가기 전에, 파이썬의 기본 용어와 개념을 명확히 정리한다. 파이썬의 기초가 이미 충분하다면 이 부분을 건너뛰고 다음 내용으로 넘어가도 좋다. 하지만 파이썬을 처음 접하거나 한동안 사용하지 않았다면, 이러한 기초를 다시 짚어봄으로써 올바른 사고방식을 적용하고 코드를 자신 있게 작성할 수 있을 것이다.

파이썬에는 다음과 같은 객체가 있다.

- **변수**: 다양한 타입의 데이터를 저장하는 객체다. 파이썬에서는 타입을 지정하지 않고도 **할당**(assignment)을 통해 변수를 만들 수 있다. 예를 들면 다음과 같다.

```python
numerical_variable = 10
string_variable = '문자열이 여기에 들어간다'
```

- **함수**: 변수나 다른 객체를 입력받아 논리적 과정을 실행하는 독립적인 코드 단위다. 파이썬에서 def 키워드로 정의되며 모든 파이썬 객체를 반환할 수 있다. 파이썬에서 함수는 '일급 객체(first-class citizens)'로 취급된다. 즉, 함수를 변수처럼 다룰 수 있고, 다른 함수에 전달하거나 함수에서 반환할 수도 있다.

  예를 들어 판다스 데이터프레임에서 몇 가지 간단한 통계를 계산하는 함수를 만들어 보자. 먼저 다음과 같이 정의한다.

```python
def calculate_statistics(df):
    return df.describe()
```

그런 다음 원래 이름과 X_train이라는 데이터프레임을 사용해 실행한다.

```python
calculate_statistics(X_train)
```

함수를 새로운 이름으로 다시 할당하고 비슷하게 호출할 수도 있다.

```
new_statistics_calculator = calculate_statistics
new_statistics_calculator(X_train)
```

함수를 더 많이 전달할 수도 있다. 예를 들어 결과를 받아 JSON 객체를 반환하는 새 함수에 함수를 전달하면 그 함수도 호출할 수 있다.

```
def make_func_result_json(func, df):
    return func(df).to_json()

make_func_result_json(calculate_statistics, X_train)
```

이렇게 하면 몇 가지 간단한 코드 조각으로 비교적 복잡한 코드를 빠르게 만들 수 있다.

- **모듈**: 함수, 변수 및 기타 객체의 정의와 구문을 포함하는 파일로, 내용을 다른 파이썬 코드로 가져올 수 있다. 예를 들어 이전 예제에서 정의한 함수를 module.py라는 파일에 넣으면 다른 파이썬 프로그램(또는 파이썬 인터프리터)에서 다음을 입력하여 그 안에 포함된 기능을 사용할 수 있다.

```
import module
module.calculate_statistics(df)
module.make_func_result_json(module.calculate_statistics, df)
```

- **클래스**: 뒤에서 객체 지향 프로그래밍을 설명할 때 자세히 다루겠지만, 지금은 클래스가 객체 지향 프로그래밍의 기본 단위이며 논리적으로 연관된 기능을 담는 좋은 방법이라는 점만 알아두자.

- **패키지**: 디렉터리 구조로 결합된 모듈의 모음으로, 패키지 안의 모듈에 점 구문으로 접근할 수 있게 만들어져 있다. 예를 들어 특징 공학을 돕는 모듈이 있는 feature라는 패키지를 다음과 같이 구성할 수 있다.

```
feature/
¦-- numerical/
    ¦-- analyze.py
    ¦-- aggregate.py
    ¦-- transform.py
¦-- categorical/
    ¦-- analyze.py
    ¦-- aggregate.py
    ¦-- transform.py
```

그런 다음 numerical 또는 categorical 하위 모듈 내에 포함된 기능을 사용하려면 다음과 같이 점 구문을 사용하면 된다.

```
import feature.categorical.analyze
import feature.numerical.transform
```

이제 몇 가지 일반적인 파이썬 팁과 트릭에 대해 논의해 보자.

4.2.2 유용한 기법

파이썬을 능숙하게 다루는 개발자도 놓치기 쉬운 파이썬의 유용한 기법을 살펴보자. 다음 개념들은 더 간결하고 성능 좋은 코드를 작성하는 데 도움이 된다. 이 목록이 모든 것을 망라하지는 않지만, 실무에 도움이 되는 내용을 중심으로 설명한다.

- **제너레이터**: 반복 처리를 위한 편리한 함수로, 상용구 코드를 줄여주고 메모리를 효율적으로 사용한다. 실행을 잠시 멈추고 내부 상태를 자동으로 저장할 수 있어서 프로그램의 다른 부분에서 반복을 재개할 수 있다는 장점이 있다. 파이썬에서는 함수에 yield 문을 사용하면 제너레이터가 만들어진다. 예를 들어 주어진 값의 목록을 condition이라는 술어에 따라 필터링하는 제너레이터를 다음과 같이 정의할 수 있다.

```
def filter_data(data, condition):
    for x in data:
        if condition(x):
            yield x
```

실제로 0부터 99까지의 정수로 이뤄진 data_vals라는 리스트[1]에서 특정 임곗값보다 큰 값만 남겨 보자.

```
for x in filter_data(data_vals, lambda x: x > 50):
    print(x)
```

이렇게 하면 50부터 99까지의 정수가 반환된다.

제너레이터 표현식을 만드는 또 다른 방법은 반복문을 소괄호로 감싸는 것이다. 예를 들어, 여기서는 0부터 9까지의 제곱을 반복하는 제너레이터를 정의할 수 있다.

```
gen1 = (x**2 for x in range(10))
for i in gen1:
    print(i)
```

---

1 (옮긴이) 리스트 컴프리헨션으로 0부터 99까지의 정수로 이뤄진 data_vals를 만드는 방법을 바로 뒤에서 설명한다.

제너레이터는 한 번만 실행할 수 있다는 점에 유의하자. 실행이 끝나면 제너레이터는 비워진다. 반복의 각 단계에 필요한 것만 메모리에 저장하기 때문에, 반복이 끝나면 아무것도 저장되지 않는다.

제너레이터는 메모리를 효율적으로 사용하면서 데이터를 조작하는 강력한 도구다. 아파치 빔(Apache Beam) 같은 프레임워크에서 커스텀 파이프라인을 정의할 때도 활용할 수 있다. 여기서는 다루지 않지만 꼭 살펴볼 만한 가치가 있다. 예시를 보고 싶다면 다음 글을 참고하자.

https://medium.com/analytics-vidhya/building-a-data-pipeline-with-python-generators-a80a4d19019e

- **리스트 컴프리헨션**: 반복 가능한 객체(dict, list, tuple, str 등)를 가지고 리스트를 만들어 내는 간결한 문법이다. 장황한 반복문을 피하고 깔끔한 코드를 작성하는 데 도움이 된다. 리스트 컴프리헨션은 전체 리스트를 메모리에 생성하므로 제너레이터만큼 효율적이지는 않다. 따라서 신중하게 사용해야 하며, 가능하면 작은 크기의 리스트만 만들어야 한다. 제너레이터가 소괄호를 사용하는 것과 달리, 리스트 컴프리헨션은 대괄호 안에 반복 로직을 작성한다. 예를 들어 앞의 제너레이터 예제에서 사용한 데이터를 다음 코드로 만들 수 있다.

```
data_vals = [x for x in range(100)]
```

- **컨테이너와 컬렉션**: 파이썬에는 여러 데이터를 담을 수 있는 dict, set, list, tuple 같은 유용한 내장 타입이 있는데, 이를 컨테이너라고 한다. 파이썬 초보자도 언어를 처음 다루면서 이런 타입들의 사용법을 배우지만, 우리가 종종 잊기 쉬운 것이 이들의 확장된 형태인 **컬렉션**이다. 컬렉션은 표준 컨테이너에 추가 기능을 더한 것으로 매우 유용하다. 파이썬 공식 문서[2]에서 소개하는 유용한 컨테이너들을 표 4.1에 정리했다.

데이터를 조작할 때 이러한 컨테이너를 활용하면 코드를 더 간결하게 작성할 수 있다.

표 4.1 파이썬 3의 collections 모듈에 있는 유용한 자료형

컨테이너	설명
덱(deque)	양쪽 끝에서 요소를 추가하고 제거할 수 있는 양방향 큐다. 대용량 데이터 목록의 앞이나 뒤에 요소를 추가하거나 데이터에서 특정 값의 마지막 위치를 검색할 때 유용하다.
카운터(Counter)	딕셔너리나 리스트 같은 반복 가능한 객체를 입력받아 각 요소의 개수를 반환한다. 객체의 내용을 빠르게 요약하는 데 매우 유용하다.
OrderedDict	표준 dict 객체는 순서를 유지하지 않으므로 OrderedDict가 이 기능을 추가한다. 생성한 딕셔너리를 생성 순서대로 다시 반복해야 할 때 매우 유용하다.

---

2 https://docs.python.org/3/library/collections.html

- ***args와 **kwargs**: 파이썬에서 함수를 호출할 때 종종 인수를 제공한다. 이 책에서 이미 많은 예를 보았다. 하지만 가변적인 개수의 인수를 사용하는 함수를 정의하면 어떻게 될까? 바로 여기서 *args와 **kwargs 패턴이 사용된다. 예를 들어, 온라인 웹 양식에서 수집한 정보를 사용하여 주소를 나타내는 단일 문자열을 생성하는 Address라는 클래스를 초기화하려고 한다고 가정해 보자.

사용자가 주소에 사용하는 각 텍스트 상자에 몇 개의 요소가 있을지 미리 알 수 없을 수 있다. 그러면 *args 패턴을 사용할 수 있다(args라고 부를 필요는 없으므로 여기서는 address라고 부르겠다). 다음은 클래스다.

```
class Address(object):
    def __init__(self, *address):
        if not address:
            self.address = None
            print('No address given')
        else:
            self.address = ' '.join(str(x) for x in address)
```

그러면 다음 두 가지 경우 모두에서 코드가 완벽하게 작동한다. 인수의 수가 다르더라도 말이다.

```
address1 = Address('62', 'Lochview', 'Crescent')
address2 = Address('The Palm', '1283', 'Royston', 'Road')
```

그러면 address1.address는 '62 Lochview Crescent'가 되고 address2.address는 'The Palm 1283 Royston Road'가 된다.

**kwargs는 이 개념을 확장해 가변적인 개수의 키워드 인수를 허용한다. 이는 매개변수의 가변적인 개수를 정의해야 하지만 해당 매개변수에 이름을 붙여야 하는 함수가 있는 경우 특히 유용하다. 예를 들어, 알고리즘에 따라 개수와 이름이 달라지는 ML 모델 초매개변수 값을 포함하는 클래스를 정의할 수 있다. 따라서 다음과 같이 할 수 있다.

```
class ModelHyperparameters(object):
    def __init__(self, **hyperparams):
        if not hyperparams:
            self.hyperparams = None
        else:
            self.hyperparams = hyperparams
```

그러면 다음과 같은 인스턴스를 정의할 수 있다.

```
hyp1 = ModelHyperparameters(eps=3, distance='euclidean')
hyp2 = ModelHyperparameters(n_clusters=4, max_iter=100)
```

그러면 hyp1.hyperparams는 {'eps': 3, 'distance': 'euclidean'}이 되고 hyp2.hyperparams는 {'n_clusters': 4, 'max_iter': 100}이 된다.

파이썬의 작동 방식을 자세히 이해하려면 알아야 할 개념이 더 많이 있지만, 지금은 이 정도면 이 장을 실습하기에 충분할 것이다.

이제 코드를 읽기 쉽고 일관되게 만들 수 있도록 이러한 요소를 정의하고 구성하는 방법을 고려해 보자.

4.2.3 파이썬 코딩 관례

표준 준수에 관해 말을 꺼내면 듣는 사람 대부분은 한숨을 쉬며 짜증을 낼 것만 같다. 표준은 지루하고 따분하게 느껴지지만, 일관되고 높은 품질의 작업을 보장하는 매우 중요한 요소다.

파이썬에서 코딩 스타일의 사실상 표준은 파이썬 개발자 귀도 반 로섬(Guido Van Rossum)과 배리 워소(Barry Warsaw), 닉 코글런(Nick Coghlan)이 작성한 파이썬 개선 제안 8(PEP-8)[3]이다. 이는 일관되고 가독성 있는 코드를 작성하기 위한 지침, 팁, 요령 및 제안을 모은 것이다. 파이썬 프로젝트에서 PEP-8 스타일 가이드를 준수하면 다음과 같은 이점이 있다.

- **더 나은 일관성**: 프로그램의 흐름을 따라가고 오류와 버그를 식별하기가 훨씬 쉬워져서 배포 후 코드가 손상될 가능성이 줄어든다. 일관성은 또한 코드의 확장과 인터페이스 설계를 단순화하는 데도 도움이 된다.
- **가독성 향상**: 동료와 사용자들이 수행되는 작업과 사용 방법을 더 효과적으로 이해할 수 있어 효율성이 높아진다.

PEP-8 스타일 가이드에는 어떤 내용이 있을까? 그리고 머신러닝 프로젝트에 어떻게 적용해야 할까? 자세한 내용은 앞서 언급한 PEP-8 문서를 읽어보기 바란다. 하지만 다음 몇 단락에서 최소한의 노력으로 코드를 크게 개선할 수 있는 세부 사항을 살펴보겠다.

먼저 명명 규칙을 살펴보자. 코드를 작성할 때는 변수, 파일, 클래스 같은 여러 객체를 만들어야 하며, 이 모든 객체에는 이름이 필요하다. 이러한 이름이 가독성과 일관성이 있게 하는 것이 높은 수준의 코드를 만드는 첫 단계다.

PEP-8의 주요 지침은 다음과 같다.

---

3 https://www.python.org/dev/peps/pep-0008/

- **변수와 함수 이름**: 모두 소문자로 된 단어를 밑줄로 구분해 작성하는 것이 좋다. 또한 용도를 이해하기 쉽게 해야 한다. 예를 들어 회귀 모델을 만들 때 특징 공학 단계 일부를 재사용성과 가독성을 높이기 위해 함수로 만든다고 하자. 다음은 좋지 않은 예시다.

```
def Makemydata():
    # 이곳에 단계별 코드 작성 ...
    return result
```

그 대신 다음과 같이 transform_features라는 이름을 사용하는 것이 더 낫다.

```
def transform_features():
    # 이곳에 단계별 코드 작성 ...
    return result
```

이 함수 이름은 PEP-8을 준수한다.

- **모듈과 패키지**: 짧은 소문자만으로 이름을 짓는 것이 좋다. pandas, numpy, scipy처럼 익숙한 예가 있다. 사이킷런(Scikit-learn)은 이 규칙을 어긴 것처럼 보이지만 패키지 이름이 sklearn이므로 그렇지 않다. 스타일 가이드에 따르면 모듈은 가독성을 높이기 위해 밑줄을 사용할 수 있지만, 패키지는 그러지 않아야 한다. 패키지 내의 모듈명을 transform_helpers와 같이 짓는 것은 괜찮지만, 전체 패키지의 이름을 marketing_outlier_detection 같이 짓는 것은 좋지 않다.

- **클래스**: OutlierDetector, Transformer, PipelineGenerator와 같이 기능을 명확하게 나타내는 이름을 사용하고, CamelCase와 같이 첫 글자를 대문자로 하는 캐멀 케이스(파스칼 케이스라고도 함)로 표기해야 한다.

지금까지 가장 많이 사용하는 명명 규칙을 살펴봤다. PEP-8 문서에는 공백 사용법과 줄 서식 등 여기서 다루지 않은 좋은 지침이 더 많이 있다. 이어서 PEP-8의 프로그래밍 권장 사항 중 필자가 특히 중요하게 생각하는 내용을 설명하겠다. 이런 내용은 흔히 간과하기 쉽지만, 지키지 않으면 코드를 읽기 어려워지고 오류가 발생하기 쉬워진다.

스타일을 논할 때 기억해야 할 중요한 점은 PEP-8 문서 첫머리에 "어리석은 일관성은 소인의 우둔한 고집이다(Foolish Consistency is the Hobgoblin of Little Minds)"[4]라고 명시돼 있으며, 특정 상황에서는 이런 스타일 제안을 무시할 만한 타당한 이유가 있다는 것이다. 다시 말하지만 전체 내용은 PEP-8 문서를 참고하되, 이런 점들을 따르면 대체로 깔끔하고 읽기 쉬운 코드를 작성할 수 있다.

---

4 (옮긴이) 랄프 왈도 에머슨의 수필집 《자기 신뢰(Self-Reliance)》의 유명한 문구다. 에머슨은 일관성(consistency)에 대한 맹목적이고 비합리적인 집착을 비판하며 독립적이고 창의적인 사고의 중요성을 강조했는데, 에머슨이 비판한 것은 '일관성' 자체가 아니라 변화를 거부하고 과거의 생각이나 행동을 맹목적으로 고수하는 태도다.

실제로 아파치 스파크용 파이썬 API를 사용할 때는 이런 규칙 중 일부가 적용되지 않기도 한다. 이에 관해 알아보자.

4.2.4 PySpark 코딩 스타일

이번 항에서는 데이터 과학과 머신러닝 분야에서 특히 중요한 파이썬 API인 파이스파크(PySpark)의 코딩 스타일을 소개한다. 이 책의 예제에서 PySpark 코드를 이미 사용했는데, 이는 머신러닝 모델을 포함한 데이터 작업 부하를 분산하는 데 최적의 도구이기 때문이다. 6장 '스케일링'에서 PySpark를 자세히 배우겠지만, 여기서는 코딩 스타일에 관해 몇 가지 요점만 간단히 짚어본다.

3장 '모델에서 모델 팩토리까지'의 '스파크 ML 파이프라인' 절에서 언급했듯이 스파크는 스칼라로 작성됐으므로, PySpark(Spark의 파이썬 API)의 구문은 이 기반 언어로부터 많은 구문 스타일을 물려받았다. 이는 실제로 사용하는 많은 메서드가 캐멀 케이스(예: CamelCase)로 작성된다는 의미이므로, 표준 파이썬 PEP-8 명명 규칙인 밑줄로 구분된 단어 대신 캐멀 케이스를 사용해 변수를 정의하는 것이 합리적이다. 이런 방식은 코드를 읽는 사람이 어떤 부분이 PySpark 코드이고 어떤 부분이 일반 파이썬 코드인지 명확하게 구분하는 데 도움이 되므로 권장한다. 예를 들어 이전에 pyspark.ml 패키지의 StringIndexer 객체를 사용할 때 파이썬 관례인 string_indexer 대신 StringIndexer를 사용했다.

```
from pyspark.ml.feature import StringIndexer
stringIndexer = StringIndexer(inputCol=categoricalCol, outputCol=categoricalCol)
```

PySpark 코드와 관련해 또 한 가지 중요한 점은, 스파크가 함수형 패러다임으로 작성됐기 때문에 코드도 이 스타일을 따르는 것이 합리적이라는 것이다. 이것이 무엇을 의미하는지는 다음 절에서 자세히 알아본다.

4.3 코딩 스타일 선택하기

파이썬으로 코드를 작성할 때는 객체 지향적 방식과 함수형 방식이라는 서로 다른 접근법을 선택할 수 있다. 취향의 문제로 비칠 수도 있지만, 각 방식에는 분명한 장점이 있다. 문제의 논리 구조를 더 잘 표현할 수 있고, 코드를 더 쉽게 이해할 수 있으며, 때로는 더 나은 성능을 얻을 수도 있다. 이 절에서는 각각의 주요 특징을 살펴보고 상황에 따른 선택 기준을 알아본다.

4.3.1 객체 지향 프로그래밍

객체 지향 프로그래밍(OOP: Object-Oriented Programming)은 솔루션의 논리적 흐름보다는 관련 속성(attribute)과 데이터를 가진 추상 객체(abstract objects)를 중심으로 코드를 구성하는 스타일이다. OOP는 그 자체로 책 한 권(아니, 여러 권!)의 주제가 될 만큼 방대하므로, 여기서는 우리의 머신러닝 엔지니어링 여정과 관련된 핵심 사항들만 다루겠다.

객체 지향 프로그래밍에서는 먼저 객체(object)를 정의해야 하며, 이는 클래스(class)라는 핵심 원리에 따라 이뤄진다. 클래스는 프로그램 내에서 관련 데이터와 논리적 요소를 한데 묶는 구조를 정의한 것이다. 클래스는 객체를 정의하기 위한 템플릿으로 쓰인다. 예를 들어, 데이터셋의 이상치를 계산하는 메서드를 모은 매우 단순한 클래스를 생각해 볼 수 있다. 3장 '모델에서 모델 팩토리까지'에서 살펴본 파이프라인을 고려한다면, 프로덕션 환경에서 이를 더욱 쉽게 적용할 수 있는 방법을 원할 것이다. 따라서 사이킷런 같은 도구의 기능을 우리 문제에 특화된 맞춤형 단계를 포함하는 자체 클래스로 포장하고 싶을 수 있다. 가장 간단한 예로, 데이터의 표준화와 일반적인 이상치 탐지 모델을 적용하는 클래스는 대략 다음과 같을 것이다.

```python
class OutlierDetector(object):
    def __init__(self, model=None):
        if model is not None:
            self.model = model
            self.pipeline = make_pipeline(StandardScaler(), self.model)

    def detect(self, data):
        return self.pipeline.fit(data).predict(data)
```

이 예제 코드를 사용하면 상세한 단계를 기술하지 않고도 작업을 수행할 수 있다. 그렇다고 해서 코드가 사라지는 것은 아니고, 명확한 논리적 정의를 갖춘 편리한 객체 안으로 옮겨진다. 이 예에서 보여준 파이프라인은 매우 단순하지만, 우리의 사용 사례에 특화된 복잡하고 구체적인 로직을 포함하는 무언가로 확장할 수 있음을 상상할 수 있다.

따라서 이상치 탐지 모델을 정의해 두었다면(또는 3장 '모델에서 모델 팩토리까지'에서 논의한 MLflow 같은 모델 저장소에서 가져왔다면), 이를 클래스에 통합하고 클래스 내의 복잡성과 무관하게 단 한 줄의 코드로 상당히 복잡한 파이프라인을 실행할 수 있다.

```
model = IsolationForest(contamination=outliers_fraction, random_state=42)
detector = OutlierDetector(model=model)
result = detector.detect(data)
```

예제의 구현 패턴이 익숙하게 느껴질 것이다. 당연한 일이다! 사이킷런이 OOP를 광범위하게 활용하고 있어서 여러분은 모델을 만들 때마다 이 패러다임을 사용하고 있었다. 모델을 만드는 것은 클래스 객체의 인스턴스를 생성하는 것이며, 데이터에 대해 `fit`나 `predict`를 호출하는 것은 클래스 메서드를 호출하는 예시다. 그래서 앞의 코드가 낯설지 않은 것이다. 우리는 이미 사이킷런으로 머신러닝 작업을 할 때 OOP를 써왔다.

방금 설명한 내용과는 별개로, 객체를 사용하는 것과 객체를 만드는 방법을 이해하는 것은 전혀 다른 문제다. 여기서 자체 클래스를 만드는 핵심 개념들을 살펴보자. 이는 나중에 머신러닝 솔루션을 위한 다른 클래스들을 만들 때 도움이 될 것이다.

먼저 앞의 코드에서 볼 수 있듯이 클래스는 `class` 키워드로 정의하며, PEP-8 규칙에서는 클래스명을 대문자 캐멀 케이스로 작성한다. 또한 클래스 이름은 무언가를 수행하는 대상의 명확한 정의여야 한다. 예를 들어 `OutlierDetector`, `ModelWrapper`, `DataTransformer`는 좋은 클래스 이름이지만, `Outliers`와 `Calculation`은 그렇지 않다. 클래스명 뒤의 괄호 안에는 해당 클래스가 어떤 객체들로부터 기능을 상속받는지가 명시된다. 앞의 예제에서 이 클래스는 `object`를 상속받는다. `object`는 파이썬에서 다른 모든 객체가 상속받는 내장 기본 클래스다. 우리가 정의한 클래스가 `object`보다 더 복잡한 것을 상속받지 않으므로, 이는 클래스에 필요한 모든 기능을 직접 정의하고 다른 객체의 복잡한 기능은 사용하지 않는다는 뜻이다. `object`를 상속받는다는 문법은 실제로는 불필요하다. 괄호를 생략하고 그냥 `OutlierDetector`라고 써도 되지만, 상속을 명시적으로 표현하는 것이 좋은 관행이다.

클래스 내부에는 함께 묶을 기능들이 정의돼 있다. 이러한 클래스 내부의 함수를 메서드라고 한다. `OutlierDetector`는 `detect`라는 메서드 하나만 가지고 있지만, 클래스가 가질 수 있는 메서드의 수에는 제한이 없다. 메서드는 클래스가 데이터와 다른 객체들과 상호작용하는 방식을 담고 있으므로, 메서드를 정의하는 것이 클래스를 만드는 작업의 대부분을 차지한다.

`__init__()`이라는 메서드가 빠진 것처럼 보일 수도 있다. 하지만 이는 메서드가 아니라(또는 특별한 메서드라고 할 수 있다) **생성자**(constructor)다. 생성자는 말 그대로 객체를 생성한다! 객체가 초기화될 때 필요한 모든 설정 작업(메모리 할당과 같은 백그라운드 작업 포함)을 수행하는 것이 생성자의 역할이다. 예제에서 `detector`를 정의할 때 생성자가 호출된다. 보다시피 변수들을 전달할 수 있고 이 변수들

은 클래스 내부에서 사용된다. 파이썬에서는 명시적인 생성자를 정의하지 않고도 클래스를 만들 수 있지만, 백그라운드에서는 생성자가 만들어진다. 생성자에 대해 마지막으로 언급할 점은 None 외의 다른 것을 반환할 수 없다는 것이다. 그래서 보통은 return 문을 작성하지 않는다.

예제에서 클래스 내부의 변수들과 self라는 특별한 키워드도 볼 수 있다. self를 통해 클래스 내부의 메서드와 연산이 해당 클래스의 특정 인스턴스를 참조할 수 있다. 따라서 OutlierDetector 객체의 인스턴스를 여러 개 만들더라도, 모두 같은 기능을 가지면서도 내부 속성들은 서로 다른 값을 가질 수 있다.

나중에 머신러닝 솔루션을 위한 더 복잡한 OOP 스타일을 만들어볼 것이지만, 지금은 우리가 사용할 수 있는 다른 프로그래밍 패러다임인 함수형 프로그래밍을 살펴보자.

4.3.2 함수형 프로그래밍

함수형 프로그래밍(functional programming)은 이름에서 알 수 있듯이 함수에 기반을 둔 프로그래밍 패러다임이다. 이 프로그래밍 방식의 핵심은 데이터를 입력받아 결과를 반환하는 코드 조각을 작성하되, 내부 상태를 변경하지 않고 작동하는 것이다. 함수형 프로그래밍의 목표 중 하나는 상태 관리 문제로 인한 예기치 않은 부작용을 방지하는 것이다. 이를 통해 함수의 반환값을 분석함으로써 프로그램의 데이터 흐름을 완전히 파악할 수 있게 된다.

함수형 프로그래밍의 특징 중 하나는 프로그램의 데이터가 제자리에서 변경되지 않는다는 것이다. 이를 **불변성(immutability)**이라고 한다. 데이터(또는 객체)가 불변이라는 것은 수정할 수 있는 내부 상태가 존재하지 않는다는 뜻이며, 데이터를 가지고 무언가를 하려면 반드시 새로운 데이터를 만들어야 한다. 예를 들어 앞서 객체 지향 프로그래밍과 관련해 데이터 표준화 개념을 다시 살펴봤는데, 함수형 프로그램에서는 표준화된 데이터로 비표준 데이터를 덮어쓸 수 없다. 그 대신, 같은 데이터 구조 내에서 새로운 열을 만드는 등의 방식으로 새로운 데이터를 저장해야 한다.

F#이나 하스켈처럼 함수형 원칙을 핵심으로 설계된 프로그래밍 언어도 있지만, 파이썬은 두 패러다임을 모두 잘 수용할 수 있는 범용 언어다.

다른 파이썬 코드에서도 함수형 프로그래밍 개념을 접했을 것이다. 람다 함수가 좋은 예다. 람다 함수는 이름 없이 정의하는 함수로, 함수형 프로그래밍에서 특히 유용하다. 다음과 같은 코드를 본 적이 있을 것이다.

```
df['data_squared'] = df['data'].apply(lambda x: x**2)
```

앞의 코드 블록에서 **df**는 판다스 데이터프레임이고 **data**는 숫자로 이뤄진 열이다. 이는 파이썬에서 함수형 프로그래밍을 더 쉽게 만드는 데 도움이 되는 도구 중 하나다. map(), reduce(), filter() 같은 내장 함수도 있다.

예를 들어, 앞서 **args**와 ****kwargs**의 개념을 다룬 '파이썬 기초 다지기'에 나온 주소 데이터와 비슷한 것이 있다고 하자.

```
data = [
    ['The', 'Business', 'Centre', '15', 'Stevenson', 'Lane'],
    ['6', 'Mossvale', 'Road'],
    ['Studio', '7', 'Tottenham', 'Court', 'Road']
]
```

이제 중첩된 리스트를 만들되, 원본 데이터와 같은 구조를 유지하면서 각 문자열 대신 그 길이를 담도록 하는 코드를 작성하고 싶다고 하자. 이는 머신러닝 파이프라인의 데이터 준비 단계가 될 수 있다. 이를 함수형으로 작성하고 싶다면 리스트를 받아 항목의 문자열 길이가 담긴 새로운 리스트를 반환하는 함수를 다음과 같이 정의할 수 있다.

```
def len_strings_in_list(data_list):
    return list(map(lambda x: len(x), data_list))
```

이 코드는 데이터가 불변이고(내부 상태 변경이 없음) 함수가 순수하다(함수 범위 내의 데이터만 사용)는 점에서 함수형 프로그래밍의 특징을 잘 보여준다. 그런 다음, 함수를 다른 함수의 인수로 제공하는 고차 함수라는 함수형 프로그래밍의 또 다른 개념을 사용할 수 있다. 예를 들어 리스트 처리 함수를 중첩된 데이터 전체에 적용하는 함수를 정의하고 싶다면 다음과 같이 할 수 있다.

```
def list_of_list_func_results(list_func, list_of_lists):
    return list(map(lambda x: list_func(x), list_of_lists))
```

이 코드는 완전히 범용적으로 설계되어 있다. 즉, list_func() 함수를 일반적인 리스트에 적용할 수 있다면, 리스트들의 리스트에도 그대로 적용할 수 있다. 따라서 다음과 같은 방식으로 원하는 결과를 얻을 수 있다.

```
list_of_list_func_results(len_strings_in_list, data)
```

이 코드는 다음과 같은 결과를 반환한다.

```
[[3, 8, 6, 2, 9, 4], [1, 8, 4], [6, 1, 9, 5, 4]]
```

스파크(Spark)는 이미 책에서 여러 번 사용된 도구로, 스칼라(Scala) 언어로 작성됐다. 스칼라는 범용 언어로서 객체 지향 프로그래밍과 함수형 프로그래밍을 모두 지원한다. 스파크는 함수형 스타일로 작성된 부분이 많다. 계산 분산을 목표로 하는 스파크는 불변성(immutability) 같은 원칙을 따를 때 효율적이다. 따라서 이 책을 통해 PySpark 코드를 작성할 때 함수형 프로그래밍 방식을 자연스럽게 배우게 된다.

3장 '모델에서 모델 팩토리까지'에서 만든 PySpark 파이프라인의 예는 다음과 같은 코드로 구성돼 있다.

```
data = data.withColumn('label', f.when((f.col("y") == "yes"), 1).otherwise(0))
```

이는 함수형 프로그래밍의 예시다. 새로운 열이 추가된 새 데이터프레임을 만들어 **data** 객체에 할당하는 것이지, 기존 데이터에 열을 직접 추가할 수는 없다. Spark ML 라이브러리로 파이프라인을 구성할 때도 비슷한 코드가 있었다.

```
scaler = StandardScaler(inputCol='numerical_cols_imputed',
                        outputCol="numerical_cols_imputed_scaled")
```

이 코드는 데이터프레임의 여러 열에 대해 스케일링 변환을 수행하는 방법을 정의한다. 입력 열과 출력 열을 지정해야 하며, 이 둘은 같을 수 없다는 점에 주목하자. 이것이 바로 불변성이 작동하는 방식이다. 데이터를 직접 변환하는 대신 새로운 데이터를 만들어야 한다.

지금까지 파이썬의 함수형 프로그래밍을 맛보았다. 이 책에서는 함수형이 주된 패러다임은 아니지만, 일부 코드에서는 사용할 것이며, 특히 PySpark를 사용할 때는 암묵적으로 함수형 프로그래밍을 사용하고 있다는 점을 기억하자.

이제 작성한 코드를 패키징하는 방법을 살펴보겠다.

4.4 코드 패키징하기

파이썬이 이토록 세상을 휩쓸었다는 점은 흥미롭다. 파이썬은 동적 타입 언어이고 컴파일 과정이 없어, 자바나 C++와는 매우 다르게 다뤄야 한다. 이러한 특징은 파이썬 솔루션을 패키징할 때 특히 두드러진다. 컴파일 언어는 선택한 환경에서 실행할 수 있는 컴파일된 결과물(예: 자바 JAR)을 만드는 것이 주된 목표다. 반면 파이썬은 실행 환경에 적절한 인터프리터가 있어야 하고 필요한 라이브러리와 패키지를 설치할 수 있어야 한다. 또한 단일 컴파일 결과물이 없어서 전체 코드베이스를 그대로 배포해야 하는 경우가 많다. 이러한 단점이 있음에도 파이썬은 특히 머신러닝 분야에서 세상을 휩쓸었다. 모델을 프로덕션에 배포하는 ML 엔지니어라면, 반복 작업을 줄이고, 솔루션을 신뢰하며, 다른 프로젝트와 쉽게 통합할 수 있도록 파이썬 코드를 패키징하고 공유하는 방법을 반드시 이해해야 한다. 이번 절에서는 먼저 사용자 정의 라이브러리가 무엇이고 코드를 이런 방식으로 패키징하면 어떤 장점이 있는지 알아본다. 그런 다음 ML 코드를 프로덕션에서 실행하기 위한 주요 방법들을 살펴본다.

4.4.1 패키지를 만드는 이유

파이썬에서 패키지나 라이브러리가 정확히 무엇인지 자세히 알아보기 전에, 일단 '내부 구현을 자세히 알지 못해도 실행할 수 있는 파이썬 코드 묶음'이라고 간단히 정의하고 그 장점부터 살펴보자.

이 정의에서 패키징의 첫 번째 장점인 **추상화**(abstraction)가 드러난다.

코드를 라이브러리나 패키지로 만들어 재사용할 수 있게 하면, 팀, 조직, 나아가 커뮤니티의 개발자와 데이터 과학자들이 이를 활용해 문제를 더 빠르게 해결할 수 있다. 세부 사항이 추상화되므로, 코드를 사용하는 사람은 전체 코드를 한 줄 한 줄 뜯어보며 이해하려 애쓸 필요 없이 솔루션의 기능을 구현하는 데 집중할 수 있다. 그 덕분에 프로젝트의 개발과 배포 시간이 단축될 뿐 아니라, 더 많은 사람들이 코드를 쉽게 사용할 것이다!

두 번째 장점은, 필요한 기능을 라이브러리나 패키지로 통합해 모든 구현 세부 사항을 한 곳으로 모음으로써 '개선 효과를 확장'할 수 있다는 것이다. 예를 들어, 40개의 프로젝트에서 동일한 라이브러리를 사용하고 있는데 사소한 버그를 발견했다면, 해당 라이브러리를 '한 번만' 수정한 뒤 40개의 구현체에서 그 패키지를 재배포 또는 업데이트하면 된다.

이는 문제를 모든 팀에 일일이 설명하고 40개 구현체 각각을 수정하게 하는 것보다 훨씬 더 효율적이다. 또한 모든 구성 요소를 철저히 테스트했다면 내부 작동 방식을 몰라도 그 솔루션이 40개의 서로 다른 프로젝트에서 잘 작동할 것이라고 확신할 수 있다.

그림 4.1은 패키지를 사용하면 코드를 '한 번 작성하고 여러 번 사용하는' 철학을 실현할 수 있음을 보여준다. 이는 확장 가능한 방식으로 여러 문제를 해결하는 ML 솔루션을 만들 때 매우 중요하다.

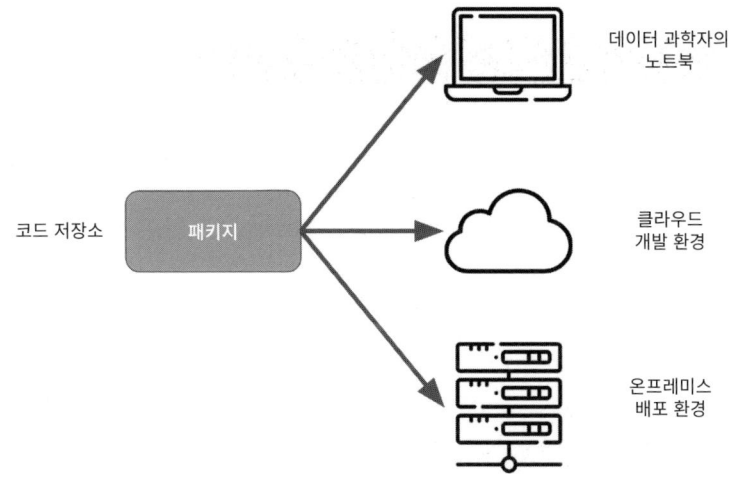

그림 4.1 ML 솔루션용 패키지를 개발하면 코드를 한 번만 작성하고 여러 환경에서 재사용할 수 있다.

다음 절에서는 패키징의 이러한 주요 개념을 바탕으로 코드 패키징이 유용한 구체적인 사용 사례를 살펴본다.

4.4.2 어떤 코드를 패키지로 만들까?

모든 솔루션을 라이브러리로 만들 필요는 없다. 아주 단순한 사용 사례라면 머신러닝 솔루션의 핵심 부분을 주기적으로 실행하는 스크립트 하나로도 충분하다. 이런 경우에도 잘 설계된 시스템과 성능 좋은 코드를 작성할 수 있지만, 이는 라이브러리와는 다르다. 마찬가지로 웹 앱이 가장 좋은 해결책인 경우, 여러 구성 요소가 필요하더라도 굳이 라이브러리 형태로 만들 필요는 없다.

라이브러리나 패키지를 작성하는 것이 좋은 경우는 다음과 같다.

- 여러 프로젝트나 환경에서 반복해서 발생하는 문제를 해결하는 코드

- 구현 세부 사항을 추상화해서 실행과 개발을 분리하고 다른 사람이 코드를 쉽게 사용할 수 있게 하고 싶을 때

- 버그를 수정할 때 코드를 변경해야 하는 위치와 횟수를 최소화하고 싶은 경우

- 테스트를 단순화하고 싶을 때

- CI/CD 파이프라인을 간소화하고 싶을 때

이제 패키지를 어떻게 설계할지 자세히 살펴보자.

4.4.3 패키지 설계하기

코드베이스의 구조는 단순한 스타일 문제가 아니다. 이는 프로젝트의 모든 인스턴스에서 코드가 어떻게 사용될지를 결정하는 중요한 요소다. 부담스러워할 필요는 없다!

즉, 코드를 어떻게 구성할지, 그리고 이러한 구성이 사용 패턴에 어떤 영향을 미칠지 신중히 고려해야 한다. 필요한 모든 주요 구성 요소가 코드베이스에 포함돼 있고 쉽게 찾을 수 있도록 해야 한다.

이전 절에서 다룬 이상치 탐지 사례를 예로 들어 살펴보자.

먼저 어떤 종류의 솔루션을 만들지 결정해야 한다. 웹 애플리케이션이나 다양한 기능을 갖춘 독립 실행형 프로그램을 만들 것인지, 아니면 다른 사람들이 자신의 ML 프로젝트에서 사용할 수 있는 라이브러리를 만들 것인지 결정해야 한다. 실제로는 이 중 여러 가지를 동시에 만들 수도 있다! 이번에는 다른 프로젝트에서 임포트해서 사용할 수 있으면서도 독립적으로 실행할 수 있는 패키지를 만들어 보자.

패키지 개발의 배경으로, 선택된 비지도 이상치 탐지 모델을 실행할 수 있는 솔루션을 개발하라는 요청을 받았다고 가정하자. 데이터 과학자들은 현재 문제에 대해 Isolation Forest 모델이 가장 성능이 뛰어나다는 것을 발견했다. 하지만 이 모델은 매번 재학습이 필요하고, 패키지 사용자가 구성 파일을 통해 모델 설정을 수정할 수 있어야 한다. 지금까지는 사이킷런(scikit-learn) 모델만 연구됐지만, 비즈니스 측과 패키지 사용자들은 필요할 경우 다른 모델링 도구로 이 기능을 확장하기를 원한다. 이 프로젝트의 기술적 요구 사항으로 인해 MLflow를 사용할 수 없다.

걱정하지 마라. 이후 장에서 더 많은 예제를 만들 때 이 제약을 완화하여 모든 것이 어떻게 통합되는지를 보여주겠다.

1. 우리가 만들 패키지는 이상치(outlier)에 관한 것이므로 outliers라고 부르겠다(너무 뻔한가?). 먼저 outlier_package라는 폴더를 만들고 그 안에 outliers 패키지를 넣는 것부터 시작하자.

```
outlier_package/
└── outliers/
```

2. 여기에 우리가 원하는 기능을 하나씩 추가해 나갈 것이다. 이 패키지의 주 목적은 이상치 탐지이므로, 먼저 detectors라는 하위 패키지가 필요하다.

```
outlier_package/
└── outliers/
    └── detectors
```

3. 이제 실제 작동하는 코드를 넣을 차례다. 외부 라이브러리의 기본 모델을 감싸는 코드가 필요한데, 이에 대해서는 나중에 자세히 설명하겠다. 또한 분석할 데이터를 가져오는 코드도 필요하므로 data라는 하위 패키지도 추가하자.

```
outlier_package/
└── outliers/
    ├── detectors
    └── data
```

4. 패키지의 윤곽이 잡혔다. 마지막으로 두 가지가 더 필요하다. 하나는 설정 정보를 저장할 configs 디렉터리고, 다른 하나는 패키지 전반에서 사용할 도우미 함수를 모아둘 utils 하위 패키지다.

```
outlier_package/
└── outliers/
    ├── detectors
    ├── data
    ├── configs
    └── utils
```

이런 구조가 절대적이거나 정해진 것은 아니다. 상황에 맞게 합리적인 방식으로 구조를 만들면 된다. 다만 몇 가지 중요한 원칙은 있다. 'DRY(같은 것을 반복하지 말라)', 'KISS(단순하게 하라)'라는 원칙과 '한 가지 일을 하는 방법은 하나만 있어야 한다'는 파이썬의 철학을 항상 기억하자. 이러한 원칙을 지키면 좋은 설계가 될 것이다. 이러한 원칙에 대해 자세히 알고 싶다면 〈3 Key Software Principles You Must Understand(반드시 알아야 할 세 가지 소프트웨어 원칙)〉[5]와 PEP-20[6]을 참고하라.

5. 이제 각 하위 패키지에 실제 코드를 넣어보자. 먼저 탐지기 구현과 파이프라인을 만들고 호출하는 구문 사이의 인터페이스가 필요하다. 이를 위해 간단한 클래스를 만들어 pipelines.py에 저장하자.

```python
from sklearn.preprocessing import StandardScaler
from sklearn.pipeline import make_pipeline


class OutlierDetector(object):
```

---

5 https://code.tutsplus.com/3-key-software-principles-you-must-understand--net-25161t
6 https://peps.python.org/pep-0020/

```
    def __init__(self, model=None):
        if model is not None:
            self.model = model
            self.pipeline = make_pipeline(StandardScaler(), self.model)

    def detect(self, data):
        return self.pipeline.fit(data).predict(data)
```

6. 여기에 더해 우리가 인터페이스로 연결할 모델도 정의해야 한다. 설정 파일의 정보를 바탕으로 어떤 모델을 인스턴스
   화할지 결정하는 코드를 DetectionModels라는 클래스에 넣자. 처음이니 클래스의 각 함수 세부 내용은 간단히 하
   고, 전체적인 구조만 살펴보자.

```
import json
from sklearn.ensemble import IsolationForest

class DetectionModels(object):
    def __init__(self, model_config_path=None):
        ....

    def create_model(self, model_name=None, params=None):
        ....

    def get_models(self):
        ....
```

7. 먼저 초기화 메서드를 살펴보자. 설정 파일에서 여러 모델을 정의할 수 있도록 코드를 작성했다.

```
class DetectionModels(object):
    def __init__(self, model_config_path=None):
        if model_config_path is not None:
            with open(model_config_path) as w:
                self.model_def = json.load(w)
```

8. create_model 메서드는 매개변수와 모델 이름 정보를 바탕으로 모델의 인스턴스를 생성한다. 여기서는 다른 라
   이브러리의 모델도 설정 정보를 가져올 수 있도록 만들었다. create_model 함수에 적절한 구현 로직을 추가하
   기만 하면 된다. 사이킷런이나 다른 모델이 정의됐는지 확인하고 각각의 경우에 맞는 구문을 실행하면 된다. 물론
   OutlierDetector에서 생성되는 파이프라인도 각 경우에 맞게 조정해야 한다.

```
def create_model(self, model_name=None, params=None):
    if model_name is None and params is None:
        return None
    if model_name == 'IsolationForest' and params is not None:
        return IsolationForest(**params)
```

9. 마지막으로 get_models 메서드를 통해 앞의 메서드들을 연결한다. 이 메서드는 설정 파일에 정의된 모든 모델을 create_model 메서드를 통해 사이킷런 객체로 인스턴스화해 목록으로 반환한다.

```
def get_models(self):
    models = []
    for model_definition in self.model_def:
        defined_model = self.create_model(
            model_name=model_definition['model'],
            params=model_definition['params']
        )
        models.append(defined_model)
    return models
```

'모델 종류에 상관없이 그냥 읽어서 적용하면 되지 않을까?'라고 생각할 수 있다. 그것도 가능한 방법이지만, 우리가 여기서 사용한 방식에는 두 가지 장점이 있다. 프로젝트 팀이 승인한 모델 유형과 알고리즘만 프로덕션에 들어갈 수 있고, 서로 다른 모델 구현체를 함께 사용할 수 있다.

10. 이 모든 것이 실제로 어떻게 작동하는지 보기 위해 패키지의 최상위 수준에 main.py라는 스크립트를 만들어보자. 이 스크립트는 모델 실행의 주 진입점 역할을 한다.

```
from utils.data import create_data
from detectors.detection_models import DetectionModels
import detectors.pipelines
from definitions import MODEL_CONFIG_PATH

if __name__ == "__main__":
    data = create_data()
    models = DetectionModels(MODEL_CONFIG_PATH).get_models()
    for model in models:
        detector = detectors.pipelines.OutlierDetector(model=model)
        result = detector.detect(data)
        print(result)
```

11. 여기서 참조하는 `model_config.json` 파일의 내용은 다음과 같다.

```json
[
    {
        "model": "IsolationForest",
        "params": {
            "contamination": 0.15,
            "random_state": 42
        }
    }
]
```

12. `definitions.py` 파일은 패키지 전체에서 공통으로 사용하는 변수들을 담는 파일이다. 이 파일에 변수를 모아두면 모든 모듈에서 일관되게 접근할 수 있으면서도, 전역 네임스페이스가 복잡해지는 것을 막을 수 있다.

```python
import os

ROOT_DIR = os.path.dirname(__file__)
MODEL_CONFIG_PATH = os.path.join(ROOT_DIR, "configs/model_config.json")
```

결과는 단순히 출력만 했지만, 실제로는 이 결과를 다른 곳으로 보내거나 통계를 계산하는 데 사용할 것이다.

터미널에서 다음과 같이 입력하면 이 스크립트를 실행할 수 있다.

```
python __main__.py
```

또는 다음과 같이 실행할 수도 있다.

```
python -m outliers
```

이렇게 기능을 클래스, 모듈, 패키지로 구성할 수 있다. 예시는 비교적 단순했지만, 여러 요소를 어떻게 연결하고 실행할 수 있는지 잘 보여준다.

📝 중요 참고 사항

여기서 든 예는 이 장에서 논의한 기법 중 일부를 사용해 코드를 어떻게 연결할 수 있는지 보여주기 위해 만들어졌다. 이러한 조각을 모두 모으는 유일한 방법은 아니지만, 자신만의 패키지를 만드는 방법을 잘 보여주는 예라고 할 수 있다. 따라서 이 구현을 개선하거나 자신의 목적에 맞게 수정할 방법이 보인다면, 그것이야말로 아주 훌륭한 일이다!

다음 섹션에서는 이 코드의 배포판을 만드는 방법과, outliers 패키지를 다른 프로젝트에서 사용할 수 있는 일반적인 파이썬 패키지로 설치할 수 있게 하는 방법을 살펴볼 것이다.

4.5 패키지 빌드하기

우리 예제에서는 setuptools 라이브러리를 사용해 솔루션을 패키징할 수 있다. 이를 위해서는 솔루션에 필요한 패키지들의 위치를 포함한 중요 메타데이터가 담긴 setup.py 파일을 만들어야 한다. 다음 코드 블록은 이 장에서 다룬 일부 이상치 탐지 기능을 래핑하는 간단한 패키지를 위한 setup.py의 예다.

```
from setuptools import setup

setup(name='outliers',
      version='0.1',
      description='A simple package to wrap some outlier detection functionality',
      author='Andrew McMahon',
      license='MIT',
      packages=['outliers'],
      zip_safe=False)
```

setuptools를 사용하면 패키지 이름, 버전 번호, 소프트웨어 라이선스와 같은 메타데이터를 지정할 수 있다. 프로젝트의 루트 디렉터리에 이 파일을 만든 후에는 다음과 같은 작업들을 수행할 수 있다.

1. 먼저 패키지를 로컬에 실행 가능한 형태로 설치할 수 있다. 이렇게 하면 실행하려는 코드에서 다른 파이썬 라이브러리처럼 이 라이브러리를 임포트할 수 있다.

```
pip install .
```

2. 패키지의 소스 배포판을 만들어 모든 코드를 효율적으로 묶을 수 있다. 예를 들어 프로젝트 루트에서 다음 명령을 실행하면 dist 폴더에 gzip으로 압축된 타르볼이 만들어진다.

```
python setup.py sdist
```

3. 패키지의 빌드된 배포판을 만들 수 있다. 이는 사용자가 소스 배포판처럼 setup.py 스크립트를 실행할 필요 없이 바로 풀어서 사용할 수 있는 객체다. 가장 널리 쓰이는 빌드된 배포판은 파이썬 휠이라는 형식이다. 프로젝트의 루트 디렉터리에서 다음 명령을 실행하면 휠이 생성되어 dist 폴더에 저장된다.

```
python setup.py bdist_wheel
```

4. pip로 코드를 배포할 계획이라면 소스 배포판과 휠을 모두 패키징하고 사용자가 선택할 수 있게 하는 것이 좋다. 프로젝트의 루트 디렉터리에서 이전 두 명령을 함께 실행한 후 twine upload 명령을 사용하면 된다.

```
python setup.py sdist bdist_wheel
twine upload dist/*
```

이렇게 하려면 https://pypi.org/account/register/에서 PyPI 계정을 등록해야 한다. 패키징에 관해 더 알고 싶다면 PyPA(Python Packaging Authority)에서 제공하는 https://www.pypa.io/en/latest/의 정보와 튜토리얼을 참조하라.

다음 섹션에서는 Makefile을 사용해 패키지 빌드 및 테스트와 관련된 몇 가지 단계를 자동화하는 방법에 대해 간략히 설명한다.

4.5.1 Makefile로 환경 관리하기

유닉스 시스템에서는 make 유틸리티와 Makefile을 사용해 다양한 시나리오에서 솔루션을 실행하려는 많은 단계를 더 자동화할 수 있다. 예를 들어 다음 코드 블록에는 run, test, clean 타깃을 사용해 모듈의 기본 진입점을 실행하거나 테스트 스위트를 실행하거나 아티팩트를 정리할 수 있는 Makefile이 있다.

```
MODULE := outliers

run:
    @python -m $(MODULE)

test:
    @pytest

.PHONY: clean test

clean:
    rm -rf .pytest_cache .coverage coverage.xml
```

여기서는 아주 단순한 Makefile의 예를 들었지만, 필요하다면 많은 명령으로 복잡하게 구성할 수 있다. 특정 타깃 명령 집합을 실행하려면 make를 호출한 다음 타깃 이름을 호출하기만 하면 된다.

```
make test
make run
```

이는 수많은 터미널 명령을 수동으로 입력하는 수고를 덜어주는 강력한 추상화 방법이다. 또한 솔루션 사용자를 위한 문서로서 기능하기도 한다!

방금 살펴본 예제는 꽤 단순했는데, 이제 좀 더 세련되게 만들어 보자. 메이크파일로 환경을 관리하면 환경의 상태를 추적하는 인지적 부담이 줄고 개발 과정이 간소화된다.

다음 예제는 깃허브에서 'hackalog'라는 이름으로 활동하는 크젤 우딩(Kjell Wooding)의 훌륭한 코드를 참고했으며, 특히 make_better_defaults 저장소[7]의 코드를 많이 활용했다.

이 저장소는 2021년 PyData Global 콘퍼런스에서 그가 발표한 〈Makefiles: One Great Trick for Making Your Conda Environments More Manageable〉이라는 제목의 강연의 기초가 됐다.

첫째, `Makefile.help` 파일을 포함하면 `make` 명령을 사용할 때 사용자 정의 가능한 도움말 프롬프트를 제공할 수 있다. 여전히 기본 프로젝트 디렉터리에 있다고 가정하고 터미널에서 `make`를 실행하면 그림 4.2의 출력이 표시된다.

```
To get started:
    >>> make create_environment
    >>> conda activate mlewp-ed2-ch4-outliers
    >>> make update_environment
```

그림 4.2 Makefile 예제에서 제공된 도움말

이 도움말 메시지는 기본 Makefile에서 `PROJECT_NAME` 변수를 사용해 맞춤화됐으며, 이는 `mlewp-ed2-ch4-outliers`로 설정돼 있다. 사실 Makefile 상단에는 이 프로젝트에 대해 설정된 여러 변수가 있다.

```
MODULE := outliers
PROJECT_NAME := mlewp-ed2-ch4-outliers
PYTHON_INTERPRETER := python3
ARCH := $(shell $(PYTHON_INTERPRETER) -c "import platform; print(platform.platform())")
VIRTUALENV := conda
CONDA_EXE ?= ~/anaconda3/bin/conda
EASYDATA_LOCKFILE := environment.$(ARCH).lock.yml
```

---

7 https://github.com/hackalog/make_better_defaults

이전 예제와 마찬가지로 MODULE 변수는 패키지 이름을 가리킨다. PYTHON_INTERPRETER, CONDA_EXE 및 VIRTUALENV는 자명해 보인다. ARCH는 로컬 시스템에서 아키텍처 정보를 가져오고 있다. EASYDATA_LOCKFILE은 작업하면서 프로젝트의 전체 의존성 목록을 추적하는 데 도움이 되는 파일을 가리킨다.

도움말에 Makefile의 여러 대상이 명확히 언급돼 있으니, 각각을 차례대로 살펴보자. 먼저 프로젝트에 필요한 콘다 환경을 표준화된 방식으로 새로 만들기 위해 몇 가지 단계를 모아보면 다음과 같다.

```
$(EASYDATA_LOCKFILE): environment.yml
ifeq (conda, $(VIRTUALENV))
    $(CONDA_EXE) env update -n $(PROJECT_NAME) -f $<
    $(CONDA_EXE) env export -n $(PROJECT_NAME) -f $@
    # pip install -e .  # conda <= 4.3인 경우 주석 해제
else
    $(error Unsupported Environment `$(VIRTUALENV)`. Use conda)
endif


.PHONY: create_environment
# 이 프로젝트를 위한 conda 가상 환경을 구성
create_environment: $(EASYDATA_LOCKFILE)
ifeq (conda,$(VIRTUALENV))
    @rm -f $(EASYDATA_LOCKFILE)
    @echo
    @echo "새로운 conda 환경이 생성됨. 활성화 명령:"
    @echo ">>> conda activate $(PROJECT_NAME)"
    @echo ">>> make update_environment"
ifneq ("X$(wildcard .post-create-environment.txt)","X")
    @cat .post-create-environment.txt
endif
else
    $(error `$(VIRTUALENV)` 환경은 지원 안 됨. conda를 사용.)
endif
```

단계별로 살펴보면, 이 코드는 conda가 가상 환경이라면 프로젝트 이름으로 Conda 환경을 생성하거나 업데이트한 다음 environment.yml 파일로 환경을 내보내고 잠금 파일로 환경 구성을 내보내라고 명시하고 있다. 이렇게 작동하는 이유는 $<이 첫 번째 전제 조건(이 경우 environment.yml 파일)을 참조하고 $@이 타깃 이름(이 경우 EASYDATA_LOCKFILE 변수)을 참조하기 때문이다. 이것이 트리거된 후 두 번

째 블록은 **conda**가 가상 환경 관리자인지 확인한 뒤 잠금 파일을 제거하고 터미널에서 사용자에게 안내문을 출력한다. 터미널 명령 앞에는 **@**를 붙였다.

Makefile의 다음 중요한 부분은 환경을 업데이트하는 기능을 담당한다. 이는 프로젝트의 '개발' 단계에서 자주 필요하다.

```
.PHONY: update_environment
## conda 가상 환경에 파이썬 의존성을 설치 또는 업데이트
update_environment: environment_enabled $(EASYDATA_LOCKFILE)
ifneq ("X$(wildcard .post-update-environment.txt)","X")
    @cat .post-update-environment.txt
endif
```

터미널에서 다음 명령을 실행하면 최신 환경 정보가 담긴 새로운 **lockfile.yml**이 생성된다.

```
make update_environment
```

또한 **delete_environment** 타깃도 있어서 잠금 파일을 지우고 콘다 환경을 제거할 수 있다. 이 외에도 여러 보조 타깃이 있지만 여기서는 다루지 않는다. 이러한 대상들은 책의 저장소에서 확인할 수 있다.

이 모든 것을 종합하면 이 Makefile 기반 접근 방식을 사용한 워크플로는 다음과 같다.

1. 프로젝트의 기본 environment.yml 파일을 만든다. 아주 간단하게 시작할 수 있다. 예를 들어 이 장에서 만들고 있는 outliers 패키지의 경우 다음과 같은 environment.yml 파일로 시작했다.

```
name: mlewp-ed2-ch4-outliers
channels:
- conda-forge
dependencies:
- python=3.10.8
- scikit-learn
- pandas
- numpy
- pytest
- pytest-cov
- pip
```

2. 다음으로 환경을 생성한다.

```
make create_environment
```

3. 환경을 업데이트하면 첫 번째 lockfile이 생성된다.

```
make update_environment
```

4. 개발하면서 새로운 패키지가 필요할 때는 environment.yml 파일에 필요한 의존성을 추가한 다음 make update_environment를 실행한다. 패키지를 직접 설치하지 않고 environment.yml 파일에 명시함으로써 더 안정적이고 재현 가능한 워크플로를 만들 수 있다는 것이 핵심이다.

이렇게 하면 어떤 패키지를 설치했고 어떤 패키지를 설치하지 않았는지 잊어버릴 일이 없다. 예를 들어 이 환경에 bandit 패키지를 추가하고 싶다면, 텍스트 편집기나 IDE로 environment.yml 파일을 열고 콘다나 pip 의존성 목록에 다음과 같이 간단히 추가하면 된다.

```
name: mlewp-ed2-ch4-outliers
channels:
- conda-forge
dependencies:
- python=3.10.8
- scikit-learn
- pandas
- numpy
- pytest
- pytest-cov
- bandit
- pip
```

이렇게 Makefile을 사용하면 콘다 환경을 훨씬 더 재현 가능한 방식으로 관리할 수 있다. 앞서 언급했듯이 처음부터 다시 시작하고 싶다면 다음 명령으로 환경을 삭제할 수 있다.

```
make delete_environment
```

지금까지 Makefile을 활용한 파이썬 개발 환경 관리 방법을 살펴봤다. 이제 현재 가장 널리 사용되는 파이썬 의존성 관리 및 패키징 도구 중 하나인 Poetry를 알아보자.

4.5.2 Poetry로 시작하기

파이썬 언어의 패키지 관리는 사람들에게 그다지 좋은 평을 받지 못하는 부분이다. 파이썬의 패키지 관리가 다소 난잡하다는 것은 이 언어의 가장 열렬한 지지자(필자를 포함)조차도 인정하는 사실이다. setup.py를 사용한 예제와 휠(wheel) 제작이 널리 받아들여지는 방법이며, 앞서 언급했듯이 PyPA에서도 권장한다. 하지만 단순성과 직관성을 핵심 설계 원칙으로 삼는 파이썬 언어에 걸맞은 매우 간단하거나 직관적인 접근 방식이라고 보기는 어렵다.

다행히도 최근 몇 년간 주목할 만한 발전이 있었는데, 그중 하나가 파이썬 패키징 및 의존성 관리 도구인 포어트리(Poetry)다. Poetry는 사용이 쉽고 패키징과 의존성 관리를 크게 단순화한다. 가장 두드러진 특징은 setup.py, setup.cfg, MANIFEST.in, Pipfile 등 여러 설정 파일 대신 pyproject.toml 하나만 있으면 된다는 점이다. 또한 의존성 파일이 잠겨 있어 자동 업데이트가 발생하지 않는다는 사실에도 큰 장점이 있다. 즉, 관리자가(여러분이) 의존성 변경 사항을 명시적으로 호출해야 한다. 이는 프로젝트를 더 안정적으로 만드는 데 도움이 된다.

Poetry를 시작하려면 먼저 설치해야 한다. 새로운 패키지 관리자를 설치하기 위해 기존의 패키지 관리자인 pip를 사용한다는 것이 재미있다.

```
pip install poetry
```

Poetry를 사용하려는 새 프로젝트를 시작하려면, 패키지를 적당한 디렉터리에 옮기고 다음 명령을 실행한다.

```
poetry new my-ml-package
```

그러면 다음과 같은 하위 디렉터리 구조가 만들어진다.

```
├── README.md
├── my_ml_package
│   └── __init__.py
├── poetry.lock
├── pyproject.toml
└── tests
    └── __init__.py
```

tests 디렉터리는 다음 절의 '테스팅' 항(160쪽)에서 다룰 단위 테스트가 위치할 곳이다. pyproject.toml은 디렉터리에서 가장 중요한 파일로, 프로젝트의 주요 메타데이터를 정의하고 프로덕션용과 개발/테스트용 패키지 의존성을 블록 단위로 관리한다.

이전 명령을 실행하면 그림 4.3과 같은 파일이 생성된다.

```
[tool.poetry]
name = "my-ml-package"
version = "0.1.0"
description = ""
authors = ["AndyMc629 <andrewpmcmahon629@gmail.com>"]
readme = "README.md"
packages = [{include = "my_ml_package"}]

[tool.poetry.dependencies]
python = "^3.10"


[build-system]
requires = ["poetry-core"]
build-backend = "poetry.core.masonry.api"
```

그림 4.3 새 프로젝트를 생성할 때 Poetry에 의해 생성된 pyproject.toml 파일

우선 [tool.poetry] 블록에는 패키지의 기본 정보가 들어간다. 다음으로 [tool.poetry.dependencies] 블록이 있는데, 아직 다른 것을 설치하지 않았기 때문에 현재는 파이썬 버전 3.10만 포함하고 있다. [build-system] 섹션에는 빌드 시 필요한 의존성 정보가 들어가며, 여기서는 poetry-core만 나열돼 있다.

새로운 의존성(예: pytest)을 추가하고 싶다면 다음 명령을 실행하면 된다.

```
poetry add pytest
```

이 명령을 실행하면 터미널에 그림 4.4와 같은 내용이 출력된다.

```
Using version ^7.2.1 for pytest

Updating dependencies
Resolving dependencies... Downloading https://files.pythonhosted.org/packages/ed/35/a31aed2993e398f6b09a790a18
Resolving dependencies... (1.0s)

Writing lock file

Package operations: 4 installs, 0 updates, 0 removals

  • Installing exceptiongroup (1.1.0)
  • Installing iniconfig (2.0.0)
  • Installing pluggy (1.0.0)
  • Installing pytest (7.2.1)
```

그림 4.4 Poetry로 관리되는 프로젝트에 새 패키지를 추가한 결과의 출력

또한 그림 4.5처럼 `pyproject.toml` 파일에 새로운 의존성이 추가된다.

```
[tool.poetry]
name = "my-ml-package"
version = "0.1.0"
description = ""
authors = ["AndyMc629 <andrewpmcmahon629@gmail.com>"]
readme = "README.md"
packages = [{include = "my_ml_package"}]

[tool.poetry.dependencies]
python = "^3.10"
pytest = "^7.2.1"


[build-system]
requires = ["poetry-core"]
build-backend = "poetry.core.masonry.api"
```

그림 4.5 새로운 종속성을 추가한 후 업데이트된 pyproject.toml 파일

[tool.poetry.dependencies] 섹션은 패키지 실행 시 필요한 모든 의존성을 정의하는 곳이므로, 테스트용 패키지들로 이 섹션을 불필요하게 키우고 싶지는 않을 것이다.

Poetry에서는 대신 그림 4.6과 같이 [tool.poetry.group.dev.dependencies] 블록을 통해 개발용 의존성을 별도로 정의할 수 있다.

```
[tool.poetry]
name = "my-ml-package"
version = "0.1.0"
description = ""
authors = ["AndyMc629 <andrewpmcmahon629@gmail.com>"]
readme = "README.md"
packages = [{include = "my_ml_package"}]

[tool.poetry.dependencies]
python = "^3.10"

[tool.poetry.group.dev.dependencies]
pytest = "^7.2.1"
pytest-mock = "*"

[build-system]
requires = ["poetry-core"]
build-backend = "poetry.core.masonry.api"
```

그림 4.6 개발용 의존성이 정의된 pyproject.toml 파일

Poetry를 설치하면 시스템의 다른 부분과 적절히 분리하기 위해 자체 가상 환경이 생성된다. 리눅스 시스템에서는 다음 명령으로 이 환경을 활성화할 수 있다.

```
source /path/to/venv/bin/activate
```

또는 다음 명령을 사용할 수도 있다.

```
poetry shell
```

만약 콘다나 venv 등 다른 도구로 만든 파이썬 가상 환경이 이미 실행 중이라면, Poetry는 이를 자동으로 인식하고 그 환경 안에서 작동한다. 이는 새로 환경을 만들지 않고도 기존 가상 환경을 Poetry로 관리할 수 있다는 점에서 매우 유용하다. 이런 경우 터미널에 그림 4.7과 같은 메시지가 표시될 수 있다.

```
Virtual environment already activated: /home/andrew/anaconda3/envs/mlewp-ed2-ch4
```
그림 4.7 이미 파이썬 가상 환경에서 작업 중인 경우 poetry shell 명령의 출력

이 환경을 종료하되 실행 중인 셸을 종료하지 않으려면 다음 명령을 사용할 수 있다.

```
deactivate
```

환경과 셸을 모두 종료하려면 다음 명령을 입력할 수 있다(터미널이 닫힐 가능성이 높으니 주의하자).

```
exit
```

pyproject.toml 파일에 추가한 의존성을 설치하려면 다음을 실행하면 된다.

```
poetry install
```

이렇게 하면 pip에서 최신 버전을 가져와 pyproject.toml 파일에 나열된 모든 종속성을 다운로드하고 설치하거나 .lock 파일에 나열된 이러한 패키지의 버전을 가져와 설치한다. 이는 여러 사람이 환경에서 작업하고 poetry install 명령을 실행했더라도 환경을 일관된 패키지 버전으로 안정적으로 유지하기 위한 것이다. 이것은 이 장의 앞부분에서 Makefile 섹션에서 .lock 파일을 사용하는 이유와 정확히 같다. 예를 들어, 이 my-ml-package 프로젝트에 대해 install 명령을 실행했을 때 출력은 그림 4.8과 같았다.

```
Installing dependencies from lock file

Package operations: 1 install, 0 updates, 0 removals

    • Installing pytest-mock (3.10.0)

Installing the current project: my-ml-package (0.1.0)
```

그림 4.8 Poetry가 환경 안정성을 유지하기 위해 .lock 파일에서 패키지를 설치하는 중

앞의 명령은 모두 환경의 기본 관리와 관련이 있지만, 이 환경으로 무언가를 하려면 어떻게 해야 할까? main.py라는 스크립트가 있다면 Poetry로 구성된 환경을 사용해 다음 명령으로 이를 실행할 수 있다.

```
poetry run python main.py
```

my-ml-package에는 이와 같은 것이 없다. 대신 라이브러리를 구축하고 있으므로 다음 명령을 실행하여 패키지를 패키징하고 배포할 수 있다.

```
poetry build
```

그러면 그림 4.9와 같은 출력이 표시된다.

```
Building my-ml-package (0.1.0)
  - Building sdist
  - Built my_ml_package-0.1.0.tar.gz
  - Building wheel
  - Built my_ml_package-0.1.0-py3-none-any.whl
```

그림 4.9 Poetry로 간단한 패키지를 빌드할 때의 출력

PyPI에 게시하려면 poetry publish 명령을 실행하기만 하면 된다(단, 올바른 자격 증명이 구성된 등록 사용자에 한함). 다른 비공개 리포지터리에 게시하려면 다음을 실행한다.

```
poetry publish -r private-repository-location
```

지금까지 살펴본 것처럼 Poetry는 패키지 개발을 훨씬 명확하게 해준다. 여러 개발자가 작업해도 환경이 손상될 위험 없이 안정적인 개발 및 프로덕션용 파이썬 환경을 관리하고, 패키지를 빌드하고 배포하며, 원하는 스크립트와 프로세스를 실행할 수 있다. 이 모든 것을 몇 가지 명령으로 처리할 수 있다!

다음으로 패키지를 견고하게 만들고, 제대로 작동하거나 문제가 발생했을 때 우아하게 실패(fail gracefully)[8]하게 하여 진단할 수 있도록 하는 단계를 알아보자.

---

8 (옮긴이) 프로그램이 오류 상황에서 갑자기 중단되지 않고 적절한 오류 메시지를 표시하며 제어된 방식으로 종료되는 것을 의미한다.

4.6 테스팅, 로깅, 보안 및 오류 처리

머신러닝 작업을 수행하는 코드를 작성하는 것이 최종 목표처럼 보이지만, 이는 전체의 한 부분일 뿐이다. 코드가 제대로 작동할 것이라는 확신과 함께, 문제가 생겼을 때 이를 해결할 수 있어야 한다. 이를 위해 테스트, 로깅, 오류 처리가 필요하며, 다음 몇 개 절에서 이러한 개념을 개괄적으로 다룰 것이다.

4.6.1 테스팅

머신러닝 엔지니어링 코드를 일반 연구용 스크립트와 구분 짓는 가장 중요한 특징 중 하나는 탄탄한 테스트 체계다. 배포용으로 설계한 시스템이 안정적으로 작동할 것이라는 신뢰를 확보하고, 개발 과정에서 문제를 발견할 수 있어야 한다.

다행히 파이썬은 범용 프로그래밍 언어라서 소프트웨어 테스트 도구가 풍부하다. 이 장에서는 파이썬용 테스트 도구 중 가장 널리 쓰이는 pytest를 사용할 것이다. pytest는 강력하면서도 사용하기 쉽다는 장점이 있다. 특히 테스트를 처음 접하는 사람에게 적합한데, 다른 패키지들이 번거로운 테스트 클래스와 복잡한 assert 구문을 사용하는 것과 달리 pytest는 읽기 쉬운 독립적인 파이썬 함수로 테스트를 작성할 수 있기 때문이다. 예시를 통해 살펴보자.

먼저 이 장의 나머지 부분에 정의된 outliers 패키지의 일부 코드에 대한 테스트를 작성해 보자. 데이터 헬퍼 함수가 실제로 모델링에 사용할 수 있는 숫자 데이터를 생성하는지 확인하는 간단한 테스트를 정의할 수 있다. pytest로 이런 테스트를 실행하려면 먼저 테스트 디렉터리 어딘가에 이름에 test_나 _test가 들어가는 파일을 만들어야 한다. pytest는 이런 이름이 포함된 파일을 자동으로 찾는다. 예를 들어 솔루션 내에서 데이터 생성과 관련된 모든 함수를 테스트하는 로직이 포함된 test_create_data.py라는 테스트 스크립트를 작성할 수 있다. 구체적인 예를 통해 알아보자.

1. 패키지에서 필요한 관련 모듈과 테스트에 필요한 다른 것들을 가져온다. 여기서는 pytest를 가져오는데, 나중 단계에서 일부 기능을 사용할 것이기 때문에 가져왔지만 일반적으로는 이것을 가져올 필요가 없다.

```
import numpy
import pytest
import outliers.utils.data
```

2. 데이터 생성 함수를 테스트하려면 데이터를 한 번만 생성한 다음 여러 방식으로 속성을 테스트하는 것이 좋다. 이를 위해 pytest의 fixture 데코레이터를 사용한다. 이 데코레이터를 사용하면 여러 테스트에서 읽어올 수 있는 객체를 정의할 수 있다. 여기서는 create_data 함수의 출력인 dummy_data를 테스트에 사용할 수 있도록 이 방식을 활용한다.

```python
@pytest.fixture()
def dummy_data():
    data = outliers.utils.data.create_data()
    return data
```

3. 마지막으로 실제 테스트를 작성할 수 있다. 다음은 함수에서 생성된 데이터셋이 numpy 배열인지, 100개 이상의 데이터 행이 있는지 테스트하는 두 가지 예다.

```python
def test_data_is_numpy(dummy_data):
    assert isinstance(dummy_data, numpy.ndarray)

def test_data_is_large(dummy_data):
    assert len(dummy_data)>100
```

이런 테스트와 테스트 모듈은 필요한 만큼 얼마든지 작성할 수 있다. 이를 통해 패키지 전반에 걸쳐 테스트 커버리지를 높일 수 있다.

4. 프로젝트의 최상위 디렉터리에서 다음 명령을 실행하면 패키지의 모든 테스트가 실행된다.

```
$ pytest
```

5. 그러면 어떤 테스트가 실행됐고 어떤 것이 통과했거나 실패했는지 알려주는 다음과 같은 메시지가 표시된다.

```
=================================================================================== test session starts ======
platform linux -- Python 3.8.5, pytest-6.1.1, py-1.9.0, pluggy-0.13.1 -- /home/andrew/anaconda3/envs/mleng/bin/python
cachedir: .pytest_cache
rootdir: /home/andrew/dev/github/Machine-Learning-Engineering-with-Python/chapter4/outlier_package
collected 2 items

outliers/tests/test_create_data.py::test_data_is_numpy PASSED
outliers/tests/test_create_data.py::test_data_is_large PASSED

========================================================================================= 2 passed in 0.45s ======
```

그림 4.10 pytest의 성공한 단위 테스트 출력 결과

앞의 예시에서는 데이터 유틸리티에 대한 기본적인 테스트를 작성하고 실행하는 방법을 보여줬다. 이제 패키지의 더 복잡한 기능, 특히 모델 생성 과정을 테스트하는 방법을 살펴보자.

6. 앞의 경우와 마찬가지로 tests/test_detectors.py에 테스트를 담은 스크립트를 만든다. 더 복잡한 기능을 테스트하므로 스크립트에 패키지의 더 많은 부분을 가져와야 한다.

```
import pytest
from outliers.detectors.detection_models import DetectionModels
from outliers.detectors.pipelines import OutlierDetector
from outliers.definitions import MODEL_CONFIG_PATH
import outliers.utils.data
import numpy as np
```

7. 2단계에서처럼 더미 데이터용 fixture를 만들지만, 이번에는 테스트에 사용할 예시 모델용 fixture도 추가한다.

```
@pytest.fixture()
def example_models():
    models = DetectionModels(MODEL_CONFIG_PATH)
    return models
```

8. 마지막 fixture는 앞서 만든 모델 fixture를 기반으로 테스트에 사용할 탐지기 인스턴스를 생성한다.

```
@pytest.fixture()
def example_detector(example_models):
    model = example_models.get_models()[0]
    detector = OutlierDetector(model=model)
    return detector
```

9. 이제 모델 생성 기능을 테스트할 준비가 됐다. 먼저 생성한 모델이 빈 객체가 아닌지 확인한다.

```
def test_model_creation(example_models):
    assert example_models is not None
```

10. 그다음 6단계에서 만든 DetectionModels 인스턴스로 모델을 성공적으로 가져올 수 있는지 테스트한다.

```
def test_model_get_models(example_models):
    assert example_models.get_models() is not None
```

11. 마지막으로 모델을 적용한 결과가 몇 가지 간단한 테스트를 통과하는지 확인한다. 이를 통해 패키지의 주요 부분이 엔드투엔드 애플리케이션에서 제대로 작동하는지 알 수 있다.

```
def test_model_evaluation(dummy_data, example_detector):
    result = example_detector.detect(dummy_data)
    assert len(result[result == -1]) == 39   # 탐지할 이상값 개수
    assert len(result) == len(dummy_data)  # 결과 수가 같아야 함
    assert np.unique(result)[0] == -1
    assert np.unique(result)[1] == 1
```

12. 4단계처럼 명령줄에서 전체 테스트 스위트를 실행할 수 있다. 더 자세한 정보를 보고 개별 테스트의 통과 여부를 확인하려면 verbose 플래그를 추가한다. 이를 통해 데이터 유틸리티와 모델 테스트가 모두 실행되는지 확인할 수 있다.

```
pytest --verbose
```

13. 출력은 다음과 같다.

```
================================================================================ test session starts ======
platform linux -- Python 3.8.5, pytest-6.1.1, py-1.9.0, pluggy-0.13.1 -- /home/andrew/anaconda3/envs/mleng/bin/python
cachedir: .pytest_cache
rootdir: /home/andrew/dev/github/Machine-Learning-Engineering-with-Python/chapter4/outlier_package
collected 5 items

outliers/tests/test_create_data.py::test_data_is_numpy PASSED
outliers/tests/test_create_data.py::test_data_is_large PASSED
outliers/tests/test_detectors.py::test_model_creation PASSED
outliers/tests/test_detectors.py::test_model_get_models PASSED
outliers/tests/test_detectors.py::test_model_evaluation PASSED
```

그림 4.11 데이터와 모델 기능에 대한 테스트 성공 결과

이러한 테스트는 저장소에 깃훅을 추가하거나 프로젝트의 메이크파일 같은 다른 도구를 사용해 자동화할 수 있다.

이제 코드 실행 중에 발생하는 정보를 어떻게 기록할지 알아보자. 이는 디버깅과 솔루션의 전반적인 모니터링에 도움이 된다.

4.6.2 솔루션 보안

어떤 종류의 소프트웨어 엔지니어든 사람들이 사용하는 제품을 만드는 기쁨의 이면에는 그만한 책임이 따른다는 사실을 항상 잊지 말아야 한다. 바로 그 솔루션이 사용자에게 안전하고 믿을 만한지 확인해야 하는 책임이다. 스파이더맨의 삼촌 벤의 말처럼 "큰 힘에는 큰 책임이 따른다."

사이버 보안은 그 자체로 방대한 분야이므로 여기서 모두 다룰 수는 없다. 이어지는 항들에서는 솔루션의 보안성과 신뢰성을 높이는 데 도움이 되는 도구들과 그 기본적인 사용법을 소개하는 데 초점을 맞추겠다.

먼저 안전한 솔루션을 만드는 방법을 이해해야 한다.

- 애플리케이션 및 코드 자체의 내부 버그 테스트

- 보안 취약점 점검을 위한 패키지 검사와 다른 코드 스캐닝

- 데이터 유출과 노출 테스트

- 위 사항과 관련된 강력한 모니터링 기법 개발(이 책의 다른 곳에서 다룬 ML 모델 모니터링과는 별개)

첫 번째는 주로 단위 테스트 접근법을 말한다. 이는 앞에서도 다뤘지만, 간단히 말하면 작성한 코드가 예상대로 작동하는지 기능을 테스트하는 것이다. 모델 모니터링 절에서 언급했듯이 머신러닝 모델의 예상 성능을 표준 테스트로 확인하기는 어려워서 특별한 기법이 필요하다.

여기서는 일반적인 애플리케이션 코드와 주요 모델을 감싸는 솔루션에 더 초점을 맞춘다.

패키지와 코드를 검사하는 것은 중요한 과제이며, 다행히도 쉽게 구현할 수 있다. 2022년에 자바 기반 Log4j 라이브러리의 버그가 발견되어 전 세계 기업과 소프트웨어 엔지니어들이 이를 해결하느라 분주했던 일을 기억할 것이다. 버그와 보안 결함은 늘 발생할 수 있고 항상 탐지되는 것도 아니지만, 코드와 솔루션에서 사용하는 패키지를 자동으로 검사해 선제적으로 찾아내는 시스템을 갖춤으로써 코드 사용자의 큰 골칫거리(나아가 더 심각한 문제)를 예방할 수 있다는 점이 중요하다.

데이터 유출은 현재 매우 중요한 주제다. 유럽연합의 **일반 데이터 보호 규정(GDPR)**과 같은 규제는 고객 데이터의 관리와 큐레이션을 매우 중요하게 다룬다. 머신러닝 시스템은 근본적으로 데이터 기반 애플리케이션이므로 설계와 구현 시 개인정보 보호, 사용, 저장 등 여러 측면을 매우 신중하게 고려해야 한다. 여기서 논의하는 내용은 '쓰레기를 넣으면 쓰레기가 나온다'는 데이터 품질 문제를 훨씬 넘어선다. 머신러닝 시스템 운영에 필요한 데이터를 얼마나 안전하게 보관하고 전송하는지에 관한 문제다.

4.6.3 코드의 보안 문제 분석하기

이 책에서 보았듯이 파이썬 오픈소스 커뮤니티는 떠올릴 수 있는 거의 모든 문제에 대해 적어도 하나의 해결책을 제공하고 있으며, 보안도 마찬가지다. 개발 과정에서 생길 수 있는 취약점을 확인하고 코드를 정적 분석하려면 오픈소스인 밴딧(Bandit) 패키지[9]를 사용하면 된다. 이는 소스 코드의 보안 문제를 찾는 데 특화된 린터로, 사용법이 매우 간단하다.

---

9 https://bandit.readthedocs.io/en/latest/

먼저 항상 그렇듯이 밴딧을 설치해야 한다. '패키지 빌드하기' 절에서 배운 Makefile을 활용하면 된다. environment.yml 파일의 pip 의존성에 밴딧 패키지를 추가하고 다음 명령을 실행한다.

```
make update_environment
```

그런 다음 소스 코드에서 Bandit을 실행하려면 다음을 실행하기만 하면 된다.

```
bandit -r outliers
```

2장 '머신러닝 개발 프로세스'에서 설명했듯이 반복해서 실행할 개발 단계는 자동화하는 것이 좋다. Git 디렉터리의 .pre-commit-config.yaml에 다음 내용을 추가하면 밴딧으로 이를 자동화할 수 있다.

```
repos:
- repo: https://github.com/PyCQA/bandit
  rev: '' # Update me!
  hooks:
  - id: bandit
```

이렇게 설정하면 커밋할 때마다 앞서 설명한 밴딧 명령이 자동으로 실행된다.

예시 코드에 밴딧을 실행하면 그림 4.12처럼 여러 블록으로 결과가 나타난다.

```
[main]  INFO    profile include tests: None
[main]  INFO    profile exclude tests: None
[main]  INFO    cli include tests: None
[main]  INFO    cli exclude tests: None
[main]  INFO    running on Python 3.10.9
Run started:2023-01-20 21:00:55.255019

Test results:
>> Issue: [B101:assert_used] Use of assert detected. The enclosed code will be removed when compiling to optim
ised byte code.
   Severity: Low    Confidence: High
   CWE: CWE-703 (https://cwe.mitre.org/data/definitions/703.html)
   Location: outliers/tests/test_create_data.py:12:4
   More Info: https://bandit.readthedocs.io/en/1.7.4/plugins/b101_assert_used.html
11      def test_data_is_numpy(dummy_data):
12          assert isinstance(dummy_data, numpy.ndarray)
13
--------------------------------------------------
```

그림 4.12 일반적인 코드에 대한 밴딧 출력

뒤이어 출력 끝에 작은 요약 보고서가 표시된다(그림 4.13 참조).

```
Code scanned:
        Total lines of code: 98
        Total lines skipped (#nosec): 0
Run metrics:
        Total issues (by severity):
                Undefined: 0
                Low: 7
                Medium: 0
                High: 0
        Total issues (by confidence):
                Undefined: 0
                Low: 0
                Medium: 0
                High: 7
Files skipped (0):
```

그림 4.13 밴딧 도구는 마지막에 코드베이스 상태를 한눈에 보여주는 요약 정보를 제공한다.

밴딧에는 이 외에도 많은 기능이 있지만, 이렇게 간단히 시작해서 파이썬 코드베이스의 잠재적인 문제를 분석할 수 있다.

4.6.4 의존성 패키지의 보안 점검

작성한 코드의 보안 취약점을 검사하는 것 외에도 솔루션에서 사용하는 패키지의 보안 문제를 찾아내는 것이 중요하다. 파이썬 safety 도구[10]를 사용하면 이런 분석이 가능하다. safety는 알려진 파이썬 보안 문제를 모아둔 표준 데이터베이스를 기준으로 솔루션에서 사용하는 패키지를 검사한다. safety 문서에도 나와 있듯이 주의해야 할 점이 있다.

> safety는 기본적으로 비상업용으로만 허가된 오픈 파이썬 취약점 데이터베이스인 Safety DB를 사용한다.
> 상업용 프로젝트에서는 반드시 PyUp API 키 옵션을 구매해서 사용해야 한다.

앞서 Bandit 예시에서 사용한 것과 같은 소스 코드 트리에서 safety를 사용하는 방법은 다음과 같다.

1. safety가 설치되어 있지 않다면 설치한다.

```
pip install safety
```

2. 소스 코드 트리의 최상위 폴더로 이동한 후 다음을 실행한다.

```
safety check
```

---

10 https://pypi.org/project/safety/

우리가 만들고 있는 outlier_package가 있는 폴더에서 이 명령을 실행하면 그림 4.14와 같은 터미널 출력을 볼 수 있다.

```
+===========================================================================+

                        /$$$$$$            /$$
                       /$$__  $$          | $$
             /$$$$$$$ | $$  \__//$$$$$$  /$$$$$$   /$$   /$$
            /$$_____/ |  $$$$$$| $$_/   /$$__  $$|_  $$_/  | $$  | $$
           |  $$$$$$   \____  $$| $$/   | $$$$$$$$  | $$    | $$  | $$
            \____  $$ /$$  \ $$| $$    | $$_____/  | $$ /$$| $$  | $$
            /$$$$$$$/|  $$$$$$/| $$    |  $$$$$$$  |  $$$$/|  $$$$$$$
           |_____/  _____/ |__/     _____/   \___/   \____  $$
                                                              /$$  | $$
                                                             |  $$$$$$/
           by pyup.io                                         _____/

+===========================================================================+

  REPORT

   You are using Safety's free vulnerability database. This data is
  outdated, limited, and
   licensed for non-commercial use only.
   All commercial projects must sign up and get an API key at
  https://pyup.io

   Safety v2.3.5 is scanning for Vulnerabilities...
   Scanning dependencies in your environment:

   -> /usr/local/spark/python
   -> /home/andrew/anaconda3/envs/mlewp-ed2-ch4-outliers/lib/python3.10/site-
      packages

   Using non-commercial database
   Found and scanned 17 packages
   Timestamp 2023-01-20 20:41:05
   1 vulnerability found
   0 vulnerabilities ignored

 :==========================================================================:
   VULNERABILITIES FOUND
 :==========================================================================:

 -> Vulnerability found in wheel version 0.37.1
    Vulnerability ID: 51499
    Affected spec: <0.38.1
    ADVISORY: Wheel 0.38.1 includes a fix for CVE-2022-40898: An issue
    discovered in Python Packaging Authority (PyPA) Wheel 0.37.1 and earlier...
    CVE-2022-40898
    For more information, please visit https://pyup.io/v/51499/f17

  Scan was completed. 1 vulnerability was found.

 :==========================================================================:
    REMEDIATIONS

    1 vulnerability was found in 1 package. For detailed remediation & fix
    recommendations, upgrade to a commercial license.

 :==========================================================================:

   You are using Safety's free vulnerability database. This data is
  outdated, limited, and
   licensed for non-commercial use only.
   All commercial projects must sign up and get an API key at
  https://pyup.io
```

그림 4.14 outliers 패키지에 대한 safety의 출력

그림 4.14에서 볼 수 있듯이, 현재 버전으로는 상용 소프트웨어를 검사할 수 없으며 필요하다면 API 키를 받아야 한다는 경고가 나타난다. 이 프로젝트에서는 문제가 되지 않는다. 도구가 발견한 취약점 하나

는 wheel 패키지 버전과 관련이 있다. 프로젝트의 `environment.yml` 파일을 살펴보니 권고 사항대로 버전 0.38.1로 업데이트할 수 있었다. 이는 그림 4.15에서 확인할 수 있다.

```
- sqlite=3.40.1=h5082296_0
- tk=8.6.12=h1ccaba5_0
- tzdata=2022g=h04d1e81_0
- wheel=0.37.1=pyhd3eb1b0_0
- xz=5.2.10=h5eee18b_1
- zlib=1.2.13=h5eee18b_0
- pip
```

그림 4.15 safety 도구가 발견한 오류를 피하기 위한 environment.yml 파일 수정

이 `environment.yml` 파일에서 사용하는 콘다 채널에는 wheel 패키지 버전 0.38.1 이상이 없었다. 그래서 그림 4.16처럼 대신 pip 의존성에 추가했다.[11]

```
pip:
- certifi==2022.12.7
- pip==22.3.1
- setuptools==65.6.3
- safety
- wheel>=0.38.1
```

그림 4.16 outliers 패키지의 environment.yml 파일에서 pip 의존성 업데이트

이렇게 수정한 후 다음 명령을 다시 실행한다.

```
safety check
```

그림 4.17과 같이 이제 솔루션에서 아무 문제도 발견되지 않았다.

---

11 (옮긴이) 이 책의 저장소에 있는 environment.yml 파일은 conda-forge 채널의 wheel=0.40.0을 설치하도록 바뀌었다.

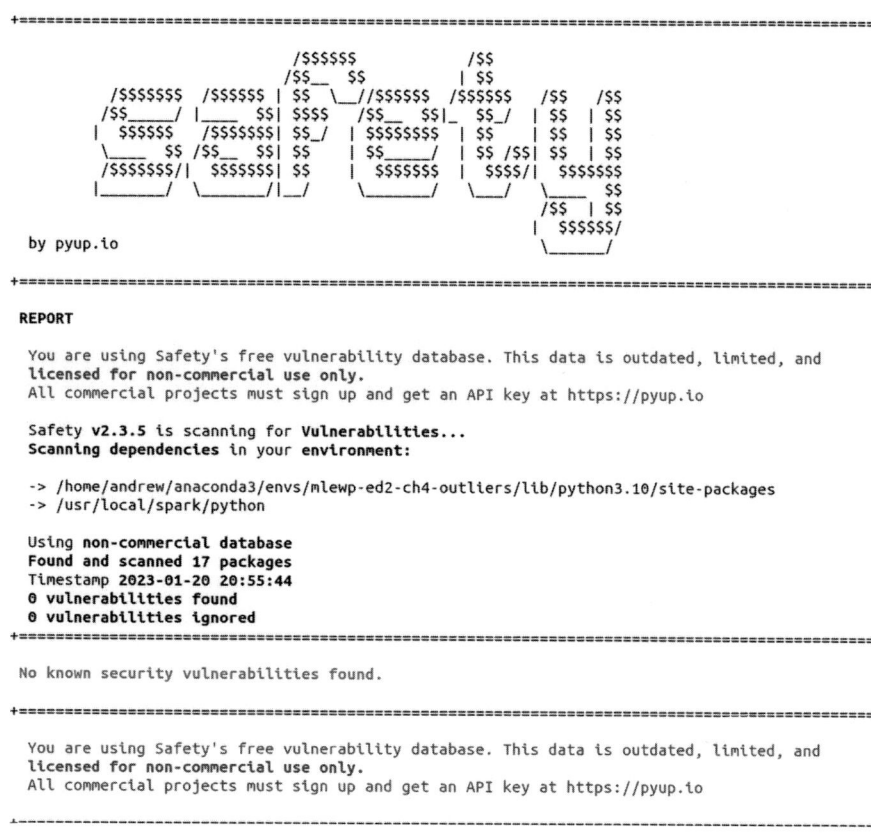

```
+==============================================================================+
                          /$$$$$$                /$$
                         /$$__  $$              | $$
               /$$$$$$$ | $$  \__//$$$$$$  /$$$$$$  /$$   /$$
              /$$_____/ |  $$$$$$|  $$_/  /$$__  $$|_  $$ /$$/
             |  $$$$$$   /$$$$$$$| $$    | $$$$$$$$  \  $$$$/
              \____  $$ /$$__  $$| $$    | $$_____/   >$$  $$
              /$$$$$$$/|  $$$$$$$| $$    |  $$$$$$$   /$$/\  $$
             |_____/  _____/|__/     _____/  |__/  \__/

    by pyup.io

+==============================================================================+

  REPORT

  You are using Safety's free vulnerability database. This data is outdated, limited, and
  licensed for non-commercial use only.
  All commercial projects must sign up and get an API key at https://pyup.io

  Safety v2.3.5 is scanning for Vulnerabilities...
  Scanning dependencies in your environment:

  -> /home/andrew/anaconda3/envs/mlewp-ed2-ch4-outliers/lib/python3.10/site-packages
  -> /usr/local/spark/python

  Using non-commercial database
  Found and scanned 17 packages
  Timestamp 2023-01-20 20:55:44
  0 vulnerabilities found
  0 vulnerabilities ignored
+==============================================================================+

  No known security vulnerabilities found.

+==============================================================================+

  You are using Safety's free vulnerability database. This data is outdated, limited, and
  licensed for non-commercial use only.
  All commercial projects must sign up and get an API key at https://pyup.io
+------------------------------------------------------------------------------+
```

그림 4.17 식별된 패키지를 업데이트한 후 safety 도구가 보안 취약점을 발견하지 못함

safety는 모든 기능을 사용하려면 상용 라이선스가 필요하지만, 의존성 패키지의 문제를 찾아내는 데는 무료 버전만으로도 매우 유용하다.

4.6.5 로깅

코드가 실행되는 동안 다양한 작업의 상태와 발생하는 오류를 기록해야 한다. 이는 코드 유지보수를 쉽게 하고 문제가 발생했을 때 디버깅하는 데 도움이 된다. 이를 위해 파이썬의 logging 라이브러리를 사용할 수 있다.

다음과 같은 방식으로 코드에서 로거를 초기화할 수 있다.

```
import logging
```

```
logging.basicConfig(filename='outliers.log',
                    level=logging.DEBUG,
                    format='%(asctime)s | %(name)s | %(levelname)s | %(message)s')
```

이 코드는 로깅 메시지의 형식을 정의하고, DEBUG 이상 수준의 로깅 메시지를 outliers.log 파일에 기록하도록 지정한다. 그러면 logging 라이브러리가 제공하는 간단한 구문으로 코드 실행 상태에 관한 출력과 정보를 기록할 수 있다.

```
logging.debug('디버깅을 위한 메시지...')
logging.info('실행 중인 프로세스에 대한 일반 정보...')
logging.warning('경고는 필요하지만 오류는 아님...')
```

앞의 로깅 설정으로 outliers.log 파일에는 다음과 같은 로깅 메시지가 기록된다.

```
2021-08-02 19:58:53,501 | root | DEBUG | 디버깅을 위한 메시지...
2021-08-02 19:58:53,501 | root | INFO | 실행 중인 프로세스에 대한 일반 정보...
2021-08-02 19:58:53,501 | root | WARNING | 경고는 필요하지만 오류는 아님...
```

지금까지 설명한 것은 로깅의 기본이며, 모든 것이 완벽하지는 않더라도 오류는 발생하지 않는다고 가정한 경우다. 하지만 실제로는 그렇지 않을 수 있다. 그렇다면 예외나 오류를 로그 파일에 기록하려면 어떻게 해야 할까?

보통 logging.error 구문을 사용하지만, 한 가지 중요한 점을 고려해야 한다. 단순히 오류가 발생했다는 사실만 기록하는 것으로는 부족할 때가 많다. 오류의 세부 정보도 함께 기록하고 싶을 것이다. '오류 처리' 항에서 설명했듯이 try except 구문으로 코드를 실행하고 예외를 발생시킬 수 있다. 이때 예외의 세부 정보를 로깅 대상에 기록하고 싶다면 logging.error 메서드(그리고 logging.debug 메서드)의 중요한 키워드 매개변수를 알아야 한다. 키워드 매개변수에 관한 자세한 내용은 이 장의 '유용한 기법' 절을 참고하기 바란다. logging 문서[12]에 따르면 exc_info와 stack_info는 불 값을 받고, extra는 딕셔너리를 받는다. exc_info=True는 로깅 호출에서 예외 정보를 반환하도록 지정하고, stack_info=True는 예외에 대한 더 자세한 스택 추적 정보(로거 호출 포함)를 반환하며, extra에는 개발자가 정의한 추가 정보가 담긴 딕셔너리를 지정할 수 있다.

---

12 https://docs.python.org/3/library/logging.html#logging.debug

이 경우 추가 정보는 이벤트의 식별자로서 레코드 시작 부분에 포함된다. 이는 로깅 호출에 원하는 정보를 추가하는 좋은 방법이다.

간단한 예로 특징 변환 함수를 직접 만들어보자. 이 함수는 실제로는 아무 일도 하지 않고 원본 데이터프레임을 그대로 반환한다.

```python
def feature_transform(df: pd.DataFrame) -> pd.DataFrame:
    """데이터프레임을 변환하지만 실제로는 아무것도 하지 않음. 데모용.
    :param df: 데이터프레임
    :return: df.mean(), 각 열의 평균값이 담긴 동일한 데이터프레임
    """
    return df.mean()
```

이 함수가 실패할 때 예외를 발생시키고 오류에 대한 세부 정보를 기록하려면 다음과 같이 작성하면 된다.

```python
try:
    df_transformed = feature_transform(df)
    logging.info("데이터프레임 변환 성공")
except Exception as err:
    logging.error("예상치 못한 오류", exc_info=True)
```

다음과 같은 간단한 판다스 데이터프레임으로 이 코드를 실행하면 문제없이 실행된다.

```python
df = pd.DataFrame(data={'col1': [1,2,3,4], 'col2': [5,6,7,8]})
```

하지만 판다스 데이터프레임의 mean() 구문을 지원하지 않는 리스트를 사용해 같은 코드를 실행하면, 오류가 발생하고 그 세부 정보가 로그 파일에 기록될 것이다.

```python
list_of_nums = [1,2,3,4,5,6,7,8]

try:
    df_transformed = feature_transform(list_of_nums)
    logging.info("데이터프레임 변환 성공")
except Exception as err:
    logging.error("예상치 못한 오류", exc_info=True)
```

다음 스크린숏은 파일 경로를 줄여서 캡처한 것이다(그림 4.18).

```
2023-01-22 21:31:57,317 | root | ERROR | Unexpected error
Traceback (most recent call last):
  File "/home/andrew/dev/github/Machine-Learning-Engineering-with-Python-Second-Edition.
    df_transformed = feature_transform(list_of_nums)
  File "/home/andrew/dev/github/Machine-Learning-Engineering-with-Python-Second-Edition.
    return df.mean()
AttributeError: 'list' object has no attribute 'mean'
```

그림 4.18 exc_info=True 플래그를 사용할 때의 로그 파일 출력

4.6.6 오류 처리

이 절에서 다룰 마지막 주제는 오류(error) 처리다. ML 엔지니어는 작동하는 제품과 서비스를 만드는 것을 목표로 하되, 모든 것이 항상 잘 작동하지는 않는다는 점을 인식하는 것도 중요하다. 따라서 런타임에 (필연적으로) 발생하는 오류를 적절한 수준에서 처리하는 구조를 만들어야 한다. 파이썬에서는 보통 **예외(exception)**라는 개념으로 이를 구현한다. 예외는 사용 중인 파이썬 핵심 함수와 메서드에서 발생할 수 있다. 예를 들어 변수 x를 정의하지 않은 채 다음 코드를 실행한다고 하자.

```
y = 10 * x
```

그러면 다음과 같은 예외가 발생한다.

```
NameError: name 'x' is not defined
```

엔지니어로서 중요한 점은 오류의 흐름을 확실히 제어할 수 있는 솔루션을 만들어야 한다는 것이다. 오류가 발생할 때마다 코드가 중단되는 것을 원하지 않을 수도 있고, 특정한 에지 케이스가 발생했을 때 아주 구체적인 메시지와 로깅이 이뤄지도록 하고 싶을 수 있다. 이를 위한 가장 간단한 방법은 다음 코드와 같이 try-except 블록을 사용하는 것이다.

```
try:
    do_something()
except:
    do_something_else()
```

이 경우 do_something()에서 오류가 발생하면 do_something_else()가 실행된다.

이제 솔루션을 효율적으로 구축하는 방법을 설명하겠다.

파이썬의 오류 처리는 '예외'를 중심으로 이뤄진다. 예외란 프로그램의 정상적인 작동을 방해하는 이벤트를 가리킨다.

파이썬의 전체 예외 목록에는 약 50가지 유형이 있다. 다음은 파이썬 문서에서 발췌한 내용으로, 생략된 부분은 ...으로 표시했다.

```
BaseException
+-- SystemExit
+-- KeyboardInterrupt
+-- GeneratorExit
+-- Exception
    +-- StopIteration
    +-- StopAsyncIteration
    +-- ArithmeticError
    ¦     +-- FloatingPointError
    ¦     +-- OverflowError
    ¦     +-- ZeroDivisionError
    +-- AssertionError
    +-- AttributeError
    +-- BufferError
    +-- EOFError
...
    +-- Warning
        +-- DeprecationWarning
        +-- PendingDeprecationWarning
        +-- RuntimeWarning
        +-- SyntaxWarning
        +-- UserWarning
...
```

이 예외 목록을 보면 모두 계층 구조로 조직돼 있다. 하위 레벨 예외는 상위 레벨 예외의 구체적인 형태다. 따라서 예외 처리 코드에서 상위 레벨 예외를 지정해도 그 아래 하위 레벨 예외들까지 모두 처리할 수 있다.

간단한 예시를 보자. `ArithmeticError` 하위 계층에는 세 가지 하위 수준 예외가 있다.

```
+-- ArithmeticError
    |      +-- FloatingPointError
    |      +-- OverflowError
    |      +-- ZeroDivisionError
```

숫자를 0으로 나누는 코드에서 예외를 발생시킬 때 `ZeroDivisionError`나 상위 개념인 `ArithmeticError`를 모두 사용할 수 있다.

```python
n = 4.0
try:
    result = n/0.0
except ZeroDivisionError:
    print("0으로 나눌 수 없습니다!")

n = 4.0
try:
    result = n/0.0
except ArithmeticError:
    print("0으로 나눌 수 없습니다!")
```

일반적으로 예외를 잡을(catch) 때 처리하는 방식이 몇 가지 있다. 첫째, 예외를 처리하고 프로그램 흐름을 계속 이어갈 수 있다. 오류의 원인이 명확하고 코드 로직 내에서 처리할 수 있을 때 이 방법을 사용해야 한다. 둘째, 예외를 다시 발생시킬 수 있다. 이는 다음과 같은 이유로 필요할 수 있다.

1. 오류를 로깅하면서도 호출 스택 위로 전파하고 싶을 때다. 이는 디버깅 목적으로 유용하다. 오류 메시지와 예외에 대한 기타 정보를 로깅하면서도, 호출한 코드에서 적절히 예외를 처리할 수 있게 해준다. 예시는 다음과 같다.

```python
import logging

def process_data(data):
    try:
        # 데이터 처리
        result = process(data)
    except Exception as e:
        # 예외 로깅
        logging.exception("데이터 처리 중 예외 발생")
        # 예외를 다시 일으킴
```

```
        raise
    return result
```

이 예시에서 process_data 함수는 데이터를 처리하고 결과를 반환한다. 데이터 처리 중 예외가 발생하면 logging.exception 함수를 사용해 스택 트레이스와 함께 예외를 로깅한다. 그런 다음 raise 문으로 예외를 재발생시켜 호출한 코드에서 적절히 처리할 수 있게 한다.

2. 예외에 추가 정보를 더하고 싶을 때다. 예를 들어 예외가 발생했을 때의 애플리케이션 상태나 예외를 일으킨 입력값에 대한 정보를 추가할 수 있다. 앞의 예시를 변형하면 다음과 같다.

```
def process_data(data):
    try:
        # 데이터 처리
        result = process(data)
    except Exception as e:
        # 예외 메시지에 추가 정보 더하기
        message = f" 데이터 처리 중 예외 발생: {data}"
        # 수정된 메시지로 새 예외 발생
        raise Exception(message) from e
    return result
```

이 예시에서는 데이터 처리 중 예외가 발생하면 처리하던 데이터를 포함하도록 예외 메시지를 수정한다. 그런 다음 수정된 메시지와 원래 예외를 원인으로 지정해(from e 구문 사용) 새로운 예외를 발생시킨다.

3. 상위 수준 코드에서 예외를 처리하면서도, 하위 수준 코드에서 적절한 경우 예외를 처리할 수 있게 하고 싶을 때. 이는 좀 더 복잡하므로 다른 예시를 단계별로 살펴보자. 먼저 이번에는 예외를 발생시킬 때 handle_exception이라는 함수를 호출해 예외를 특별히 처리한다.

```
def process_data(data):
    try:
        # 데이터 처리
        result = process(data)
    except Exception as e:
        # 예외 처리
        handle_exception(e)
        # 예외를 다시 일으킴
        raise
    return result
```

handle_exception의 코드는 다음과 같다. should_handle이라는 함수를 사용해 현재 수준에서 예외를 처리할지 아니면 호출 스택 위로 전달할지를 결정한다.

```python
def handle_exception(e):
    # 예외 로깅
    logging.exception("Exception occurred")

    # 이 수준에서 예외를 처리해야 하는지 검사
    if should_handle(e):
        # 예외 처리
        ...
    else:
        # 호출 스택 위쪽으로 예외를 전파
        raise
```

should_handle 함수에서는 현재 수준에서 예외를 처리할지, raise 구문으로 호출 스택 위로 전달할지를 결정하는 로직을 정의한다. 예를 들어 현재 수준에서는 ArithmeticError만 처리하고 나머지는 호출 스택 위로 전달하려면 로직은 다음과 같다.

```python
def should_handle(e):
    # 예외의 유형을 검사
    if isinstance(e, ArithmeticError):
        # 예외 처리
        return True
    else:
        # 예외 전파
        return False
```

4. 마지막으로, 다른 예외를 발생시킬 수도 있다. 이는 상위 추상화 수준에서 여러 예외를 함께 처리해야 할 때 유용하다. 앞의 예시들을 다시 변형하면 다음과 같은 코드가 될 수 있다.

```python
def process_data(data):
    try:
        # 데이터 처리
        result = process(data)
    except ValueError as e:
        # 같은 메시지로 다른 예외 발생
```

```
            raise MyCustomException(str(e))
    except MyCustomException as e:
        # 수정한 메시지로 다른 예외 발생
        message = f" 데이터 처리 중 예외 발생: {data}"
        raise MyCustomException(message)
    return result
```

이 예시에서는 데이터 처리 중 `ValueError`가 발생하면 이를 잡아서 같은 메시지를 가진 새로운 `MyCustomException`을 발생시킨다. `MyCustomException`이 발생하면 이를 잡아서 처리 중이던 데이터를 포함하는 수정된 메시지를 가진 새로운 `MyCustomException`을 발생시킨다. 이렇게 하면 단일한 커스텀 예외 타입을 일관되게 처리하는 방식으로 상위 수준에서 여러 예외를 함께 다룰 수 있다.

세 번째 프로그램 흐름으로는 원래 예외로부터 새로운 예외를 발생시킬 수 있다. 이는 발생한 오류의 종류에 대해 더 자세한 정보를 제공하고, 나중에 디버깅에 도움이 될 맥락 정보를 더 많이 제공할 수 있어 유용하다. 이를 더 명확히 설명하기 위해, 앞의 예시들에서 사용했던 함수를 정의해 보자.

```
def process(data_to_be_processed):
    '''원본 데이터에 1을 더한 값을 반환하는 예시 함수'''
    return data_to_be_processed + 1
```

위 목록의 첫 번째 예시와 같은 함수에서 이 함수를 호출하되, 원래 예외로부터 새로운 예외를 발생시키는 구문을 추가한다.

```
def process_data(data):
    try:
        # 데이터 처리
        result = process(data)
    except Exception as e:
        # 예외 로깅
        logging.exception("데이터 처리 중 예외 발생")
        # 전체 예외에서 새 예외 발생
        new_exception = ValueError("데이터 처리 오류")
        raise new_exception from e
    return result
```

기존 예외로부터 새로운 예외를 발생시키면 이것이 입력 데이터와 관련된 `ValueError`였다는 사실을 로깅하고, 스택 트레이스에 추가적인 맥락을 제공하는 상위 수준 메시지를 기록할 수 있다. 예를 들어 위 함수들을 사용해 다음과 같이 함수를 호출해 보자.

```
process_data('3')
```

예상대로 오류가 발생한다. 문자열에 정수를 더하려고 했기 때문이다. 실행했을 때 얻은 스택 트레이스의 일부는 다음과 같다.

```
ERROR:root:Exception occurred while processing data
File "exception_handling_examples.py", line 5, in process
    return data_to_be_processed + 1
TypeError: can only concatenate str (not "int") to str
```

위의 예외는 다음 예외의 직접적인 원인이었다.

```
Traceback (most recent call last):
  File "<stdin>", line 1, in <module>
  File "exception_handling_examples.py", line 18, in process_data
    raise new_exception from e
ValueError: Error processing data
```

기존 예외로부터 발생시킨 예외가 `process_data` 함수에서 오류가 발생한 위치를 표시하고, 이 문제가 데이터 처리와 관련이 있다는 정보도 제공한다. 이 두 정보는 맥락을 제공하고 디버깅에 도움이 된다. 피 연산자 타입을 언급하는 더 기술적인 원래의 `TypeError`도 여전히 유용하지만, 이것만으로는 이해하고 디버깅하기 어려울 수 있다.

여기서는 로깅의 기본적인 기능만 살펴봤지만, 시작하기에는 충분할 것이다.

이제 코드에서 문제가 발생했을 때 어떻게 대처할지 알아보자.

4.7 바퀴를 재발명하지 않기

이번 장을 통해 이미 눈치챘겠지만, ML과 파이썬 프로젝트에 필요한 기능의 상당 부분이 이미 구현돼 있다. ML 엔지니어로서 배워야 할 가장 중요한 점 중 하나는 모든 것을 처음부터 만들 필요가 없다는 것이다. 이를 위한 방법은 여러 가지가 있는데, 가장 명확한 방법은 기존 패키지를 활용하고 그 위에 추가 기능을 구현하는 것이다. 예를 들어 기본적인 회귀 모델링 기능은 여러 패키지에 이미 존재하므로 직접 구현할 필요가 없다. 대신 새로운 유형의 회귀 분석기를 추가하거나, 도메인 지식이나 개발한 특별한 기법을 적용해야 할 때는 기존 솔루션 위에 코드를 작성하는 것이 타당하다. 래퍼 클래스나 데코레이터와 같은 파이썬의 다양한 개념도 활용할 수 있다. 핵심은 ML 솔루션을 구축할 때 해야 할 일이 많지만, 모든 것을 처음부터 만들어야 한다고 생각할 필요가 없다는 점이다. 부가 가치를 창출할 수 있는 부분에 집중하고 이전 작업을 기반으로 구축하는 것이 훨씬 효율적이다.

4.8 요약

이번 장에서는 ML 솔루션을 위한 파이썬 패키지를 작성할 때 필요한 모범 사례를 다뤘다. 먼저 파이썬 프로그래밍의 기본 개념을 복습한 후, 유용한 팁과 기법을 살펴봤다. 파이썬과 PySpark의 코딩 표준의 중요성도 다뤘다. 그다음 코드 작성을 위한 객체지향과 함수형 프로그래밍 패러다임을 비교했다. 이어서 작성한 고품질 코드를 여러 플랫폼과 사용 사례에 배포할 수 있도록 패키징하는 방법을 알아봤다. 이를 위해 메이크파일과 Poetry를 포함한 다양한 도구, 설계, 설정 방법을 살펴봤다. 또한 코드를 테스트하고, 로깅하고, 모니터링하는 방법 등 코드 관리에 대한 팁을 정리했다. 여기에는 예외 처리와 프로그램 및 패키지에서 더 정교한 제어 흐름을 개발하는 방법에 대한 자세한 예시도 포함됐다. 마지막으로 바퀴를 다시 만들지 않는 것의 중요성에 대한 간단한 철학적 관점을 다뤘다.

다음 장에서는 배포의 세계를 깊이 있게 살펴볼 것이다. 작성한 스크립트, 패키지, 라이브러리, 앱을 적절한 인프라와 도구에서 실행하는 방법을 다룰 예정이다.

05

배포 패턴과
도구

이번 장에서는 머신러닝 솔루션 배포와 관련된 중요한 개념들을 살펴본다. 머신러닝 개발 수명주기를 완성하고 솔루션을 세상에 내놓기 위한 기반을 다질 것이다.

소프트웨어 배포란 이해관계자에게 선보이던 데모를 넘어서 실제 고객이나 동료에게 영향을 미치는 서비스로 내놓는 작업이다. 이 과정은 흥미진진하면서도 어려운 도전이 되곤 한다. 머신러닝 프로젝트에서 이 배포 단계는 가장 어려운 부분 중 하나로, 이를 올바르게 수행하느냐에 따라 실질적인 가치를 창출할지, 아니면 그저 과장된 선전에 그칠지가 결정된다.

머신러닝 엔지니어링 팀이 재미있는 개념 증명에서 확장 가능한 인프라에서 자동화된 방식으로 실행할 수 있는 솔루션으로 도약하는 데 도움이 될 주요 개념들을 살펴볼 것이다. 이를 위해 먼저 머신러닝 시스템을 설계하고 아키텍처를 구성하는 방법, 특히 원활하게 확장할 수 있는 솔루션을 개발하고자 할 때 필요한 부분을 다룰 것이다. 그다음 컨테이너화 개념과 이를 통해 애플리케이션 코드를 특정 인프라에서 추상화하여 다양한 환경에서 이식성을 확보하는 방법을 논의한다. 이어서 이러한 아이디어를 실제로 적용하여 AWS에 머신러닝 마이크로서비스를 배포하는 구체적인 예시를 살펴본다. 이후에는 4장 '패키징' 에서 소개한 엔드투엔드 머신러닝 솔루션을 위한 효과적이고 견고한 파이프라인 구축 주제로 돌아간다. 데이터 준비와 머신러닝 파이프라인을 포함한 모든 파이썬 프로세스를 구축하고 조율하기 위한 아파치 Airflow를 소개하고 탐구한다. 마지막으로 현재 업계에서 광범위하게 사용되는 두 가지 오픈소스 고급 머신러닝 파이프라인 도구인 ZenML과 Kubeflow를 자세히 살펴본다. 이러한 도구들을 통해 이번 장을 마치면 다양한 소프트웨어를 사용하여 복잡한 머신러닝 솔루션을 배포하고 조율할 수 있다는 자신감을 갖게 될 것이다.

이 모든 내용은 다음과 같은 절로 나뉜다.

- 시스템 설계
- 표준 머신러닝 패턴 탐구
- 컨테이너화
- AWS에서 자체 마이크로서비스 호스팅
- Airflow로 일반 파이프라인 구축
- 고급 머신러닝 파이프라인 구축

먼저 배포를 염두에 둔 머신러닝 시스템의 설계와 아키텍처 구성 방법을 살펴보자.

5.1 기술적 요구사항

다른 장과 마찬가지로, 책의 깃허브 저장소 Chapter05 디렉터리에서 제공하는 콘다 환경 yml 파일이나 requirements.txt 파일을 사용하여 이번 장의 예제를 실행할 수 있는 파이썬 개발 환경을 설정할 수 있다.

```
conda env create -f mlewp-chapter05.yml
```

예제를 처음부터 끝까지 따라가려면 파이썬이 아닌 몇 가지 도구도 설치해야 한다. 각 도구의 설명서를 참고하자.

- AWS CLI v2
- 포스트맨(Postman)
- 도커(Docker)

5.2 시스템 설계

소프트웨어를 구축하는 방식에 상관없이 항상 설계를 염두에 두는 것이 중요하다. 이 절에서는 ML 시스템을 설계할 때 반드시 고려해야 할 점을 살펴본다.

건축업자가 집을 짓는 과정을 생각해 보자. 아무런 계획도 없이 기술자를 구하고 자재를 사들이고 장비를 빌려 공사를 시작하지는 않을 것이다. 또한 의뢰인과 먼저 상의하지 않고 그들이 원하는 것을 이미 알고 있다고 가정하지도 않을 것이다.

먼저 의뢰인의 요구사항을 자세히 파악하고 그에 맞는 솔루션을 설계해야 한다. 이 계획은 의뢰인은 물론 전체 설계에 영향을 미치는 세부 사항을 아는 전문가들과 함께 여러 차례 다듬을 수 있다. 우리는 집을 짓는 것이 목적이 아니지만(혹시 관심이 있더라도 이 책에서는 다루지 않는다!), 소프트웨어와 비슷한 점을 발견할 수 있다. 무언가를 만들기 전에 효과적이고 명확한 설계가 필요하다. 이러한 설계는 솔루션의 방향을 제시하고 개발 팀이 작업할 구성 요소를 정확히 파악하게 한다. 이를 통해 우리가 만드는 것이 최종 사용자의 문제를 해결하리라 확신할 수 있다.

이것이 바로 소프트웨어 아키텍처의 핵심이다.

ML 솔루션에서도 위와 같은 상황이라면 여러 가지 문제가 생길 수 있다. 코드베이스가 엉망이 되어 ML 엔지니어들이 다른 엔지니어가 이미 만든 기능을 중복으로 개발하게 된다. 또 나중에는 아예 작동하지 않는 것을 만들어내기도 한다. 예를 들어 다른 구성 요소와 충돌하는 환경이 필요한 도구를 선택했을 때다. 필요한 인프라를 미리 예측하지 못해 프로젝트 중에 급하게 자원을 구해야 하는 상황에 처하기도 한다. 필요한 작업량을 과소평가해서 기한을 놓치는 일도 발생한다. 이런 문제는 모두 좋은 설계만 있다면 피할 수 있다.

솔루션 개발 팀에 다음 사항을 분명하게 제시해야 효과적인 소프트웨어 아키텍처라 할 수 있다.

- 문제를 완전히 해결하는 데 필요한 기능적 구성 요소 정의

- 구성 요소 간 상호작용 방식(주로 데이터 교환 형태)에 관한 설명

- 향후 고객의 추가 기능 개발 요구를 수용하도록 솔루션을 확장하는 방안

- 아키텍처에 명시된 각 구성 요소를 구현하는 데 적합한 도구를 선정하는 기준

- 솔루션의 프로세스 흐름과 데이터 흐름에 대한 명확한 정의

이상이 훌륭한 아키텍처의 기본 요건이다. 그렇다면 이것의 실제 의미는 무엇일까?

아키텍처를 어떻게 꾸릴지에 관해 정해진 규칙은 없다. 무엇보다 아키텍처는 구축의 길잡이가 되는 설계도 구실을 해야 한다. 상자와 선, 설명이 들어간 다이어그램이어도 되고, 문서 여러 페이지여도 된다. **통합 모델링 언어(UML)** 같은 공식 모델링 언어를 사용할 수도, 사용하지 않을 수도 있다. 이는 주로 비즈니스 상황과 아키텍처 작성자에게 주어진 요구사항에 따라 달라진다. 앞서 설명한 요소를 모두 갖추고 엔지니어들에게 무엇을 만들고 어떻게 결합할지 명확히 안내하는 것이 중요하다.

아키텍처 자체가 방대하고 흥미로운 주제이므로 여기서는 자세히 다루지 않고, 머신러닝 엔지니어링에서 아키텍처가 어떤 의미를 갖는지 살펴보겠다.

5.2.1 시스템 설계 원칙

아키텍처 분야는 매우 넓지만, 다른 성숙한 학문과 마찬가지로 어느 곳을 보더라도 일관된 원칙들이 존재한다. 다행히 이러한 원칙 중 일부는 4장 '패키징'에서 다룬 좋은 파이썬 프로그래밍 원칙과 동일하다. 이 절에서는 이러한 원칙들과 머신러닝 시스템 아키텍처 설계에 어떻게 활용할 수 있는지 살펴보겠다.

관심사의 분리(Separation of Concerns)는 이미 이 책에서 소프트웨어 구성 요소가 불필요하게 복잡하지 않고 솔루션을 확장할 수 있으며 쉽게 인터페이스할 수 있도록 하는 좋은 방법으로 언급됐다. 이 원칙은 시스템 전체에 대해서도 유효하므로 아키텍처를 염두에 두어야 할 좋은 원칙이다. 실제로 이것은 종종 애플리케이션 내에서 고유한 책임을 갖는 별도의 '계층(layers)'이라는 아이디어로 나타난다. 예를 들어, 그림 5.1에 표시된 아키텍처를 살펴보자. 이는 머신러닝 파이프라인을 위한 자동화된 배포 및 오케스트레이션 프로세스를 만드는 방법을 보여주는 것으로, AWS 솔루션 라이브러리[1]에서 가져온 것이다. 아키텍처 내에 프로비저닝, 파이프라인 배포, 파이프라인 서빙에 해당하는 뚜렷한 '영역'이 보인다. 이러한 블록들은 솔루션의 특정 부분이 특정 기능을 갖고 있으며, 이러한 서로 다른 부분 간의 상호 작용이 인터페이스를 통해 처리됨을 보여준다.

---

1 https://aws.amazon.com/solutions/implementations/mlops-workload-orchestrator/

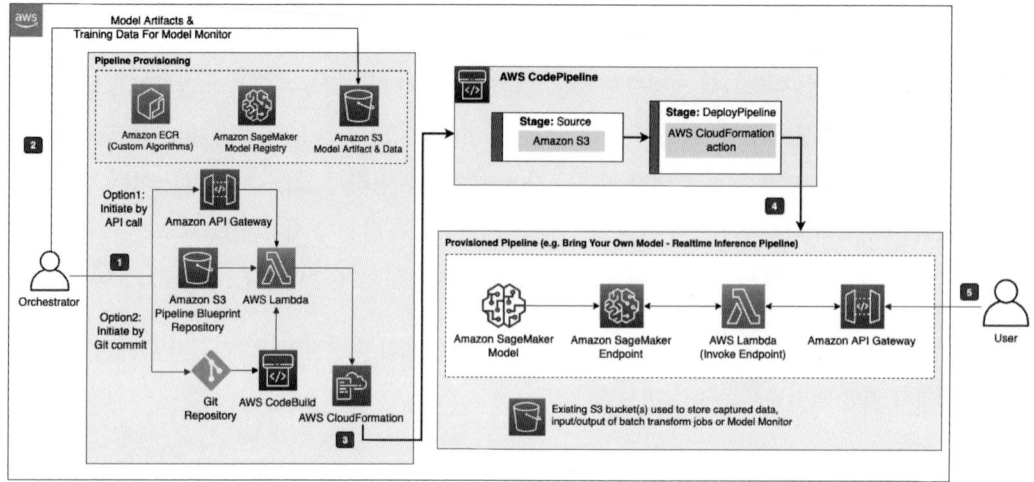

그림 5.1 AWS 솔루션 라이브러리의 AWS MLOps Workload Orchestrator 아키텍처

최소 놀람의 원칙(Principle of Least Surprise)은 개발자, 테스터, 데이터 과학자 등 해당 분야에 익숙한 사람이 처음 아키텍처를 접했을 때, 특이하거나 예기치 않은 요소가 없어야 한다는 일반적인 원칙이다. 항상 가능한 것은 아니지만, 이 원칙을 염두에 두면 아키텍처를 사용할 사람들의 지식을 고려함으로써 더 나은 설계를 만들고 호응을 이끌어 낼 수 있다. 그림 5.1을 다시 예로 들면, 이 아키텍처는 ML 파이프라인의 프로비저닝, 승격, 실행을 위한 명확한 논리 구성 요소를 갖추고 있어 이 원칙을 매우 잘 보여준다. 아키텍처의 더 낮은 수준에서는 데이터를 일관되게 S3 버킷에서 가져오고, 람다가 API 게이트웨이와 상호작용하는 등의 패턴을 볼 수 있다. 덕분에 ML 엔지니어, 데이터 과학자, 클라우드 플랫폼 엔지니어는 이 아키텍처를 구현할 때 쉽게 이해하고 잘 활용할 수 있다.

최소 노력의 원칙(Principle of Least Effort)은 이전 원칙보다 조금 더 미묘하다. 개발자는 인간이기 때문에 저항이 가장 적은 경로를 따르고 필요하지 않으면 더 많은 작업을 만들지 않는다는 아이디어를 담고 있다. 나는 이 원칙이 아키텍처를 신중하게 고려하고 주의 깊게 구축하는 데 시간을 할애하는 것의 중요성을 강조한다고 해석한다. 개발자 한 명이 개발한 후 오랫동안 사용될 수 있기 때문이다!

지금까지는 고수준 아키텍처 원칙만 다뤘는데, 이제 시스템 설계 수준뿐 아니라 코드 수준에서도 강력한 효과를 발휘하는 설계 원칙을 살펴보겠다.

SOLID 원칙(단일 책임, 개방/폐쇄, 리스코프 치환, 인터페이스 분리, 의존성 역전)은 주로 코드베이스에 적용되지만 시스템 설계와 아키텍처 수준으로도 확장할 수 있다. 아키텍처 수준에서 이러한 원칙을 적용하면 다음과 같이 설명할 수 있다.

- **단일 책임(Single Responsibility)**: 관심사 분리와 매우 유사한 개념이다. 이 원칙은 특히 모듈이 변경되는 이유가 한 번에 하나뿐이거나, 수행할 작업이 한 가지뿐이면 유지보수가 더 쉽고 안정적이 된다고 강조한다. 아키텍처 다이어그램에서 10가지 서로 다른 일을 해야 하는 상자가 하나 있다면, 이 원칙을 위반한 것이다. 프로세스나 인터페이스 중 어느 하나라도 바꿀 일이 생길 경우 해당 컴포넌트의 코드를 이리저리 뒤적이며 수정해야 하며, 이로 인해 추가 문제나 다운타임 발생 위험이 크게 증가한다.

- **개방/폐쇄(Open/Closed)**: 컴포넌트가 '확장에는 열려 있고 수정에는 닫혀 있는' 방식으로 아키텍처를 설계하는 것이 좋다는 원칙이다. 이는 전체 설계 수준에서도 작동한다. 새로운 기능을 추가할 때 핵심 부분을 다시 연결할 필요 없이 쉽게 확장할 수 있도록 시스템을 설계하면 오래 사용할 수 있는 시스템이 된다. 머신러닝에서 좋은 예는 새로운 처리 파이프라인을 추가하고자 할 때, 코드의 어느 부분을 크게 수정할 필요 없이 간단히 추가할 수 있게 시스템을 구축하는 것이다.

- **리스코프 치환(Liskov Substitution)**: SOLID 원칙이 처음 작성됐을 때는 자바와 같은 객체지향 프로그래밍 언어를 대상으로 했다. 리스코프 치환 원칙은 객체가 하위 타입으로 대체되어도 애플리케이션 작동이 유지되어야 한다고 명시한다. 시스템 수준에서는 두 컴포넌트가 다른 컴포넌트와 동일한 인터페이스와 계약을 가지면 서로 교체할 수 있어야 한다는 의미다.

- **인터페이스 분리(Interface Segregation)**: '구성 요소 간 통신 방식을 여러 개 두지 말라'는 뜻으로 해석할 수 있다. 솔루션의 각 부분을 연결할 때는 가능한 한 좁은 통로를 사용해야 한다. 다시 말해 인터페이스를 클라이언트별로 최대한 구체화하는 것이 좋다.

- **의존성 역전(Dependency Inversion)**: 이는 리스코프 치환 원칙과 매우 비슷하지만 좀 더 일반적이다. 여기서의 핵심은 솔루션의 모듈이나 부분 간의 통신이 구체적인 특정 구현이 아닌 추상화를 통해 처리되어야 한다는 것이다. 좋은 예로, 다른 프로세스에서 ML 마이크로서비스를 직접 호출하는 대신 필요한 작업 데이터를 AWS Simple Queue Service와 같은 큐에 넣고, 마이크로서비스가 큐에서 작업을 가져오도록 하는 것이다. 이렇게 하면 클라이언트와 서빙 마이크로서비스가 서로의 인터페이스 세부 사항을 알 필요가 없으며, 하위 애플리케이션도 큐에서 읽어 오는 더 많은 서비스로 확장할 수 있다. 그러면 이는 개방/폐쇄 원칙을 구현하게 되며, 그림 5.1의 아키텍처에서 AWS CloudFormation을 호출하는 Lambda 함수를 통해 확인할 수 있다.

마지막으로 필자는 **경계가 정해진 콘텍스트(Bounded Contexts)** 개념을 좋아하는데, 이는 데이터 모델이나 기타 중요한 데이터 및 메타데이터가 특정 개념적 모델 내에서 정렬되도록 보장하며, 무분별하게 사용되지 않도록 해야 한다는 원칙이다. 이 개념은 도메인 주도 설계(Domain-Driven Design)에서 특히 중요한 역할을 하며, 대규모 복잡한 솔루션에 매우 적합하다.

예를 들어 여러 사업부가 있는 대규모 조직에서 데이터베이스에 저장된 비즈니스 데이터로 머신러닝을 실행하는 비슷비슷한 서비스들이 필요하다고 가정하자. 이때 여러 애플리케이션에서 공통으로 사용하는 하나의 데이터 레이어를 두는 것보다는, 각 사업 부서마다 별도의 데이터베이스를 두는 편이 더 낫다. 좀 더 구체적으로 설명하자면, 데이터 모델이 영업/마케팅, 엔지니어링, 인사(HR) 등 다양한 기능에 특화된 정보를 모두 한곳에 담아서는 안 된다. 대신 각 부서마다 자신들만의 데이터베이스와 모델을 보유하고, 나중에 필요한 경우 정보를 연결하기 위한 명시적 계약을 마련해야 한다.

필자는 이 아이디어를 이 장의 후반부에서 다룰 데이터 레이크(Data Lake)에도 적용할 수 있다고 생각한다. 이 경우, Bounded Contexts는 레이크 내부의 특정 폴더에 적용될 수도 있고, 실제로는 각각 별도의 도메인으로 분리된 여러 레이크 전체를 가리킬 수도 있다. 이것이 바로 '데이터 메시(Data Mesh)'라는 개념의 핵심이다.

지금까지 자주 사용되는 머신러닝 패턴 몇 가지를 살펴봤다. 이제 앞서 논의한 원칙을 적용하면서 이 개념을 좀 더 자세히 알아보자.

5.3 대표적인 머신러닝 패턴

이 책에서 이미 여러 번 언급했듯이, 바퀴를 재발명하려 하지 말고 소프트웨어와 머신러닝 분야에서 효과가 입증된 것을 재사용하고 반복하고 재활용해야 한다. 이는 배포 아키텍처에도 마찬가지로 적용된다.

비슷한 문제를 해결하는 아키텍처에서 반복적으로 나타나는 설계 방식을 패턴이라고 한다. 표준으로 자리 잡은 패턴이나 적어도 널리 알려진 패턴을 활용하면 프로젝트에서 빠르게 성과를 얻을 수 있고, 견고하면서도 확장하기 좋은 머신러닝 솔루션을 만들 수 있다.

이제부터 ML 분야에서 널리 활용되는 주요 아키텍처 패턴을 살펴보고, 이를 효과적으로 적용하는 방법을 알아보자.

5.3.1 데이터 레이크

머신러닝을 사용하려는 사람에게 가장 중요한 자산은 당연히 모델을 분석하고 훈련할 수 있는 데이터다. **빅데이터** 시대가 도래하면서 이 데이터의 규모와 형식의 다양성이 점점 더 큰 도전 과제가 됐다. 큰 조직(심지어 그렇게 크지 않은 조직)이라면 머신러닝 애플리케이션에 사용하려는 모든 데이터를 구조화된 관계형 데이터베이스에 저장하는 것은 현실성이 없다. 그러한 형식으로 데이터를 저장하기 위한 모델링의 복잡성만 해도 매우 높을 것이다. 그렇다면 어떻게 해야 할까?

처음에는 이 문제를 **데이터 웨어하우스**를 도입함으로써 해결했다. 데이터 웨어하우스를 사용하면 모든 관계형 데이터 저장소를 하나의 솔루션으로 가져와서 단일 접근점을 만들 수 있다. 개별 데이터베이스는 적은 양의 데이터만 저장하면서도 전체적으로는 큰 용량을 다룰 수 있어서, 데이터 볼륨 문제를 어느 정도 해결할 수 있다. 이러한 웨어하우스는 여러 데이터 소스를 통합하는 것을 목적으로 설계됐다. 하지만 컴퓨팅 인프라와 스토리지 인프라를 하나로 묶는 경우가 많아 확장성이 떨어지고, 벤더 종속을 유발하는 값비싼 투자가 될 수 있다는 점에서 여전히 제약이 있다. 머신러닝에서 가장 중요한 점은 데이터 웨어하우스가 원시 데이터와 반구조화 또는 비구조화된 데이터(예: 이미지)를 저장할 수 없다는 것이다. 이는 웨어하우스를 주 데이터 저장소로 사용할 경우 많은 좋은 머신러닝 사례를 자동으로 배제한다는 뜻이다. 아파치 스파크 같은 도구가 있고 클러스터 환경이 갖춰져 있다면 데이터의 크기나 구조에 상관없이 분석과 모델링이 가능하다. 다음으로 해결해야 할 문제는 이 데이터를 어떻게 저장할 것인가다.

데이터 레이크는 어떤 유형의 데이터든 필요한 규모로 저장할 수 있게 해주는 기술이다. **마이크로소프트 애저**, **구글 클라우드 플랫폼(GCP)**, AWS 등 주요 퍼블릭 클라우드 제공자를 포함해 다양한 데이터 레이크 솔루션 제공자가 있다. 이전에 AWS를 다뤄봤으니 AWS에 집중해 보자.

AWS의 주요 저장소 솔루션은 **S3(Simple Storage Service)**다. S3는 다른 주요 데이터 레이크 기술들처럼 객체 저장소 개념을 기반으로 하므로 사실상 무엇이든 저장할 수 있다. 이는 로드하는 모든 데이터 인스턴스가 고유 식별자와 관련 메타데이터가 있는 독립적인 객체로 취급된다는 뜻이다.

S3 버킷에는 사진, JSON 파일, .txt 파일, 파켓 파일 등 다양한 형식의 데이터를 동시에 저장할 수 있다.

데이터 레이크가 없는 조직이라고 해서 머신러닝을 할 수 없는 것은 아니지만, 레이크가 있으면 형식에 관계없이 문제 해결에 필요한 데이터를 저장하는 방법을 항상 알 수 있으므로 여정이 더 수월해질 수 있다.

5.3.2 마이크로서비스

머신러닝 프로젝트의 코드베이스는 처음에는 몇 줄에 불과하다. 하지만 팀이 필요한 솔루션을 만드는 데 더 많은 노력을 기울이면 코드베이스는 빠르게 커진다. 솔루션에 몇 가지 다른 기능이 있어야 하고 꽤 구분되는 작업을 수행해야 하는데 이 모든 것을 같은 코드베이스에 유지하면 솔루션이 매우 복잡해질 수 있다. 실제로 구성 요소가 모두 긴밀하게 결합돼 있고 분리할 수 없는 이런 소프트웨어를 다른 애플리케이션과 독립적으로 존재할 수 있는 하나의 큰 덩어리와 비슷하다는 뜻에서 **모놀리식(monolithic)**이라고 한다. 이런 접근 방식이 사례에 맞을 수도 있지만, 솔루션의 복잡성이 계속 증가함에 따라 훨씬 더 탄력적이고 확장 가능한 설계 패턴이 필요한 경우가 많다.

마이크로서비스 아키텍처는 솔루션의 기능적 구성 요소가 깔끔하게 분리돼 있고, 완전히 다른 코드베이스나 완전히 다른 인프라에서 실행될 수 있는 아키텍처다. 예를 들어 사용자가 제품을 찾아보고 선택하고 구매할 수 있는 웹 애플리케이션을 만든다면 빠르게 배포하고 싶은 다양한 머신러닝 기능이 있을 수 있다. 최근에 본 제품을 바탕으로 새로운 제품을 추천하거나, 최근 주문한 물품이 언제 도착할지 예측하거나, (계정 사용 이력을 분석해) 유용할 것 같은 할인을 강조하고 싶을 수 있다. 이는 모놀리식 애플리케이션으로는 매우 힘든, 어쩌면 불가능한 주문일 것이다. 하지만 그림 5.2와 같은 마이크로서비스 아키텍처에서는 자연스럽게 해결할 수 있다.

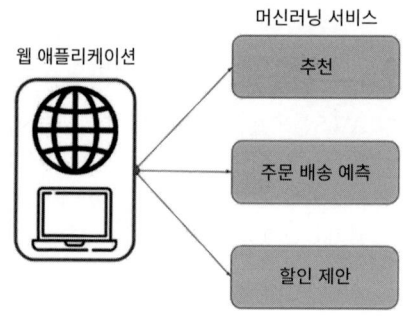

그림 5.2 머신러닝 마이크로서비스의 예

마이크로서비스 아키텍처는 'AWS에서 자체 마이크로서비스 호스팅' 절에서 다룰 몇 가지 도구를 사용해 구현할 수 있다. 핵심은 솔루션의 요소를 긴밀하게 결합되지 않은 독립적인 서비스로 분리하는 것이다.

마이크로서비스 아키텍처의 주요 장점은 다음과 같다.

- 전체 시스템 중단 없이 개별 서비스의 디버깅, 패치, 배포

- 단일 장애 지점 제거

- 높은 유지보수성

- 명확한 책임을 가진 별도 팀의 서비스 소유권

- 복잡한 제품 개발의 가속화

다른 모든 아키텍처 패턴이나 설계 스타일처럼 이것도 만능은 아니지만, 새로운 솔루션을 설계할 때는 마이크로서비스 아키텍처를 잘 기억해 두는 게 좋다.

다음은 이벤트 기반 설계를 살펴보겠다.

5.3.3 이벤트 기반 설계

항상 정해진 일정에 따라 일괄 처리를 하는 것이 좋은 것은 아니다. 앞 절에서 본 마이크로서비스처럼, 모든 사용 사례가 정해진 일정에 따라 모델로 대규모 일괄 예측을 수행하고 결과를 저장했다가 나중에 검색하는 방식에 적합한 것은 아니다. 훈련할 데이터가 충분치 않다면 어떻게 될까? 예측할 새로운 데이터가 도착하지 않았다면? 또는 매일 정해진 시간이 아니라 데이터를 받는 즉시 예측 결과가 필요한 시스템이 있다면?

이벤트 기반 아키텍처에서는 하나의 작업이 결과를 만들고, 이 결과가 다시 시스템의 다른 작업을 시작하게 하는 방식으로 계속 이어진다. 따라서 각 작업은 앞선 작업이 결과를 만들어낸 후에야 시작할 수 있다. 또한 이러한 방식은 데이터 흐름을 더 유연하게 처리할 수 있어서, 다른 시스템들도 정해진 일정 없이 작동하는 경우에 특히 유용하다.

이벤트 기반 패턴은 다른 패턴(예: 마이크로서비스 또는 일괄 처리)과 혼합될 수 있다. 이점은 여전히 유효하며 실제로 이벤트 기반 구성 요소를 사용하면 솔루션의 더 정교한 오케스트레이션과 관리가 가능하다.

이벤트 기반 패턴에는 두 가지 유형이 있다.

- Pub/sub: 이 경우 이벤트 데이터는 다른 애플리케이션에서 사용하기 위해 메시지 브로커 또는 이벤트 버스에 게시된다. pub/sub 패턴의 한 가지 변형에서는 사용되는 브로커 또는 버스가 일부 적절한 분류에 의해 구성되고 주제로 지정된다. 이렇게 하는 도구의 예로는 **아파치 카프카(Apache Kafka)**가 있다.
- 이벤트 스트리밍: 스트리밍 사용 사례는 거의 실시간에 가까운 지속적인 데이터 흐름을 처리하려는 경우다. 이는 시스템을 통과할 때 데이터로 작업하는 것으로 생각할 수 있다. 즉, 데이터베이스에 영구적으로 보관되는 것이 아니라 스트리밍 솔루션에서 생성되거나 수신될 때 처리된다. 이벤트 스트리밍 애플리케이션에 사용할 수 있는 도구의 예로는 **아파치 스톰(Apache Storm)**이 있다.

그림 5.3은 IoT와 모바일 기기의 데이터를 분류 및 이상 탐지 알고리즘으로 전달하는 이벤트 기반 아키텍처의 예를 나타낸다.

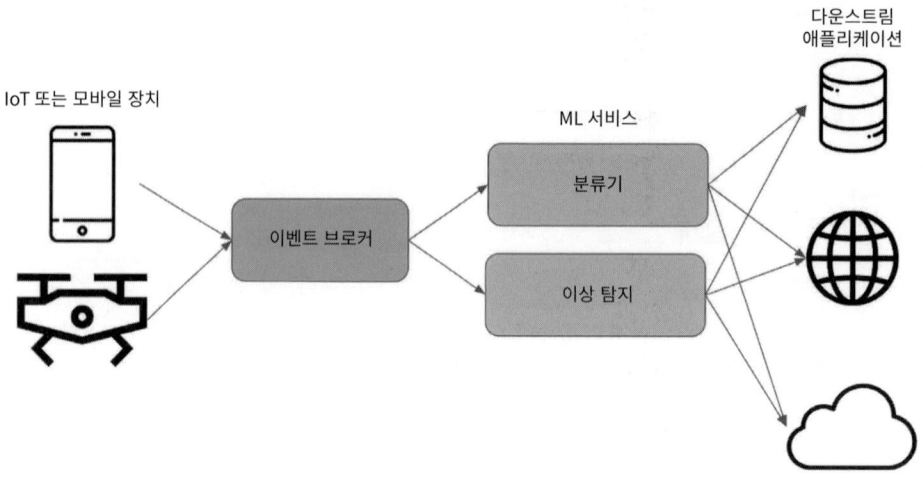

그림 5.3 브로커를 통해 여러 서비스가 데이터 스트림에 접근하는 기본적인 이벤트 기반 고수준 설계

다음 항에서는 한 번에 하나의 데이터 포인트를 처리하는 대신, 한 번에 대량 혹은 배치로 작업하는 설계에 대해 다룬다.

5.3.4 일괄 처리

작업을 일괄 처리하는 방식은 단순해 보일 수 있지만, 머신러닝 분야에서 가장 널리 쓰이는 패턴 중 하나다.

예측에 필요한 데이터가 배치로 정기적인 시간 간격으로 들어오는 경우 유사한 주기로 예측 실행을 예약하는 것이 효율적일 수 있다. 이러한 유형의 패턴은 짧은 대기 시간 솔루션을 만들 필요가 없는 경우에도 유용할 수 있다.

일괄 처리는 다음과 같은 이유로 매우 효율적으로 실행할 수 있다.

- 실행 일정이 정해져 있으므로 필요한 컴퓨팅 리소스를 정확히 계획할 수 있다. 예를 들어 하루 중 대부분의 시간에는 클러스터를 종료하거나 다른 작업에 활용할 수 있다.

- 실행 시점에 더 많은 데이터 포인트를 처리할 수 있어서, 필요하다면 일괄 수준에서 이상 탐지나 군집화 같은 작업을 수행할 수 있다.

- 데이터 배치 크기를 최적화 기준에 맞춰 선택할 수 있다. 예를 들어 큰 배치를 사용하고 병렬 처리 로직과 알고리즘을 실행하면 더 효율적일 수 있다.

머신러닝 알고리즘을 일괄로 실행하는 소프트웨어 솔루션은 기존의 **ETL(Extract, Transform, Load)** 시스템과 매우 비슷하다. ETL 시스템은 한 개 이상의 소스에서 데이터를 추출하고, 대상 시스템으로 전송하는 동안 처리한 다음, 최종적으로 업로드하는 시스템이다. 다만 머신러닝 솔루션에서는 조인이나 필터링 같은 일반적인 데이터 변환 대신 특징 공학과 머신러닝 알고리즘 파이프라인을 적용한다. 그래서 이 책에서는 이런 설계를 **ETML(Extract, Transform, Machine Learning)** 패턴이라고 부른다. ETML에 관해서는 9장 'ETML(추출, 변환, 머신러닝) 사례 연구'에서 자세히 설명한다.

이제 현대적 아키텍처를 다양한 플랫폼에 적용할 수 있게 해주는 핵심 기술인 컨테이너에 관해 알아보자.

5.4 컨테이너화

머신러닝 엔지니어의 핵심 목표는 소프트웨어를 배포하는 것이다. 이를 위해서는 코드가 어떤 환경을 필요로 하는지, 그리고 환경이 다르면 솔루션 실행에 어떤 영향을 미칠 수 있는지 잘 알아야 한다. 특히 파이썬에서는 이 점이 매우 중요하다. 파이썬은 프로그램을 독립 실행 파일로 내보내는 핵심 기능이 없기 때문이다. 이를 위한 별도의 방법이 있기는 하지만, 기본적으로 파이썬 코드를 실행하려면 파이썬 인터프리터가 필요하고, 관련 라이브러리와 지원 패키지가 설치된 파이썬 환경이 갖춰져 있어야 한다.

이런 문제를 해결하려면 이렇게 생각해보면 된다. '필요한 모든 것을 호스트 환경과 분리된 공간에 담아서, 독립 실행 애플리케이션이나 프로그램으로 배포하고 실행할 순 없을까?' 답은 '할 수 있다'이며, 그 방법이 바로 **컨테이너화(containerization)**다. 컨테이너화는 애플리케이션과 그 의존성을 하나의 독립 단위로 묶어서 어떤 컴퓨팅 플랫폼에서도 실행할 수 있게 만드는 과정이다.

가장 인기 있는 컨테이너 기술은 오픈소스인 **도커(Docker)**로, 사용하기도 매우 쉽다. 1장 '머신러닝 엔지니어링 소개'의 '예제 2: 예측 API'에서 만든 예측 모델과 비슷한 인터페이스를 제공하는 간단한 **플라스크(Flask)** 웹 애플리케이션을 컨테이너화하면서 도커 사용법을 알아보자.

이어지는 몇 개의 절에서는 예측을 제공하는 엔드포인트가 있는 간단한 플라스크 애플리케이션을 사용한다. 처음에는 전체 머신러닝 모델 대신 예측 요청을 받으면 짧은 난수 목록을 반환하는 간단한 애플리케이션으로 작업한다. 애플리케이션의 전체 코드는 이 책의 깃허브 저장소의 Chapter05/microservices/mlewp2-web-service에서 확인할 수 있다.

이 웹 애플리케이션은 매장 ID와 예측 시작 날짜를 입력받아 임의의 예측값을 반환하는 단순한 앱이다. /forecast 엔드포인트를 호출하면 예측값을 받을 수 있다.

포스트맨(Postman)으로 호출한 예는 그림 5.4와 같다.

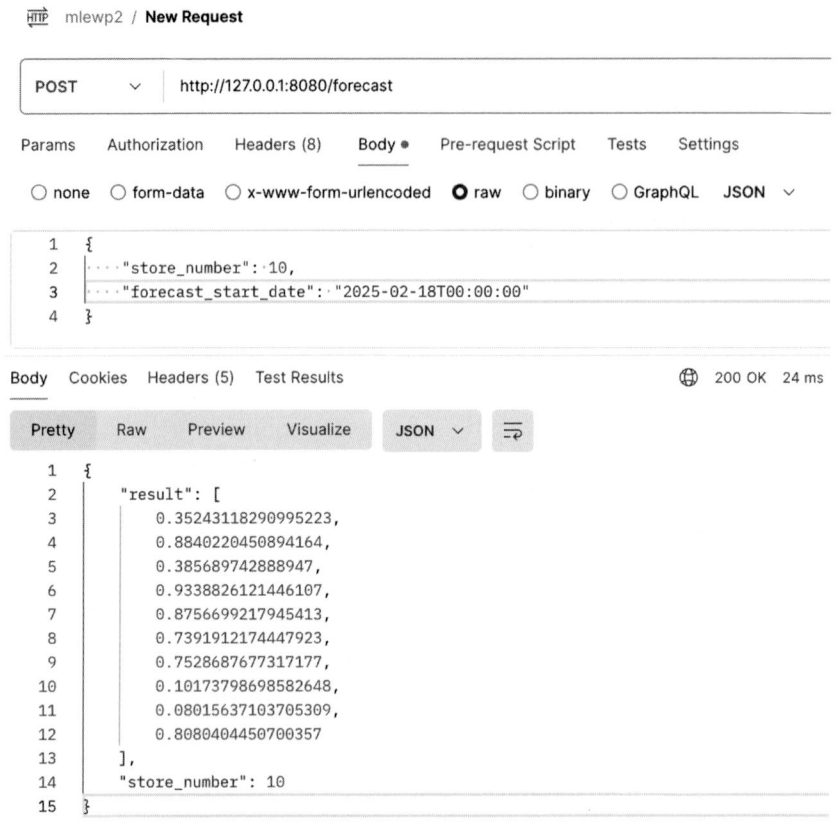

그림 5.4 예제 ML 마이크로서비스에 질의한 결과

이제 이 애플리케이션을 컨테이너화하는 방법을 알아보자. 먼저 공식 문서[2]를 참조해 플랫폼에 도커를 설치해야 한다.

1. 도커를 설치한 후에는 컨테이너 이미지를 어떻게 빌드할지 알려줘야 한다. 이를 위해 프로젝트에 Dockerfile을 만든다. Dockerfile은 빌드 단계를 모두 텍스트로 지정해서 이미지 빌드 과정을 자동화하고 쉽게 설정할 수 있게 해준다. 간단한 Dockerfile 작성 예시를 살펴보자. 이는 'AWS에서 자체 마이크로서비스 호스팅' 절에서 더 발전시킬 것이다. 우선 기본 이미지를 지정해야 한다. 보통 공식 도커 이미지를 기본으로 사용하는 것이 좋으므로, 여기서는 가볍고 효율적인 python:3.10-slim 환경을 사용할 것이다. 이 기본 이미지는 FROM 키워드 다음에 오는 모든 명령에

---

2 https://docs.docker.com/engine/install/

서 사용된다. FROM은 빌드 단계의 시작을 나타낸다. FROM ... as 구문을 사용해 이 단계의 이름을 builder로 지정할 수 있다.

```
FROM python:3.10-slim as builder
```

2. 그런 다음 현재 디렉터리의 모든 필요한 파일을 빌드 단계의 src 디렉터리로 복사하고, requirements.txt 파일을 사용해 모든 의존성을 설치한다(의존성을 지정하지 않으려면 빈 requirements.txt 파일을 사용하면 된다).

```
COPY . /src
RUN pip install --user --no-cache-dir -r requirements.txt
```

3. 다음 단계도 비슷하지만 이제 애플리케이션을 만드는 단계이므로 app이라는 별칭을 사용한다. 여기서 1, 2단계의 builder 단계를 참조하는 것을 볼 수 있다.

```
FROM python:3.10-slim as app
COPY --from=builder /root/.local /root/.local
COPY --from=builder /src .
```

4. bash 환경에서처럼 환경 변수를 정의하거나 추가할 수 있다.

```
ENV PATH=/root/.local:$PATH
```

5. 이 예제에서는 간단한 플라스크 웹 애플리케이션을 실행할 것이므로 시스템에 노출할 포트를 알려줘야 한다.

```
EXPOSE 5000
```

6. CMD 키워드를 사용하면 도커 빌드 과정에서 명령을 실행할 수 있다. 여기서는 플라스크 앱의 기본 진입점인 app.py를 실행한다. 이는 나중에 REST API로 호출해서 ML 결과를 받을 서비스를 시작한다.

```
CMD ["python3", "app.py"]
```

7. 이제 docker build 명령을 사용해 이미지를 빌드할 수 있다. 여기서는 basic-ml-microservice라는 이름의 이미지를 만들고 latest 태그를 붙인다.

```
docker build -t basic-ml-microservice:latest .
```

8. 빌드가 성공했는지 확인하려면 터미널에서 다음 명령을 실행한다.

```
docker images --format "table {{.ID}}\t{{.CreatedAt}}\t{{.Repository}}"
```

다음과 같이 출력될 것이다.

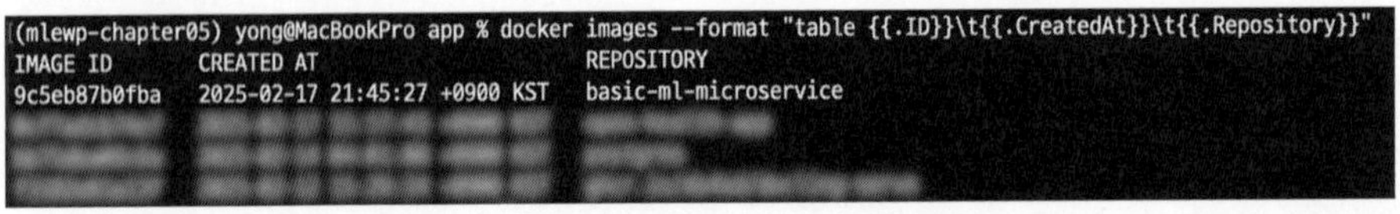

```
(mlewp-chapter05) yong@MacBookPro app % docker images --format "table {{.ID}}\t{{.CreatedAt}}\t{{.Repository}}"
IMAGE ID        CREATED AT                      REPOSITORY
9c5eb87b0fba    2025-02-17 21:45:27 +0900 KST   basic-ml-microservice
```

그림 5.5 docker images 명령의 출력

9. 마지막으로 터미널에서 다음 명령을 사용해 도커 이미지를 실행할 수 있다.

```
docker run --rm -it -p 8080:5000 basic-ml-microservice:latest
```

이제 기본적인 애플리케이션을 컨테이너화하고 도커 이미지를 실행할 수 있게 됐다. 다음으로는 이를 어떻게 적절한 플랫폼에서 호스팅되는 머신러닝 솔루션으로 만들 수 있는지 알아봐야 한다. 다음 절에서는 AWS에서 이 작업을 수행하는 방법을 다룬다.

5.5 AWS에서 자체 마이크로서비스 호스팅

ML 모델을 서비스하는 고전적인 방법은 서버에서 호스팅되는 경량 웹 서비스를 통하는 것이다. 이는 매우 유연한 배포 패턴이 될 수 있다.

웹 서비스는 인터넷에 연결된 어떤 서버에서든 실행할 수 있으며, 잘 설계하면 새로운 엔드포인트를 통해 기능을 쉽게 추가하고 노출할 수 있다.

파이썬에서 가장 많이 사용되는 웹 프레임워크는 **장고(Django)**와 **플라스크(Flask)**다. 이 절에서는 더 단순한 플라스크를 중심으로 살펴본다. 플라스크는 웹상의 ML 배포에 관한 문서가 많아서, 여기서 배운 내용을 토대로 다양한 자료를 찾아볼 수 있다.

AWS에서는 플라스크 웹 솔루션을 컨테이너화된 애플리케이션으로 적절한 플랫폼에서 호스팅하는 것이 가장 간단한 방법 중 하나다. 여기서는 이 과정의 기초를 살펴보되, 웹 서비스의 보안 유지에 관한 자세한 내용은 다루지 않는다. 이를 완전히 다루려면 책 한 권이 필요할 것이며, 이에 특화된 좋은 자료들이 이미 많이 있다.

2장 '머신러닝 개발 프로세스'에서 설명한 대로 AWS 계정이 설정되어 있다고 가정한다. 그렇지 않다면 돌아가서 필요한 내용을 다시 확인하기 바란다. AWS CLI(Command Line Interface)가 필요하며, 설치 및 구성하는 적절한 명령과 기타 유용한 정보를 AWS CLI 문서 페이지[3]에서 찾을 수 있다.

특히 'AWS CLI 설정 구성' 문서[4]에 설명된 단계에 따라 CLI를 구성하자. 해당 문서에는 다양한 컴퓨터 아키텍처에 맞는 CLI 설치 방법이 나와 있다. 각자의 플랫폼에 맞는 방법을 따르면 이 책의 나머지 부분에 나오는 AWS 예제를 재미있게 따라할 수 있다.

다음 예제에서는 웹 애플리케이션을 컨테이너로 만들어 아마존 **ECR(Elastic Container Registry)**과 **ECS(Elastic Container Service)**에서 호스팅하겠다. 8장 '예제 ML 마이크로서비스 구축'에서는 쿠버네티스 기반의 더 낮은 수준의 구현을 사용해 ML 마이크로서비스를 구축하고 확장하는 방법을 자세히 다룬다. 이 두 가지 접근 방식은 서로를 보완하며 ML 엔지니어링 도구를 늘리는 데 도움이 된다.

ECS에서 서비스를 배포하려면 이 절에서 살펴볼 몇 가지 구성 요소가 필요하다.

- ECR 저장소에 호스팅된 컨테이너

- ECS에 생성된 클러스터와 서비스

- Elastic Compute Cloud(EC2) 서비스를 통해 생성된 애플리케이션 로드 밸런서

먼저 컨테이너를 ECR로 푸시하는 것부터 시작해 보자.

5.5.1 ECR로 푸시하기

다음 단계를 살펴보자.

1. '컨테이너화' 절에서 다룬 프로젝트 디렉터리에 다음과 같은 Dockerfile이 정의돼 있다.

```
FROM python:3.10-slim as builder
COPY . /src
RUN pip install --user --no-cache-dir -r requirements.txt
FROM python:3.10-slim as app
```

---

3 https://docs.aws.amazon.com/cli/index.html

4 https://docs.aws.amazon.com/cli/latest/userguide/cli-configure-quickstart.html

```
COPY --from=builder /root/.local /root/.local
COPY --from=builder /src .
ENV PATH=/root/.local:$PATH
EXPOSE 5000
CMD ["python3", "app.py"]
```

2. AWS CLI를 사용해 컨테이너를 호스팅할 ECR 저장소를 만든다. 저장소 이름은 basic-ml-microservice로 하고 리전은 계정에 맞게 설정한다(예: ap-northeast-2). 다음 명령을 실행하면 ECR 저장소에 대한 메타데이터가 반환된다. 이후 단계에 필요하므로 기록해 두자.

```
aws ecr create-repository \
    --repository-name basic-ml-microservice \
    --image-scanning-configuration scanOnPush=true \
    --region ap-northeast-2
```

3. 다음 명령으로 컨테이너 레지스트리에 로그인한다. 저장소 URI는 2단계에서 받은 메타데이터에서 확인할 수 있다. aws ecr describe-repositories --region ap-northeast-2 명령으로도 확인할 수 있다.

```
aws ecr get-login-password --region ap-northeast-2 ¦ docker login --username AWS
--password-stdin <ECR_REPOSITORY_URI>
```

4. 도커파일이 있는 디렉터리(app)로 이동해, 다음 명령으로 컨테이너를 빌드한다.

```
docker build --tag basic-ml-microservice:local .
```

5. 다음 명령으로 이미지에 태그를 지정한다.

```
docker tag basic-ml-microservice:local <ECR_REPOSITORY_URI>
```

6. 마지막으로, 다음 명령을 사용해 방금 빌드한 도커 이미지를 컨테이너 레지스트리에 배포한다.

```
docker push <YOUR_AWS_ID>.dkr.ecr.ap-northeast-2.amazonaws.com/basic-ml-
microservice:latest
```

이 마지막 명령이 성공하면 로컬에서 빌드한 도커 이미지가 ECR 저장소로 푸시된다. AWS 관리 콘솔에서 ECR 서비스로 이동한 다음 basic-ml-microservice 저장소를 선택하면 그림 5.6과 같은 화면을 볼 수 있다.

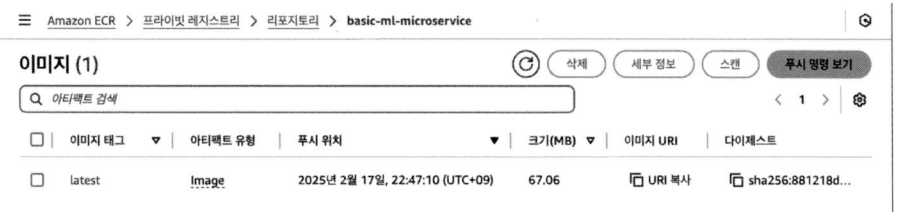

그림 5.6 로컬에서 빌드한 도커 이미지를 ECR 저장소에 성공적으로 푸시한 모습

지금까지 수행한 작업은 매우 유용하다. 이제 플랫폼에 구애받지 않는 도커 이미지를 빌드하고 AWS 계정의 중앙 저장소에 공유할 수 있게 됐기 때문이다. 도커허브(DockerHub)[5]를 통해서도 도커 컨테이너와 이미지를 공유할 수 있지만, ECR을 사용하면 조직 내부에서 더 많은 통제력을 가질 수 있다.

이제 플라스크 앱을 호스팅하는 컨테이너를 만들었으니, 이를 확장 가능한 인프라에 배포하기 위해 ECS에 클러스터를 설정하겠다.

5.5.2 ECS에 배포하기

이제 설정을 시작해보자! 2023년 중반 현재 AWS는 새로운 ECS 콘솔을 도입했는데, 덕분에 이전보다 훨씬 더 쉽게 설정할 수 있게 됐다. 이 책의 초판을 읽어본 독자라면 훨씬 더 편리해졌음을 느낄 것이다.

1. 먼저 AWS 관리 콘솔에서 Amazon Elastic Container Service로 이동해 **클러스터 생성**을 클릭한다. 그러면 생성할 리소스에 대해 네트워킹, 인프라, 모니터링, 암호화, 태그를 설정하는 양식이 그림 5.7과 같이 보일 것이다.

그림 5.7 ECS에서 클러스터 생성

---

5 https://hub.docker.com/

2. 먼저 클러스터 이름을 `mlewp2-ecs-cluster`나 다른 원하는 이름으로 지정할 수 있다.

3. **인프라** 섹션에는 세 가지 옵션이 있으며 **AWS Fargate** 사용이 기본으로 선택된다. Fargate가 어떻게 작동하는지 자세히 알 필요는 없고, 여러 서버에 걸쳐 컨테이너 워크로드를 관리하는 높은 수준의 추상화를 제공한다고 이해하면 충분하다. Fargate가 도입되면서 컨테이너 워크로드를 실행하기 위한 가상 머신 클러스터의 프로비저닝과 실행에 대해 신경 쓸 필요가 없어졌다. AWS 문서에 따르면 Fargate 서비스는 작업량이 동적으로 급증하거나 운영 부담이 적은 대규모 워크로드에 이상적이다. 가격 최적화가 필요한 대규모 작업을 실행할 계획이라면 Amazon EC2 인스턴스 같은 인프라 옵션도 있지만, 이번 예에서는 필요하지 않다.(그림 5.8의 **인프라** 섹션 예를 참조)

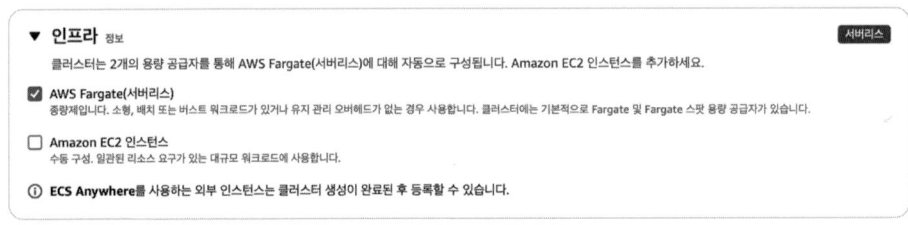

그림 5.8 ECS 서비스에서 인프라 옵션 구성

4. **모니터링**과 **태그** 섹션은 비교적 이해하기 쉽다. container insights를 켜고 생성될 ECS 리소스에 직접 문자열 태그를 지정할 수 있다. 지금은 기본값으로 두고 페이지 하단의 **생성** 버튼을 클릭하자. 몇 분 후 그림 5.9와 같이 클러스터가 성공적으로 생성된 것을 볼 수 있을 것이다.

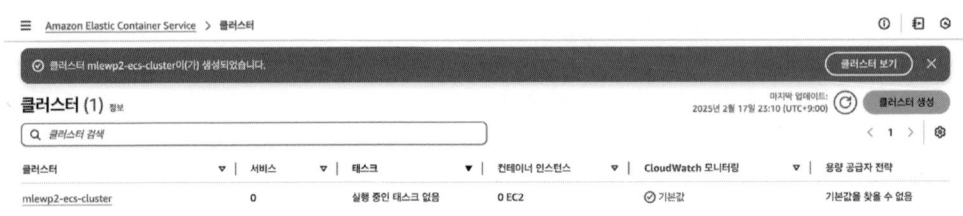

그림 5.9 ECS 클러스터가 생성됨

지금까지는 컨테이너화된 애플리케이션을 실행할 수 있는 인프라인 ECS 클러스터를 설정했다. 솔루션을 실제로 실행하는 방법을 ECS에 알려주려면 **태스크(tasks)**를 정의해야 한다. 태스크는 클러스터에서 실행하고자 하는 프로세스를 말한다. ECS에는 **서비스(Services)**라는 관련 개념도 있는데, 이는 태스크를 관리하는 프로세스다. 예를 들어 클러스터에서 항상 일정 수의 태스크가 실행되도록 보장한다. 이는 솔루션이 24시간 내내 요청을 처리할 수 있어야 하는 등의 가동 시간 요구사항이 있을 때 유용하다. AWS 관리 콘솔에서 클러스터 검토 페이지로 이동한 다음 왼쪽의 **태스크 정의**를 선택해 태스크 정의를 만들 수 있다. 그런 다음 새 **태스크 정의 생성**을 클릭한다. 다음 단계에 따라 태스크 정의를 만들어보자.

1. 먼저 태스크 정의 패밀리의 이름을 지정해야 한다. 태스크 정의 패밀리는 태스크 정의의 여러 버전을 모아놓은 것이다. 간단히 basic-ml-microservice-tasks라고 하자.

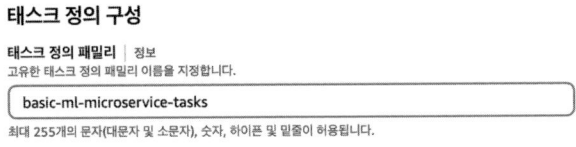

그림 5.10 ML 마이크로서비스에 사용되는 AWS ECS 태스크 정의 구성

2. 솔루션을 실행할 환경과 인프라에 대한 정보를 설정한다. ECS 클러스터에서 사용한 설정을 기반으로 인프라 옵션으로는 Fargate를, 환경으로는 Linux x86_64를 사용한다. 이번 경우 태스크가 매우 작으므로(데모용으로 몇 개의 숫자만 반환) 기본 옵션인 1 vCPU와 3 GB 메모리를 그대로 사용할 수 있다. 필요하다면 컨테이너 수준의 메모리와 CPU 요구사항도 추가할 수 있지만, 지금은 비워두자. 이는 계산이 많이 필요한 서비스나 대규모 모델이나 설정 데이터가 미리 로드된 애플리케이션이 있을 때 특히 유용하다. 그림 5.11에서 이를 볼 수 있다.

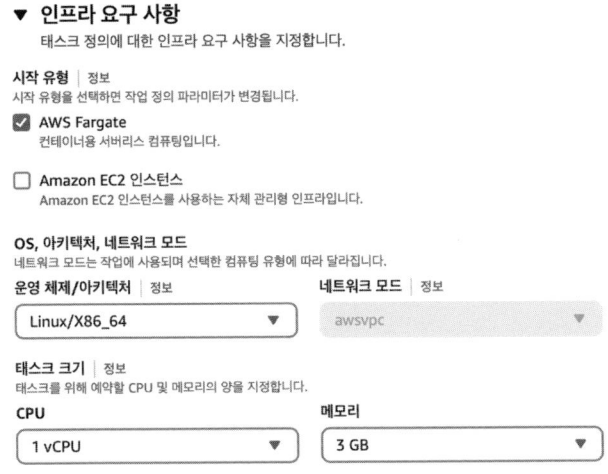

그림 5.11 ML 마이크로서비스에 사용되는 AWS ECS 태스크 정의에 대한 애플리케이션 환경 구성

3. 다음은 IAM 역할을 설정해야 한다. 우리 애플리케이션은 다른 AWS 서비스를 호출하지 않으므로 지금은 IAM 태스크 역할이 필요하지 않다. 하지만 나중에 다른 데이터나 ML 서비스를 호출하고 싶다면 만들 수 있다. 태스크를 실행하려면 실행 역할이 필요한데, 기본으로 만들어지는 것을 사용하자. 그림 5.12에서 IAM 설정 섹션을 볼 수 있다.

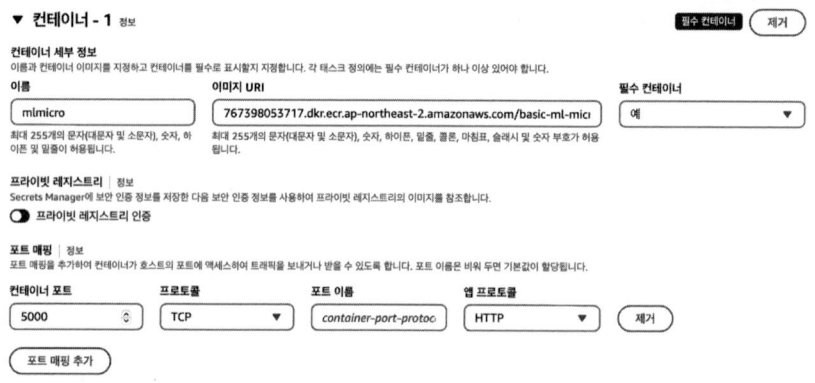

그림 5.12 AWS ECS 태스크 정의에서 사용할 IAM 역할 정의하기

4. 그런 다음 사용할 이미지의 URI와 같은 컨테이너 세부 정보를 제공해야 한다. 이는 앞서 ECR 리포지터리에 올린 이미지의 URI로, `<YOUR_AWS_ID>.dkr.ecr.ap-northeast-2.amazonaws.com/basic-ml-microservice:latest`와 같은 형식이다. 컨테이너에 새 이름을 지정할 수 있다. 여기서는 mlmicro라고 했다. 마지막으로 외부 트래픽이 컨테이너와 그 안의 애플리케이션에 접근할 수 있도록 적절한 포트 매핑을 설정해야 한다. 원래 Dockerfile에서 노출했던 5000번 포트를 TCP 프로토콜로 매핑했다. 그림 5.13에서 이를 모두 볼 수 있다.

그림 5.13 ECS의 태스크 정의에서 사용할 컨테이너 이미지 정의하기

5. 이 섹션의 나머지 부분에는 스토리지, 모니터링, 태그 지정을 위한 선택적 섹션이 있다. 스토리지 하위 섹션은 도커 컨테이너를 압축 해제하고 호스팅하는 데 사용되는 임시 스토리지를 말한다. 역시 컨테이너가 더 크다면 기본값인 21 GiB에서 더 늘려야 할 수 있다. 인프라 모니터링은 여기서는 다루지 않고 핵심 배포에 집중하겠다. 이 섹션들은 지금은 그대로 두고 페이지 하단의 **생성**을 클릭한다.

6. 거의 다 왔다. 이제 태스크 정의를 검토하고 만들어보자. 검토 후 선택 사항에 만족한다면 태스크 정의를 생성한다. 그러면 그림 5.14와 같은 요약 페이지로 이동한다.

그림 5.14 ML 마이크로서비스 태스크 정의 생성 완료

이제 ECS에 호스팅한 솔루션의 마지막 설정 단계인 서비스 생성을 할 차례다. 다음과 같이 진행해보자.

1. 먼저 앞 단계에서 만든 태스크 정의로 이동해 **배포** 버튼을 클릭하고, 드롭다운 메뉴가 나타나면 **서비스 생성**을 선택한다. 그림 5.15를 보면 찾기 쉬울 것이다.

그림 5.15 앞 단계에서 만든 태스크 정의에서 Create service 옵션 선택하기

2. 그러면 만들고자 하는 서비스의 세부 정보를 입력하는 페이지로 이동한다. **기존 클러스터**에서는 앞서 정의한 ECS 클러스터를 선택한다. 이 예시에서는 `mlewp2-ecs-cluster`다. 컴퓨팅 구성에서는 **시작 유형** 옵션을 사용할 것이다. 이는 Fargate가 인프라 요구사항을 관리하도록 하는 것이다. 여러 인프라 옵션을 조합하고 싶다면 **용량 공급자 전략** 옵션을 사용할 수 있다. 이는 더 고급 기능이므로 이 방법을 사용해야 한다면 AWS 문서에서 옵션에 대해 자세히 알아보기 바란다. 필자가 선택한 항목은 그림 5.16에서 볼 수 있다.

그림 5.16 ECS 서비스를 실행할 환경에 대한 AWS ECS 선택 사항. 이 서비스를 통해 앞서 정의한 태스크 정의와 애플리케이션이 지속적으로 실행된다.

3. 다음으로 배포 구성을 할 차례다. 여기서는 복제본(replica) 수와 솔루션 실패 시 어떤 조치를 취할지를 설정한다. 서비스 이름은 `basic-ml-microservice-service`로 하고, 서비스 유형으로는 **복제본**을 선택하고 클러스터 전체에서 유지할 태스크 수를 지정한다. 지금은 태스크가 하나뿐이므로 '원하는 태스크'는 1을 그대로 두자. 그림 5.17에서 이를 볼 수 있다.

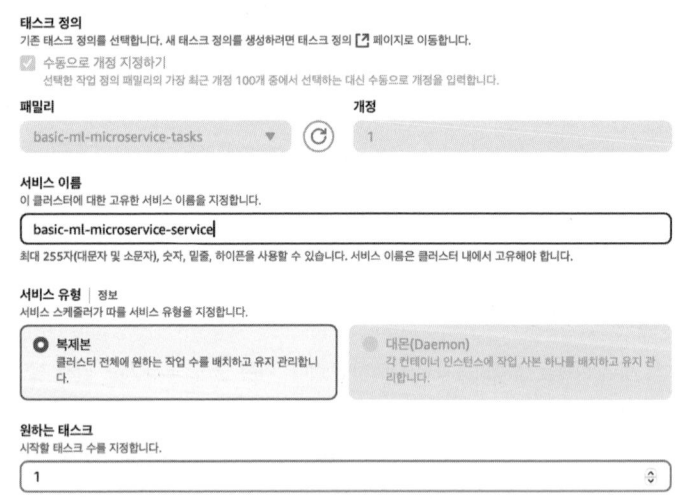

그림 5.17 AWS ECS 서비스 이름과 유형 설정하기

4. **배포 옵션**과 **배포 실패 감지** 하위 섹션은 기본값으로 자동 설정된다. 롤링 배포 유형은 새 버전이 나오면 컨테이너를 교체하는 것을 말한다. 실패 감지 옵션은 오류가 발생한 배포가 진행되지 않도록 하고 이전 버전으로 롤백할 수 있게

한다. CloudWatch를 설정하지 않았으므로 지금은 **CloudWatch 경보 사용**을 활성화할 필요가 없지만, 프로젝트를 더 발전시킬 때 추가할 수 있다. 그림 5.18을 참고하자.

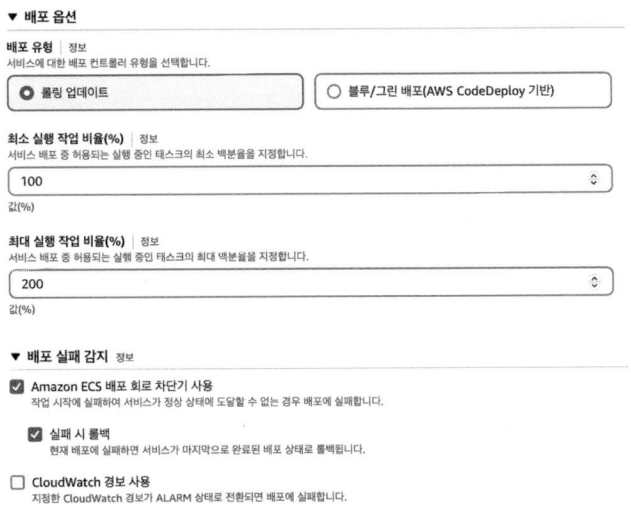

그림 5.18 배포할 AWS ECS 서비스의 배포 및 실패 감지 옵션

5. **네트워킹** 섹션은 계정에 맞는 VPC와 서브넷 정보가 미리 채워져 있을 것이다. 필요에 따라 특정 VPC와 서브넷으로 바꿀 수 있다. 그림 5.19를 참고하자.

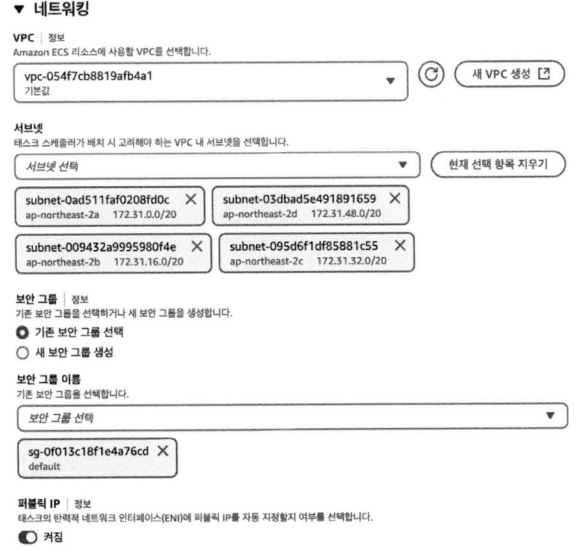

그림 5.19 ML 마이크로서비스를 호스팅할 AWS ECS 서비스의 네트워킹 섹션

6. 나머지 섹션은 선택 사항으로, 로드 밸런싱, 자동 크기 조정, 태그 지정을 위한 설정이 있다. 이렇게 단순한 애플리케이션에는 꼭 필요하지 않지만, 제공되는 옵션 중 하나인 애플리케이션 로드 밸런서를 만들어보자. 애플리케이션 로드 밸런서는 HTTP와 HTTPS 요청을 라우팅하고, 경로 기반 라우팅과 동적 호스트 포트 매핑 같은 유용한 기능을 지원한다. 덕분에 단일 서비스의 여러 태스크를 같은 컨테이너에서 실행할 수 있다. 로드 밸런서 이름을 `basic-ml-microservice-lb`로 지정하고, 그림 5.20처럼 로드 밸런서의 **리스너**가 HTTP 프로토콜로 **80**번 포트를 수신하도록 설정한다. 이 리스너는 지정된 포트에서 연결 요청을 확인하고 지정된 프로토콜을 사용해 로드 밸런서가 요청을 다운스트림 시스템으로 라우팅할 수 있게 한다.

▼ 로드 밸런싱 - 선택 사항
Amazon Elastic Load Balancing을 사용하여 로드 밸런싱을 구성하여 서비스의 정상 태스크 전체에 트래픽을 균등하게 분배합니다.

☑ 로드 밸런싱 사용

로드 밸런서 유형 | 정보
서비스에서 실행 중인 태스크에서 수신 트래픽을 분산하도록 로드 밸런서 유형을 지정합니다.

● **Application Load Balancer**
Application Load Balancer는 애플리케이션 계층(HTTP/HTTPS)에서 라우팅 결정을 내리고, 경로 기반 라우팅을 지원하며, 하나 이상의 포트로 요청을 라우팅할 수 있습니다.

○ **Network Load Balancer**
Network Load Balancer는 전송 계층(TCP/UDP)에서 라우팅 결정을 내립니다.

컨테이너
수신 트래픽을 로드 밸런싱할 컨테이너 및 포트

[mlmicro 5000:5000 ▼]
호스트 포트: 컨테이너 포트

Application Load Balancer
새 로드 밸런서를 생성할지, 아니면 기존 로드 밸런서를 선택할지 지정합니다.
● 새 로드 밸런서 생성
○ 기존 로드 밸런서 사용

로드 밸런서 이름
로드 밸런서에 대한 고유한 이름을 지정합니다.

[basic-ml-microservice-lb]

상태 검사 유예 기간 | 정보

[0 ⬍]
초

리스너 | 정보
로드 밸런서가 연결 요청을 수신 대기할 포트 및 프로토콜을 지정합니다.
● 새 리스너 생성
○ 기존 리스너 사용
　기존 로드 밸런서를 선택해야 합니다.

포트
[80 ⬍]

프로토콜
[HTTP ▼]

그림 5.20 AWS ECS 서비스의 로드 밸런서 이름과 리스너 세부 정보 정의하기

7. 마지막으로 로드 밸런서의 대상 그룹을 지정해야 한다. 이름에서 알 수 있듯이 이는 서비스의 태스크에 대한 대상 엔드포인트 모음이다. AWS ECS는 서비스 수명 주기 동안 태스크 정의가 업데이트될 때 이를 함께 업데이트한다. 그림 5.21은 대상 그룹 설정을 보여주는데, HTTP 프로토콜과 상태 확인을 위한 홈 경로만 지정한다.

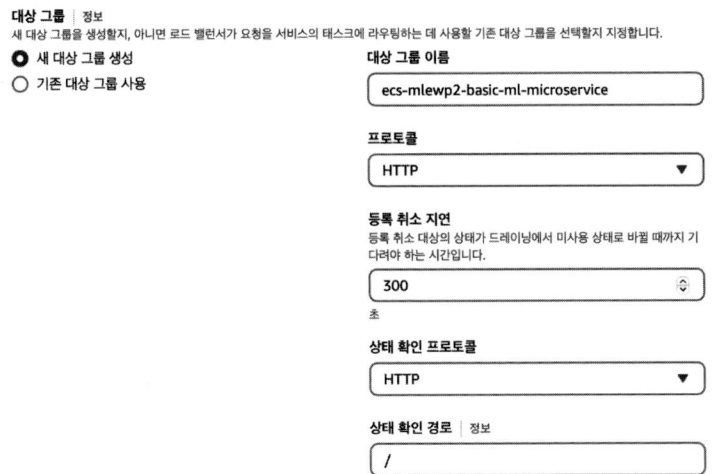

○ 새 대상 그룹 생성   대상 그룹 이름
○ 기존 대상 그룹 사용   ecs-mlewp2-basic-ml-microservice

프로토콜
HTTP ▼

등록 취소 지연
등록 취소 대상의 상태가 드레이닝에서 미사용 상태로 바뀔 때까지 기
다려야 하는 시간입니다.
300
초

상태 확인 프로토콜
HTTP ▼

상태 확인 경로 | 정보
/

그림 5.21 애플리케이션 로드 밸런서의 대상 그룹 정의

8. 이 세부 정보를 모두 입력한 후 **생성** 버튼을 클릭하면 서비스가 배포된다. 모든 것이 잘 됐다면 AWS ECS 콘솔 페이지의 클러스터 세부 정보에서 서비스를 볼 수 있을 것이다. 이 서비스로 이동해 로드 밸런서를 찾을 수 있다. 여기에는 요청을 보낼 때 사용할 대상 URL의 루트가 될 **도메인 이름 시스템(DNS)** 주소가 있다. 그림 5.22는 DNS가 표시된 페이지다. 이 DNS 값을 복사하거나 저장해 두자.

그림 5.22 서비스의 배포된 로드 밸런서와 오른쪽 아래의 DNS 이름

9. 마지막으로 서비스를 테스트하기 위해 포스트맨에서 로컬 테스트에 사용했던 것과 같은 요청을 보내되, URL을 로드 밸런서 DNS 이름과 로드 밸런서가 수신할 포트(우리의 경우 80번 포트)로 업데이트해서 보내면 된다. 이는 그림 5.23의 애플리케이션 응답에서 볼 수 있다.

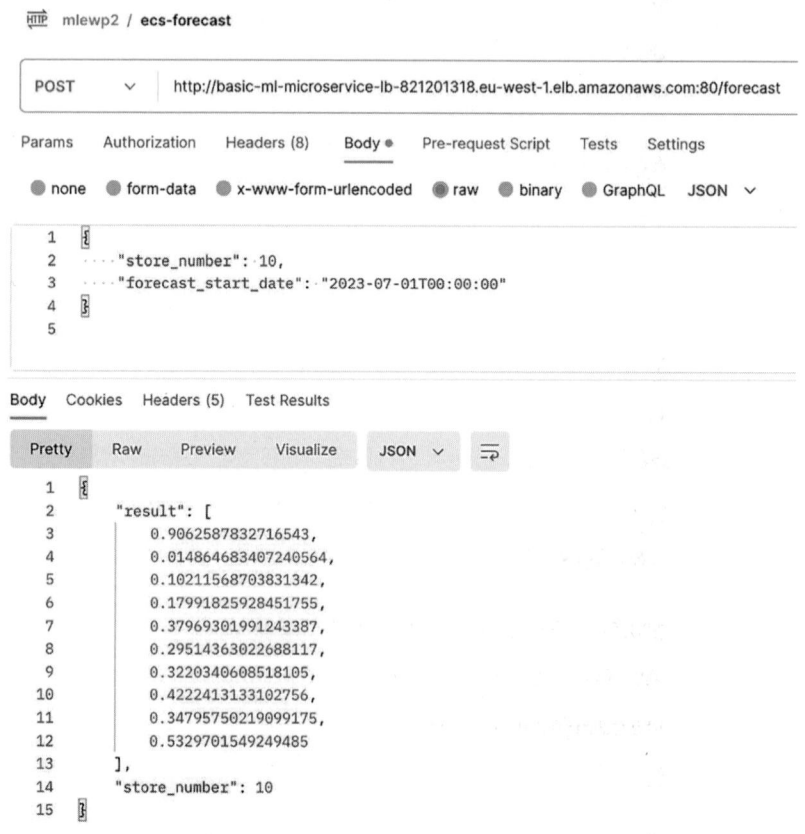

그림 5.23 AWS ECS에 호스팅된 애플리케이션에서 간단한 예측 서비스가 반환한 유효한 결과

이것으로 끝이다! 플라스크, 도커, AWS ECR, AWS ECS, 애플리케이션 로드 밸런서를 사용해 간단한 예측 서비스를 성공적으로 만들고 배포했다. 이러한 구성 요소는 모두 앞으로 ML 마이크로서비스를 배포할 때 응용할 수 있다.

이 장의 전반부에서는 시스템과 코드 수준의 아키텍처 및 설계 원칙을 다루고, 이것들이 ML 시스템의 대표적인 배포 방식인 ML 마이크로서비스에서 어떻게 결합되는지 살펴봤다. 이제는 복잡한 ML 워크플로를 파이프라인으로 구축하고 배포하고 호스팅할 수 있게 해주는 도구와 기법을 알아볼 차례다. 이는 앞서 이 책에서 간단히 소개했던 개념이다. 이 장의 후반부에서 다룰 도구와 개념은 점점 더 많은 ML 시스템의 근간이 되고 있어서, 현대 ML 엔지니어라면 반드시 깊이 이해하고 있어야 한다.

다음 절에서는 Airflow를 사용해 유연하고 범용적이며 프로덕션에 적합한 파이프라인을 만들고 오케스트레이션하는 방법을 살펴볼 것이다. 그런 다음 고급 ML 파이프라이닝과 오케스트레이션을 위한 전용 도구를 알아보겠다.

5.6 Airflow를 활용한 일반 파이프라인 구축

4장 '패키징'에서는 머신러닝 코드를 파이프라인으로 작성하는 장점을 살펴봤다. 사이킷런과 스파크 ML 같은 도구로 기본적인 머신러닝 파이프라인을 구현하는 방법도 알아봤다. 당시 다룬 파이프라인은 코드를 간소화하고 여러 프로세스를 하나의 객체로 묶어서 애플리케이션을 단순화하는 좋은 방법이었다. 하지만 이는 단일 파이썬 파일에 국한됐고, 사용 중인 패키지의 한계를 벗어나 유연하게 확장하기는 어려웠다. 예를 들어 각 단계가 서로 다른 패키지를 사용하거나 완전히 다른 프로그램을 실행하는 파이프라인을 만들기가 매우 어려웠다. 또한 한 단계가 실패하면 파이프라인 전체가 실패하고 끝나버려서, 데이터 흐름이나 애플리케이션 로직에 정교한 기능을 넣을 수도 없었다.

이제 살펴볼 도구들은 이러한 개념을 한층 발전시켰다. ML 솔루션의 워크플로를 관리할 수 있어서 작업에 필요한 적절한 복잡도로 여러 요소를 조직하고 조율하고 통합할 수 있다.

5.6.1 Airflow

아파치 에어플로(Apache Airflow)는 2010년대에 에어비앤비에서 처음 개발한 워크플로 관리 도구로, 시작부터 오픈소스였다. 데이터 과학자, 데이터 엔지니어, ML 엔지니어가 파이썬 스크립트로 복잡한 파이프라인을 프로그래밍할 수 있게 해준다. Airflow는 각 노드가 실행할 작업을 나타내는 **방향성 비순환 그래프(DAG)**를 정의하고 실행하는 방식으로 작업을 관리한다. DAG는 텐서플로와 스파크에서도 사용되므로 들어본 적이 있을 것이다.

Airflow는 다양한 기본 오퍼레이터를 제공한다. 이를 사용하면 작업의 세부 사항을 신경 쓰지 않고도 여러 컴포넌트를 작업으로 호출하고 사용하는 DAG를 정의할 수 있다. 파이프라인 스케줄링 기능도 있다. 예를 들어 데이터를 가져오고, 특징 공학을 수행하고, 모델을 훈련한 다음 모델을 저장하는 아파치 Airflow 파이프라인을 만들어보자. 각 명령의 구체적인 구현 방법은 다루지 않고, 머신러닝 프로세스가 Airflow DAG에서 어떻게 연결되는지만 살펴볼 것이다. 9장 'ETML(추출, 변환, 머신러닝) 사례 연구'에서는 이러한 하위 수준의 세부 사항을 포함한 상세한 엔드투엔드 예시를 다룬다. 첫 번째 예시는 클라우드에서 DAG를 작성하고 배포하고 관리하는 방법을 전체적으로 이해하는 데 중점을 둔다.

1. classification_pipeline_dag.py 파일을 만들고, 필요한 Airflow 패키지와 유틸리티 패키지를 임포트한다.

```
import datetime
from datetime import timedelta
from airflow import DAG
from airflow.operators.python import PythonOperator
from airflow.utils.dates import days_ago
```

2. Airflow 작업에서 참조할 기본 인수를 정의한다. 모든 작업들은 이 기본값을 참조하되, 필요시 각 작업에서 재정의할
수도 있다.

```
default_args = {
    'owner': 'Andrew McMahon',
    'depends_on_past': False,
    'start_date': days_ago(31),
    'email': ['example@example.com'],
    'email_on_failure': False,
    'email_on_retry': False,
    'retries': 1,
    'retry_delay': timedelta(minutes=2)
}
```

3. 그런 다음 스케줄링 주기 등의 메타데이터를 설정하여 DAG를 생성한다.

```
with DAG(
    dag_id="classification_pipeline",
    start_date=datetime.datetime(2021, 10, 1),
    schedule_interval="@daily",
    catchup=False,
) as dag:
```

4. 이제 DAG에 작업을 정의할 차례다. 먼저 데이터셋을 가져오는 첫 작업을 정의한다. 이때 get_data라는 파이썬 실
행 가능 객체(함수나 클래스 메서드)가 있다고 가정한다. 이 객체는 어떤 서브모듈이나 패키지에서든 임포트할 수 있
다. 참고로 4~6단계는 DAG 인스턴스화 코드 블록 안에 있으므로 들여 써야 한다.

```
get_data_task = PythonOperator(
    task_id="get_data",
    python_callable=get_data
)
```

5. 이제 데이터를 받아 모델을 훈련하는 작업을 정의한다. 이 작업에는 3장 '모델에서 모델 팩토리까지'에서 살펴본 스파크 ML 파이프라인이나 사이킷런 파이프라인처럼 다양한 머신러닝 훈련 파이프라인이 포함될 수 있다. 마찬가지로 train_model이라는 실행 가능한 파이썬 객체가 있다고 가정한다.

```
train_model_task = PythonOperator(
    task_id="train_model",
    python_callable=train_model
)
```

6. 마지막 단계는 훈련된 모델을 저장 계층에 저장하는 자리 표시자다. 이렇게 하면 다른 서비스나 파이프라인에서 이 모델을 예측에 활용할 수 있다.

```
persist_model_task = PythonOperator(
    task_id="persist_model",
    python_callable=persist_model
)
```

7. DAG에서 정의한 작업 노드들의 실행 순서를 >> 연산자를 사용해 정의한다. 앞서 작업을 정의한 순서와는 무관하게, 다음 구문에 따라 실제 실행 순서가 결정된다.

```
get_data_task >> train_model_task >> persist_model_task
```

이어서 AWS MWAA 서비스로 Airflow 파이프라인을 설정하는 방법을 간단히 다루고, CI/CD 원칙을 적용해 Airflow 솔루션을 지속해서 개발하고 업데이트하는 방법을 설명하겠다. 이를 통해 앞서 2~4장에서 다룬 설정과 작업들을 모두 활용하게 된다.

5.6.2 MWAA

AWS는 **MWAA(관리형 Apache Airflow)**라는 클라우드 호스팅 서비스를 제공한다. 이를 통해 Airflow 파이프라인을 쉽고 안정적으로 배포하고 호스팅할 수 있다. 여기서는 그 방법을 간단히 살펴보겠다.

다음 단계를 따라 하면 된다.

1. AWS 관리 콘솔에서 MWAA를 검색하고 MWAA 랜딩 페이지에서 **환경 생성**을 선택한다.

2. 새로운 Airflow 환경의 세부 사항을 입력하는 화면이 나타난다. 그림 5.24는 웹사이트에서 안내하는 상위 단계를 보여준다.

▼ **Amazon MWAA 작동 방식**

환경 생성	Amazon S3에 DAG 업로드	Airflow에서 DAG 실행
환경에는 스케줄러, 작업자 및 웹 서버를 비롯한 Airflow 인스턴스가 포함됩니다.	DAG(방향성 비순환 그래프) 코드를 패키징하여 Amazon S3에 업로드합니다. Amazon MWAA는 코드를 Airflow로 로드합니다.	Airflow UI 또는 CLI에서 DAG를 실행합니다. Amazon CloudWatch를 사용하여 환경을 모니터링합니다.

그림 5.24 MWAA 환경과 관련 관리형 Airflow 실행을 설정하는 상위 단계

환경 세부 정보에서 환경의 이름(예: mlewp2-airflow-dev-env)을 지정한다(그림 5.25).

환경 세부 정보 정보

이름

mlewp2-airflow-dev-env

문자, 숫자, 대시 또는 밑줄만 사용합니다. 최대 80자입니다.

Airflow 버전

2.10.3 (최신) ▼

주별 유지 관리 기간 시작(UTC)

Thursday ▼   02:30 ▼

그림 5.25 MWAA 환경 이름 짓기

3. MWAA를 실행하려면 DAG를 정의하는 코드와 관련된 요구사항 파일이나 플러그인 파일에 접근할 수 있어야 한다. 이를 위해 이러한 코드와 설정 파일을 저장할 AWS S3 버킷이 필요하다. 이 예시에서는 mlewp2-ch5-airflow-example이라는 버킷을 만들어 사용한다. 그림 5.26은 버킷 생성이 완료된 모습을 보여준다.

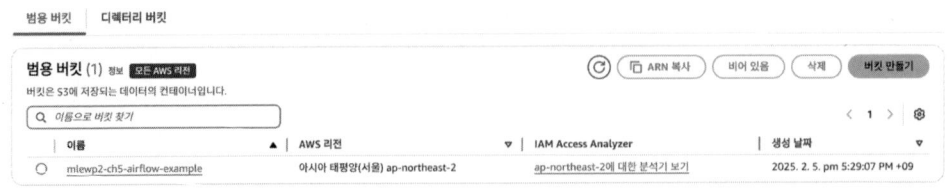

그림 5.26 Airflow 코드와 관련 설정 요소를 저장할 AWS S3 버킷 생성 완료

그림 5.27은 MWAA가 올바른 버킷, 폴더, 플러그인 또는 요구사항 파일을 참조하도록 설정하는 방법을 보여준다.

Amazon S3의 DAG 코드 정보

Amazon MWAA은(는) Amazon S3 버킷을 사용하여 DAG 및 지원 파일을 로드합니다. S3 버킷과 DAG 폴더, plugins.zip 및 requirements.txt 의 경로를 지정하십시오.

S3 bucket
- DAG folder
- Plugins zip file
- Requirements file

ⓘ DAG 코드를 저장할 S3 버킷을 생성하거나 지정합니다. 버킷에는 버전 관리가 활성화되어 있어야 합니다. Amazon S3 콘솔 [↗]에서 새 버킷을 생성할 수 있습니다.

S3 버킷
소스 코드가 저장된 S3 버킷입니다. S3 URI를 입력하거나 버킷을 찾아 선택합니다.

s3://mlewp2-ch5-airflow-example   ✕   [보기 ↗] [S3 찾아보기]

형식: s3://mybucketname

DAG 폴더
DAG 코드가 포함된 S3 버킷 폴더입니다. S3 URI를 입력하거나 폴더를 찾아 선택하십시오.

s3://mlewp2-ch5-airflow-example/dags   ✕   [보기 ↗] [S3 찾아보기]

형식: s3://mybucketname/mydagfolder

플러그인 파일 - 선택 사항
DAG 플러그인이 포함된 S3 버킷 ZIP 파일입니다. S3 URI를 입력하거나 파일 객체 및 버전을 찾아 선택하십시오.

s3://bucket/plugins.zip   [버전 선택 ▼]   [보기 ↗] [S3 찾아보기]

형식: s3://mybucketname/myplugins.zip

요구 사항 파일 - 선택 사항
DAG requirements.txt가 포함된 S3 버킷 파일입니다. S3 URI를 입력하거나 파일 객체 및 버전을 찾아 선택하십시오.

s3://bucket/requirements.txt   [버전 선택 ▼]   [보기 ↗] [S3 찾아보기]

형식: s3://mybucketname/myrequirements.txt

시작 스크립트 파일 - 선택 사항
사용자 지정 이미지에 대해 셸 스크립트가 실행됩니다. S3 URI를 입력하거나 파일 객체 및 버전을 찾아서 선택합니다.

s3://bucket/startup.sh   [버전 선택 ▼]   [보기 ↗] [S3 찾아보기]

형식: s3://mybucketname/startup.sh

그림 5.27 MWAA 인스턴스 설정에서 앞서 만든 버킷을 참조하는 모습

4. 다음으로 관리형 Airflow 인스턴스가 사용할 네트워크 설정을 정의해야 한다. 이는 이 장의 다른 AWS 예시와 비슷하다. 네트워킹에 익숙하지 않다면 서브넷, IP 주소, VPC 관련 내용을 먼저 공부하는 것이 좋다. 여기서는 가장 간단한 방법인 새 MWAA VPC 만들기를 선택한다. **MWAA VPC 생성**을 클릭하면 새 창이 열리고 AWS가 제공하는 표준 스택 정의를 기반으로 새로운 VPC와 네트워크를 빠르게 설정할 수 있다. 스택 이름을 입력해야 하는데, 필자는 **MLEWP-2-MWAAVPC**로 지정했다. 그림 5.28과 같이 네트워킹 정보가 채워진다.

파라미터
파라미터는 템플릿에서 정의되며, 이들 통해 스택을 생성하거나 업데이트할 때 사용자 지정 값을 입력할 수 있습니다.

EnvironmentName
An environment name that is prefixed to resource names

mwaa-dev

PrivateSubnet1CIDR
Please enter the IP range (CIDR notation) for the private subnet in the first Availability Zone

10.192.20.0/24

PrivateSubnet2CIDR
Please enter the IP range (CIDR notation) for the private subnet in the second Availability Zone

10.192.21.0/24

PublicSubnet1CIDR
Please enter the IP range (CIDR notation) for the public subnet in the first Availability Zone

10.192.10.0/24

PublicSubnet2CIDR
Please enter the IP range (CIDR notation) for the public subnet in the second Availability Zone

10.192.11.0/24

VpcCIDR
Please enter the IP range (CIDR notation) for this VPC

10.192.0.0/16

그림 5.28 새로운 VPC를 만들기 위한 스택 템플릿 예시

5. 다음으로 네트워킹에 관한 추가 세부 정보를 입력하는 페이지가 나타난다. 이 예시에서는 조직의 보안 모델을 고려할 필요가 없으므로 **퍼블릭 네트워크 (인터넷 액세스 가능)**을 선택한다. 실제 조직에 배포할 때는 보안 팀과 협력하여 필요한 추가 보안 설정을 확인해야 한다. **새 보안 그룹 생성**도 선택할 수 있다. 이는 그림 5.29에서 볼 수 있다.

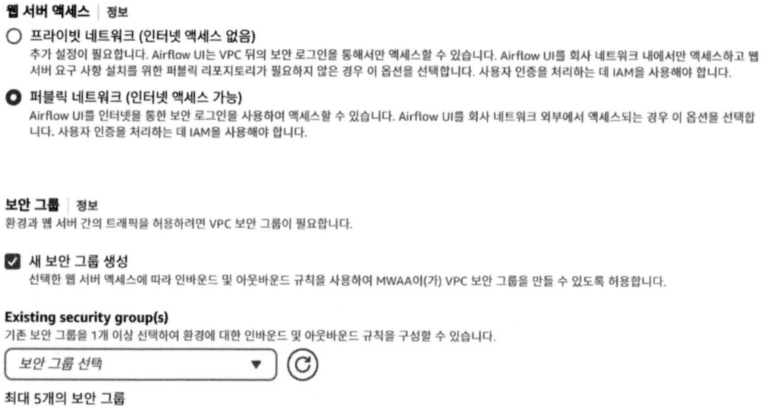

웹 서버 액세스 정보

○ 프라이빗 네트워크 (인터넷 액세스 없음)
   추가 설정이 필요합니다. Airflow UI는 VPC 뒤의 보안 로그인을 통해서만 액세스할 수 있습니다. Airflow UI를 회사 네트워크 내에서만 액세스하고 웹 서버 요구 사항 설치를 위한 퍼블릭 리포지토리가 필요하지 않은 경우 이 옵션을 선택합니다. 사용자 인증을 처리하는 데 IAM을 사용해야 합니다.

● 퍼블릭 네트워크 (인터넷 액세스 가능)
   Airflow UI를 인터넷을 통한 보안 로그인을 사용하여 액세스할 수 있습니다. Airflow UI를 회사 네트워크 외부에서 액세스되는 경우 이 옵션을 선택합니다. 사용자 인증을 처리하는 데 IAM을 사용해야 합니다.

보안 그룹 정보
환경과 웹 서버 간의 트래픽을 허용하려면 VPC 보안 그룹이 필요합니다.

☑ 새 보안 그룹 생성
   선택한 웹 서버 액세스에 따라 인바운드 및 아웃바운드 규칙을 사용하여 MWAA이(가) VPC 보안 그룹을 만들 수 있도록 허용합니다.

Existing security group(s)
기존 보안 그룹을 1개 이상 선택하여 환경에 대한 인바운드 및 아웃바운드 규칙을 구성할 수 있습니다.

[보안 그룹 선택 ▼] ↻

최대 5개의 보안 그룹

그림 5.29 MWAA 설정의 네트워킹 마무리 단계

6. 다음으로 실행할 **환경 클래스**를 정의해야 한다. 현재는 세 가지 옵션이 있다. 여기서는 가장 작은 크기를 사용하지만, 필요에 따라 다른 환경을 선택할 수 있다(비용을 내는 사람에게 허락을 꼭 받자!). 그림 5.30에서 볼 수 있듯이 **mw1.small** 환경 클래스를 선택하고 작업자(worker) 수를 최소 1개에서 최대 10개로 설정한다. MWAA는 인스턴스 생성 후에도 환경 클래스를 변경할 수 있으므로, 비용 측면에서는 작게 시작해서 필요할 때 확장하는 것이 좋다. 또한 환경에 필요한 스케줄러 수도 지정해야 한다. 일단은 기본값인 2로 두되, 최대 5까지 설정할 수 있다.

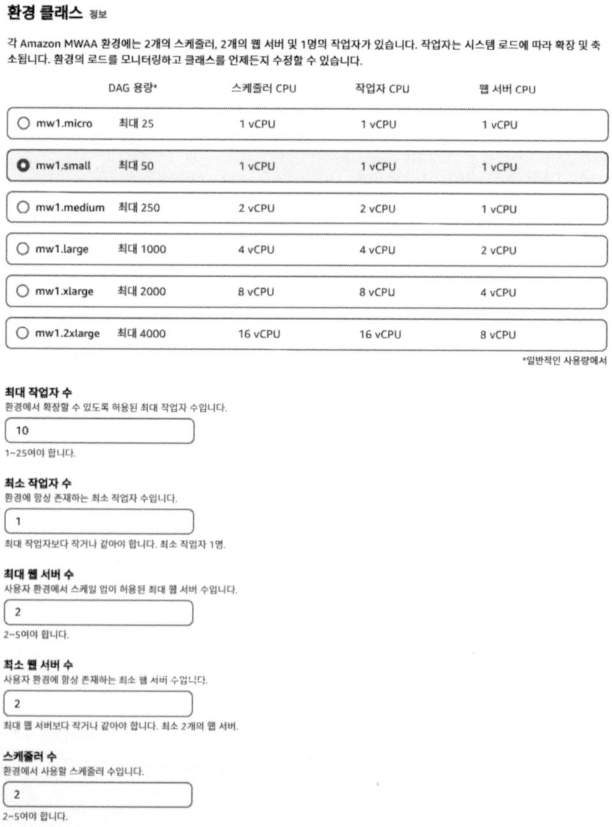

환경 클래스 정보

각 Amazon MWAA 환경에는 2개의 스케줄러, 2개의 웹 서버 및 1명의 작업자가 있습니다. 작업자는 시스템 로드에 따라 확장 및 축소됩니다. 환경의 로드를 모니터링하고 클래스를 언제든지 수정할 수 있습니다.

	DAG 용량*	스케줄러 CPU	작업자 CPU	웹 서버 CPU
○ mw1.micro	최대 25	1 vCPU	1 vCPU	1 vCPU
● mw1.small	최대 50	1 vCPU	1 vCPU	1 vCPU
○ mw1.medium	최대 250	2 vCPU	2 vCPU	1 vCPU
○ mw1.large	최대 1000	4 vCPU	4 vCPU	2 vCPU
○ mw1.xlarge	최대 2000	8 vCPU	8 vCPU	4 vCPU
○ mw1.2xlarge	최대 4000	16 vCPU	16 vCPU	8 vCPU

*일반적인 사용량에서

최대 작업자 수
환경에서 확장할 수 있도록 허용된 최대 작업자 수입니다.

[10]
1~25여야 합니다.

최소 작업자 수
환경에 항상 존재하는 최소 작업자 수입니다.

[1]
최대 작업자보다 작거나 같아야 합니다. 최소 작업자 1명.

최대 웹 서버 수
사용자 환경에서 스케일 업이 허용된 최대 웹 서버 수입니다.

[2]
2~5여야 합니다.

최소 웹 서버 수
사용자 환경에 항상 존재하는 최소 웹 서버 수입니다.

[2]
최대 웹 서버보다 작거나 같아야 합니다. 최소 2개의 웹 서버.

스케줄러 수
환경에서 사용할 스케줄러 수입니다.

[2]
2~5여야 합니다.

그림 5.30 환경 클래스와 작업자 수 선택

7. 이제 원한다면 선택적 설정 매개변수를 확인하고(여기서는 비워 두었음), AWS가 새로운 실행 역할을 만들어 사용하도록 승인한다. 기본 모니터링 설정도 그대로 사용할 수 있다. 그림 5.31은 이러한 예시를 보여준다(걱정하지 마라. 여러분이 이 페이지를 읽을 때쯤이면 이 보안 그룹은 이미 삭제됐을 것이다!).

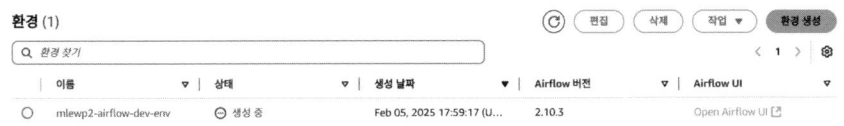

권한 정보

실행 역할
사용자 환경에서 DAG 코드에 액세스하고 로그를 작성하고 기타 작업을 수행하는 데 사용하는 IAM 역할입니다.

> 새 역할 생성   ▼   ⟳

역할 이름

> AmazonMWAA-mlewp2-airflow-dev-env-386Rf1

영숫자 및 '+=,.@-_' 문자를 사용합니다. 최대 64자여야 합니다.

ⓘ Amazon MWAA는 사용자를 대신하여 IAM에서 **AmazonMWAA-mlewp2-airflow-dev-env-386Rf1**(이)라는 이름의 실행 역할을 생성하고 수임합니다. 이 역할은 Amazon S3 버킷에서 코드를 검색하고 KMS 키를 사용하여 Amazon CloudWatch로 데이터를 전송할 수 있는 권한으로 구성됩니다. Airflow DAG가 다른 AWS 서비스에 액세스해야 하는 경우 실행 역할에 권한을 추가해야 합니다. 정보

그림 5.31 MWAA 환경을 위해 AWS가 사용하는 실행 역할 생성

8. 다음 페이지에서는 MWAA 환경을 만들기 전에 최종 요약을 확인할 수 있다. 환경을 만들면 그림 5.32처럼 MWAA 서비스에서 새로 만든 환경을 볼 수 있다. 이 과정에는 시간이 걸리는데, 이 예시에서는 30분 정도 소요됐다.

환경 (1)   ⟳ (편집) (삭제) (작업 ▼) (**환경 생성**)

🔍 환경 찾기   ‹ 1 › ⚙

이름	상태	생성 날짜	Airflow 버전	Airflow UI
○ mlewp2-airflow-dev-env	⊘ 생성 중	Feb 05, 2025 17:59:17 (U...	2.10.3	Open Airflow UI ↗

그림 5.32 새로 만든 MWAA 환경

이제 MWAA 환경이 만들어졌고 DAG를 가리키는 S3 버킷도 있으니 Airflow UI를 열어 DAG에 정의된 예약된 작업을 볼 수 있다. 이제 나중에 확장할 수 있는 기본적인 실행 서비스를 배포한 것이다.

Airflow UI에서 DAG를 보면서 작업을 관리하고 모니터링하는 방법을 알아보자. 이를 위해서는 AWS 문서의 설명대로 MWAA UI 접근 권한을 설정해야 할 수 있다. 간단히 요약하면, AWS의 IAM 서비스로 가서 루트 사용자로 로그인한 다음 **AmazonMWAAWebServerAccess**라는 새로운 정책을 만들어야 한다. 이 정책에 다음과 같은 JSON 본문을 지정한다.

```
{
    "Version": "2012-10-17",
    "Statement": [
```

```
            {
                "Effect": "Allow",
                "Action": "airflow:CreateWebLoginToken",
                "Resource": [
                    "arn:aws:airflow:{리전명}:{계정_ID}:role/{환경명}/{airflow_역할}"
                ]
            }
        ]
    }
```

이 정의의 경우 Airflow 역할은 액세스 제어 문서[6]에 정의된 대로 **Admin**, **Op**, **Viewer**, **User**, **Public** 역할 중 하나를 나타낸다. 이 예제에서는 Admin 역할을 사용했다. 이 정책을 계정의 권한에 추가하면 MWAA 서비스에서 **Open Airflow UI** 버튼을 클릭해 Airflow UI에 접근할 수 있다. 그러면 그림 5.33과 같이 Airflow UI로 이동한다.

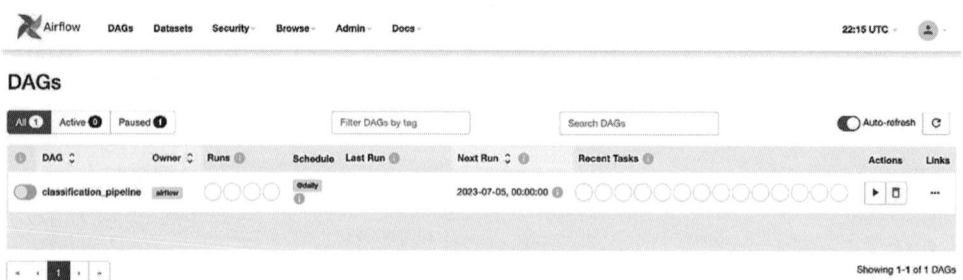

그림 5.33 AWS MWAA 서비스를 통해 액세스한 Airflow UI. 앞서 예시에서 작성한 분류 DAG를 보여주는 화면이다.

Airflow UI에서는 DAG 실행을 트리거하고, 예약된 작업을 관리하며, 파이프라인을 모니터링하고 문제를 해결할 수 있다. 예를 들어 실행이 성공하면 그림 5.34처럼 실행 요약 정보를 볼 수 있고, 다양한 뷰를 사용해 각 파이프라인 단계에 걸린 시간을 확인하고 오류가 발생한 경우 문제가 생긴 위치를 진단할 수 있다.

---

6 https://airflow.apache.org/docs/apache-airflow/stable/security/access-control.html

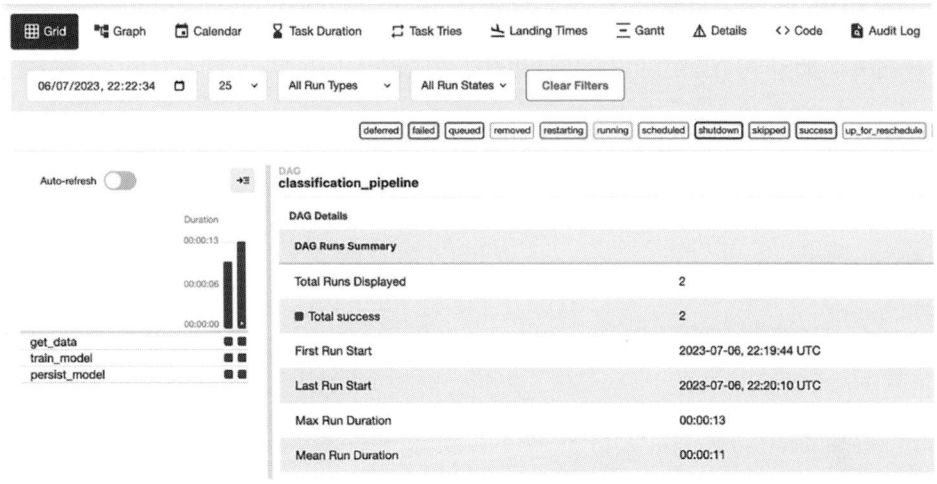

그림 5.34 Airflow UI에서 간단한 분류 DAG의 실행 요약 예시

이 예시에서 구축하고 실행한 파이프라인은 핵심 파이썬 기능만 사용하는 매우 단순한 것이다. EMR 클러스터에 Spark 작업을 제출하는 것처럼 다른 AWS 서비스를 활용하고 싶다면, UI 접근을 위해 위에서 했던 것처럼 추가 접근 정책을 설정해야 한다. 이는 MWAA 문서에서 다루고 있다.

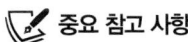 **중요 참고 사항**

> MWAA 환경을 만들면 이를 일시 중지할 수 없으며, 환경을 실행하는 데 약간의 비용이 든다(위 환경 설정의 경우 시간당 약 0.5달러). MWAA는 현재 환경을 일시 중지하고 다시 시작하는 기능을 제공하지 않으므로, 환경을 삭제했다가 필요할 때 같은 설정으로 새로 인스턴스를 만들어야 한다. 이는 여기서 다루지 않을 Terraform이나 AWS CloudFormation 같은 도구를 사용해 자동화할 수 있다.
>
> 경고하자면, **환경을 실행한 채로 두지 마라.** 예를 들어 필자가 (그랬을 수도 있고 아닐 수도 있지만) 일주일 동안 실행한 채로 두는 실수는 절대 하지 말자.[7]

5.6.3 Airflow를 위한 CI/CD 파이프라인 구축

2장 '머신러닝 개발 프로세스'에서 CI/CD의 기초를 소개하고 **깃허브 액션(GitHub Actions)**을 사용해 이를 구현하는 방법을 다뤘다. 이제 한 단계 더 나아가 클라우드에 코드를 배포하는 CI/CD 파이프라인을 구성해 보자.

---

7 (옮긴이) 이 책을 번역하다가 똑같은 실수를 저질렀다. 2주 정도 실행했더니 40만 원가량이 청구됐다.

먼저 AWS S3 버킷에 코드를 푸시하는 중요한 예시를 살펴보자. 깃허브 저장소의 `.github/workflows` 디렉터리에 `aws-s3-deploy.yml` 파일을 만들면 된다. 이 파일이 CI/CD 파이프라인의 중심이 된다.

이 `.yml` 파일은 Airflow DAG를 업로드하며 다음과 같은 부분으로 이뤄진다.

1. name 구문으로 프로세스의 이름을 지정하고, 메인 브랜치로의 푸시나 풀 리퀘스트가 있을 때 배포 프로세스가 시작되도록 설정한다.

```
name: Upload DAGS to S3
on:
  push:
    branches: [ main ]
  pull_request:
    branches: [ main ]
```

2. 다음으로 배포 과정에서 실행할 작업을 정의한다. 이 경우 이미 만들어둔 S3 버킷에 DAG 파일을 업로드하려고 하며, 깃허브 비밀[8]에 설정해 둔 AWS 자격 증명을 사용한다.

```
jobs:
  deploy:
    name: Upload DAGS to Amazon S3
    runs-on: ubuntu-latest
    steps:
      - name: Checkout
        uses: actions/checkout@v2
      - name: Configure AWS credentials from account
        uses: aws-actions/configure-aws-credentials@v1
        with:
          aws-access-key-id: ${{ secrets.AWS_ACCESS_KEY_ID }}
          aws-secret-access-key: ${{ secrets.AWS_SECRET_ACCESS_KEY }}
          aws-region: us-east-1
```

작업의 일부로, 관련 파일을 지정된 AWS S3 버킷에 복사하는 단계를 실행한다. 여기서는 AWS CLI를 사용해 복사하는 방법도 지정한다. 구체적으로는 저장소의 dags 폴더에 있는 모든 파이썬 파일을 복사하려고 한다.

---

8 (옮긴이) 독자의 깃허브 저장소 설정(Settings)의 'Secrets and variables'에서 설정한다. 자세한 설명은 다음 주소의 공식 문서를 참조. https://docs.github.com/ko/actions/security-for-github-actions/security-guides/using-secrets-in-github-actions

```
- name: Copy files to bucket with the AWS CLI
    run: |
      aws s3 cp ./dags s3://github-actions-ci-cd-tests --recursive --include "*.py"
```

3. 업데이트된 코드로 git push 명령을 실행하면 액션이 실행되어 dag 파이썬 코드가 지정된 S3 버킷으로 푸시된다. 깃허브 UI에서 성공적으로 실행되면 그림 5.35와 같은 화면이 나타난다.

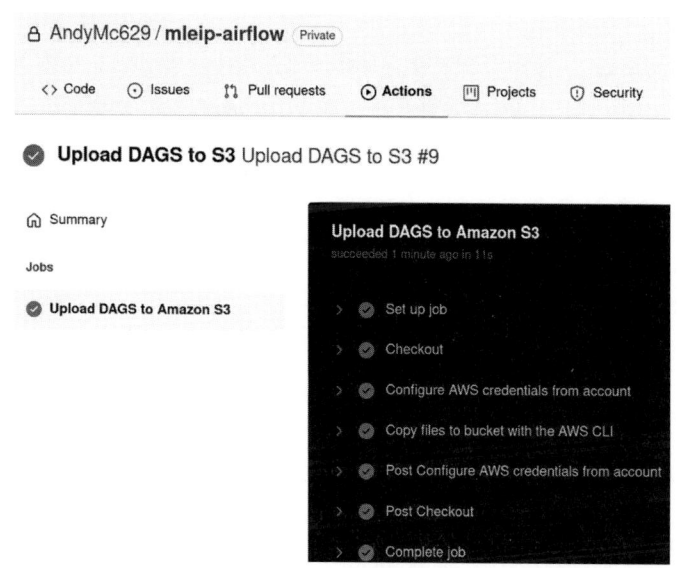

그림 5.35 깃허브 액션과 AWS CLI로 성공적으로 실행된 CI/CD 프로세스

이 과정을 통해 MWAA 인스턴스가 실행할 Airflow 서비스의 새로운 업데이트를 AWS에 성공적으로 푸시할 수 있다. 이렇게 하면 서비스 중단 없이 운영 중인 서비스를 지속해서 업데이트할 수 있으며, 이 것이 바로 CI/CD가 추구하는 목표다.

5.7 고급 ML 파이프라인 구축

이 장에서 설명했듯이 **사이킷런과 스파크 ML**은 ML 파이프라인을 만드는 기본적인 방법을 제공한다. 하지만 이제 오픈소스와 기업용 솔루션 모두에서 이러한 개념을 한층 발전시킨 도구들을 사용할 수 있다.

참고로 3대 퍼블릭 클라우드 제공업체의 도구들도 살펴볼 만하다. 이 분야의 선두주자인 **아마존 세이지메이커(Amazon SageMaker)**는 ML 모델을 프로덕션에 투입하는 데 도움이 되는 도구와 기능의 대규모 생태계를 포함하고 있다. 이 책을 모두 아마존 세이지메이커에 관한 내용으로 채워도 이상할 것이 없지만, 《Learn Amazon SageMaker》[9]라는 책이 나와 있으니 참고하기 바란다. 알아두어야 할 핵심은 세이지메이커가 ML 파이프라인 구축과 함께 모니터링, 모델 레지스트리 등 다양한 기능을 제공하는 AWS의 관리형 서비스로, ML 수명주기 전반에 걸쳐 모델을 개발하고 승격할 수 있게 해준다는 점이다. **구글 버텍스 AI(Google Vertex AI)**는 구글 클라우드 플랫폼 ML 파이프라이닝, 개발 및 배포 도구다. 세이지메이커처럼 단일 UI와 API로 다양한 기능을 제공하지만, 훈련할 수 있는 모델 종류는 제한적이다. **Azure ML**은 마이크로소프트 클라우드가 제공하는 클라우드 서비스다.

이들은 모두 기업용 솔루션으로, 무료로 시작할 수 있지만 규모가 커지면 비용이 발생한다. 또한 특정 클라우드 제공업체에 종속되어 나중에 다른 서비스로 전환하기 어려워지는 '벤더 록인' 문제가 있다. 다행히 이 문제를 해결하는 도구들이 있어서, ML 엔지니어가 처음에는 단순한 환경에서 시작했다가 나중에 더 복잡한 인프라와 환경으로 이전할 수 있다. 먼저 **ZenML**에 대해 알아보자.

5.7.1 ZenML

젠ML(ZenML)은 기반 인프라에 구애받지 않고 ML 파이프라인을 작성할 수 있는 오픈소스 프레임워크다. 로컬 개발 환경과 최종 프로덕션 환경이 매우 달라도 파이프라인의 주요 부분을 건드리지 않고 설정만 바꾸면 된다. 이는 ZenML의 핵심 강점이다.

ZenML을 제대로 활용하려면 다음 개념을 이해해야 한다.

- **파이프라인**: 이 장에서 계속 설명했듯이 ML 워크플로의 단계를 정의한 것이다. 파이프라인은 지정된 순서로 연결된 '단계'로 구성된다.

- **스택**: 파이프라인이 실행될 환경과 인프라를 지정하는 설정이다.

- **오케스트레이터**: 스택 정의의 두 가지 핵심 구성 요소 중 하나다. 인프라에서 실행되는 파이프라인의 단계를 조율한다. 기본 배포판에 포함된 오케스트레이터를 사용할 수도 있고, Airflow나 쿠브플로 오케스트레이터 같은 도구를 사용할 수도 있다. Airflow는 이 장의 'Airflow를 활용한 일반 파이프라인 구축' 절에서 다뤘으며, 쿠브플로는 '쿠브플로' 항에서 다룬다.

- **아티팩트 저장소**: 데이터와 메타데이터를 저장하는 스택 구성 요소다. ZenML은 AWS S3, Azure Blob Storage, Google Cloud Storage 등 여러 아티팩트 저장소를 기본으로 지원한다. 아티팩트 저장소는 단순한 저장 계층일 뿐 그 이상의 복잡한 기능은 없다고 가정한다.

---

9 https://tinyurl.com/mr48rsxp

여기까지는 간단하다. 이제 ZenML을 설정해 보자. 다음 명령으로 설치할 수 있다.

```
pip install zenml
```

ZenML에 포함된 리액트 대시보드도 사용하려면 추가로 다른 저장소를 설치해야 한다.

```
pip install zenml[server]
```

ZenML은 활용할 수 있는 여러 템플릿도 제공한다. 다음 명령으로 설치할 수 있다.

```
pip install zenml[templates]
```

그런 다음, 다음 명령을 실행해 템플릿 작업을 시작할 수 있다.

```
zenml init --template
```

그러면 그림 5.36과 같이 ZenML 템플릿을 생성하는 터미널 기반 마법사가 시작된다.

```
Next, you will be prompted to generate a project from the template.
No git tags found in template; using HEAD as ref
 The project template you would like to use
   (Use arrow keys)
 » ZenML Starter
```

그림 5.36 ZenML 템플릿 마법사

Enter 키를 누르면 템플릿 설정을 위한 여러 질문이 나타난다. 그림 5.37에 몇 가지 질문과 답변이 나와 있다.

```
Next, you will be prompted to generate a project from the template.
No git tags found in template; using HEAD as ref
 The project template you would like to use
   ZenML Starter
 Short name for your project
   zenml-mlewp1
 Version of your project
   0.1.0
 The license under which your project will be released
   MIT license
 The name of the person/entity holding the copyright
   Andy McMahon
```

그림 5.37 ZenML 템플릿 정의를 위한 응답 입력

이어지는 질문들은 더욱 흥미롭다. CLI에 표시할 로그 정보의 세부 사항을 지정하고 데이터셋과 모델 유형도 선택해야 한다. 여기서는 그림 5.38처럼 와인 데이터셋과 RandomForestClassifier를 다시 사용한다.

```
The generated ZenML project will be populated with some example code
featuring one of the scikit-learn classifier models.
Which model class would you like to see being used in the generated code?
Random Forest Classifier

Copying from template version 0.0.0.post28.dev0+88e5d96
 identical  .
    create  .copier-answers.yml
    create  run.py
    create  requirements.txt
  conflict  __init__.py
Overwrite __init__.py? [Y/n] Y
    create  pipelines
```

그림 5.38 ZenML 템플릿 인스턴스화를 위한 모델 선택

그러면 ZenML이 템플릿을 초기화한다. 그림 5.39에서 볼 수 있듯이 이 과정에서 많은 파일이 새로 생성된다.

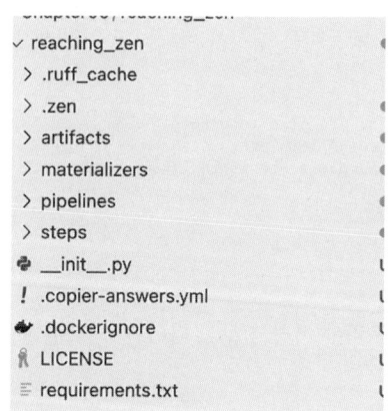

```
 ✓ reaching_zen
 > .ruff_cache
 > .zen
 > artifacts
 > materializers
 > pipelines
 > steps
 🐍 __init__.py
 ! .copier-answers.yml
 🐳 .dockerignore
 ⚖ LICENSE
 ≡ requirements.txt
```

그림 5.39 ZenML 템플릿 생성 마법사로 만들어진 파일과 폴더 구조

이제 ZenML 솔루션의 구성 요소를 살펴보자. 먼저 pipelines/model_training.py를 보자. 이는 시작점이 되는 간단한 스크립트다. 파일의 주석을 제외한 코드는 다음과 같다.

```python
from zenml.pipelines import pipeline

@pipeline()
def model_training_pipeline(
```

```
        data_loader,
        data_processor,
        data_splitter,
        model_trainer,
        model_evaluator,
):
    dataset = data_loader()
    processed_dataset = data_processor(dataset=dataset)
    train_set, test_set = data_splitter(dataset=processed_dataset)

    model = model_trainer(train_set=train_set)
    model_evaluator(
        model=model,
        train_set=train_set,
        test_set=test_set,
    )
```

여기서 ZenML의 주요 기능과 작동 방식을 엿볼 수 있다. @pipeline 데코레이터는 뒤에 오는 함수가 파이프라인의 핵심 로직을 담고 있음을 나타낸다. 또한 파이프라인이 순수 파이썬 문법으로 작성된다는 점도 알 수 있다. ZenML의 기능을 활용하려면 데코레이터만 있으면 된다. 이는 ZenML의 강력한 특징이다. 원하는 대로 작업하면서도 나중에 살펴볼 배포 대상을 위한 추상화를 활용할 수 있기 때문이다. 파이프라인 안의 단계들은 템플릿 초기화 때 만들어진 더미 함수로, 무엇을 개발해야 할지 안내한다.

이제 steps/data_loaders.py와 steps/model_trainers.py 파일에 정의된 파이프라인 단계를 살펴보자. 이 모듈들을 설명할 때 헬퍼 클래스와 유틸리티 함수는 다루지 않을 것이다. 독자가 직접 실험해 보기 바란다. 대신 ZenML의 가장 중요한 기능을 보여주는 부분에 초점을 맞추겠다. 그전에 모듈 맨 위에 있는 중요한 ZenML 모듈 임포트를 잠깐 살펴보자.

```
from zenml.enums import StrEnum
from zenml.logger import get_logger
from zenml.steps import (
    BaseParameters,
    Output,
    step,
)
```

첫 번째 임포트는 ZenML의 enums 모듈에서 StrEnum을 가져온다. 이는 ZenML 워크플로 구축에 도움이 되는 파이썬 열거형 모음이다.

📝 **중요 참고 사항**

파이썬 열거형(enum)은 고유한 값을 가진 멤버들의 모음으로, 정의된 순서대로 값을 반복할 수 있다. 열거형은 클래스와 딕셔너리의 중간 형태라고 생각하면 된다. data_loaders.py 모듈을 보면, 첫 번째 단계가 매개변수에 따라 사이킷런의 데이터셋을 가져오는 간단한 로직을 감싸고 있다. 이는 매우 기초적인 예시지만 데이터베이스에서 데이터를 가져오거나 클라우드 호스팅된 객체 스토리지에서 데이터를 가져오는 등 더 복잡한 기능을 추가할 수 있다. 메서드는 다음과 같다.

```python
@step
def data_loader(params: DataLoaderStepParameters) -> pd.DataFrame:
    # 단계 매개변수에 지정된 데이터셋을 로드하고 판다스 데이터프레임으로 형식화
    if params.dataset == SklearnDataset.wine:
        dataset = load_wine(as_frame=True).frame
    elif params.dataset == SklearnDataset.iris:
        dataset = load_iris(as_frame=True).frame
    elif params.dataset == SklearnDataset.breast_cancer:
        dataset = load_breast_cancer(as_frame=True).frame
    elif params.dataset == SklearnDataset.diabetes:
        dataset = load_diabetes(as_frame=True).frame
    logger.info(f"Loaded dataset {params.dataset.value}: %s", dataset.info())
    logger.info(dataset.head())
    return dataset
```

이 함수의 출력은 판다스 데이터프레임이며, ZenML에서는 이를 아티팩트라고 한다. 다음 중요 단계는 데이터 처리다. 템플릿에서 제공하는 예시는 다음과 같다.

```python
@step
def data_processor(params: DataProcessorStepParameters, dataset: pd.DataFrame) ->
pd.DataFrame:
    if params.drop_na:
        # 결측값이 있는 행 삭제
        dataset = dataset.dropna()
    if params.drop_columns:
        # 열 삭제
        dataset = dataset.drop(columns=params.drop_columns)
```

```
    if params.normalize:
        # 데이터 정규화
        target = dataset.pop("target")
        dataset = (dataset - dataset.mean()) / dataset.std()
        dataset["target"] = target
    return dataset
```

여기서 데이터 처리는 꽤 표준적이다. 데이터셋의 NULL 값을 삭제하고, DataProcessingStep Parameters 클래스에서 지정한 열을 제거하며(여기서는 코드를 생략했다), 표준 스케일링으로 정규화를 수행한다. 이는 sklearn.preprocessing.StandardScaler 메서드를 적용하는 것과 동일하다.

데이터 로더 모듈의 마지막 메서드는 이 책에서 이미 살펴본 메서드를 사용해 데이터를 훈련 세트와 테스트 세트로 나눈다.

```
@step
def data_splitter(
    params: DataSplitterStepParameters,
    dataset: pd.DataFrame,
) -> Output(train_set=pd.DataFrame, test_set=pd.DataFrame,):
    # 데이터셋을 훈련 세트와 테스트 세트로 분할
    train_set, test_set = train_test_split(
        dataset,
        test_size=params.test_size,
        shuffle=params.shuffle,
        stratify=dataset["target"] if params.stratify else None,
        random_state=params.random_state
    )
    return train_set, test_set
```

이제 steps 폴더로 돌아가면 model_trainers.py라는 모듈이 있는 것을 볼 수 있다. 이 파일 맨 위에는 앞으로의 이해를 위해 중요한 임포트 구문이 더 있다.

```
from zenml.enums import StrEnum
from zenml.logger import get_logger
from zenml.steps import (
    BaseParameters,
    Output,
```

```
    step,
)
from artifacts import ModelMetadata
from materializers import ModelMetadataMaterializer
logger = get_logger(__name__)
```

특히 ZenML이 파이썬 로깅 라이브러리에 대한 래퍼를 제공한다는 것과 **artifacts** 및 **materializers** 라는 두 모듈이 여기에 사용된다는 것을 알 수 있다. 이것들은 템플릿 리포지터리 내에 정의되어 있으며 아티팩트 저장소로 작업하기 위해 사용자 정의 코드를 만드는 방법을 보여준다. 구체적으로 **artifacts/ model_metadata.py** 모듈에는 나중에 직렬화 및 역직렬화를 위해 원하는 형식으로 모델 메타데이터를 저장할 수 있는 클래스가 있다. 주요 코드는 다음과 같다(이번에도 문서화 문자열과 대부분의 임포트를 생략했다).

```
from typing import Any, Dict
from sklearn.base import ClassifierMixin

class ModelMetadata:
    def __init__(self) -> None:
        self.metadata: Dict[str, Any] = {}

    def collect_metadata(self, model: ClassifierMixin, train_accuracy: float, test_accuracy:
float) -> None:
        self.metadata = dict(
            model_type=model.__class__.__name__,
            train_accuracy=train_accuracy,
            test_accuracy=test_accuracy,
        )

    def print_report(self) -> None:
        """모델 메타데이터에서 사용자 친화적인 보고서를 출력"""
        print(f"""
        Model type: {self.metadata.get('model_type')}
        Train set accuracy: {self.metadata.get('train_accuracy')}
        Test set accuracy: {self.metadata.get('test_accuracy')}
        """)
```

ZenML에서 `materializer`는 아티팩트의 직렬화와 역직렬화 로직을 담고 있는 객체다. 이들은 파이프라인이 아티팩트 저장소와 상호 작용하는 방식을 정의한다. `materializer`를 정의할 때 사용자 정의 코드를 만들 수 있지만, ZenML이 파이프라인의 단계 사이에서, 그리고 파이프라인의 시작과 끝에서 데이터를 보관하고 읽는 방법을 알 수 있도록 `BaseMaterializer` 클래스를 상속해야 한다. `materializers/model_metadata.py`의 중요한 코드는 다음과 같다.

```python
from zenml.materializers.base_materializer import BaseMaterializer
import os
from zenml.artifacts import ArtifactType
from zenml.io import fileio
import yaml
from typing import Type

class ModelMetadataMaterializer(BaseMaterializer):
    # 이 머티리얼라이저와 연관된 아티팩트 데이터 유형을 지정해야 한다
    ASSOCIATED_TYPES = (ModelMetadata,)
    ASSOCIATED_ARTIFACT_TYPE = ArtifactType.DATA

    def save(self, model_metadata: ModelMetadata) -> None:
        super().save(model_metadata)
        # 모델 메타데이터를 YAML 파일로 아티팩트 저장소에 직접 저장
        with fileio.open(os.path.join(self.uri, 'model_metadata.yaml'), 'w') as f:
            f.write(yaml.dump(model_metadata.metadata))

    def load(self, data_type: Type[ModelMetadata]) -> ModelMetadata:
        super().load(data_type)
        with fileio.open(os.path.join(self.uri, 'model_metadata.yaml'), 'r') as f:
            model_metadata = ModelMetadata()
            model_metadata.metadata = yaml.safe_load(f.read())
        return model_metadata
```

이 모듈의 경로 이름에서 알 수 있듯이 이 머티리얼라이저는 앞에서 살펴본 model_metadata 아티팩트와 짝을 이룬다. 이는 4장 '패키징'에서 논의한 테스트 구성과 비슷한 좋은 관행이다.

이제 ZenML 템플릿의 핵심 요소를 모두 살펴봤으니 파이프라인을 실행해 보자. 저장소의 최상위 레벨에 있는 run.py를 통해 실행할 수 있다. 다음 명령으로 파이프라인을 실행한다.

```
python run.py
```

파이프라인이 성공적으로 실행되면(터미널에 여러 출력이 표시될 것이다) 다음 명령으로 로컬에서
ZenML 대시보드를 실행할 수 있다.

```
zenml up
```

출력되는 URL(보통 http://127.0.0.1:8237/login과 같은 형식)로 이동하면 그림 5.40과 같은 홈 화
면이 표시된다.

그림 5.40 ZenML UI 로그인 페이지

URL이 표시된 출력에는 기본 사용자 이름과 비밀번호도 함께 제공된다. 사용자 이름은 default이고 패
스워드는 비워두면 된다. 이 정보로 로그인하면 그림 5.41과 같은 홈 페이지가 나타난다.

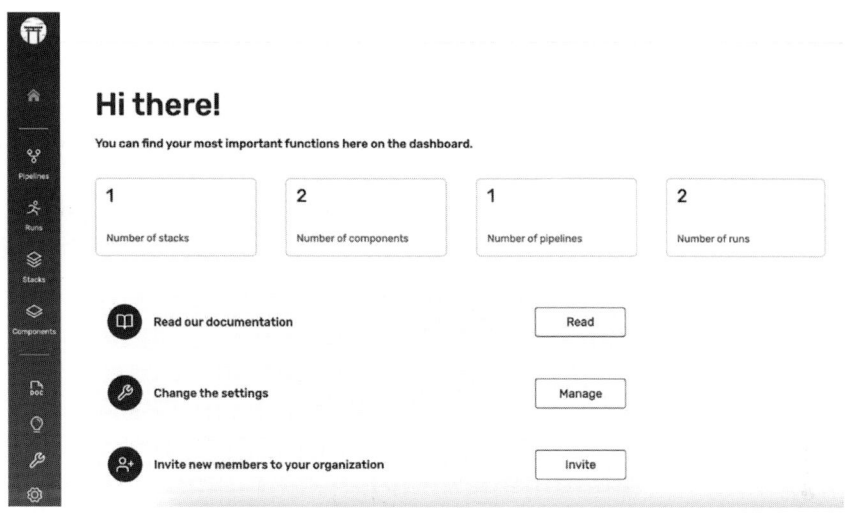

그림 5.41 ZenML UI 홈 페이지

왼쪽의 **Pipelines** 섹션을 클릭한 다음 첫 번째 실행에서 만든 파이프라인을 클릭하면 그동안의 모든 실행 기록을 볼 수 있다. 이 화면은 그림 5.42와 같다.

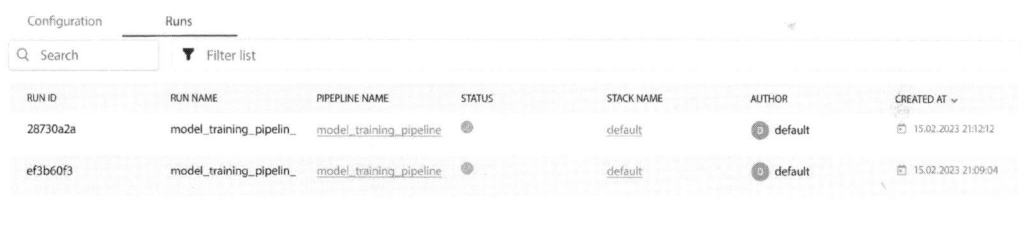

그림 5.42 ZenML UI의 파이프라인 화면

여기서 더 클릭해 들어가면 각 실행에 대한 자세한 정보도 확인할 수 있다. 실행 시점의 파이프라인을 DAG로 시각화한 그래프 같은 정보를 볼 수 있다. 그림 5.43을 참고하라.

이러한 화면에서 파이프라인 이름을 클릭하면 실행 시점의 구성을 YAML 형식으로 확인할 수 있다. 이를 다운로드해서 이후 파이프라인 실행에 사용할 수 있다.

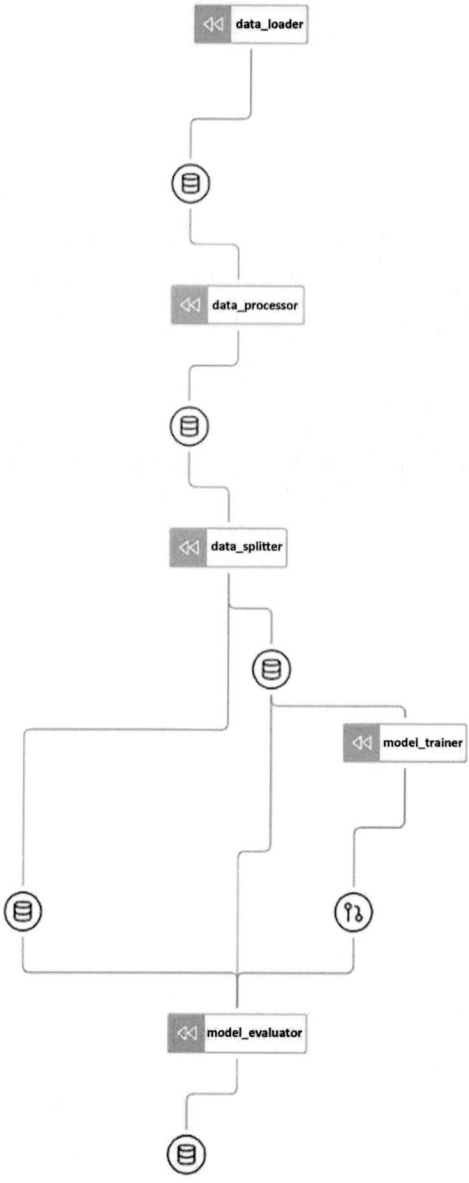

그림 5.43 UI에 표시된 ZenML 파이프라인의 DAG 예시

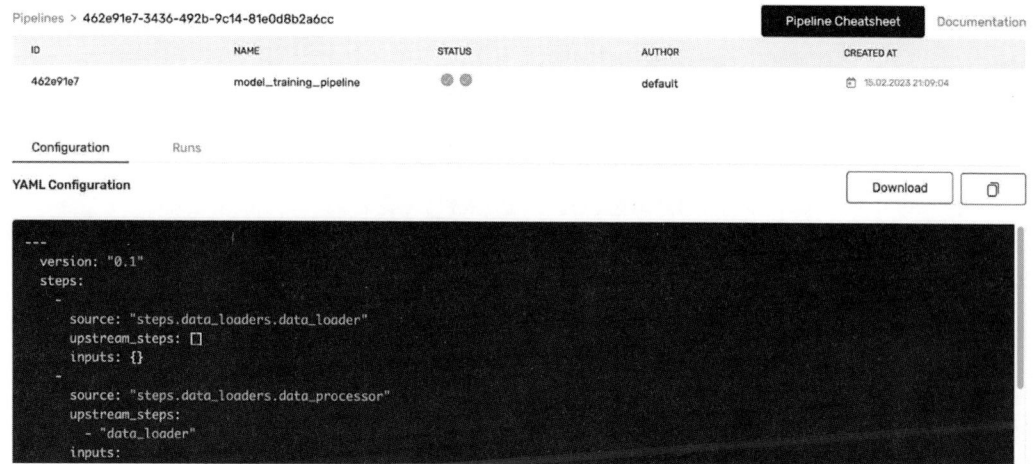

그림 5.44 ZenML UI에 표시된 ZenML 파이프라인 실행의 YAML 구성 예시

지금까지 본 것은 ZenML의 기능 중 극히 일부분에 불과하지만, ML 파이프라인을 정의하고 실행하는 유연한 방법이라는 점을 이해하기에는 충분할 것이다. 서로 다른 스택과 아티팩트 저장소에서도 같은 파이프라인을 배포할 수 있다는 점에서 그 강점은 더욱 빛을 발한다.

다음 절에서는 ML 파이프라인의 크로스 플랫폼 호환성과 표준화에 초점을 맞춘 또 다른 파이프라인 도구인 **쿠브플로**를 살펴보겠다.

5.7.2 Kubeflow

쿠브플로(Kubeflow)는 엔드투엔드 머신러닝 시스템을 구축하기 위한 이식성 있는 방법을 제공하는 오픈소스 솔루션이다. Kubeflow는 개발자가 플랫폼에 구애받지 않고 데이터 처리, 머신러닝 모델 훈련, 예측 및 모니터링을 위한 파이프라인을 빠르게 만들 수 있게 하는 데 중점을 둔다. 쿠버네티스를 활용해 이 모든 것을 가능하게 하므로, 최종 배포 환경과는 매우 다른 환경에서도 솔루션을 개발할 수 있다. Kubeflow는 특정 프로그래밍이나 머신러닝 프레임워크에 구속되지 않으므로, 오픈소스 커뮤니티의 모든 도구를 활용하면서도 신뢰할 수 있는 방식으로 통합할 수 있다.

Kubeflow 문서[10]에는 이 도구의 아키텍처와 설계 원칙에 대한 상세한 내용이 있다. 여기서는 가장 중요한 점들을 이해하고 실용적인 예시를 통해 시작하는 데 초점을 맞추겠다. 이를 통해 이 장에서 다룬 다른 도구들과 비교하고 향후 프로젝트에서 어떤 도구를 사용할지 직접 결정할 수 있을 것이다.

---

10 https://www.kubeflow.org/docs/

Kubeflow는 ML 개발 생명주기에서 각각의 역할을 수행하는 여러 모듈식 구성 요소로 이뤄진 플랫폼이다. 구체적으로 다음과 같은 요소가 있다.

- 탐색적 데이터 분석과 초기 모델링을 위한 주피터 노트북 웹 앱과 컨트롤러

- 파이토치, TFJob, XGBoost 등 다양한 모델을 만들 수 있는 훈련 연산자

- Katib를 사용한 초매개변수 튜닝과 신경망 아키텍처 검색 기능

- AWS EMR 클러스터 옵션을 포함한 데이터 변환을 위한 스파크 연산자

- 쿠버네티스 클러스터와 Kubeflow 워크로드를 관리하기 위한 대시보드

- Kubeflow Pipelines: 엔드투엔드 ML 워크플로를 구축, 실행, 관리하기 위한 자체 플랫폼이다. 여기에는 여러 단계로 이뤄진 워크플로를 위한 오케스트레이션 엔진과 파이프라인 작업을 위한 SDK가 포함된다. Kubeflow Pipelines를 독립 실행형 플랫폼으로 설치할 수 있다.

Kubeflow를 설치하고 실행하는 과정이 꽤 복잡할 수 있으므로, 공식 문서를 참고해 자신의 플랫폼과 필요에 맞는 단계를 따르는 것이 좋다. 다음 단계로 진행해 보자.

1. 로컬 Kubeflow 클러스터를 쉽게 구축하고 실행할 수 있는 도구인 Kind를 설치한다. 리눅스에서는 다음과 같이 수행한다.

```
curl -Lo ./kind https://kind.sigs.k8s.io/dl/{KIND_VERSION}/kind-linux-amd64 && \
chmod +x ./kind && \
mv ./kind /{YOUR_KIND_DIRECTORY}/kind
```

macOS에서는 다음과 같이 수행한다.

```
brew install kind
```

2. 쿠버네티스 명령줄 도구 kubectl을 설치한다. 이를 통해 클러스터와 상호 작용할 수 있다. 리눅스에서는 다음과 같이 수행한다.

```
sudo apt-get install kubectl
```

또는 macOS에서는 다음과 같이 수행한다.

```
brew install kubernetes-cli
```

3. 설치가 완료됐는지 확인하려면 터미널에서 다음 명령을 실행한다.

```
kubectl version --client --output=yaml
```

4. 그러면 다음과 같은 출력이 표시된다.

```
clientVersion:
  buildDate: "2023-01-18T15:51:24Z"
  compiler: gc
  gitCommit: 8f94681cd294aa8cfd3407b8191f6c70214973a4
  gitTreeState: clean
  gitVersion: v1.26.1
  goVersion: go1.19.5
  major: "1"
  minor: "26"
  platform: darwin/arm64
kustomizeVersion: v4.5.7
```

5. Kind를 사용해 로컬 클러스터를 생성한다. 기본으로 클러스터 이름은 kind이지만 플래그로 원하는 이름을 지정할 수 있다.

```
kind create cluster --name=mlewp
```

6. 그러면 다음과 같은 출력이 표시된다.

```
Creating cluster "mlewp" ...
 ✓ Ensuring node image (kindest/node:v1.25.3) 📦
 ✓ Preparing nodes 📦
 ✓ Writing configuration 📜
 ✓ Starting control-plane 🕹
 ✓ Installing CNI 🔌
 ✓ Installing StorageClass 💾
Set kubectl context to "kind-mlewp"
You can now use your cluster with:
kubectl cluster-info --context kind-mlewp
Thanks for using kind! 😊
```

7. 그런 다음 클러스터에 Kubeflow Pipelines를 배포해야 한다. 배포 명령은 이 책의 깃허브 저장소에 있는 deploy_kubeflow_pipelines.zsh라는 스크립트에 포함돼 있다. 스크립트에는 다음 코드가 들어 있다(PIPELINE_VERSION 번호는 설치 버전에 맞춰 업데이트할 수 있다).

```
export PIPELINE_VERSION=1.8.5
kubectl apply -k "github.com/kubeflow/pipelines/manifests/kustomize/cluster-scoped-resources?ref=$PIPELINE_VERSION"
kubectl wait --for condition=established --timeout=60s crd/applications.app.k8s.io
kubectl apply -k "github.com/kubeflow/pipelines/manifests/kustomize/env/dev?ref=$PIPELINE_VERSION"
```

이 명령을 실행한 후에는 포트 포워딩을 통해 http://localhost:8080/에서 Kubeflow Pipelines UI를 열어 설치가 성공했는지 확인한다.

```
kubectl port-forward -n kubeflow svc/ml-pipeline-ui 8080:80
```

그러면 그림 5.45와 같은 랜딩 페이지가 표시된다.

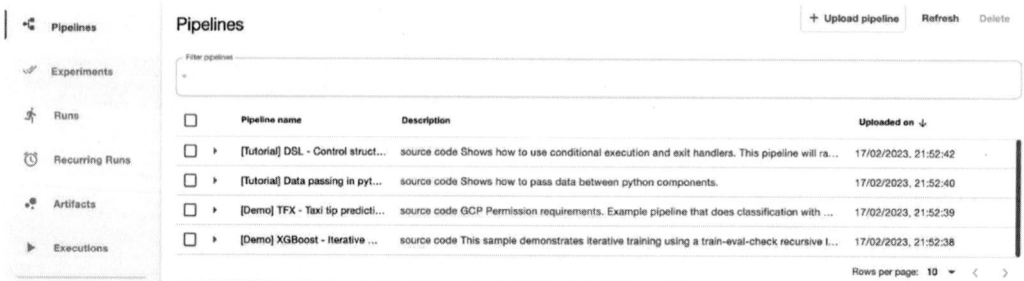

그림 5.45 Kubeflow UI 랜딩 페이지

이제 이전 명령으로 포트 포워딩을 시작했으므로 이를 사용해 Kubeflow Pipelines SDK가 다음 파이썬 코드를 통해 클러스터와 통신할 수 있도록 한다(Kubeflow Pipelines SDK를 설치할 때까지는 이 작업을 수행할 수 없으며, 관련 내용은 다음 단계에서 다룸).

```
import kfp
client = kfp.Client(host="http://localhost:8080")
```

Kubeflow Pipelines SDK를 설치하려면 다음을 실행한다.

```
pip install kfp --upgrade
```

모든 것이 제대로 작동하는지 확인하려면 다음 명령을 실행한다.

```
pip list | grep kfp
```

다음과 유사한 출력이 표시돼야 한다.

```
kfp 1.8.19
kfp-pipeline-spec 0.1.16
kfp-server-api 1.8.5
```

이제 몇 가지 기본 파이프라인 구축을 시작할 준비가 됐다. 기본 예제부터 시작해 보자.

이제 SDK를 사용해 일부 기본 파이프라인을 구축한 다음 클러스터에 배포할 수 있다. 다음 몇 단계에서는 pipeline_basic.py라는 파일에서 작업한다고 가정하자.

1. 먼저 KFP DSL(Domain-Specific Language)을 임포트한다. 이는 KFP 단계를 정의하는 데 필요한 파이썬 도구 모음이다. 클러스터와 상호작용하기 위한 클라이언트 패키지와, 나중에 사용할 DSL 하위 모듈도 몇 가지 가져온다. 여기서 중요한 점은 일부 기능이 Kubeflow Pipelines SDK의 V2 버전에 포함돼 있어서 해당 모듈도 따로 가져와야 한다는 것이다.

   ```
   from kfp import Client
   import kfp.dsl
   from kfp.v2 import dsl
   from kfp.v2.dsl import Dataset
   from kfp.v2.dsl import Input
   from kfp.v2.dsl import Model
   from kfp.v2.dsl import Output
   ```

2. 다음으로 파이프라인의 단계를 정의한다. 각 단계를 '컴포넌트'라고 하며, DSL 데코레이터로 감싼 함수로 구현한다. 첫 번째 단계에서는 붓꽃(Iris) 데이터셋을 가져와 CSV 파일로 저장한다. dsl 데코레이터를 사용할 때 해당 단계를 실행할 컨테이너에 설치할 패키지도 지정한다.

```
@dsl.component(packages_to_install=['pandas==1.3.5'])
def create_dataset(iris_dataset: Output[Dataset]):
    import pandas as pd
    # UCI 머신러닝 저장소에서 Iris 데이터셋 다운로드
    csv_url = "https://archive.ics.uci.edu/ml/machine-learning-databases/iris/
iris.data"
    col_names = ["Sepal_Length", "Sepal_Width", "Petal_Length", "Petal_Width",
"Labels"]
    # 데이터프레임 생성 및 열 이름 지정
    df = pd.read_csv(csv_url, header=None)
    df.columns = col_names
    # 붓꽃 데이터셋을 CSV 파일로 저장
    with open(iris_dataset.path, 'w') as f:
        df.to_csv(f, index=False)
```

3. 이제 데이터셋을 확보했으니 3장 '모델에서 모델 팩토리까지'에서 배운 대로 특징 공학을 수행한다. 다음 컴포넌트에
   서는 데이터를 정규화한다. 대부분의 코드는 직관적이지만 packages_to_install 인자에 사이킷런 의존성을 추가
   해야 하고, 이 컴포넌트의 결과도 CSV 파일로 저장해야 한다는 점에 유의하자.

```
@dsl.component(packages_to_install=['pandas==1.3.5', 'scikit-learn==1.0.2'])
def normalize_dataset(
    input_iris_dataset: Input[Dataset],
    normalized_iris_dataset: Output[Dataset],
    standard_scaler: bool,
    min_max_scaler: bool,
):
    if standard_scaler is min_max_scaler:
        raise ValueError(
            'standard_scaler와 min_max_scaler 중 정확히 하나만 True여야 합니다.')
    import pandas as pd
    from sklearn.preprocessing import MinMaxScaler, StandardScaler
    with open(input_iris_dataset.path) as f:
        df = pd.read_csv(f)
    labels = df.pop('Labels')
    if standard_scaler:
        scaler = StandardScaler()
    elif min_max_scaler:
        scaler = MinMaxScaler()
```

```
df = pd.DataFrame(scaler.fit_transform(df), columns=df.columns)
df['Labels'] = labels
with open(normalized_iris_dataset.path, 'w') as f:
    df.to_csv(f, index=False)
```

4. 이제 데이터에 K-최근접 이웃 분류기를 훈련시킬 것이다. 이 구성 요소에서 데이터셋 대신 훈련된 모델 아티팩트인 .pkl 파일을 출력할 것이다.

```
@dsl.component(packages_to_install=['pandas==1.3.5', 'scikit-learn==1.0.2'])
def train_model(
    normalized_iris_dataset: Input[Dataset],
    model: Output[Model],
    n_neighbors: int,
):
    import pickle
    import pandas as pd
    from sklearn.model_selection import train_test_split
    from sklearn.neighbors import KNeighborsClassifier
    with open(normalized_iris_dataset.path) as f:
        df = pd.read_csv(f)
    y = df.pop('Labels')
    X = df
    X_train, X_test, y_train, y_test = train_test_split(X, y, random_state=0)
    clf = KNeighborsClassifier(n_neighbors=n_neighbors)
    clf.fit(X_train, y_train)
    with open(model.path, 'wb') as f:
        pickle.dump(clf, f)
```

5. 이제 원하는 작업에 대한 모든 구성 요소가 있으므로 마침내 이를 Kubeflow 파이프라인으로 결합할 수 있다. 이를 위해 @dsl.pipeline 데코레이터를 사용하고 해당 데코레이터에 대한 인수로 파이프라인의 이름을 제공한다.

```
@dsl.pipeline(name='iris-training-pipeline')
def my_pipeline(
    standard_scaler: bool,
    min_max_scaler: bool,
    neighbors: List[int]
):
    create_dataset_task = create_dataset()
```

```
    normalize_dataset_task = normalize_dataset(
        input_iris_dataset=create_dataset_task.outputs['iris_dataset'],
        standard_scaler=standard_scaler,
        min_max_scaler=min_max_scaler
    )
    with dsl.ParallelFor(neighbors) as n_neighbors:
        train_model(
            normalized_iris_dataset=normalize_dataset_task.outputs[
                'normalized_iris_dataset'],
            n_neighbors=n_neighbors
        )
```

6. 마지막 단계는 파이프라인을 실행하도록 제출하는 것이다. 이는 Kubeflow Pipelines 클라이언트 클래스를 인스턴스화하고 적절한 인수를 제공함으로써 수행한다. `<KFP_UI_URL>`은 Kubeflow Pipelines 인스턴스의 호스트 URL이며, 이 경우 이전에 포트 포워딩을 수행해서 얻은 URL이다. V2 Kubeflow Pipelines API의 여러 기능을 사용하고 있으므로 모드 인수에 `kfp.dsl.PipelineExecutionMode.V2_COMPATIBLE` 플래그를 전달해야 함에 유의한다.

```
endpoint = '<KFP_UI_URL>'
kfp_client = Client(host=endpoint)
run = kfp_client.create_run_from_pipeline_func(
    my_pipeline,
    mode=kfp.dsl.PipelineExecutionMode.V2_COMPATIBLE,
    arguments={
        'min_max_scaler': True,
        'standard_scaler': False,
        'neighbors': [3, 6, 9]
    },
)
url = f'{endpoint}/#/runs/details/{run.run_id}'
print(url)
```

7. 이 파이프라인을 빌드하고 배포하여 실행하려면 다음을 실행한다.

```
python basic_pipeline.py
```

실행하면 터미널에 실행 URL이 출력되는데, 다음과 비슷한 형태일 것이다.

```
http://localhost:8080/#/runs/details/<UID>
```

이 링크로 이동해서 파이프라인이 성공적으로 실행됐다면, Kubeflow 대시보드에서 파이프라인의 각 단계를 볼 수 있다. 사이드바에서는 파이프라인과 실행에 관한 다양한 메타데이터를 탐색할 수 있다. 그림 5.46은 위 코드를 실행한 결과를 보여준다.

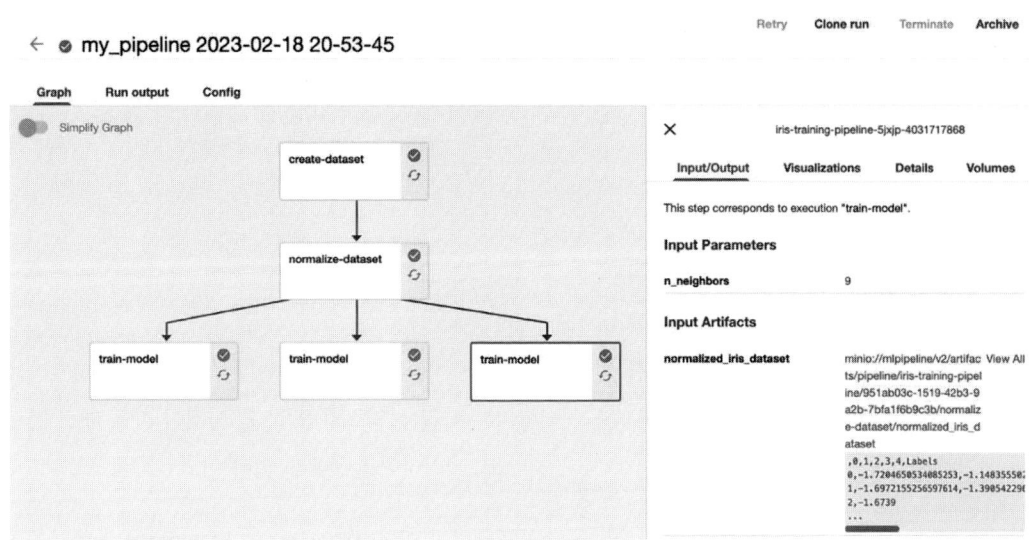

그림 5.46 본문에 정의된 훈련 파이프라인의 성공적인 실행을 보여주는 Kubeflow UI

이렇게 해서 첫 번째 Kubeflow 파이프라인을 구축하고 실행했다!

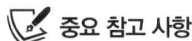 중요 참고 사항

Kubeflow 파이프라인을 YAML로 직렬화해서 Kubeflow 백엔드가 읽을 수 있게 할 수도 있다. 앞의 예제에서 사용한 파이프라인 객체에 다음과 같은 명령을 실행하면 된다.

```
cmplr = compiler.Compiler()
cmplr.compile(my_pipeline, package_path='my_pipeline.yaml')
```

이렇게 하면 파이프라인 실행이 매우 간단해진다. Kubeflow Pipelines UI에 YAML을 업로드하거나 프로그래밍 방식으로 클러스터에 전송하면 된다.

'ZenML' 항과 마찬가지로, 이번에도 Kubeflow의 기능을 간단히 맛보고 로컬 환경에서 기본 사용법을 익히는 데 초점을 맞췄다. 쿠버네티스 기반인 Kubeflow는 플랫폼을 가리지 않아, 컨테이너를 지원하기만 하면 어떤 환경에서도 이러한 파이프라인을 효과적으로 실행할 수 있다는 큰 장점이 있다.

ZenML과 Kubeflow를 서로 다른 파이프라인 도구로 소개했지만, 실제로는 상호 보완적으로 사용할 수 있다. 일례로, ZenML은 Kubeflow 오케스트레이터를 통해 Kubeflow 파이프라인을 배포할 수 있다. 즉, ZenML의 상위 수준 추상화를 활용하면서도 배포 대상으로 Kubeflow의 확장성과 견고성을 취할 수 있다. ZenML 문서[11]에 잘 안내돼 있으니 참조하자.

다음 절에서는 이러한 도구와 기법을 실제 솔루션에 적용할 때 알아야 할 여러 배포 전략을 간단히 살펴보며 이 장을 마무리하겠다.

5.8 배포 전략 선택

이 장에서는 머신러닝 솔루션을 프로덕션에 적용하는 여러 기술적 방법을 다뤘다. 하지만 기존 인프라를 어떻게 다루고 실제 사용자의 요청을 어떻게 처리할지는 아직 설명하지 않았다. 이것이 바로 배포 전략이 정의하는 부분이며, 적절한 전략을 선택하는 것은 ML 엔지니어의 중요한 역량이다.

이 책의 다른 개념들처럼 대부분의 배포 전략도 **소프트웨어 공학(software engineering)**과 **데브옵스 (DevOps)**에서 가져온 것이다. 머신러닝에서 특히 유용한 주요 전략 두 가지를 살펴보자.

블루/그린 배포(blue/green deployments)는 새 버전의 소프트웨어를 기존 솔루션과 나란히 실행하다가 정해진 조건이 충족되면 모든 요청을 새 시스템으로 전환하고 이전 시스템은 중단하거나 롤백용으로 남겨두는 방식이다. 이 방식은 2005년 전자상거래 사이트에서 일하던 대니얼 노스(Daniel North)와 제즈 험블(Jez Humble)이 처음 개발했다.

이 이름의 유래는 깃랩 스니핏[12]에 설명돼 있는데, "A와 B" 또는 "녹색과 빨강"처럼 다른 이름을 쓰면 두 후보 솔루션이나 환경 중 하나가 더 '좋다' 또는 '나쁘다'는 뜻을 함축하게 되기 때문에 이런 이름을 붙였다고 한다. 그 이후로 이 전략은 전형적인 방식으로 자리 잡았다.

머신러닝 엔지니어링에서는 특히 완전히 배포하기 전에 일정 기간 모델과 솔루션의 성능 데이터를 수집하고 싶을 때 유용하다. 또한 관련 부서 담당자들에게 ML 솔루션이 '야생(in the wild)', 즉 실제 환경에서 예상대로 작동할 것이라는 증거를 제시하는 데도 도움이 된다. 일괄 작업에도 아주 잘 맞는데, 사실상

---

11 https://docs.zenml.io/stacks-and-components/component-guide/orchestrators/kubeflow
12 https://gitlab.com/-/snippets/1846041

또 다른 배치를 동시에 실행하는 것이기 때문이다. 단, 작업이 크거나 복잡하거나 프로덕션 환경 유지 비용이 많이 든다면 비용 문제를 고려해야 한다.

다음 전략은 **카나리 배포**(canary deployments)라고 부른다. 블루/그린 방식과 비슷한 구성이지만 두 솔루션 간에 트래픽을 더 점진적으로 전환한다. 새 시스템을 배포한 후 처음에는 전체 트래픽의 일부(예: 5% 또는 10%)만 받게 하고, 안정성과 성능이 확인되면 점차 비율을 높이는 방식이다. 전체는 항상 100%를 유지하므로 새 시스템이 더 많은 트래픽을 받으면 기존 시스템은 그만큼 적게 받는다. 이 이름은 옛날 탄광에서 독성 물질을 감지하기 위해 카나리아를 활용하던 기법에서 유래했다. 카나리아를 날려보내서 살아남으면 안전하다고 봤던 것이다. 다행히도 카나리 배포 기법에서는 실제 동물이 다치지는 않는다. 이 전략은 평가할 데이터를 나눠도 다음 단계로 진행하는 데 필요한 정보를 얻을 수 있을 때 유용하다. 예를 들어 웹사이트 백엔드에서 호출되는 ML 마이크로서비스는 로드 밸런서에서 새 서비스로 가는 라우팅을 점진적으로 변경할 수 있어서 이 방식이 잘 맞는다. 반면 대규모 일괄 작업은 웹 트래픽과 달리 데이터를 자연스럽게 나눌 방법이 없을 수 있어서 이 방식이 잘 맞지 않을 수도 있다.

8장 '예제 ML 마이크로서비스 구축'에서는 쿠버네티스로 맞춤형 ML 엔드포인트를 구축할 때 이러한 전략을 사용하는 방법을 보여준다.

어떤 배포 전략을 사용하든 비용 효율성, 솔루션의 가동 시간, 출력 결과에 대한 신뢰도 사이의 균형을 맞추는 것이 핵심이다. 이 세 가지를 모두 달성한다면 성공적인 조합이 될 것이다.

5.9 요약

이 장에서는 ML 솔루션 배포에 관한 가장 중요한 개념들을 살펴봤다. 특히 아키텍처의 개념과 클라우드 배포에 활용할 수 있는 도구들을 자세히 알아봤다. 현대 ML 엔지니어링에서 자주 사용하는 주요 구조와 이를 컨테이너, AWS ECR, ECS로 구현하는 방법을 다뤘다. 또한 MWAA(관리형 Apache Airflow)를 사용해 AWS에서 예약 작업 파이프라인을 만드는 방법도 설명했다. MWAA 예제를 깃허브 액션과 연동하는 방법도 살펴봤는데, 이를 통해 코드 변경이 실행 중인 서비스의 업데이트를 직접 트리거할 수 있어서 앞으로 CI/CD를 구축할 때 기본 틀로 활용할 수 있다.

이어서 4장 '패키징'의 내용을 바탕으로 더 높은 수준의 파이프라인 도구를 논의했다. 아파치 Airflow를 활용해 데이터 엔지니어링, ML, ML옵스 파이프라인을 구축하고 관리하는 방법을 중심으로 다뤘다. 그

다음 대규모 ML과 ML옵스 파이프라인을 개발하고 배포하는 강력한 도구인 ZenML과 Kubeflow를 자세히 소개했다.

다음 장에서는 대용량 데이터와 높은 처리량이 필요한 계산을 다룰 수 있도록 솔루션의 규모를 확장하는 여러 방법을 살펴본다.

06

스케일링

5장에서는 다양한 배포 패턴을 활용해 솔루션을 프로덕션 환경에 적용하는 방법과 이를 위한 도구들을 살펴봤다. 이번 장에서는 대규모 데이터나 트래픽을 처리하기 위해 솔루션을 확장할 때 사용할 수 있는 개념과 도구들을 살펴보며 이 논의를 이어갈 것이다.

노트북에서 몇 천 개의 데이터 포인트로 간단한 **머신러닝(ML)** 모델을 실행해보는 것은 좋은 연습이 된다. 특히 앞서 설명했던 머신러닝 개발 프로젝트의 초기 단계인 발견과 개념 증명 단계를 수행할 때 그렇다. 하지만 수백만 개의 데이터 포인트를 비교적 높은 빈도로 처리해야 하거나, 비슷한 규모의 수천 개의 모델을 한 번에 훈련해야 할 때는 이런 접근 방식이 적절하지 않다. 이때는 다른 접근 방식과 사고방식, 그리고 도구가 필요하다.

이어지는 내용에서는 현재 가장 많이 사용되는 분산 데이터 계산 프레임워크 중 두 가지인 **아파치 스파크와 레이(Ray)**를 살펴볼 것이다. 특히 이 프레임워크들이 내부적으로 어떻게 작동하는지 핵심적인 부분을 살펴봄으로써, 개발 시에 이들을 어떻게 활용할지 좋은 판단을 내릴 수 있도록 할 것이다. 그다음 구체적인 예시와 함께 이들을 머신러닝 워크플로에서 어떻게 사용하는지 알아볼 것이다. 이 예시들은 특히 대용량 배치 데이터를 처리할 때 도움이 되도록 구성됐다. 다음으로는 추론 엔드포인트를 확장할 수 있는 서버리스 애플리케이션을 만드는 방법을 간단히 소개한다. 마지막으로 쿠버네티스로 컨테이너화된 머신러닝 애플리케이션을 확장하는 방법을 다룰 것이다. 이는 5장 '배포 패턴과 도구'에서 다룬 내용을 보완하며, 8장 '예제 ML 마이크로서비스 구축'에서 전체 예제와 함께 자세히 다룰 것이다.

이는 앞서 스파크로 머신러닝 문제를 해결했던 실용적인 예제들을 더 구체적인 이론적 이해와 자세한 실용 예제로 보강하는 데 도움이 될 것이다. 이 장을 마치고 나면 머신러닝 솔루션을 더 큰 데이터셋으로 확장할 때 사용할 수 있는 최고의 프레임워크와 기법들을 자신 있게 활용할 수 있을 것이다.

이 장에서는 다룰 내용은 다음과 같다.

- 스파크로 확장하기

- 서버리스 인프라 구축

- 쿠버네티스로 대규모 컨테이너화하기

- Ray로 확장하기

- 대규모 시스템 설계

6.1 기술적 요구사항

다른 장들과 마찬가지로, 책의 저장소에서 Chapter06 아래에 있는 콘다 환경 `yml` 파일이나 `requirements.txt` 파일을 사용해 이 장의 예제를 실행할 수 있는 파이썬 개발 환경을 설정할 수 있다.

```
conda env create -f mlewp-chapter06.yml
```

이 장의 예제들을 끝까지 따라하려면 파이썬 외의 도구들도 설치해야 한다. 각 도구의 문서를 참고하기 바란다.

- AWS CLI v2

- 도커(Docker)

- 포스트맨(Postman)

- 레이(Ray)

- 아파치 스파크(Apache Spark) 버전 3.0.0 이상

6.2 스파크로 확장하기

2012년 캘리포니아 대학교 버클리의 뛰어난 연구자들이 만든 **아파치 스파크(Apache Spark)**는 대규모 데이터셋을 처리하는 방식에 혁신을 가져왔다.

스파크는 클러스터 컴퓨팅 프레임워크다. 여러 컴퓨터를 연결해 계산 작업을 나눠서 처리할 수 있게 하고, 이런 작업을 효과적으로 조율한다. 스파크 작업을 실행할 때는 항상 실행 중인 클러스터를 기준으로 이야기하는데, 이 클러스터는 실제 작업을 수행하는 작업자 노드들과 이를 관리하는 헤드 노드로 구성된다.

스파크는 스칼라(Scala)로 작성됐다. 스칼라는 함수형 프로그래밍에 강점이 있고 **자바 가상 머신(JVM)**에서 실행되는 언어다. 이 책은 파이썬으로 하는 머신러닝 엔지니어링을 다루므로, 작업에 꼭 필요한 경우가 아니면 스파크의 스칼라 기반 구성 요소는 자세히 설명하지 않겠다. 스파크는 파이썬을 포함한 여러 프로그래밍 언어용 API를 제공한다. 이 책의 예시에서 사용한 파이스파크(PySpark) 문법도 이런 API 중 하나다.

그렇다면 이 모든 것이 어떻게 구성돼 있을까?

아파치 스파크가 큰 인기를 얻은 주된 이유 중 하나는 다양한 커넥터와 구성 요소, API를 제공한다는 점이다. 예를 들어 스파크 코어와 연결되는 주요 구성 요소가 4개 있다.

- **스파크 SQL, 데이터프레임, 데이터셋**: 이 컴포넌트를 사용하면 구조화된 데이터를 다루는 확장성 높은 프로그램을 만들 수 있다. SQL 호환 쿼리를 작성할 수 있고, 스파크의 주요 구조화 API(파이썬, 자바, 스칼라, R)를 통해 스파크 엔진을 활용하는 데이터 테이블을 만들 수 있어서 스파크의 핵심 기능을 쉽게 사용할 수 있다.

- Spark Structured Streaming: 스트리밍 데이터(예: 아파치 카프카가 제공하는 데이터)를 처리하는 컴포넌트다. 설계가 매우 단순해서 개발자는 스트리밍 데이터를 마치 점점 커지는 스파크 구조화 테이블처럼 다룰 수 있다. 일반 테이블과 동일한 방식으로 쿼리와 조작이 가능해 확장 가능한 스트리밍 솔루션을 쉽게 만들 수 있다.

- GraphX: 그래프 병렬 처리를 구현하고 페이지랭크(PageRank)나 삼각형 세기(Triangle Counting) 같은 표준 알고리즘을 그래프 기반 데이터에 적용할 수 있는 라이브러리다. 데이터브릭스의 **GraphFrames** 프로젝트는 스파크의 데이터프레임 기반 API로 그래프 데이터를 분석할 수 있게 해서 이 기능을 더욱 쉽게 사용할 수 있다.

- Spark ML: 마지막으로 ML 엔지니어에게 가장 적합한 컴포넌트인 스파크의 기본 머신러닝 라이브러리가 있다. 이 라이브러리에는 이 책에서 이미 살펴본 많은 알고리즘과 특징 공학 기능의 구현이 포함돼 있다. 라이브러리에서 **데이터프레임** API를 사용할 수 있어 매우 쉽게 사용할 수 있으며, 여전히 매우 강력한 코드를 만들 수 있는 방법을 제공한다.

  스파크 클러스터에서 스파크 ML을 사용하면 단일 스레드에서 다른 ML 라이브러리를 실행할 때보다 훨씬 빠르게 모델을 훈련할 수 있다. 우리가 즐겨 사용하는 ML 구현에도 적용할 수 있는 다른 기법들이 있는데, 이를 활용해 스파크로 확장하는 방법은 나중에 살펴보겠다.

스파크는 드라이버/실행기 구조로 되어 있다. 드라이버란 스파크 애플리케이션의 주 진입점 역할을 하는 프로그램으로, 여기서 **스파크콘텍스트(SparkContext)** 객체가 생성된다. 스파크콘텍스트는 각각 자체 JVM에서 실행되는 실행기에 태스크를 보내고, 주어진 관리자와 솔루션이 실행되는 모드에 맞춰 클러스터 관리자와 통신한다. 드라이버의 주요 작업은 우리가 작성한 코드를 **방향성 비순환 그래프(DAG)** 의 논리적 단계로 변환하고(5장 '배포 패턴과 도구'에서 아파치 Airflow를 다룰 때 본 개념과 같음), 이 DAG를 사용 가능한 컴퓨팅 리소스에서 실행할 태스크 집합으로 변환하는 것이다.

이후 내용에서는 스파크가 **하둡 YARN** 리소스 관리자와 함께 실행된다고 가정한다. 이는 가장 인기 있는 옵션 중 하나이며, **AWS 일래스틱 맵리듀스(EMR)** 솔루션도 기본으로 사용하는 방식이다(이에 대해서는 나중에 더 자세히 설명한다). YARN을 클러스터 모드로 실행하면 드라이버 프로그램이 YARN 클러스터의 컨테이너에서 실행된다. 클라이언트가 클러스터 관리자와 계속 연결된 상태를 유지해야 하는 클라이언트 모드와 달리, 클러스터 모드에서는 드라이버를 통해 작업이나 요청을 제출하고 곧바로 종료할 수 있다(클라이언트 모드는 여기서 다루지 않는다).

클러스터 관리자는 클러스터에서 사용할 수 있는 자원을 할당해 실행기를 시작한다.

이러한 스파크 구조 덕분에 ML 엔지니어는 노트북에서 로컬로 작업하든 수천 개의 노드가 있는 클러스터에서 작업하든 동일한 API와 문법으로 솔루션을 만들 수 있다. 이렇게 유연한 작업이 가능한 것은 드라이버, 리소스 관리자, 실행기가 서로 맞물려 돌아가기 때문이다.

6.2.1 스파크 팁과 트릭

이 절에서는 스파크로 고성능 솔루션을 작성하기 위한 간단하면서도 효과적인 팁을 살펴본다. 모든 머신러닝 파이프라인의 첫 단계인 데이터 조작과 준비를 위한 핵심 구문에 초점을 맞출 것이다. 그럼 시작하자.

1. 먼저 효과적인 스파크 SQL(Spark SQL)을 작성하는 방법을 알아보자. 모든 스파크 프로그램의 시작점은 SparkSession 객체다. 이 객체의 인스턴스를 애플리케이션에 가져와야 한다. 보통 인스턴스를 spark라는 변수에 할당한다.

```
from pyspark.sql import SparkSession
spark = SparkSession\
    .builder\
    .appName("Spark SQL Example")\
```

```
        .config("spark.some.config.option", "some-value")\
        .getOrCreate()
```

2. spark 객체와 sql 메서드를 사용해 사용 가능한 데이터에 대해 스파크 SQL 명령을 실행할 수 있다.

```
spark.sql('''select * from data_table''')
```

스파크 프로그램에서 필요한 데이터를 사용할 수 있게 만드는 방법은 데이터가 어디에 있는지에 따라 다양하다. 다음 예시는 3장 '모델에서 모델 팩토리까지'에서 다룬 코드의 일부로, CSV 파일에서 데이터프레임으로 데이터를 가져오는 방법을 보여준다.

```
data = spark.read.format("csv")\
    .option("sep", ";")\
    .option("inferSchema", "true")\
    .option("header", "true").load(
        "data/bank/bank.csv")
```

3. 이제 다음 구문을 사용해 이 데이터의 임시 뷰를 만들 수 있다.

```
data.createOrReplaceTempView('data_view')
```

4. 그런 다음 앞에서 언급한 방법을 사용해 이 데이터에 대해 질의해 레코드를 보거나 새 데이터프레임을 만들 수 있다.

```
new_data = spark.sql('''select ...''')
```

스파크 SQL을 작성할 때 다음과 같은 표준 관행을 따르면 효율적인 코드를 만들 수 있다.

- 큰 테이블을 왼쪽에, 작은 테이블을 오른쪽에 두고 조인하는 것은 비효율적이므로 피한다. 일반적으로 조인에 사용하는 데이터셋을 최대한 간단하게 만들어야 한다. 예를 들어 사용하지 않는 열이나 행을 포함해 조인하는 것은 최대한 피한다.

- 데이터셋이 매우 큰 경우 전체를 스캔하는 쿼리 문법은 피한다. 예를 들어 select max(date_time_value)와 같은 문법은 피한다. 이런 경우에는 최솟값이나 최댓값을 찾기 전에 데이터를 더 적극적으로 필터링하는 로직을 정의해서, 스캔할 데이터셋의 크기를 줄이는 것이 좋다.

스파크로 작업할 때 권장되는 방법을 몇 가지 더 알아보자.

- **데이터가 한쪽으로 치우치지 않게 하기:** 데이터가 실행기들에 어떻게 분배되는지 이해하도록 노력하자. 날짜 열을 기준으로 파티셔닝했을 때, 각 날짜의 데이터양이 비슷하다면 좋은 선택이 되지만 특정 날짜에 데이터가 몰려 있고 다른 날짜에는 거의 없다면 좋지 않다. 이런 경우에는 더 적절한 열(또는 스파크의 repartition으로 생성한 ID)을 사용해 다시 파티셔닝해야 한다.

- **데이터 셔플링 피하기:** 데이터가 여러 파티션에 산재해 있을 때 데이터 셔플링이 일어날 수 있다. 예를 들어 일 단위로 파티셔닝된 데이터셋이 있다고 하자. 전체 기간의 특정 열 합계를 계산하라고 스파크에 요청하면, 모든 일별 파티션에 접근해서 결과를 새로운 파티션에 기록해야 한다. 이 과정에서 디스크 쓰기와 네트워크 전송이 발생하므로 스파크 작업의 성능 병목이 될 수 있다.

- **큰 데이터셋에서 액션 연산 사용을 피하기:** 예를 들어 collect()를 실행하면 모든 데이터가 드라이버 노드로 옮겨진다. 이는 데이터셋이 큰 경우에 심각한 문제가 될 수 있지만, 계산 결과를 다른 것으로 변환하기 위해 필요할 수도 있다. 스파크 데이터프레임을 판다스 데이터프레임으로 변환하는 toPandas() 명령도 모든 데이터를 드라이버의 메모리에 가져온다는 점에 유의한다.

- **UDF를 적절히 사용하기:** 아파치 스파크를 사용하는 머신러닝 엔지니어에게 **사용자 정의 함수(UDF)**는 매우 유용한 도구다. UDF를 사용하면 복잡하고 맞춤화된 로직을 캡슐화애 다양한 방식으로 확장 적용할 수 있다. 표준 PySpark(또는 Scala) UDF를 작성하면 스파크 SQL 구문 내에서 적용할 수 있어 코드를 효율적으로 재사용하고 머신러닝 모델의 적용을 단순화할 수 있다는 장점이 있다. 항상 가장 효율적인 코드는 아니지만, 솔루션을 더 간단하고 유지 관리하기 쉽게 만드는 데 도움이 될 것이다.

구체적인 예로, 3장에서 다룬 은행 데이터로 'month_as_int'라는 새 열을 만드는 UDF를 구현해 보자. 이 UDF는 월을 나타내는 문자열을 정수로 변환한다. 여기서는 훈련/테스트 분할이나 용도에 관해서는 신경 쓰지 않고, PySpark UDF에 로직을 적용하는 방법만 설명한다.

시작해 보자.

1. 먼저 데이터를 읽어야 한다. 여기에 제공된 상대 경로는 이 책의 깃허브 저장소 Chapter06/mlewp2-spark/spark_example_udfs.py 스크립트와 일치한다.

```
from pyspark.sql import SparkSession
from pyspark import SparkContext
from pyspark.sql import functions as f


sc = SparkContext("local", "Ch6BasicExampleApp")
```

```
# 스파크 세션 얻기
spark = SparkSession.builder.getOrCreate()

# 데이터를 가져와서 스파크 데이터프레임에 넣기
data = spark.read.format("csv").option("sep", ";").
    option("inferSchema", "true").option("header", "true").load(
        "data/bank/bank.csv")
```

data.show() 명령으로 현재 데이터를 보면 다음과 같은 것을 볼 수 있다.

```
+---+------------+-------+---------+-------+-------+-------+----+---------+---+-----+--------+--------+-----+--------+-------+---+
|age|         job|marital|education|default|balance|housing|loan|  contact|day|month|duration|campaign|pdays|previous|poutcome|  y|
+---+------------+-------+---------+-------+-------+-------+----+---------+---+-----+--------+--------+-----+--------+-------+---+
| 30|  unemployed|married|  primary|     no|   1787|     no|  no| cellular| 19|  oct|      79|       1|   -1|       0|unknown| no|
| 33|    services|married|secondary|     no|   4789|    yes| yes| cellular| 11|  may|     220|       1|  339|       4|failure| no|
| 35|  management| single| tertiary|     no|   1350|    yes| yes| cellular| 16|  apr|     185|       1|  330|       1|failure| no|
| 30|  management| single| tertiary|     no|   1476|    yes| yes|  unknown|  3|  jun|     199|       4|   -1|       0|unknown| no|
| 59| blue-collar|married|secondary|     no|      0|    yes|  no|  unknown|  5|  may|     226|       1|   -1|       0|unknown| no|
| 35|  management| single| tertiary|     no|    747|     no|  no| cellular| 23|  feb|     141|       2|  176|       3|failure| no|
| 36|self-employed|married| tertiary|     no|    307|    yes|  no| cellular| 14|  may|     341|       1|  330|       2|  other| no|
| 39|  technician|married|secondary|     no|    147|    yes|  no| cellular|  6|  may|     151|       2|   -1|       0|unknown| no|
| 41|entrepreneur|married| tertiary|     no|    221|    yes|  no|  unknown| 14|  may|      57|       2|   -1|       0|unknown| no|
| 43|    services|married|  primary|     no|    -88|    yes| yes| cellular| 17|  apr|     313|       1|  147|       2|failure| no|
+---+------------+-------+---------+-------+-------+-------+----+---------+---+-----+--------+--------+-----+--------+-------+---+
```

그림 6.1 은행 데이터셋에서 가져온 데이터로 만든 데이터프레임

2. 이제 data.printSchema() 명령으로 이 데이터프레임의 스키마를 다시 확인할 수 있다. 여기서 보듯이 month는 현재 문자열 형식으로 저장돼 있다.

```
¦-- age: integer (nullable = true)
¦-- job: string (nullable = true)
¦-- marital: string (nullable = true)
¦-- education: string (nullable = true)
¦-- default: string (nullable = true)
¦-- balance: integer (nullable = true)
¦-- housing: string (nullable = true)
¦-- loan: string (nullable = true)
¦-- contact: string (nullable = true)
¦-- day: integer (nullable = true)
¦-- month: string (nullable = true)
¦-- duration: integer (nullable = true)
¦-- campaign: integer (nullable = true)
¦-- pdays: integer (nullable = true)
¦-- previous: integer (nullable = true)
¦-- poutcome: string (nullable = true)
¦-- y: string (nullable = true)
```

3. 이제 파이썬 datetime 라이브러리를 사용해 월 이름 문자열을 정수로 변환하는 UDF(사용자 정의 함수)를 정의해보자.

```python
import datetime
def month_as_int(month):
    month_number = datetime.datetime.strptime(month, "%b").month
    return month_number
```

4. 스파크 SQL 내에서 이 함수를 사용하려면 UDF로 등록해야 한다. register() 함수의 인자는 등록할 함수명, 방금 작성한 파이썬 함수명, 그리고 반환 타입이다. 반환 타입은 기본값이 StringType()인데, 여기서는 이를 명시적으로 지정했다.[1]

```python
from pyspark.sql.types import StringType

spark.udf.register("monthAsInt", month_as_int, StringType())
```

5. 이제 함수를 등록했으므로 데이터에 적용할 수 있다. 먼저 은행 데이터셋의 임시 뷰를 만든 다음, UDF를 참조하는 스파크 SQL 쿼리를 실행한다.

```python
data.createOrReplaceTempView('bank_data_view')

spark.sql('''
select *, monthAsInt(month) as month_as_int from bank_data_view
''').show()
```

이 구문을 show() 메서드와 함께 실행하면 새로운 열이 잘 계산된 것을 확인할 수 있다. 결과 데이터프레임의 마지막 몇 개 열을 보면 다음과 같다.

```
+-----+--------+--------+---+------------+
|pdays|previous|poutcome|  y|month_as_int|
+-----+--------+--------+---+------------+
|   -1|       0| unknown| no|          10|
|  339|       4| failure| no|           5|
|  330|       1| failure| no|           4|
|   -1|       0| unknown| no|           6|
|   -1|       0| unknown| no|           5|
|  176|       3| failure| no|           2|
|  330|       2|   other| no|           5|
|   -1|       0| unknown| no|           5|
|   -1|       0| unknown| no|           5|
|  147|       2| failure| no|           4|
|   -1|       0| unknown| no|           5|
|   -1|       0| unknown| no|           4|
|   -1|       0| unknown| no|           8|
|   -1|       0| unknown|yes|           4|
|  241|       1| failure| no|           1|
|   -1|       0| unknown| no|           8|
|   -1|       0| unknown| no|           8|
|  152|       2| failure| no|           4|
|   -1|       0| unknown| no|           5|
|  152|       1|   other| no|           7|
+-----+--------+--------+---+------------+
```

그림 6.2 UDF를 적용해 새로운 열을 계산한 결과

---

1 (옮긴이) 월 이름을 정수로 변환하는 함수 month_as_int는 정숫값을 반환하는데, 이를 UDF로 등록할 때 반환 타입을 StringType()으로 지정하고 있다. 반환 타입을 정수형인 IntegerType()으로 지정하는 것이 적절해 보인다.

6. 다른 방법으로는 다음 구문으로 UDF를 만들어 스파크 데이터프레임에 적용할 수도 있다. 앞서 언급했듯이 UDF를 사용하면 복잡한 구문도 간단하게 작성할 수 있다. 여기서는 구문이 단순하지만 참고로 보여주겠다. 이렇게 하면 앞의 스크린숏과 같은 결과가 나온다.

```
from pyspark.sql.functions import udf
month_as_int_udf = udf(month_as_int, StringType())


df = spark.table("bank_data_view")
df.withColumn('month_as_int', month_as_int_udf("month")).show()
```

7. 마지막으로 PySpark는 UDF를 만드는 데코레이터 구문도 제공한다. 따라서 더 복잡한 기능을 만든다면 그냥 데코레이터가 붙은 파이썬 함수 안에 작성하면 된다. 다음 코드 블록도 앞의 스크린숏과 같은 결과를 보여준다.

```
@udf("string")
def month_as_int_udf(month):
    month_number = datetime.datetime.strptime(month, "%b").month
    return month_number


df.withColumn('month_as_int', month_as_int_udf("month")).show()
```

UDF에서 간단한 로직을 적용하는 방법을 봤는데, 이러한 방식으로 모델을 대규모로 배포하려면 함수에 머신러닝 로직을 넣어서 같은 방식으로 적용해야 한다. 데이터 과학자에게 익숙한 판다스와 **사이킷런** 같은 표준 도구로 작업하려고 하면 약간 까다로울 수 있다. 다행히도 몇 가지 이점이 있는 다른 옵션을 사용할 수 있다. 이에 대해 논의하겠다.

현재 고려 중인 UDF는 JVM과 파이썬 간에 데이터를 변환하는 데 시간이 걸릴 수 있다는 약간의 문제가 있다. 이를 해결하는 한 가지 방법은 아파치 애로(Apache Arrow) 라이브러리를 사용해 데이터 읽기를 빠르게 하여 UDF 실행을 지원하는 **판다스 UDF**를 사용하는 것이다. 이렇게 하면 속도 저하 없이 UDF의 유연성을 취할 수 있다.

아마 짐작하겠지만, 판다스 UDF는 판다스 **시리즈**와 **데이터프레임** 객체의 구문으로 작동하므로 매우 강력하다. 즉, 판다스를 사용해 로컬에서 모델을 구축하는 데 익숙한 데이터 과학자가 스파크를 사용해 코드를 쉽게 확장할 수 있다.

이 책에서 이전에 사용했던 와인 데이터셋에 간단한 분류기를 적용하는 방법을 살펴보자. 이 모델은 해당 데이터에 최적화되지 않았다. 사전 훈련된 분류기를 적용하는 예시를 보여주는 것이다.

1. 먼저 와인 데이터셋에 간단한 **서포트 벡터 머신(SVM)** 기반 분류기를 만들어 보자. 여기서는 올바른 훈련/테스트 분할, 특징 공학이나 그 밖의 모범 사례를 적용하지 않는다. 단지 sklearn 모델을 적용하는 방법만 보여주려 한다.

```
import sklearn.svm
import sklearn.datasets

clf = sklearn.svm.SVC()
X, y = sklearn.datasets.load_wine(return_X_y=True)
clf.fit(X, y)
```

2. 그런 다음 특징 데이터를 스파크 데이터프레임으로 가져와 나중 단계에서 판다스 UDF를 적용하는 방법을 보여줄 수 있다.

```
df = spark.createDataFrame(X.tolist())
```

3. 판다스 UDF는 정의하기가 매우 쉽다. 함수에 로직을 작성한 다음 @pandas_udf 데코레이터를 추가하기만 하면 되는데, 이때 함수의 출력 유형도 지정해야 한다. 가장 간단한 경우에는 훈련된 모델로 예측을 수행하는 과정(보통은 직렬 또는 로컬 병렬 처리만 가능)을 감싸면 된다.

```
import pandas as pd
from pyspark.sql.types import IntegerType
from pyspark.sql.functions import pandas_udf

@pandas_udf(returnType=IntegerType())
def predict_pd_udf(*cols):
    X = pd.concat(cols, axis=1)
    return pd.Series(clf.predict(X))
```

4. 마지막으로, 함수에 필요한 적절한 입력을 전달해 데이터가 포함된 스파크 데이터프레임에 이를 적용할 수 있다. 이 경우에는 13개의 특징 열 이름을 전달한다.

```
col_names = ['_{}'.format(x) for x in range(1, 14)]
df_pred = df.select('*', predict_pd_udf(*col_names).alias('class'))
```

이제 결과를 보면 df_pred 데이터프레임의 처음 몇 행이 다음과 같이 표시된다.

```
+-----+----+----+----+-----+----+----+----+----+----+----+------+-----+
|   _1|  _2|  _3|  _4|   _5|  _6|  _7|  _8|  _9| _10| _11|   _12|  _13|class|
+-----+----+----+----+-----+----+----+----+----+----+----+------+-----+
|14.23|1.71|2.43|15.6|127.0| 2.8|3.06|0.28|2.29|5.64|1.04|3.92|1065.0|    0|
| 13.2|1.78|2.14|11.2|100.0|2.65|2.76|0.26|1.28|4.38|1.05| 3.4|1050.0|    0|
|13.16|2.36|2.67|18.6|101.0| 2.8|3.24| 0.3|2.81|5.68|1.03|3.17|1185.0|    0|
|14.37|1.95| 2.5|16.8|113.0|3.85|3.49|0.24|2.18| 7.8|0.86|3.45|1480.0|    0|
|13.24|2.59|2.87|21.0|118.0| 2.8|2.69|0.39|1.82|4.32|1.04|2.93| 735.0|    2|
| 14.2|1.76|2.45|15.2|112.0|3.27|3.39|0.34|1.97|6.75|1.05|2.85|1450.0|    0|
|14.39|1.87|2.45|14.6| 96.0| 2.5|2.52| 0.3|1.98|5.25|1.02|3.58|1290.0|    0|
+-----+----+----+----+-----+----+----+----+----+----+----+------+-----+
```

그림 6.3 간단한 판다스 UDF를 적용한 결과

이것으로 스파크의 UDF와 판다스 UDF에 대한 간단한 소개를 마친다. 이를 통해 데이터 변환이나 머신 러닝 모델과 같은 직렬 파이썬 로직을 명백히 병렬로 적용할 수 있다.

다음으로는 클라우드에서 스파크 기반 계산을 수행하도록 설정하는 방법을 다룬다.

6.2.2 클라우드상의 스파크, AWS EMR

앞서 설명했듯이 PySpark 기반 머신러닝 솔루션을 개발하고 배포하는 작업은 개인 컴퓨터에서도 할 수 있다. 하지만 대규모 작업에서 이점을 보려면 적절한 크기의 컴퓨팅 클러스터가 필요하다. 이런 인프라를 구축하는 과정은 길고 어려울 수 있지만, 이 책에서 이미 언급했듯이 주요 퍼블릭 클라우드 제공 업체들은 다양한 인프라 구축 방안을 마련해 두고 있다.

스파크의 경우 AWS에는 **AWS EMR(Elastic MapReduce)**이라는 특히 훌륭한 솔루션이 있는데, 이는 관리형 빅데이터 플랫폼으로 빅데이터 생태계에서 몇 가지 다른 유형의 클러스터를 쉽게 구성할 수 있도록 해준다. 이 책에서는 스파크 기반 솔루션에 초점을 맞출 것이므로 스파크 도구가 있는 클러스터를 생성하고 사용하는 데 초점을 맞출 것이다.

다음 섹션에서는 EMR에서 스파크 클러스터를 시작한 후 간단한 스파크 ML 기반 애플리케이션을 배포하는 구체적인 예를 살펴볼 것이다.

그럼 **AWS EMR**을 통해 클라우드에서 스파크를 탐색해 보자!

6.2.2.1 AWS EMR 예제

EMR의 작동 방식을 이해하기 위해 이 책의 다른 부분과 마찬가지로 실제 예시를 자세히 살펴보자. 새로운 클러스터를 만드는 방법을 배우고, 첫 번째 PySpark ML 솔루션을 작성해서 배포하는 방법을 알아볼 것이다. 시작해 보자.

1. 먼저 AWS의 EMR 페이지로 이동해서 **클러스터 생성** 버튼을 클릭한다. 그러면 클러스터 구성 데이터를 입력하는 페이지가 나타날 것이다. 첫 번째 섹션에서는 클러스터 이름과 설치할 애플리케이션을 지정한다. 이 클러스터의 이름을 `mlewp2-cluster`로 지정하고, 작성 시점 기준 최신 EMR 릴리스인 6.11.0을 사용하며, Spark 애플리케이션 번들을 선택할 것이다.[2]

2. 다른 모든 구성은 이 첫 번째 섹션에서 기본값으로 유지할 수 있다. 이는 그림 6.4에 나와 있다.

그림 6.4 기본 구성으로 EMR 클러스터 만들기

3. 다음은 클러스터에서 사용할 컴퓨팅 구성이다. 여기서도 기본값을 그대로 사용할 수 있지만, 어떤 의미인지 이해하는 것이 중요하다. 먼저 '균일한 인스턴스 그룹'과 '유연한 인스턴스 플릿' 중 하나를 선택해야 하는데, 이는 제약 조건 내에서 컴퓨팅 리소스를 확장하는 전략을 의미한다. 인스턴스 그룹이 더 단순한데, 각 노드 유형마다 실행할 특정 서버를 정의하고 클러스터 수명 주기 동안 필요한 경우 추가 서버를 '온디맨드' 또는 '스팟 인스턴스'로 획득할 수 있다. 인스턴스 플릿은 더 복잡한 획득 전략을 사용할 수 있고 각 노드 유형에 다양한 서버 인스턴스 유형을 혼합할 수 있다. 자세한 내용은 AWS 문서[3]를 참고해 여러 옵션을 명확히 이해하기 바란다. 여기서는 기본 설정으로 인스턴스 그룹을 사용할 것이다. 이제 노드에 대해 알아보자. EMR 클러스터에는 프라이머리, 코어, 태스크라는 세 가지 노드가 있다. 프라이머리 노드는 YARN 리소스 매니저를 실행하며 작업 상태와 인스턴스 그룹 상태를 추적한다. 코어 노드는 일부 데몬과 스파크 실행기를 실행한다. 마지막으로 태스크 노드는 실제 분산 계산을 수행한다. 지금은 그림 6.5에 나온 것처럼 **프라이머리** 노드의 인스턴스 유형 기본값을 그대로 사용하자.

---

2 (옮긴이) 2025년 2월 12일 현재 최신 버전은 `emr-7.7.0`이지만, 원서에서 사용한 환경을 기준으로 번역했다.

3 https://docs.aws.amazon.com/emr/index.html

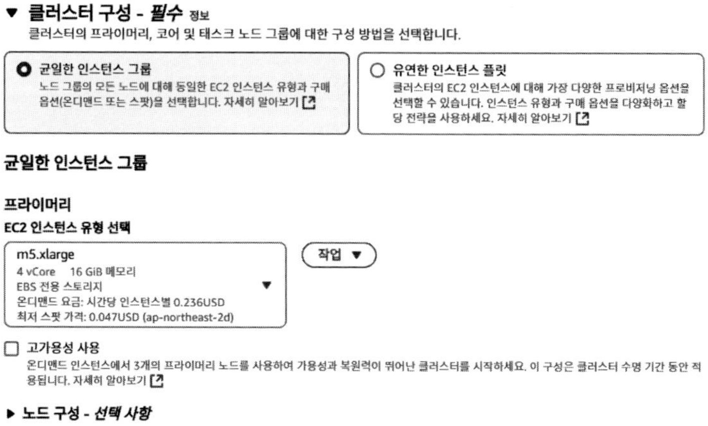

그림 6.5 EMR 클러스터의 컴퓨팅 구성. 구성을 위해 더 간단한 '균일한 인스턴스 그룹' 옵션을 선택했으며 서버 유형 기본값으로 진행했다.

4. 다음으로 2단계에서 언급한 인스턴스 그룹 및 인스턴스 플릿 컴퓨팅 옵션에 사용되는 크기 조정(scaling) 방식을 정의하는 단계로 이동한다. 여기서도 일단은 기본값을 선택하되, 노드 수를 늘려 클러스터를 더 크게 만들거나 작업량이 늘어날 때 클러스터 크기를 자동으로 늘리는 자동 크기 조정을 사용할 수 있다. 그림 6.6은 이 설정의 예시다.

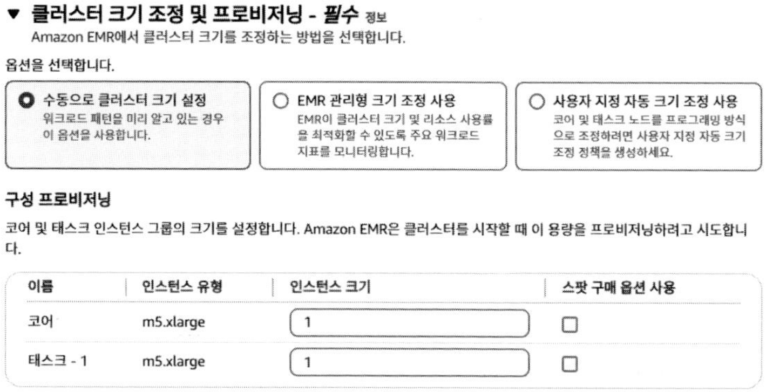

그림 6.6 클러스터 프로비저닝 및 스케일링 전략 선택. 여기서는 작은 클러스터 크기의 기본값으로 진행했지만, 더 큰 클러스터를 위해 이 값을 늘리거나 자동 크기 조정 옵션을 사용해 최소/최대 크기 제한을 설정할 수 있다.

5. 이제 **네트워킹** 섹션이 있는데, 이 책의 다른 예제에서 이미 virtual private cloud(VPC)와 서브넷을 만들어 두었다면 더 쉽게 설정할 수 있다. 자세한 내용은 5장 '배포 패턴과 도구'와 AWS 문서를 참고하기 바란다. VPC는 AWS 계정 내의 다른 서비스나 더 넓게는 인터넷에서 프로비저닝하는 인프라를 격리하는 것이므로, VPC와 그 활용법에 익숙해지는 것이 좋다. 참고로 그림 6.7은 이 예제에서 사용한 설정을 보여준다.

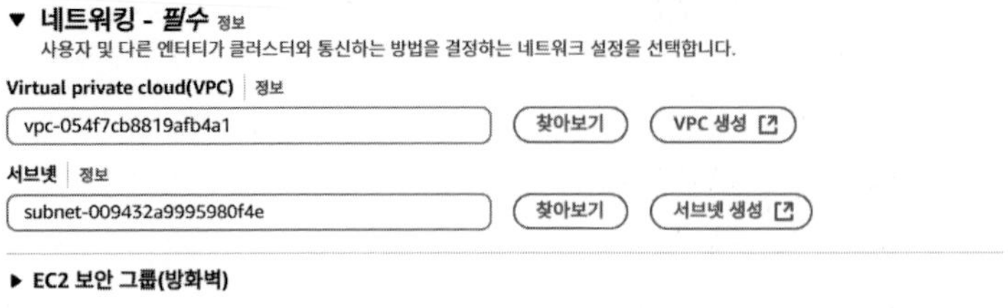

사용자 및 다른 엔터티가 클러스터와 통신하는 방법을 결정하는 네트워크 설정을 선택합니다.

Virtual private cloud(VPC) 정보

| vpc-054f7cb8819afb4a1 | 찾아보기 | VPC 생성 ↗ |

서브넷 정보

| subnet-009432a9995980f4e | 찾아보기 | 서브넷 생성 ↗ |

▶ **EC2 보안 그룹(방화벽)**

그림 6.7 네트워킹 구성에는 VPC가 필요하다. 선택한 서브넷이 없으면 클러스터용 서브넷을 자동으로 만든다.

6. 클러스터를 정의하기 위해 입력해야 할 섹션이 몇 개 더 있다. 다음 필수 섹션은 클러스터 종료 정책에 관한 것이다. 비용 관리를 위해 가능하면 항상 자동 종료 정책을 설정하는 것이 좋다. 사용하지 않는 서버를 계속 실행해 두어 엄청난 요금이 청구된 사례가 업계에 많이 있다! 그림 6.8은 클러스터를 1시간 동안 사용하지 않으면 자동으로 종료하는 정책을 설정한 예시다.

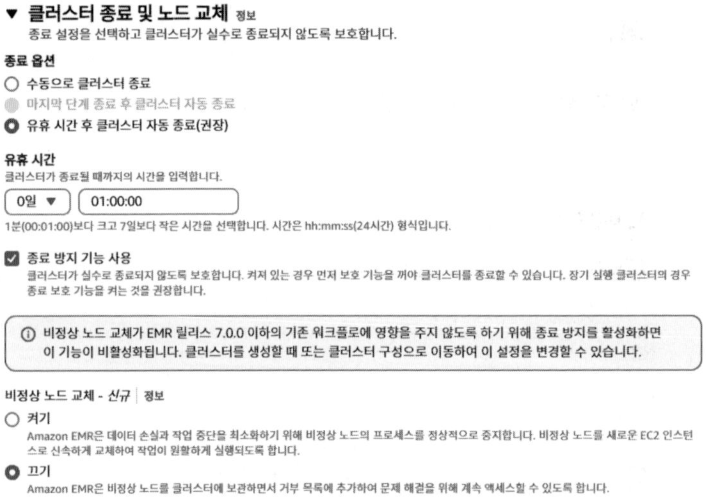

▼ **클러스터 종료 및 노드 교체** 정보

종료 설정을 선택하고 클러스터가 실수로 종료되지 않도록 보호합니다.

종료 옵션

○ 수동으로 클러스터 종료

◉ 마지막 단계 종료 후 클러스터 자동 종료

◉ 유휴 시간 후 클러스터 자동 종료(권장)

유휴 시간

클러스터가 종료될 때까지의 시간을 입력합니다.

| 0일 ▼ | 01:00:00 |

1분(00:01:00)보다 크고 7일보다 작은 시간을 선택합니다. 시간은 hh:mm:ss(24시간) 형식입니다.

☑ **종료 방지 기능 사용**

클러스터가 실수로 종료되지 않도록 보호합니다. 커져 있는 경우 먼저 보호 기능을 꺼야 클러스터를 종료할 수 있습니다. 장기 실행 클러스터의 경우 종료 보호 기능을 켜는 것을 권장합니다.

> ⓘ 비정상 노드 교체가 EMR 릴리스 7.0.0 이하의 기존 워크플로에 영향을 주지 않도록 하기 위해 종료 방지를 활성화하면 이 기능이 비활성화됩니다. 클러스터를 생성할 때 또는 클러스터 구성으로 이동하여 이 설정을 변경할 수 있습니다.

비정상 노드 교체 - *신규* 정보

○ 켜기

Amazon EMR은 데이터 손실과 작업 중단을 최소화하기 위해 비정상 노드의 프로세스를 정상적으로 중지합니다. 비정상 노드를 새로운 EC2 인스턴스로 신속하게 교체하여 작업이 원활하게 실행되도록 합니다.

◉ 끄기

Amazon EMR은 비정상 노드를 클러스터에 보관하면서 거부 목록에 추가하여 문제 해결을 위해 계속 액세스할 수 있도록 합니다.

그림 6.8 이와 같은 클러스터 종료 정책을 정의하는 것이 모범 사례이며 불필요한 비용을 줄이는 데 도움이 된다.

7. 마지막 필수 섹션은 생성하는 리소스에 어떤 계정이 접근할 수 있는지 정의하는 IAM 역할 설정이다. EMR 서비스 역할로 재사용할 수 있는 IAM 역할이 이미 있다면 그것을 사용해도 되지만, 이 예제에서는 이 클러스터 전용 서비스 역할을 새로 만들어보자. 그림 6.9를 보면 새 역할 생성을 선택하면 앞서 선택한 값에 맞춰 VPC, 서브넷, 보안 그룹이 미리 채워진다. 여기에 더 추가할 수도 있다. 그림 6.10을 보면 '인스턴스 프로파일'도 만들 수 있는데, 이는 EC2 클러스터의 모든 서버 인스턴스에 시작 시점에 적용되는 서비스 역할을 말한다.

Amazon EMR 서비스 역할 정보
서비스 역할은 Amazon EMR이 리소스를 프로비저닝하고 다른 AWS 서비스를 사용하여 서비스 수준 작업을 수행하기 위해 수임하는 IAM 역할입니다.

○ **기존 서비스 역할 선택**
클러스터가 다른 AWS 서비스와 상호 작용할 수 있도록 IAM 정책이 연결된 기본 서비스 역할 또는 사용자 지정 역할을 선택합니다.

● **서비스 역할 생성**
다른 AWS 서비스의 리소스에 대한 액세스 권한을 부여하고 제한할 수 있도록 Amazon EMR에서 새 서비스 역할을 생성하도록 합니다.

네트워킹 리소스
네트워킹 섹션에서 구성한 리소스가 이미 추가되었습니다. 서비스 역할이 액세스할 수 있는 VPC, 서브넷 및 보안 그룹을 선택합니다.

Virtual Private Cloud(VPC)

하나 이상의 VPC 선택 ▼

- ✕
vpc-054f7cb8819afb4a1

서브넷

하나 이상의 서브넷 선택 ▼

- ✕
subnet-009432a9995980f4e

보안 그룹

하나 이상의 보안 그룹 선택 ▼

그림 6.9 AWS EMR 서비스 역할 만들기

Amazon EMR용 EC2 인스턴스 프로파일
인스턴스 프로파일은 클러스터의 모든 EC2 인스턴스에 역할을 할당합니다. 인스턴스 프로파일은 단계 및 부트스트랩 작업에 대한 리소스에 액세스할 수 있는 역할을 지정해야 합니다.

○ **기존 인스턴스 프로파일 선택**
클러스터가 Amazon S3의 리소스와 상호 작용할 수 있도록 IAM 정책이 연결된 기본 역할 또는 사용자 지정 인스턴스 프로파일을 선택합니다.

● **인스턴스 프로파일 생성**
Amazon EMR에서 새 인스턴스 프로파일을 생성하므로 Amazon S3에서 액세스할 사용자 지정 리소스 세트를 지정할 수 있습니다.

S3 버킷 액세스 정보
○ **계정의 특정 S3 버킷 또는 접두사** 정보
이 인스턴스 프로파일에서 액세스할 버킷 또는 접두사를 선택합니다.
● **읽기 및 쓰기 액세스 권한이 있는 이 계정의 모든 S3 버킷**
계정에서 읽기 및 쓰기 액세스 권한이 활성화된 모든 버킷에 인스턴스 프로파일 액세스 권한을 부여합니다.

그림 6.10 이 EMR 클러스터에서 사용되는 EC2 서버에 대한 인스턴스 프로파일 만들기. 인스턴스 프로파일은 클러스터의 모든 EC2 인스턴스가 시작될 때 할당받는 서비스 역할을 말한다.

8. 지금까지 설명한 것이 클러스터 생성에 필요한 모든 필수 섹션이지만, 추가로 살펴볼 만한 선택적 섹션도 몇 가지 있다. 셸 스크립트, JAR 애플리케이션, Spark 애플리케이션을 순서대로 실행하도록 정의할 수 있는 **단계** 옵션이 있다. 이를 사용하면 인프라 배포 후에 작업을 제출하는 대신, 원하는 순서대로 데이터를 처리할 수 있도록 애플리케이션을 준비해 둔 상태로 클러스터를 시작할 수 있다. **부트스트랩 작업** 섹션에서는 EMR 클러스터에서 애플리케이션을 설치하거나 데이터를 처리하기 전에 실행할 사용자 정의 설치나 구성 단계를 정의할 수 있다. 클러스터 로그 위치, 태그, 기본적인 소프트웨어 설정도 구성할 수 있다. 마지막으로 중요한 점은 보안 구성이다. 그림 6.11에 옵션이 나와 있다. 이 클러스터는 EC2 키 페어나 보안 구성을 지정하지 않고 배포하겠지만, 프로덕션 환경에서 이 클러스터를 실행하려면 조직의 보안 요구사항과 규범을 이해하는 것이 매우 중요하다. 기대와 요구사항에 모두 부합하는지 보안팀이나 네트워크팀과 상의하기 바란다. 지금은 비워두고 클러스터를 생성하자.

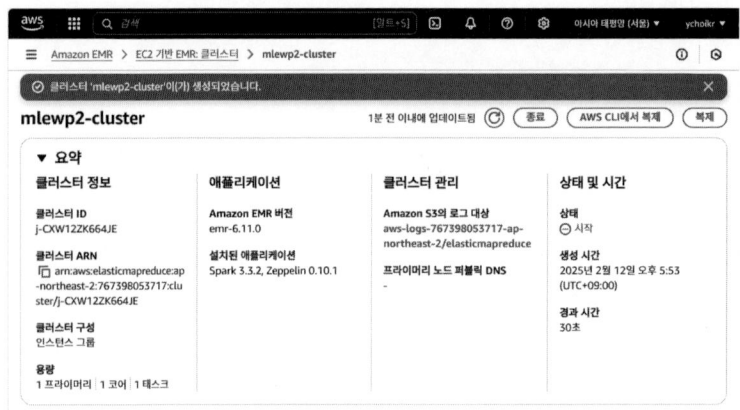

▼ 보안 구성 및 EC2 키 페어 정보

보안 구성을 선택하거나 다른 클러스터에서 재사용할 수 있는 새 보안 구성을 생성합니다.

보안 구성

클러스터 암호화, 인증, 권한 부여 및 인스턴스 메타데이터 서비스 설정을 선택합니다.

🔍 보안 구성 선택 | 🔄 | 찾아보기 ☑ | 보안 구성 생성 ☑

클러스터에 대한 SSH용 Amazon EC2 키 페어 정보

🔍 키 이름을 입력하거나 찾아보기를 통해 계정에서 Amazon EC2 … | 찾아보기 | 키 페어 생성 ☑

⚠ EC2 키를 입력하지 않았습니다. VPN 외부에 있고 SSH를 활성화하거나 이 클러스터에서 Hue SQL assistant를 사용하려면 EC2 키를 입력해야 합니다.

그림 6.11 여기에 표시된 클러스터의 보안 구성은 선택 사항이지만 프로덕션에서 클러스터를 실행하려는 경우 신중히 고려해야 한다.

9. 이제 모든 필수 옵션을 선택했으니 **클러스터 생성** 버튼을 클릭해 시작하자. 클러스터가 만들어지면 그림 6.12와 같은 검토 페이지가 보일 것이다. 클라우드에 스파크 클러스터를 만드는 데 성공했다!

그림 6.12 EMR 클러스터 생성 결과 검토 페이지

EMR 클러스터를 만들었으니 이제 작업을 제출해 보자. 3장 '모델에서 모델 팩토리까지'에서 만든 스파크 ML 파이프라인 예제를 수정해서 은행 데이터셋을 분석하고, 이를 새로 만든 클러스터에 단계로 제출할 것이다. PySpark 스크립트 하나만으로 애플리케이션의 유일한 단계를 구성하지만, 이를 바탕으로 더 복잡한 애플리케이션을 쉽게 만들 수 있다.

1. 먼저 3장의 코드를 가져와서 모범 사례에 관한 논의를 바탕으로 리팩터링한다. 모든 모델링 단계를 제공하는 함수로 코드를 더 효과적으로 모듈화할 수 있다(여기서는 간단히 하기 위해 일부 단계만 표시했다). 또한 모델링 결과를 parquet 파일로 저장하는 마지막 단계도 추가했다.

```
def model_bank_data(spark, input_path, output_path):
    data = spark.read.format("csv")\
```

```
    .option("sep", ";")\
    .option("inferSchema", "true")\
    .option("header", "true")\
    .load(input_path)

data = data.withColumn('label', f.when((f.col("y") == "yes"),
                                    1).otherwise(0))

# ...

data.write.format('parquet')\
    .mode('overwrite')\
    .save(output_path)
```

2. 이를 바탕으로 모든 주요 상용구 코드를 프로그램의 진입점인 if __name__=="__main__":에서 호출할 수 있는 main 함수로 감싼다.

```
def main():
    parser = argparse.ArgumentParser()
    parser.add_argument(
        '--input_path', help='S3 bucket path for the input data.
        Assume to be csv for this case.'
    )
    parser.add_argument(
        '--output_path', help='S3 bucket path for the output data.
        Assume to be parquet for this case'
    )
    args = parser.parse_args()

    # 스파크 콘텍스트 만들기
    sc = SparkContext("local", "pipelines")

    # 스파크 세션 얻기
    spark = SparkSession\
        .builder\
        .appName('MLEWP Bank Data Classifier EMR Example')\
        .getOrCreate()
```

```
    model_bank_data(
        spark,
        input_path=args.input_path,
        output_path=args.output_path
    )
```

3. 앞서 만든 함수들을 spark_example_emr.py라는 스크립트에 넣는다. 이 스크립트를 나중에 EMR 클러스터에 제출할 것이다.

```
import argparse
from pyspark.sql import SparkSession
from pyspark import SparkContext
from pyspark.sql import functions as f
from pyspark.mllib.evaluation import BinaryClassificationMetrics, \
    MulticlassMetrics
from pyspark.ml.feature import StandardScaler, OneHotEncoder, \
    StringIndexer, Imputer, VectorAssembler
from pyspark.ml import Pipeline, PipelineModel
from pyspark.ml.classification import LogisticRegression


def model_bank_data(spark, input_path, output_path):
    ...


def main():
    ...


if __name__ == "__main__":
    main()
```

4. 앞에서 생성한 EMR 클러스터에 이 스크립트를 제출하려면 클러스터 ID를 알아야 한다. AWS UI에서 확인하거나 다음 명령으로 알아낼 수 있다.

```
aws emr list-clusters --cluster-states WAITING
```

5. 그다음 spark_example_emr.py 스크립트를 클러스터가 읽을 수 있도록 S3에 올려야 한다. CLI나 AWS 콘솔을 사용해 s3://mlewp-ko-ch6-emr-examples 같은 이름으로 S3 버킷을 만들어[4] 이 스크립트와 기타 결과물을 저장할 수 있다(5장 '배포 패턴과 도구' 참조). 스크립트를 S3 버킷에 복사하고 나면 마지막 단계를 진행할 수 있다.

---

4 (옮긴이) S3 버킷 이름은 고유하게 지어야 한다.

258   머신러닝 엔지니어링 with 파이썬

6. 마지막으로 다음 명령을 사용해 스크립트를 제출한다. 이때 <CLUSTER_ID>를 방금 만든 클러스터의 ID로 바꿔야 한다. 자동 종료 정책 때문에 클러스터가 종료됐다면, 다시 시작할 수는 없지만 복제는 할 수 있다. 몇 분 후 단계가 완료되면 같은 S3 버킷의 results.parquet 파일에 결과가 저장된다.[5]

```
aws emr add-steps\
    --region ap-northeast-2 \
    --cluster-id <CLUSTER_ID> \
    --steps Type=Spark,Name="Spark Application Step",ActionOnFailure=CONTINUE,\
    Args=[--files,s3://mlewp-ko-ch6-emr-examples/spark_example_emr.py,\
        s3://mlewp-ko-ch6-emr-examples/spark_example_emr.py,\
        --input_path,s3://mlewp-ko-ch6-emr-examples/bank.csv,\
        --output_path,s3://mlewp-ko-ch6-emr-examples/results.parquet]
```

이렇게 하면 끝이다. AWS EMR을 사용해 클라우드에서 PySpark ML 파이프라인을 개발하는 방법을 알아봤다.

앞의 과정이 잘 완료됐는지 확인하려면 해당 S3 버킷으로 이동해 **results.parquet** 파일이 제대로 만들어졌는지 확인하면 된다(그림 6.13).

그림 6.13 EMR 스크립트를 제출한 후 results.parquet 파일이 생성된 모습

다음 절에서는 서버리스 도구를 활용해 솔루션을 확장하는 또 다른 방법을 살펴보겠다.

---

5 (옮긴이) 명령 예제의 리전을 아시아 태평양(서울)에 해당하는 것으로 바꿨다. 버킷명도 각자 생성한 것으로 바꿔 실행해야 한다.

6.3 서버리스 인프라 구축

머신러닝이나 소프트웨어 엔지니어링을 할 때는 네트워킹, 보안, 기타 프로토콜과 소프트웨어가 갖춰진 컴퓨터에서 필요한 작업과 계산을 실행해야 한다. 앞에서 이런 것들을 통틀어 '인프라(infrastructure)' 라고 여러 번 언급했다. 인프라의 큰 부분을 차지하는 것이 실제 계산을 수행하는 서버다. 여기서 '서버 없는(serverless)' 인프라를 구축한다는 말이 이상하게 들릴 수 있다. 이 절에서는 서버리스가 무엇이고 이를 활용해 머신러닝 솔루션을 어떻게 확장할 수 있는지 설명하겠다.

서버리스라는 용어는 오해를 일으킬 수 있다. 실제로 프로그램을 실행하는 물리적 서버가 없다는 뜻이 아니기 때문이다. 대신 프로그램이 특정 머신에 고정돼 있는 것이 아니라, 하드웨어 위에 있는 또 다른 계층에서 임시로 실행된다고 보면 된다.

머신러닝 솔루션에 서버리스 도구를 사용하면 다음과 같은 장점이 있다.

- **서버 관리 불필요**: 인프라 관리를 클라우드 제공업체에 맡기면 시간과 노력을 크게 절약할 수 있다.
- **간편한 확장**: 최대 인스턴스 수 등 확장 방식을 명확하게 정의하기가 매우 쉽다.
- **낮은 진입 장벽**: 이러한 구성 요소는 설정과 실행이 매우 쉬워서 팀원들이 고품질 코드, 로직, 모델 작성에 집중할 수 있다.
- **자연스러운 통합점**: 서버리스 도구는 다른 도구나 구성 요소 간 전환에 유용하다. 설정이 쉬워서 데이터를 전달하거나 다른 서비스를 트리거하는 간단한 작업을 빠르게 시작할 수 있다.
- **간편한 서빙**: 일부 서버리스 도구는 머신러닝 모델의 서빙 계층으로 매우 적합하다. 앞서 언급한 확장의 용이성과 낮은 진입 장벽 덕분에 요청이나 다른 이벤트에 따라 예측을 제공하는 확장 가능한 서비스를 빠르게 만들 수 있다.

서버리스 기능의 가장 대표적이고 널리 사용되는 예시는 **AWS 람다(Lambda)**다. 다양한 언어로 작성한 프로그램을 웹 브라우저 인터페이스나 일반적인 개발 도구를 통해 작성하고, 기존 인프라와 완전히 독립적으로 실행할 수 있다.

람다는 코드를 쉽게 실행하고 확장할 수 있는 훌륭한 도구다. 다만 주로 HTTP 요청으로 호출하는 간단한 API를 만드는 데 초점이 맞춰져 있다. 이벤트나 요청에 따라 작동하는 시스템을 구축하려 한다면 람다로 머신러닝 모델을 배포하는 것이 특히 유용하다.

실제로 어떻게 작동하는지 보기 위해 간단한 시스템을 만들어 보자. JSON 형식의 본문이 포함된 HTTP 요청으로 이미지 데이터를 받아서 사이킷런으로 미리 만든 모델로 분류한 다음, 비슷한 형식의 메시지로 결과를 반환하는 시스템이다. 이 과정은 AWS 예제[6]를 바탕으로 한다.

AWS SAM(Serverless Application Model) 프레임워크[7]에서 이미 만들어 두고 관리하는 템플릿을 활용하면 시간을 크게 절약할 수 있다.

AWS SAM CLI를 설치하려면 공식 문서[8]의 안내를 따르면 된다.

이제 손글씨 숫자 이미지를 분류하는 머신러닝 모델을 호스팅하고 서빙하기 위한 서버리스 배포 템플릿을 다음 단계에 따라 설정해 보자.

1. 먼저 `sam init` 명령을 실행하고 **AWS Quick Start Templates** 옵션을 선택한다.

```
Which template source would you like to use?
        1 - AWS Quick Start Templates
        2 - Custom Template Location
Choice: 1
```

2. 그러면 사용할 AWS Quick Start Application 템플릿 중에서 선택하라는 메시지가 표시된다. 15번째의 Machine Learning을 선택한다.

```
Choose an AWS Quick Start application template
        1 - Hello World Example
        2 - Data processing
        3 - Hello World Example with Powertools for AWS Lambda
        4 - Multi-step workflow
        5 - Scheduled task
        6 - Standalone function
        7 - Serverless API
        8 - Infrastructure event management
        9 - Lambda Response Streaming
        10 - Serverless Connector Hello World Example
```

---

6 https://aws.amazon.com/blogs/compute/deploying-machine-learning-models-with-serverless-templates/

7 https://aws.amazon.com/about-aws/whats-new/2021/06/aws-sam-launches-machine-learning-inference-templates-for-aws-lambda/

8 https://docs.aws.amazon.com/serverless-application-model/latest/developerguide/serverless-sam-cli-install.html

```
    11 - Multi-step workflow with Connectors
    12 - Full Stack
    13 - Lambda EFS example
    14 - DynamoDB Example
    15 - Machine Learning
Template:
```

3. 다음으로 사용할 파이썬 런타임을 선택한다. 이 책의 다른 부분과 마찬가지로 파이썬 3.10 런타임을 사용하겠다.

```
Which runtime would you like to use?
    1 - python3.9
    2 - python3.8
    3 - python3.10
Runtime:
```

4. 이 글을 쓰는 시점에 SAM CLI는 이러한 선택을 바탕으로 패키지 유형과 의존성 관리자를 자동으로 선택한다. 그 다음 사용할 머신러닝 시작 템플릿을 확인하라는 메시지가 나온다. 이 예제에서는 XGBoost Machine Learning Inference API를 선택한다.

```
Based on your selections, the only Package type available is Image.
We will proceed to selecting the Package type as Image.
Based on your selections, the only dependency manager available is pip.
We will proceed copying the template using pip.
Select your starter template
    1 - PyTorch Machine Learning Inference API
    2 - Scikit-learn Machine Learning Inference API
    3 - Tensorflow Machine Learning Inference API
    4 - XGBoost Machine Learning Inference API
Template: 4
```

5. 그러면 SAM CLI가 요청 추적과 모니터링을 설정하는 옵션을 선택하라고 한다. 각자 필요에 따라 y 또는 N을 선택하면 된다. 이 예제에서는 N을 선택했다. 그다음 솔루션 이름을 지정할 수 있는데, 여기서는 mlewp-sam-ml-api로 했다.

```
Would you like to enable X-Ray tracing on the function(s) in your application? [y/N]: N
Would you like to enable monitoring using CloudWatch Application Insights?
For more info, please view: https://docs.aws.amazon.com/
AmazonCloudWatch/latest/monitoring/cloudwatch-application-insights.
```

```
html [y/N]: N
Project name [sam-app]: mlewp-sam-ml-api
Cloning from https://github.com/aws/aws-sam-cli-app-templates
(process may take a moment)
```

6. 마지막으로 명령줄에 설치 및 다음 단계에 관한 유용한 정보가 제공된다.

```
-----------------------
Generating application:
-----------------------

Name: mlewp-sam-ml-api
Base Image: amazon/python3.10-base
Architectures: x86_64
Dependency Manager: pip
Output Directory: .
Configuration file: mlewp-sam-ml-api/samconfig.toml
Next steps can be found in the README file at mlewp-sam-ml-api/README.md
Commands you can use next
=========================
[*] Create pipeline: cd mlewp-sam-ml-api && sam pipeline init --bootstrap
[*] Validate SAM template: cd mlewp-sam-ml-api && sam validate
[*] Test Function in the Cloud: cd mlewp-sam-ml-api && sam sync --stack-name {stack-name}
--watch
```

이렇게 앞의 단계들을 수행하면 손글씨 숫자를 분류하는 XGBoost 기반 시스템의 템플릿이 만들어진다. 다른 용도나 프로젝트에서는 필요에 따라 템플릿의 소스 코드를 수정해야 한다. 이 예제를 배포하려면 다음 단계를 따른다.

1. 먼저 템플릿과 함께 제공된 애플리케이션 컨테이너를 빌드해야 한다. 먼저 프로젝트의 최상위 디렉터리로 이동하면 디렉터리 구조가 다음과 같아야 한다. 명령줄에서 디렉터리 구조의 깔끔한 개요를 제공하기 위해 tree 명령을 사용했다.

```
cd mlewp-sam-ml-api
ls
tree
├── README.md
├── __init__.py
```

```
├── app
│   ├── Dockerfile
│   ├── __init__.py
│   ├── app.py
│   ├── model
│   └── requirements.txt
├── events
│   └── event.json
├── samconfig.toml
└── template.yaml

3 directories, 10 files
```

2. 이제 최상위 디렉터리에 있으므로 빌드 명령을 실행할 수 있다. 이를 위해서는 백그라운드에서 도커가 실행 중이어야
   한다.

```
sam build
```

3. 빌드가 성공하면 터미널에 다음과 유사한 성공 메시지가 표시된다.

```
Build Succeeded

Built Artifacts  : .aws-sam/build
Built Template   : .aws-sam/build/template.yaml

Commands you can use next
=========================
[*] Validate SAM template: sam validate
[*] Invoke Function: sam local invoke
[*] Test Function in the Cloud: sam sync --stack-name {{stack-name}} --watch
[*] Deploy: sam deploy --guided
```

4. 이제 모든 것이 잘 작동하는지 확인하기 위해 저장소와 함께 제공되는 모의 데이터를 사용해 로컬에서 서비스를 테
   스트할 수 있다. 이는 기본 이미지를 인코딩하는 JSON 파일을 사용하고 서비스에 대한 추론 단계를 실행한다. 이것
   이 작동했다면 서비스에 대해 다음과 같은 출력이 표시될 것이다.

```
sam local invoke --event events/event.json
Invoking Container created from inferencefunction:python3.10-v1
```

```
Building image.................
Using local image: inferencefunction:rapid-x86_64.
START RequestId: de4a2fe1-be86-40b7-a59d-151aac19c1f0 Version: $LATEST
END RequestId: de4a2fe1-be86-40b7-a59d-151aac19c1f0
REPORT RequestId: de4a2fe1-be86-40b7-a59d-151aac19c1f0 Init Duration: 1.30 ms Duration:
1662.13 ms Billed Duration: 1663 ms Memory Size: 5000 MB Max Memory Used: 5000 MB
{"statusCode": 200, "body": "{\"predicted_label\": 3}"}%
```

5. 실제 프로젝트에서는 클라우드에 배포하기 전에 app.py 및 기타 파일의 솔루션에 대한 소스 코드를 필요에 따라 수정할 것이다. 이 프로세스를 자동화하려면 이 책의 여러 곳, 특히 4장 '패키징'에서 논의한 CI/CD 프로세스 및 도구를 사용할 수 있다는 점을 이해하면서, SAM CLI를 사용해 이 작업을 수행한다. 배포하려면 CLI에서 가이드 배포 마법사를 사용해 배포 명령을 실행할 수 있으며, 다음 출력이 반환된다.

```
sam deploy --guided
Configuring SAM deploy
======================

    Looking for config file [samconfig.toml] : Found
    Reading default arguments : Success
    Setting default arguments for 'sam deploy'
    =====================================
    Stack Name [mlewp-sam-ml-api]:.
```

6. 그런 다음 제공된 각 요소에 대해 애플리케이션을 구성해야 한다. 대부분의 경우 기본값을 선택했지만 AWS 문서를 참조하고 프로젝트와 가장 관련 있는 선택을 할 수 있다.

```
Configuring SAM deploy
======================

    Looking for config file [samconfig.toml] : Found
    Reading default arguments : Success
    Setting default arguments for 'sam deploy'
    =====================================
    Stack Name [mlewp-sam-ml-api]:
    AWS Region [ap-northeast-2]:
    #Shows you resources changes to be deployed and require a 'Y' to initiate deploy
    Confirm changes before deploy [Y/n]: y
    #SAM needs permission to be able to create roles to connect to the resources in
your template
    Allow SAM CLI IAM role creation [Y/n]: y
```

```
    #Preserves the state of previously provisioned resources when an operation fails
    Disable rollback [y/N]: y
    InferenceFunction has no authentication. Is this okay? [y/N]: y
    Save arguments to configuration file [Y/n]: y
    SAM configuration file [samconfig.toml]:
    SAM configuration environment [default]:
```

7. 이전 단계에서 터미널에 많은 데이터가 생성될 것이다. 오류나 문제가 있는지 확인하기 위해 이를 모니터링할 수 있다. 배포가 성공하면 다음과 같은 애플리케이션에 대한 최종 메타데이터가 표시된다.

```
CloudFormation outputs from deployed stack
---------------------------------------------------------------------------------
-------------------------------
Outputs
---------------------------------------------------------------------------------
-------------------------------
Key                InferenceApi
Description        API Gateway endpoint URL for Prod stage for Inference function
Value              https://8qg87m9380.execute-api.ap-northeast-2.amazonaws.com/Prod/
classify_digit/

Key                InferenceFunctionIamRole
Description        Implicit IAM Role created for Inference function
Value              arn:aws:iam::508972911348:role/mlewp-sam-ml-api-
InferenceFunctionRole-1UE509ZXC1274

Key                InferenceFunction
Description        Inference Lambda Function ARN
Value              arn:aws:lambda:ap-northeast-2:508972911348:function:mlewp-sam-ml-
api-InferenceFunction-ueFS1y2mu6Gz
---------------------------------------------------------------------------------
-------------------------------
```

8. 클라우드에서 호스팅되는 솔루션이 작동하는지 빠르게 확인하기 위해 포스트맨 같은 도구를 사용해 새로운 ML API를 호출할 수 있다. 8단계의 출력 화면에서 InferenceApi URL을 요청 대상으로 복사하고 요청 유형에 POST를 선택한 다음 본문 유형으로 바이너리를 선택하기만 하면 된다. 추론 URL을 다시 얻어야 하는 경우 터미널에서 sam list endpoints --output json 명령을 실행할 수 있다. 그런 다음 손글씨 숫자 이미지 또는 다른 이미지를 선택하여 API로 전송할 수 있다. 포스트맨에서는 **이진(binary)** 본문 옵션을 선택하고 이미지 파일을 첨부하거나 이미지의 인

코딩된 문자열을 복사하여 수행할 수 있다. 그림 6.14에서는 로컬에서 함수를 테스트하는 데 사용한 events/event. json 파일의 body 키–값 쌍에 인코딩된 문자열을 사용했다.

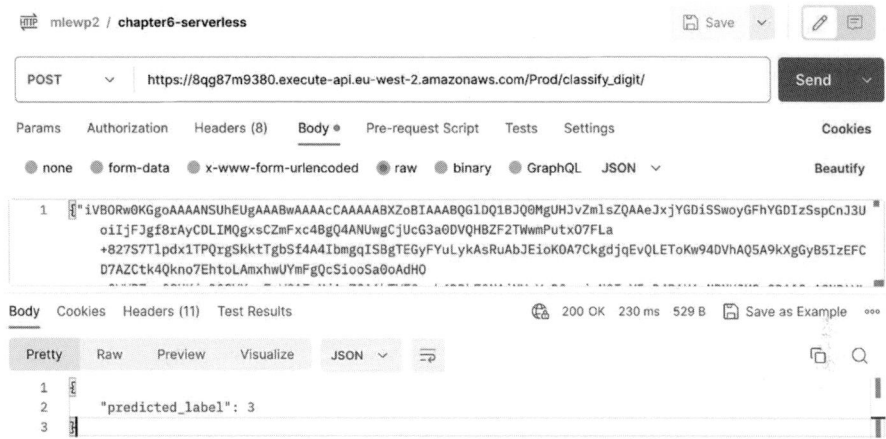

그림 6.14 Postman을 사용해 서버리스 ML 엔드포인트 호출하기. 이는 SAM XGBoost ML API 템플릿과 함께 제공되는 요청 본문으로 인코딩된 예제 이미지를 사용한다.

9. 다음과 같은 curl 명령을 사용해 이를 더 프로그래밍적인 방식으로 테스트할 수도 있다. 이미지의 인코딩된 바이너리 문자열을 적절한 값으로 바꾸거나 실제로 명령을 편집하여 데이터 바이너리를 가리키면 된다.

```
curl --location --request POST 'https://8qg87m9380.execute-api.ap-northeast-
2.amazonaws.com/Prod/classify_digit/' \
--header 'Content-Type: raw/json' \
--data '<ENCODED_IMAGE_STRING>'
```

이 단계와 9단계에서 Lambda 함수의 응답 본문은 다음과 같다.

```
{
"predicted_label": 3
}
```

이것으로 AWS에서 간단한 서버리스 ML 추론 서비스를 구축하고 배포했다!

다음 섹션에서는 쿠버네티스와 Kubeflow를 사용해 컨테이너화된 애플리케이션을 수평적으로 확장하는 마지막 솔루션 확장 방법에 대해 간략히 살펴볼 것이다.

6.4 쿠버네티스로 대규모 컨테이너화하기

이미 머신러닝 솔루션을 구축하고 배포하는 데 컨테이너를 사용하는 방법에 대해 다뤘다. 다음 단계는 여러 컨테이너를 오케스트레이션하고 관리하여 애플리케이션을 대규모로 배포하고 실행하는 방법을 이해하는 것이다. 이것이 바로 오픈소스 도구 **쿠버네티스(Kubernetes)**가 필요한 부분이다.

쿠버네티스는 매우 강력한 도구로, 다음을 포함하되 이에 국한되지 않는 매우 확장 가능한 컨테이너화된 애플리케이션을 생성하고 관리하는 데 도움이 되는 다양한 기능을 제공한다.

- **로드 밸런싱**: 쿠버네티스는 들어오는 트래픽을 컨테이너로 라우팅하는 것을 관리하므로 부하가 균등하게 분할된다.
- **수평 확장**: 쿠버네티스는 언제든지 가질 수 있는 컨테이너 인스턴스 수를 제어할 수 있는 간단한 인터페이스를 제공하므로 필요한 경우 대규모로 확장할 수 있다.
- **자가 치유**: 상태 검사를 통과하지 못하는 컴포넌트를 교체하거나 재조정하기 위한 기본 제공 관리 기능이 있다.
- **자동화된 롤백**: 쿠버네티스는 시스템의 기록을 저장하므로 문제가 발생하면 이전의 작동 버전으로 되돌릴 수 있다.

이러한 모든 기능은 배포된 솔루션이 모든 상황에서 견고하고 필요에 따라 수행할 수 있도록 하는 데 도움이 된다.

쿠버네티스는 컨트롤 플레인(control plane)이 노드(서버)와 상호 작용하고, 각 노드는 애플리케이션의 컴포넌트를 실행하는 포드(하나 이상의 컨테이너)를 호스팅하는 마이크로서비스 아키텍처를 사용해 이러한 기능이 처음부터 내장되도록 설계됐다.

쿠버네티스가 제공하는 핵심은 기본 솔루션의 복제본을 만들어 부하에 따라 애플리케이션을 확장할 수 있는 능력이다. 이는 서로 다른 시점에 수요가 급증할 수 있는 API 엔드포인트가 있는 서비스를 구축하는 경우 매우 유용하다. 이를 수행하는 방법에 대해 자세히 알아보려면 공식 문서 'Deployments' 페이지의 'Scaling a Deployment' 섹션[9]을 참조하라.

---

9 https://kubernetes.io/docs/concepts/workloads/controllers/deployment/#scaling-a-deployment

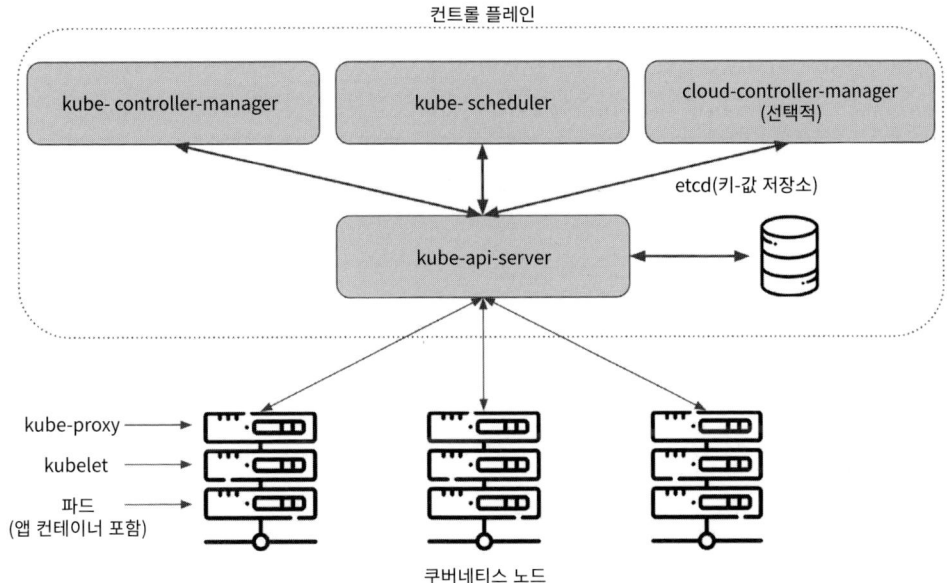

그림 6.15 쿠버네티스 아키텍처

그런데 머신러닝에서는 어떻게 활용할 수 있을까? 쿠버네티스 생태계의 새로운 도구인 **쿠브플로 (Kubeflow)**가 그 답이 될 수 있다(5장 '배포 패턴과 도구'에서 다룬 바 있다).

Kubeflow는 "쿠버네티스를 위한 머신러닝 도구 모음(ML toolkit for K8s)"[10]을 표방한다. 머신러닝 엔지니어라면 이렇게 빠르게 발전하는 솔루션을 주목할 만하다. 실제로 Kubeflow는 매우 유망한 도구 이며, 현재 활발한 개발이 이뤄지고 있다.

앞서 설명한 쿠버네티스의 수평 확장 개념은 여기에서도 여전히 적용되지만, Kubeflow는 구축한 파이 프라인을 표준 쿠버네티스 리소스로 변환하기 위한 몇 가지 표준화된 도구를 제공하므로 앞서 설명한 방식으로 관리 및 리소스 제공이 가능하다. 이는 상용구를 줄이는 데 도움이 될 수 있으며, 우리 ML 엔지 니어가 인프라를 설정하는 대신 모델링 로직 구축에 집중할 수 있도록 한다. 5장에서 몇 가지 예제 파이 프라인을 구축할 때 이를 활용했다.

여기서는 쿠버네티스와 Kubeflow에 대해 매우 간략하게만 다룰 것이다. 이러한 도구를 탐색할 수 있도 록 하기 위함이다. 특히 이 장의 '서버리스 인프라 구축하기' 섹션에서 다룬 확장에 사용할 수 있는 상위 수준의 추상화를 보완할 것이다. 또한 8장 '예제 ML 마이크로서비스 구축'에서는 우리 자신의 래핑된 ML

---

10 https://www.kubeflow.org/

모델을 REST API로 확장하는 데 사용할 때 쿠버네티스에 대해 훨씬 더 자세히 살펴볼 것이다. 쿠버네티스와 Kubeflow에 대한 자세한 내용은 해당 문서를 참조하라. 앨리 살레와 무라트 카르시오글루의 책 《Kubernetes in Production Best Practices(쿠버네티스 프로덕션 모범 사례)》(Packt)도 추천한다.

자, 이제 계산 집약적인 파이썬 워크로드를 확장할 수 있는 또 하나의 강력한 툴킷에 대해 논의해 보려고 한다. 이 툴킷은 현재 ML 엔지니어링 커뮤니티에서 폭발적인 인기를 끌고 있으며, 우버와 아마존 같은 조직은 물론이고 OpenAI에서도 이를 활용해 7장 '딥러닝, 생성형 AI, LLM옵스'에서 자세히 다루는 대규모 언어 GPT(Generative Pre-trained Transformer) 모델을 훈련하고 있다. **Ray**를 만나보자!

6.5 Ray로 확장하기

레이(Ray)는 방대한 데이터와 대규모로 확장 가능한 ML 시스템의 요구 사항을 충족하기 위해 특별히 설계된 파이썬 네이티브 분산 컴퓨팅 프레임워크다. Ray는 모든 ML 개발자가 확장 가능한 컴퓨팅을 쉽게 사용할 수 있게 하는 것을 목표로 한다. 이를 위해 기반 인프라와의 모든 상호작용을 추상화해서 어디서든 실행할 수 있게 했다. Ray의 독특한 특징 중 하나는 스파크처럼 중앙 프로세스에서 실행되는 스케줄러나 DAG 생성 메커니즘 대신 분산 스케줄러를 사용한다는 점이다.

Ray는 처음부터 ML 모델 훈련과 같은 계산 집약적 작업을 염두에 두고 개발됐다. 이는 데이터 처리량에 초점을 맞춘 아파치 스파크와는 다른 점이다. 간단히 말하면 이렇게 생각하면 된다. 대량의 데이터를 몇 번 처리해야 한다면 스파크를, 한 조각의 데이터를 여러 번 처리해야 한다면 Ray를 사용한다. 이는 단순한 경험칙이므로 엄격히 적용할 필요는 없지만, 유용한 기준이 될 것이다. 예를 들어 대규모 일괄 처리에서 수백만 행의 데이터를 변환해야 한다면 스파크가 적합하지만, 같은 데이터로 초매개변수 튜닝을 포함한 ML 모델 훈련을 하려면 Ray가 더 적합할 수 있다.

이 두 도구를 매우 효과적으로 함께 사용할 수 있다. 스파크로 특징 집합을 변환한 후 이를 ML 훈련을 위한 Ray 워크로드에 전달하는 식이다. 이는 특히 Ray AI Runtime (AIR)이 처리하는데, AIR에는 ML 솔루션의 여러 부분을 확장하는 데 도움이 되는 다양한 라이브러리가 있다. 구체적으로는 다음과 같다.

- **레이 데이터(Ray Data)**: 데이터 전처리와 변환 기본 연산에 중점을 둠

- **레이 트레인(Ray Train)**: 대규모 모델 훈련을 지원

- **레이 튠(Ray Tune)**: 확장 가능한 초매개변수 훈련을 도움

- **레이 RLib(Ray RLib):** 강화학습 모델 개발을 위한 방법을 제공

- **레이 배치 프레딕터(Ray Batch Predictor):** 일괄 추론용

- **레이 서빙(Ray Serving):** 실시간 추론용

AIR 프레임워크는 이러한 모든 기능과 상호작용할 수 있는 통합 API를 제공하며, 이 책에서 다룬 표준 ML 생태계의 많은 부분과 잘 통합된다.

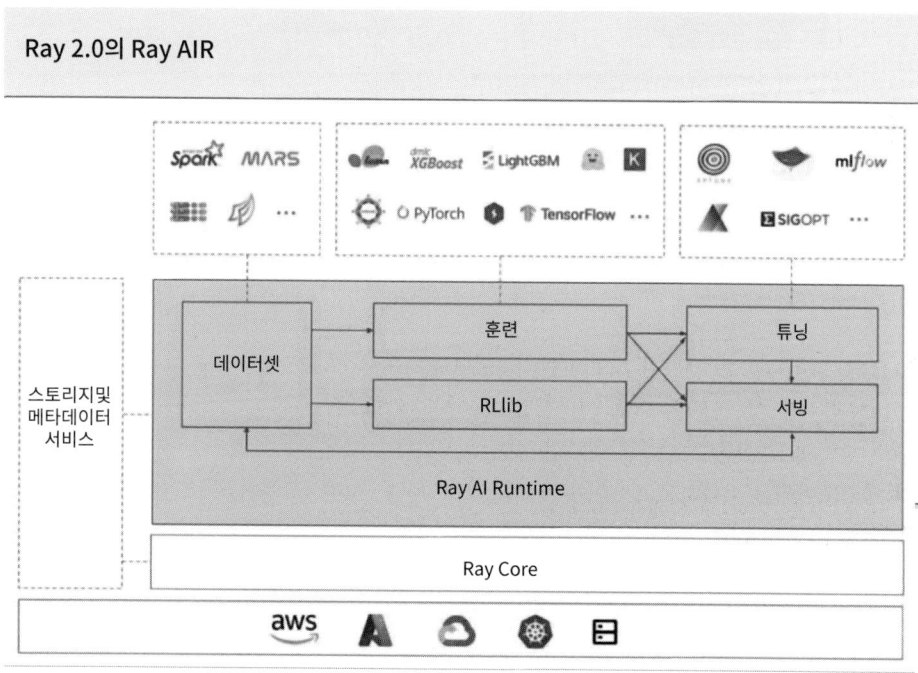

그림 6.16 Ray AI Runtime[11]

---

11 Anyscale의 Jules Damji가 발표. https://microsites.databricks.com/sites/default/files/2022-07/Scaling%20AI%20Workloads%20with%20the%20Ray%20Ecosystem.pdf. 허가를 받아 재현함.

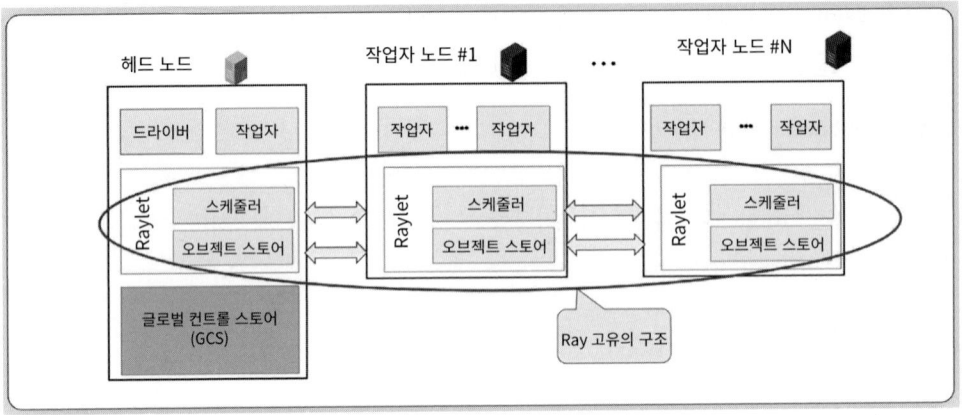

그림 6.17 Raylet 스케줄러를 포함한 Ray 아키텍처[12]

Ray Core API에는 솔루션을 분산시키기 위해 활용하는 여러 가지 객체가 있다. 첫 번째는 시스템이 수행해야 하는 비동기 작업 항목인 태스크(task)다. 작업을 정의하려면 다음과 같은 파이썬 함수를 작성한 뒤,

```
def add(int: x, int: y) -> int:
    return x+y
```

@remote 데코레이터를 추가하고 .remote() 구문을 사용해 이 태스크를 클러스터에 제출한다. 이는 블로킹 함수가 아니므로 Ray가 이후 계산 단계에서 작업을 참조하는 데 사용하는 ID만 반환한다[13] [14].

```
import ray

@remote
def add(int: x, int: y) -> int:
    return x+y

add.remote()
```

---

12 Jules Damji의 발표에서 가져옴: https://microsites.databricks.com/sites/default/files/2022-07/Scaling%20AI%20Workloads%20with%20the%20Ray%20Ecosystem.pdf. 허가를 받아 재현함.

13 https://www.youtube.com/live/XME90SGL6Vs?feature=share&t=832

14 (옮긴이) 예제의 타입 주석과 데코레이터 사용이 잘못된 것으로 보인다. 다음과 같이 작성하는 것이 적절할 것이다.
```
@ray.remote
def add(x: int, y: int) -> int:
    return x + y
```

같은 방식으로 Ray API는 이러한 개념을 클래스에도 확장할 수 있다. 이 경우 이를 액터(Actor)라고 한다.

```python
import ray

@ray.remote
class Counter(object):
    def __init__(self):
        self.value = 0

    def increment(self):
        self.value += 1
        return self.value

    def get_counter(self):
        return self.value

# 이 클래스로부터 액터를 생성한다.
counter = Counter.remote()
```

마지막으로 Ray에는 분산 불변 객체 저장소도 있다. 이는 많은 데이터를 옮기고 대역폭을 사용하지 않으면서도 클러스터의 모든 노드에서 하나의 공유 데이터 저장소를 사용할 수 있는 똑똑한 방법이다. 다음 구문으로 객체 저장소에 쓸 수 있다.

```python
import ray

numerical_array = np.arange(1,10e7)
obj_numerical_array = ray.put(numerical_array)
new_numerical_array = 0.5*ray.get(obj_numerical_array)
```

> **중요 참고 사항**
>
> 여기서 액터는 서비스나 상태를 가진 작업자를 의미하는데, 이는 JVM에서 실행되고 자바와 스칼라 바인딩을 제공하는 Akka 같은 다른 분산 프레임워크에서도 사용되는 개념이다.

6.5.1 ML을 위한 Ray 시작하기

Ray를 AI Runtime과 함께 설치하고, 초매개변수 최적화 패키지, 중앙 대시보드, Ray 기반 XGBoost 구현을 추가하려면 다음 명령을 실행하라.

```
pip install "ray[air, tune, dashboard]"
pip install xgboost
pip install xgboost_ray
```

📝 **중요 참고 사항**

이 책에서 `pip install`을 볼 때마다 4장 '패키징'에서 설명한 Poetry를 사용할 수도 있다는 점을 상기하자. 따라서 이 경우 `poetry new project_name`을 실행한 후 다음 명령을 사용할 수 있다.

```
poetry add "ray[air, tune, dashboard]"
poetry add xgboost
poetry add pytorch
```

Ray Train부터 시작해 보자. Ray Train은 분산 훈련을 용이하게 하는 데 도움이 되는 일련의 Trainer 객체에 대한 API를 제공한다. 이 글을 집필하는 시점 기준으로 Ray 2.3.0은 다양한 프레임워크에 걸쳐 트레이너를 지원한다.

- **딥러닝**: Horovod, Tensorflow, PyTorch.

- **트리 기반**: LightGBM, XGBoost.

- **기타**: Scikit-learn, HuggingFace, Ray의 강화 학습 라이브러리 RLlib.

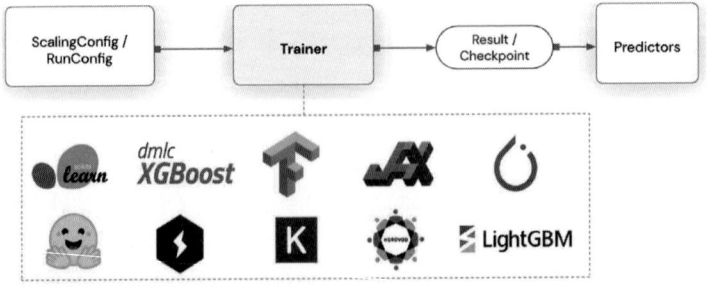

그림 6.18 Ray 문서[15]에 표시된 Ray 트레이너

---

15 https://docs.ray.io/en/latest/train/train.html

먼저, XGBoost를 사용한 트리 기반 학습기 예제를 살펴보겠다. 스크립트를 열고 코드를 추가하자. 저장소에서는 이 스크립트를 getting_started_with_ray.py라고 한다. 이제 소개할 내용은 Ray 문서에 제공된 예제에 기반한다. 먼저 Ray를 사용해 표준 데이터셋 중 하나를 다운로드할 수 있다. sklearn.datasets나 이 책의 다른 곳에서 했던 것처럼 다른 소스를 사용할 수도 있다.

```
import ray

dataset = ray.data.read_csv("s3://anonymous@air-example-data/breast_cancer.csv")
train_dataset, valid_dataset = dataset.train_test_split(test_size=0.3)
test_dataset = valid_dataset.drop_columns(cols=["target"])
```

여기서는 ray.data.read_csv() 메서드를 사용하는데, 이는 PyArrow 데이터셋을 반환한다. Ray API에는 JSON이나 Parquet과 같은 다른 데이터 형식 또는 몽고DB 같은 데이터베이스나 사용자 지정 데이터 소스에서 읽기 위한 메서드도 있다.

다음으로 사용하려는 특징을 표준화하는 전처리 단계를 정의할 것이다. 특징 공학에 관한 자세한 내용은 3장 '모델에서 모델 팩토리까지'를 참조한다.

```
from ray.data.preprocessors import StandardScaler

preprocessor = StandardScaler(columns=["mean radius", "mean texture"])
```

이제 XGBoost 모델의 Trainer 객체를 정의하는 재미있는 부분이다. 여기에는 여러 매개변수와 입력값을 설정해야 한다.

```
from ray.air.config import ScalingConfig
from ray.train.xgboost import XGBoostTrainer

trainer = XGBoostTrainer(
    scaling_config=ScalingConfig(...),
    label_column="target",
    num_boost_round=20,
    params={...},
    datasets={"train": train_dataset, "valid": valid_dataset},
    preprocessor=preprocessor,
)
```

```
result = trainer.fit()
```

이 코드를 주피터 노트북이나 파이썬 스크립트에서 실행하면 그림 6.19와 같은 출력이 표시될 것이다.

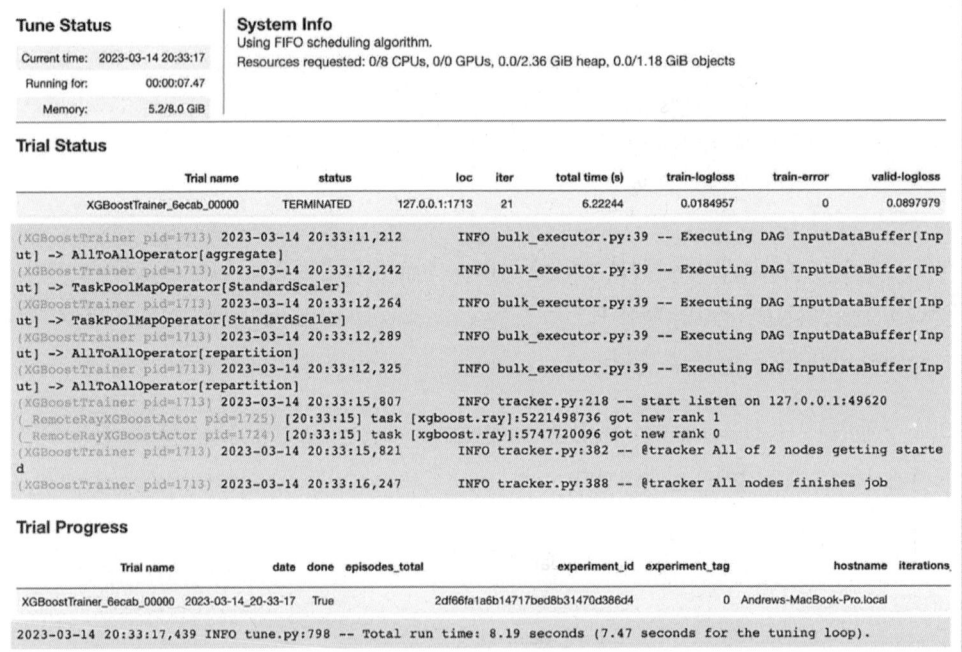

그림 6.19 Ray를 사용한 XGBoost 모델의 병렬 훈련 출력

result 객체에는 유용한 정보가 많이 들어 있다. 그 속성 중 하나는 metrics라고 하며, 이를 출력하면 실행 종료 상태에 대한 세부 정보가 표시된다. print(result.metrics)를 실행하면 다음과 같은 내용이 표시될 것이다.

```
{'train-logloss': 0.01849572773292735,
 'train-error': 0.0, 'valid-logloss': 0.089797893552767,
 'valid-error': 0.04117647058823529,
 'time_this_iter_s': 0.019704103469848633,
 'should_checkpoint': True,
 'done': True,
 'timesteps_total': None,
 'episodes_total': None,
```

```
'training_iteration': 21,
'trial_id': '6ecab_00000',
'experiment_id': '2df66fa1a6b14717bed8b31470d386d4',
'date': '2023-03-14_20-33-17',
'timestamp': 1678825997,
'time_total_s': 6.222438812255859,
'pid': 1713,
'hostname': 'Andrews-MacBook-Pro.local',
'node_ip': '127.0.0.1',
'config': {},
'time_since_restore': 6.222438812255859,
'timesteps_since_restore': 0,
'iterations_since_restore': 21,
'warmup_time': 0.003551006317138672, 'experiment_tag': '0'}
```

다음에서 보는 것처럼 XGBoostTrainer의 인스턴스화에서 생략된 중요한 스케일링 정보를 정의했다.

```
scaling_config=ScalingConfig(
    num_workers=2,
    use_gpu=False,
    _max_cpu_fraction_per_node=0.9,
)
```

num_workers 매개변수는 Ray에게 실행할 액터 수를 알려주며, 각 액터는 기본적으로 하나의 CPU를 가진다. use_gpu 플래그는 여기서 GPU 가속을 사용하지 않으므로 false로 설정됐다. 마지막으로 _max_cpu_fraction_per_node 매개변수를 0.9로 설정하면 각 CPU에 여유 용량이 남게 되어 다른 작업에 사용할 수 있다. 이전 예제에는 XGBoost 특정 매개변수도 제공했다.

```
params={
    "objective": "binary:logistic",
    "eval_metric": ["logloss", "error"],
}
```

XGBoost 훈련에 GPU 가속을 사용하려면 이 params 딕셔너리에 tree_method: gpu_hist를 키-값 쌍으로 추가하면 된다.

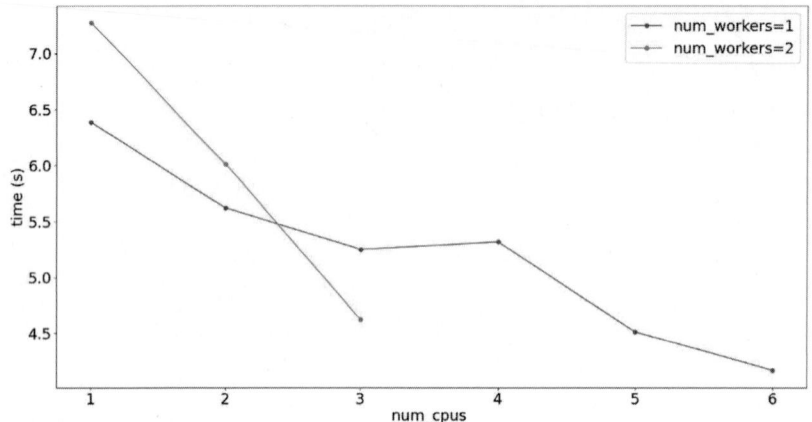

그림 6.20 작업자 수와 각 작업자에게 할당된 CPU 수를 바꿨을 때 XGBoost 훈련 시간에 어떤 영향을 미치는지 보여주는 실험 결과(8 코어 맥북 프로에서 측정)

이제 로컬 머신 이외의 환경에서 Ray로 컴퓨팅을 확장하는 방법에 대해 간단히 논의하겠다.

6.5.2 Ray의 컴퓨팅 확장

지금까지 본 예시는 Ray API를 처음 호출할 때 자동으로 설정되는 로컬 Ray 클러스터를 사용했다. 이 로컬 클러스터는 머신의 사용 가능한 모든 CPU를 가져와 작업을 실행할 수 있게 한다. 하지만 이것만으로는 한계가 있다. 더 빠른 처리가 필요하다면 작업자 수를 늘릴 수 있는 더 큰 클러스터로 확장해야 한다. 이를 구현하는 방법은 다음과 같다.

- **관리형 서비스 활용**: Ray는 구글 클라우드 플랫폼과 AWS 리소스에 배포할 수 있으며, Azure 배포는 커뮤니티가 관리하는 솔루션으로 처리된다. AWS에서 Ray를 배포하고 실행하는 방법에 대한 자세한 내용은 온라인 문서를 참조한다.

- **쿠버네티스 기반 구성**: 5장 '배포 패턴과 도구'에서 쿠버네티스 기반 ML 파이프라인을 구축하는 데 사용되는 Kubeflow를 살펴봤다. 또한 이 장의 '쿠버네티스로 대규모 컨테이너화하기' 절에서 쿠버네티스를 논의했다. 거기서 언급했듯이 쿠버네티스는 컨테이너를 기반으로 대규모 확장 가능한 솔루션을 만들기 위한 컨테이너 오케스트레이션 도구다. 쿠버네티스에서 Ray를 사용하려면 KubeRay[16]를 사용하면 된다.

---

16 https://ray-project.github.io/kuberay/

클라우드나 쿠버네티스에서 레이를 설정할 때는 클러스터 구성과 확장 방식만 정의하면 된다. Ray의 강점은 바로 여기에 있는데, 이전 예시의 ScalingConfig 객체만 수정하면 솔루션을 확장할 수 있고 나머지 코드는 그대로 유지할 수 있다. 예를 들어 20개 노드로 구성된 CPU 클러스터가 있다면 다음과 같이 정의를 변경하고 이전처럼 실행하면 된다.

```
scaling_config=ScalingConfig(
    num_workers=20,
    use_gpu=False,
    _max_cpu_fraction_per_node=0.9,
)
```

6.5.3 Ray를 활용한 서빙 계층 확장

앞서 Ray를 사용해 분산 ML 훈련 작업을 수행하는 방법을 살펴봤다. 이제 Ray를 활용해 응용 계층을 확장하는 방법을 살펴보자. 앞서 언급했듯이 Ray AIR에서는 이런 기능들을 **레이 서브(Ray Serve)**라고 부른다.

Ray Serve는 특정 프레임워크에 종속되지 않는 라이브러리로, ML 모델 기반의 엔드포인트를 쉽게 정의할 수 있도록 지원한다. 기존 Ray API와 마찬가지로, 개발 부담을 최소화하면서도 확장성을 쉽게 확보할 수 있도록 설계됐다.

앞서 다룬 예제들을 기반으로, 이미 학습된 모델이 있으며, 이 모델이 MLflow 같은 레지스트리에 저장되어 있고 이를 메모리로 불러온 상태라고 가정해 보자.

Ray Serve에서는 @ray.serve.deployment 데코레이터를 사용해 **배포(deployments)**를 정의한다. 배포된 서비스에는 API 요청을 처리하는 로직이 포함되며, 이를 통해 학습된 ML 모델을 활용할 수 있다. 예제로, 앞에서 다룬 XGBoost 모델을 사용하여 전처리된 특징 데이터를 기반으로 예측을 수행하는 간단한 래퍼 클래스를 만들어보자. 먼저, Ray 공식 문서에서는 **Starlette**의 Request 객체를 사용하도록 권장한다. 이를 위해 필요한 모듈을 불러온다.

```
from starlette.requests import Request
import ray
from ray import serve
```

다음으로, 간단한 클래스를 정의하고 **serve** 데코레이터를 사용해 서비스를 설정할 수 있다. 다음 코드에서는 MLflow 또는 기타 모델 저장소에서 모델을 가져오는 로직이 **get_model** 함수에 포함돼 있다고 가정한다.

```
@serve.deployment
class Classifier:
    def __init__(self):
        self.model = get_model()

    async def __call__(self, http_request: Request) -> str:
        request_payload = await http_request.json()
        input_vector = [
            request_payload["mean_radius"],
            request_payload["mean_texture"]
        ]
        classification = self.model.predict([input_vector])[0]
        return {"result": classification}
```

그런 다음 이를 기존 Ray 클러스터에 배포할 수 있다.

이것으로 Ray 소개를 마친다. 이제 대규모 시스템 설계에 대한 최종 논의를 한 다음 우리가 배운 모든 내용을 요약하겠다.

6.6 대규모 시스템 설계

5장 '배포 패턴과 도구'와 이 장에서 다룬 내용을 바탕으로, ML 엔지니어링 프로젝트에서 스케일링 기술을 최대한 활용하는 방법을 살펴보자.

스케일링은 분석이나 추론의 처리량을 늘리거나 처리할 수 있는 데이터의 최대 크기를 키우는 관점에서 봐야 한다. 대부분의 경우 개발할 수 있는 분석이나 솔루션의 종류 자체는 크게 달라지지 않는다. 따라서 스케일링 도구와 기법을 성공적으로 적용하려면, 이러한 도구를 사용할 때 발생하는 오버헤드를 고려하더라도 이점이 있는 프로세스를 잘 선택하는 것이 중요하다. 이 절에서는 스케일링과 관련한 의사결정에 도움 될만한 몇 가지 원칙을 설명한다.

이 책 전반에 걸쳐 여러 곳에서 논의했듯이, ML 프로젝트를 위해 개발하는 파이프라인에는 보통 다음과 같은 작업을 다루는 단계가 있어야 한다.

- 수집/전처리
- 특징 공학(수집/전처리와 별도인 경우)
- 모델 훈련
- 모델 추론
- 응용 계층

병렬화나 분산 처리는 이러한 단계 대부분에서 도움이 되지만, 각 단계마다 그 방식이 다르다. 대규모 일괄 처리 환경에서는 수집/전처리 단계에서 분산 방식으로 더 큰 데이터셋을 처리할 수 있다면 큰 도움이 된다. 이 경우 아파치 스파크를 사용하는 것이 좋다. 특징 공학도 마찬가지로 변환 작업을 수행할 때 대량의 데이터를 한 번에 처리하는 것이 주된 병목이므로 스파크가 유용하다. 3장 '모델에서 모델 팩토리까지'에서 자세히 다룬 ML 모델 훈련의 계산 집약적 단계는 데이터 크기와 상관없이 이러한 집중적 계산에 최적화된 프레임워크가 매우 적합하다. 앞 절에서 설명한 Ray가 바로 여기서 활용된다. Ray를 사용하면 필요한 경우 초매개변수 튜닝도 깔끔하게 병렬화할 수 있다. 이러한 단계를 스파크에서도 실행할 수 있지만, Ray는 작업 오버헤드가 적고 분산 상태 관리가 가능해서 이런 계산 집약적 작업을 나누는 데 특히 적합하다. 반면 스파크는 중앙집중식 상태 및 스케줄 관리를 사용한다. 마지막으로 ML 모델의 결과를 만들어 보여주는 추론과 응용 계층에서는 특정 사용 사례의 요구사항을 고려해야 한다. 예를 들어 모델을 REST API 엔드포인트로 제공하고 싶다면, 앞 절에서 보았듯이 Ray의 분산 모델과 API를 활용하면 매우 쉽게 구현할 수 있지만 스파크는 적합하지 않다. 하지만 모델 결과를 대규모로 일괄 생성하는 경우에는 스파크나 Ray가 모두 적합할 수 있다. 또한 특징 공학과 수집 단계에서 언급했듯이, 최종 결과를 스타 스키마와 같은 특정 데이터 모델로 대규모 일괄 변환해야 한다면, 이 작업의 데이터 규모 요구사항 때문에 스파크에서 변환하는 것이 좋을 수 있다.

산업 현장의 예시를 통해 이를 좀 더 구체화해 보자. 많은 소매 기업이 고객의 이탈 가능성을 파악하고자 거래와 고객 데이터를 분석한다. 이 장에서 다룬 도구와 기법을 사용해 이러한 솔루션을 확장 가능하게 설계하고 개발하는 방법을 살펴보자.

데이터 수집이 첫 단계다. 이 시나리오에서는 고객이 여러 애플리케이션 · 시스템과 상호작용한 데이터가 영업일 마감 때 처리되며, 그 규모가 수백만 건에 이른다고 가정한다. 이 데이터에는 수치형과 범주형 값이 있으며, 하위 머신러닝 알고리즘에 입력하려면 먼저 이를 처리해야 한다. 데이터가 날짜나 다른 특징으로 파티셔닝돼 있다면 스파크를 활용하기 좋다. 스파크 데이터프레임으로 읽어 들인 후 파티션들을 이용해 데이터 처리 단계를 병렬화할 수 있기 때문이다.

다음은 특징 공학 단계다. 첫 단계에서 스파크 데이터프레임을 사용했다면, 이 장 앞부분에서 설명한 기본 PySpark 문법으로 변환 로직을 적용할 수 있다. 예를 들어 사이킷런이나 다른 머신러닝 라이브러리의 특징 변환을 적용하고 싶다면, 이를 UDF로 감싸서 필요한 규모로 적용할 수 있다. 그런 다음 PySpark API를 사용해 원하는 형식으로 데이터를 내보낼 수 있다. 고객 이탈 모델의 경우, 3장 '모델에서 모델 팩토리까지'에서 살펴본 기법에 따라 범주형 변수의 인코딩과 수치형 변수의 스케일링을 함께 수행할 수 있다.

모델 훈련 단계에서는 데이터 집약적 작업에서 계산 집약적 작업으로 전환한다. Ray를 사용하면 서로 다른 초매개변수 설정으로 모델을 훈련하는 병렬 작업을 쉽게 구성하고 훈련 단계를 분산할 수 있어서 이 단계에 적합하다. Ray는 병렬화에 적합한 딥러닝이나 트리 기반 모델을 훈련할 때 특히 유용하다. 스파크 ML의 모델로 분류를 수행한다면 몇 줄로 해결할 수 있지만, 다른 모델을 사용한다면 UDF로 감싸야 할 것이다. Ray는 라이브러리의 제약이 훨씬 적지만, 파이토치나 텐서플로의 신경망, 또는 XGBoost나 LightGBM처럼 원래 병렬화가 잘 되는 도구를 사용할 때 장점이 더 두드러진다.

마지막으로 모델 추론 단계다. 배치 방식에서는 어느 프레임워크가 더 나은지 판단하기 어렵다. UDF나 핵심 PySpark API를 사용하면 아파치 스파크와 스파크 클러스터로도 확장 가능한 배치 예측 단계를 쉽게 구축할 수 있다. 대규모 배치 예측은 결국 대규모 데이터 변환의 한 종류이고, 스파크는 이런 작업에 탁월하기 때문이다. 하지만 클러스터에서 확장 가능한 엔드포인트로 모델을 서빙하고 싶다면 'Ray를 활용한 서빙 계층 확장'에서 설명했듯이 Ray가 사용하기 더 쉽다. 스파크는 이런 방식의 엔드포인트를 만드는 기능이 없고, 스파크 작업을 구동하는 데 필요한 스케줄링과 작업 오버헤드를 고려하면 요청으로 들어오는 작은 데이터 패킷에 스파크를 사용하는 것은 비효율적이다.

고객 이탈 예시에서 전체 고객을 대상으로 이탈 분류를 수행하려면, 스파크를 사용해 모든 데이터를 처리하고 데이터 분할과 같은 개념을 활용할 수 있다. Ray로도 이 작업이 가능하지만 저수준 API를 사용해야 해서 조금 더 많은 작업이 필요할 수 있다. 5장 '배포 패턴과 도구'와 이 장의 '서버리스 인프라 구축' 절에서 설명했듯이 다른 방법으로도 서빙 계층을 만들 수 있다. 8장 '예제 ML 마이크로서비스 구축'에서는 쿠버네티스로 ML 엔드포인트 배포를 확장하는 방법을 자세히 다룰 것이다.

마지막으로 '응용 계층'이라고 명명한 단계는 출력 시스템과 솔루션 내 다운스트림 시스템 간의 '최종 단계 통합'을 포괄하는 부분이다. 스파크는 대규모 데이터 변환 엔진으로 간주될 수 있어, 사실상 이 단계에서는 별다른 역할을 하지 않는다. 반면 Ray는 파이썬 전반을 가속화한다는 철학을 가지고 있어, 애플리케이션 백엔드에서 데이터 검색, 일반 계산, 시뮬레이션 등 병렬화가 유리한 작업이 있다면 다른 도구가 있더라도 Ray를 여전히 활용할 수 있는 경우가 많다. 예를 들어 고객 이탈 사례에서는 개별 고객 수준의 분석을 병렬로 수행한 뒤, 그 결과를 **레이 서브(Ray Serve)** 엔드포인트를 통해 제공하는 데 Ray를 사용할 수 있다.

이 고수준 예시를 통해 ML 엔지니어링 프로젝트에서 효과적으로 확장하기 위해 선택할 수 있는 점들을 강조했다. 필자는 "정답은 없지만 잘못된 답은 많다"라고 말하곤 한다. 이는 서로 다른 도구를 활용해도 똑같이 효과적인 좋은 솔루션을 구축할 방법이 여러 가지 있다는 뜻이다. 중요한 것은 큰 함정과 막다른 길을 피하는 것이다. 이 예시가 ML 솔루션을 확장해 나가는 데 이러한 사고방식을 적용하는 방법을 이해하는 데 도움이 되길 바란다.

> 📝 **중요 참고 사항**
>
> 이 장에서는 스파크와 Ray를 비교하고 쿠버네티스를 기본 인프라 확장 옵션으로 언급했지만, 이제는 RayDP를 통해 스파크와 Ray를 함께 사용할 수 있다. 이 도구를 사용하면 Ray 클러스터에서 스파크 작업을 실행할 수 있어서, Ray를 기본 확장 계층으로 사용하면서도 스파크가 강점을 보이는 영역에서는 스파크 API와 기능을 활용할 수 있다. RayDP는 2021년에 소개됐으며 활발히 개발이 진행 중이므로 주목할 만한 기능이다. 자세한 내용은 프로젝트 저장소[17]를 참고하기 바란다.

지금까지 ML 사용 사례에 확장 기법을 적용하는 방법을 살펴봤다.

이제 지난 몇 페이지에서 다룬 내용을 간단히 요약하며 이 장을 마무리하겠다.

6.7 요약

이 장에서는 지난 몇 장에서 만든 ML 솔루션을 더 큰 데이터나 더 많은 예측 요청에 맞게 확장하는 방법을 살펴봤다. 이를 위해 분산 컴퓨팅용 범용 엔진 중 가장 인기 있는 **아파치 스파크**를 중점적으로 다뤘다. 아파치 스파크를 설명하면서 이 책에서 이전에 사용한 코딩 패턴과 문법을 다시 살펴보았다. 이를 통

---

17 https://github.com/oap-project/raydp

해 PySpark로 개발할 때 특정 작업을 어떻게, 왜 수행하는지 더 깊이 이해할 수 있었다. UDF 개념을 자세히 설명하고 이를 활용해 대규모로 확장 가능한 ML 워크플로를 만드는 방법도 다뤘다.

그다음 AWS가 제공하는 EMR 서비스를 중심으로 클라우드에서 스파크를 사용하는 방법을 살펴봤다. 이어서 서버리스 아키텍처와 컨테이너를 통한 수평적 확장 같은 다른 확장 방법도 알아봤다. 서버리스 아키텍처의 경우, AWS SAM 프레임워크가 제공하는 표준 템플릿으로 AWS 람다를 사용해 ML 모델을 서빙하는 서비스를 만드는 과정을 설명했다. 쿠버네티스와 Kubeflow로 ML 파이프라인을 수평으로 확장하는 방법과 이러한 도구의 다른 장점도 살펴봤다. 그다음 Ray 병렬 컴퓨팅 프레임워크를 다룬 절에서는 비교적 간단한 API로 이기종 클러스터의 컴퓨팅 성능을 확장해 ML 워크플로를 가속하는 방법을 보였다. Ray는 현재 파이썬용 확장 가능 컴퓨팅 도구 중 가장 중요한 도구 중 하나로, OpenAI의 GPT-4를 포함해 세계에서 가장 큰 몇몇 모델을 훈련하는 데 사용됐다.

다음 장에서는 여기서 다룬 확장성 개념을 기반으로 대규모 언어 모델(LLM)을 포함한 딥러닝 모델이라는, 만들 수 있는 가장 큰 ML 모델을 살펴본다. 다음 장에서 다룰 내용은 이 장에서 설명한 기법을 고려해야만 개발하고 효과적으로 활용할 수 있는 것들이다. ML 솔루션 확장에 관한 논의는 8장 '예제 ML 마이크로서비스 구축'에서도 이어진다. 이 장에서는 쿠버네티스로 ML 마이크로서비스를 수평 확장하는 데 초점을 맞추어, 여기서 다룬 대규모 배치 워크로드 확장과 함께 실시간 워크로드 확장 방법을 보여준다. 또한 9장 'ETML(추출, 변환, 머신러닝) 사례 연구'의 여러 확장성 논의도 이 장의 내용을 전제로 하므로, 이 장에서 다룬 모든 내용이 책의 나머지 부분을 이해하는 데 도움이 될 것이다. 이제 이 새로운 지식을 바탕으로 알려진 가장 큰 모델의 세계를 탐험해 보자.

07

딥러닝, 생성형 AI, LLM옵스

세상이 빠르게 변하고 있다. 2023년 중반 현재, **머신러닝**과 **인공지능**은 불과 몇 달 전만 해도 상상할 수 없었던 수준으로 대중의 일상에 스며들었다. 2022년 말 챗GPT가 출시된 이후 전 세계 연구소와 기업들이 새로운 도구들을 쏟아내면서, 수억 명의 사람들이 매일 머신러닝 솔루션을 사용해 콘텐츠를 만들고, 분석하고, 개발하고 있다. 게다가 혁신의 속도는 더욱 빨라져서, 거의 매일 새로운 기록을 세우는 모델이나 도구가 발표되고 있다. 챗GPT는 **생성형 AI(generative AI)**라고 일컬어지는 솔루션의 한 예에 불과하다. 챗GPT, 빙 AI, 구글 바드가 텍스트 기반 생성형 AI 도구의 예라면, DALL·E와 미드저니는 이미지 분야의 예이며, 이제는 이러한 여러 종류의 데이터를 결합한 멀티모달 모델도 다양하게 등장했다. 세계 유수의 AI 연구소들이 개발하는 모델과 진화하는 생태계가 너무 복잡해서 감당하기 벅차게 느껴질 수 있다. 하지만 걱정하지 말자. 새내기 머신러닝 엔지니어에게 이 모든 변화가 어떤 의미를 가지는지 이 장에서 살펴볼 것이다.

이 장에서도 책의 다른 장들과 마찬가지로, 앞으로 여러 해 동안 프로젝트에 활용할 수 있는 핵심 개념과 탄탄한 기초를 다지는 데 집중할 것이다. 먼저 2010년대 이후 머신러닝의 최첨단 발전을 이끈 근본적인 알고리즘적 접근법인 **딥러닝(deep learning)**을 살펴볼 것이다. 그런 다음 자체 딥러닝 모델을 구축하고 호스팅하는 방법을 다룬 뒤, 생성형 AI로 넘어가 전반적인 상황을 살펴보고 챗GPT와 다른 강력한 텍스트 모델인 **대규모 언어 모델(LLM: Large Language Model)**의 접근 방식을 자세히 알아볼 것이다.

이어서 ML 엔지니어링과 ML옵스를 LLM에 어떻게 적용할 수 있는지 살펴보면서 새로운 과제들도 함께 논의한다. 이는 매우 새로운 분야라서 이 장의 많은 내용이 집필 시점의 내 견해와 이해를 반영할 것이다. 머신러닝 분야에서는 이제 이런 모델에 대한 모범 사례를 정립해 나가는 중이므로, 앞으로 이어질 페이지에서 이 새로운 영역을 함께 만들어 갈 것이다. 즐거운 여정이 되길 바란다!

이 장에서는 다음을 다룬다.

- 딥러닝

- 대규모 언어 모델

- LLM 검증과 프롬프트 관리 · 운영

7.1 딥러닝

지금까지 우리는 비교적 '고전적인' 머신러닝 모델을 다뤘다. 이러한 모델은 데이터에서 학습하기 위해 다양한 수학적, 통계적 방법을 활용한다. 이런 알고리즘은 대체로 생물학적 학습 이론을 본떠 만든 것이 아니라, 서로 다른 방식으로 손실 함수를 명시적으로 최적화하는 절차를 찾는 데 중점을 둔다. 3장 '모델에서 모델 팩토리까지'의 '학습이란 무엇인가' 절에서 잠깐 다룬 것처럼, 독자들은 이와는 약간 다른 접근 방식인 **인공신경망(ANN: Artificial Neural Networks)**을 알고 있을 것이다. 인공신경망은 1950년대에 등장했으며 뇌의 뉴런 활동을 이상화한 모델을 기반으로 한다. 인공신경망의 핵심 개념은 뉴런이나 노드라고 하는 비교적 단순한 계산 단위(생물학적 뉴런을 본뜬 것)를 연결해서 어떤 수학 함수든 효과적으로 모델링할 수 있는 시스템을 만들 수 있다는 것이다(자세한 내용은 아래 정보 상자 참조). 여기서 뉴런은 미리 정해진 수학 공식으로 입력값을 변환해 출력값을 내는 시스템의 작은 구성 요소다. 이는 본질적으로 비선형이며, 여러 개가 함께 작동하면 매우 빠르게 복잡한 데이터를 모델링하기 시작할 수 있다. 인공 뉴런은 한 층의 뉴런이 다음 층의 뉴런과 연결되는 방식으로 층층이 배열된다. 뉴런과 층이 많지 않은 작은 신경망에서는 이 책에서 다룬 재훈련과 드리프트 탐지 기법을 그대로 적용할 수 있다. 하지만 많은 층과 뉴런으로 이뤄진 **심층 신경망(DNN: Deep Neural Networks)**에서는 이 절에서 다룰 몇 가지 추가 개념을 고려해야 한다.

중요

> 신경망이 다양한 함수를 표현할 수 있다는 것은 **보편 근사 정리**(Universal Approximation Theorems)라는 이론적 토대를 가지고 있다. 이 정리는 다층 신경망이 수학 함수를 임의의 정밀도로 근사할 수 있다는 것을 수학적으로 증명한다. 어떤 특정 신경망이 이를 수행할 수 있는지는 말해주지 않지만, 충분한 은닉 뉴런이나 노드가 있다면 충분한 데이터로 목표 함수를 표현할 수 있다고 알려준다. 이런 정리의 중요한 결과는 1980년대 후반 호닉, 스틴치콤, 화이트의 〈Multilayer feedforward networks are universal approximators(다층 순방향 신경망은 보편 근사자다)〉(1989)와 시벤코의 〈Approximation by superpositions of a sigmoidal function(시그모이드 함수의 중첩에 의한 근사)〉(1989) 같은 논문에서 확립됐다.

최근 몇 년간 심층 신경망은 세상을 휩쓸었다. 컴퓨터비전부터 자연어 처리까지, 스테이블디퓨전(StableDiffusion)부터 챗GPT까지, 한때 인간만이 할 수 있다고 여겨졌던 일을 해내는 놀라운 사례가 셀 수 없이 많다. 딥러닝 모델의 깊이 있는 수학적 내용은 굿펠로, 벤지오, 쿠빌의 《심층 학습》(제이펍) 같은 다른 문헌에서 충분히 다뤄지므로, 여기서는 제대로 설명할 수 없을 것이다. 상세한 이론은 이 장의 범위를 벗어나지만, ML 엔지니어링 프로젝트에서 이런 모델을 활용하는 데 필요한 주요 개념과 기법을 개괄적으로 설명하고자 한다.

앞서 말했듯이 인공신경망은 생물학에서 빌려온 개념을 바탕으로 한다. 생물학적 뇌처럼 인공신경망도 수많은 개별 뉴런으로 이뤄진다. 뉴런은 인공신경망의 계산 단위로 볼 수 있다. 뉴런은 여러 입력을 받아 정해진 방식으로 결합해 하나의 출력을 만들어내는데, 이 출력은 다른 뉴런의 입력이나 전체 모델 출력의 일부가 될 수 있다. 생물학적 환경에서 뉴런의 입력은 가지돌기(dendrites)[1]를 따라 흐르고 출력은 축삭(axons)을 따라 전달된다.

그렇다면 입력은 어떻게 출력으로 변환될까? 이 과정을 이해하려면 몇 가지 개념이 필요하다.

- **가중치(weight)**: 신경망에서 뉴런 간 연결의 '강도'를 나타내는 수치다. 신경망 훈련 중에 손실을 최소화하도록 조정되는 값 중 하나다. 이는 3장 '모델에서 모델 팩토리까지'에서 설명한 모델 훈련 방식과 일치한다.

- **편향(bias)**: 신경망의 모든 뉴런에는 활성화(아래에서 설명)의 오프셋 역할을 하는 또 다른 매개변수가 있다. 이 값도 훈련 중에 업데이트되며, 신경망이 데이터에 더 잘 맞도록 자유도를 높여준다. 편향은 뉴런이 발화(fire, 즉 특정 출력을 생성)하는 수준을 조정하는 것으로 생각할 수 있으며, 이 값이 변할 수 있다는 것은 뉴런의 적응성이 더 높아진다는 뜻이다.

---

1 (옮긴이) 옛 용어는 '수상돌기'다.

- **입력(inputs)**: 가중치나 편향을 고려하기 전에 뉴런에 공급되는 원시 데이터 포인트다. 데이터를 기반으로 한 특징을 뉴런에 공급하면 입력은 특징값이 되고, 다른 뉴런의 출력을 공급하면 그 값이 입력이 된다.

- **활성화(activation)**: ANN의 뉴런은 여러 입력을 받는다. 활성화는 적절한 가중치를 곱한 입력의 선형 조합에 편향 항을 더한 것이다. 이는 들어오는 여러 데이터 조각을 뉴런의 출력이 무엇이 되어야 하는지 결정하는 데 사용할 수 있는 단일 숫자로 변환한다.

- **활성화 함수(activation function)**: 활성화는 단순한 숫자일 뿐이고, 활성화 함수는 그 숫자가 뉴런에서 어떤 의미를 가질지 결정한다. 오늘날 딥러닝에서 널리 쓰이는 다양한 활성화 함수가 있는데, 중요한 점은 이 함수가 활성화 값에 작용해서 뉴런이나 노드의 출력이 되는 숫자를 만들어낸다는 것이다.

이러한 개념은 그림 7.1에서 도식화돼 있다. 딥러닝 모델에 엄격한 정의는 없지만, 여기서는 세 개 이상의 층으로 이뤄진 인공신경망을 심층 신경망으로 보겠다. 따라서 이제 이러한 층의 중요한 특징을 정의해야 한다.

- **입력층(input layer)**: 원시 데이터나 데이터에서 만든 특징을 입력으로 받는 첫 번째 뉴런층이다.

- **은닉층(hidden layers)**: 입력층과 출력층 사이에 있는 층으로, 데이터의 주요 비선형 변환이 이뤄지는 곳으로 볼 수 있다. 이는 주로 많은 뉴런을 가진 은닉층이 많기 때문이다! 은닉층에서 뉴런을 조직하고 연결하는 방식은 신경망 아키텍처의 핵심 부분이다.

- **출력층(output layers)**: 신경망에서 수행된 변환의 결과를 해당 문제에 맞게 해석할 수 있는 결과로 바꾸는 역할을 한다. 예를 들어 신경망으로 이미지를 분류할 때는 마지막 층이 지정된 클래스에 대해 1이나 0을 출력하거나 여러 클래스에 대한 확률을 출력할 수 있다.

이런 개념은 유용한 배경 지식이지만, 파이썬에서는 어떻게 활용할까? 세계에서 가장 인기 있는 딥러닝 프레임워크는 2015년 구글 브레인이 공개한 텐서플로(Tensorflow)와 2016년 메타 AI가 공개한 파이토치(PyTorch)다. 이 장에서는 파이토치를 사용한 예시를 중심으로 설명하지만, 대부분의 개념은 약간의 수정만으로 텐서플로에도 똑같이 적용할 수 있다.

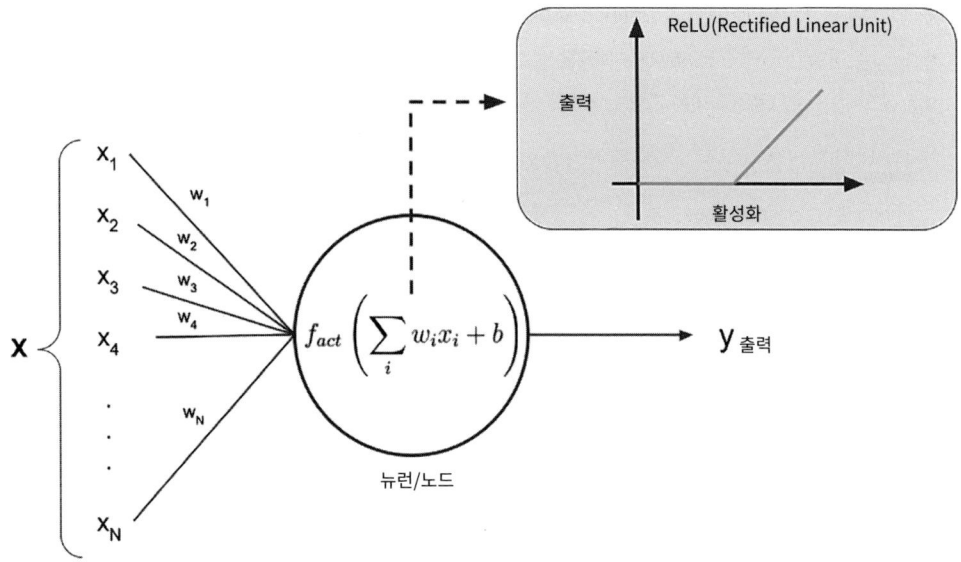

그림 7.1 인공신경망의 '뉴런'이 입력 데이터 x를 출력 y로 변환하는 과정을 도식화

7.1.1 파이토치 기초

먼저 파이토치를 설치해야 한다. 맥북에 직접 설치하려면 파이토치 문서[2]를 참고하면 된다. 아니면 다음 명령을 실행할 수도 있다.

```
pip3 install torch
```

파이토치의 주요 개념과 기능은 다음과 같다.

- **torch.Tensor**: 텐서는 다차원 배열로 표현할 수 있는 수학적 객체로, 현대 딥러닝 프레임워크의 핵심 구성 요소다. 네트워크에 데이터를 입력하려면 먼저 텐서로 변환해야 한다. 예를 들면 다음과 같다.

```
inputs = torch.tensor(X_train, dtype=torch.float32)
labels = torch.tensor(y_train, dtype=torch.long)
```

- **torch.nn**: 신경망 모델을 정의하는 데 사용되는 주요 모듈이다. 예를 들어, 이를 사용해 ReLU(Rectified Linear Unit) 활성화 함수를 가진 세 개의 은닉층을 포함하는 기본 분류 신경망을 정의할 수 있다. 이 방법을 사용해 파이토

---

2 https://pytorch.org/get-started/locally/

치에서 모델을 정의할 때 훈련 중 데이터가 네트워크를 통과하는 방식을 정의하는 forward라는 메서드도 작성해야한다. 다음 코드는 torch.nn.Module 객체를 상속하는 클래스 내부에 기본 신경망을 구축하는 방법을 보여준다. 이네트워크에는 ReLU 활성화 함수가 있는 4개의 선형 계층과 간단한 순전파 함수가 있다.

```python
import torch
import torch.nn as nn

class NeuralNetwork(nn.Module):
    def __init__(self):
        super(NeuralNetwork, self).__init__()
        self.sequential = nn.Sequential(
            nn.Linear(13, 64),
            nn.ReLU(),
            nn.Linear(64, 32),
            nn.ReLU(),
            nn.Linear(32, 16),
            nn.ReLU(),
            nn.Linear(16, 3)
        )

    def forward(self, x):
        x = self.sequential(x)
        return x
```

- **손실 함수**: torch.nn 모듈에는 신경망 훈련에 사용할 수 있는 일련의 손실 함수가 있다. 교차 엔트로피 손실이 널리사용되는 선택이지만 문서에는 선택할 수 있는 더 많은 손실 함수가 있다.

```python
criterion = nn.CrossEntropyLoss()
```

- **torch.optim.Optimizer**: 이는 파이토치의 모든 옵티마이저에 대한 기본 클래스다. 이를 통해 3장에서 논의한 옵티마이저를 대부분 구현할 수 있다.

  파이토치에서 옵티마이저를 정의할 때 대부분의 경우 인스턴스화된 모델의 매개변수를 전달한 다음 특정 옵티마이저에 대한 관련 매개변수를 전달한다. 예를 들어, 학습률이 0.001인 Adam 옵티마이저를 정의하는 것은 다음과 같이간단하다.

```python
import torch.optim as optim
```

```
model = NeuralNetwork()
optimizer = torch.optim.Adam(
    model.parameters(),
    lr=0.001
)
```

- **torch.autograd**: 머신러닝 모델을 훈련하는 것은 선형대수, 미적분, 통계를 활용한 최적화 과정이다. 파이토치는 이를 자동 미분(automatic differentiation)으로 구현한다. 자동 미분은 함수의 편미분을 구하는 문제를 쉽게 계산할 수 있는 기본 연산들의 조합으로 변환하면서도 정밀한 미분값을 얻을 수 있는 방법이다. 이는 유한 차분이나 기호 미분과는 다른 방식이다. 손실 함수를 사용하고 backward 메서드를 호출하면 자동으로 autograd가 실행된다. 이를 통해 각 에포크에서 가중치를 갱신하는 데 필요한 기울기가 계산되며, optimizer.step()을 호출하면 최적화 단계가 실행된다. 훈련을 실행할 때는 두 가지를 반드시 초기화해야 한다. 파이토치의 텐서는 변경 가능하므로(연산을 수행하면 데이터가 변경됨) 입력 텐서를 초기화해야 하고, optimizer.zero_grad()로 최적화 프로그램에서 계산된 기울기도 초기화해야 한다. 이러한 내용을 바탕으로, 500회 에포크로 훈련하는 예시는 다음과 같다.

```
for epoch in range(500):
    running_loss = 0.0
    optimizer.zero_grad()
    inputs = torch.tensor(X_train, dtype=torch.float32)
    labels = torch.tensor(y_train, dtype=torch.long)
    outputs = net(inputs)
    loss = criterion(outputs, labels)
    loss.backward()
    optimizer.step()
```

- **torch.save** 및 **torch.load**: 이름에서 알 수 있듯이 이 메서드들은 모델을 저장하고 불러오는 기능을 한다. 딥러닝 모델을 훈련할 때는 오랜 시간이 걸리므로 훈련 과정에서 모델을 주기적으로 저장하는 것이 중요하다. 이를 '체크포인팅'이라고 하며, 훈련 도중 문제가 생겼을 때 저장된 지점부터 다시 시작할 수 있다. 파이토치 체크포인트를 저장하려면 훈련 반복문에 다음과 같은 코드를 추가하면 된다.

```
model_path = "path/to/model/my_model.pt"
torch.save({
    'epoch': epoch,
    'model_state_dict': model.state_dict(),
    'optimizer_state_dict': optimizer.state_dict(),
    'loss': loss,
}, model_path)
```

- 그런 다음 모델을 로드하려면 신경망 클래스의 다른 인스턴스와 옵티마이저 객체를 초기화한 후 체크포인트 객체에서 해당 상태를 읽어야 한다.

```
model = NeuralNetwork()
optimizer = torch.optim.Adam(model.parameters(), lr=0.001)


checkpoint = torch.load(model_path)
model.load_state_dict(checkpoint['model_state_dict'])
optimizer.load_state_dict(checkpoint['optimizer_state_dict'])
epoch = checkpoint['epoch']
loss = checkpoint['loss']
```

- model.eval() 및 model.train(): 파이토치 체크포인트를 로드한 후에는 수행하려는 작업에 맞게 모델을 적절한 모드로 설정해야 한다. 그렇지 않으면 다운스트림 문제가 발생할 수 있다. 예를 들어, 테스트 및 검증을 수행하거나 새로운 데이터에 대해 모델로 추론을 수행하려는 경우 사용하기 전에 model.eval()을 호출해야 한다. 이렇게 하면 훈련 중에 통계를 계산하고 테스트 중에 수행하지 않으려는 업데이트를 수행하는 배치 정규화 또는 드롭아웃 계층이 고정된다. 마찬가지로 model.train()은 훈련 실행 중에 이러한 계층이 예상대로 계속 업데이트를 수행할 준비가 되어 있는지 확인한다.

  model.eval()보다 더 강력한 방법도 있다. 다음 구문을 사용하면 콘텍스트의 모든 자동 미분 기능을 완전히 끌 수 있다.

```
with torch.inference_mode():
```

  이렇게 하면 추론 속도가 더 빨라지지만, 기울기나 텐서 업데이트를 추적하거나 수행할 필요가 전혀 없다고 확신할 때만 사용해야 한다.

- **평가**: 위 예제에서 방금 훈련한 모델을 테스트하려면 아래와 같은 구문을 사용해 정확도를 계산할 수 있지만, 이 책에서 논의한 모델 검증 방법 중 어떤 것이든 적용할 수 있다!

```
inputs = torch.tensor(X_test, dtype=torch.float32)
labels = torch.tensor(y_test, dtype=torch.long)


outputs = net(inputs)
_, predicted = torch.max(outputs.data, 1)
correct = (predicted == labels).sum().item()
total = labels.size(0)
```

```
accuracy = correct / total
print('테스트 세트에 대한 정확도: %.2f %%' % (100 * accuracy))
```

이제 파이토치로 모델을 만들고, 훈련하고, 저장하고, 불러오고, 평가할 수 있게 됐다. 이제 딥러닝 모델을 프로덕션에 적용할 때 생기는 문제를 살펴보면서 한 걸음 더 나아가보자.

7.1.2 딥러닝 확장과 프로덕션 적용

이제 프로덕션 시스템에서 딥러닝 모델을 실행하는 방법을 알아보자. 이를 위해서는 심층 신경망(DNN)이 기존 머신러닝 알고리즘과 어떻게 다른지를 이해해야 한다.

- **데이터 집약적**: 심층 신경망은 각 뉴런의 매개변수가 자유도를 높이면서 매우 복잡한 다차원 최적화를 수행한다. 그래서 다른 머신러닝 알고리즘에 비해 훨씬 많은 데이터가 필요하다. 따라서 심층 신경망을 처음부터 훈련하려면 먼저 데이터가 충분한지, 모델 훈련에 적합할 만큼 다양한지 확인해야 한다. 또한 일반적으로 대용량 데이터를 메모리에 올려야 하므로 이 점도 미리 고려해야 한다.

- **훈련이 더 복잡함**: 이는 앞의 내용과 관련 있지만 조금 다르다. 우리가 풀려는 비선형 최적화 문제가 매우 복잡하기 때문에, 훈련 중에 모델이 '길을 잃고' 차선의 국소 최솟값에 빠지기 쉽다. 앞서 설명한 체크포인팅 같은 기법이 딥러닝 커뮤니티에서 널리 쓰이는 이유가 바로 이 때문이다. 손실이 원하는 방향으로 가지 않거나 제자리걸음을 할 때는 훈련을 멈추고 이전 상태로 되돌린 다음 다른 방법을 시도해야 할 때가 많다.

- **모델 아키텍처를 선택해야 함**: 심층 신경망은 기존 머신러닝 알고리즘과 크게 다르다. 몇 가지 초매개변수만 신경 쓰면 되는 게 아니라 신경망의 아키텍처와 구조도 결정해야 한다. 이는 대개 복잡한 작업이며 신경망에 대한 깊은 이해가 필요하다. 트랜스포머 아키텍처(그림 7.2)처럼 표준 아키텍처를 사용하더라도 문제를 효과적으로 진단하고 해결하려면 모든 구성 요소의 역할을 확실히 알아야 한다. 3장 '모델에서 모델 팩토리까지'에서 다룬 자동 아키텍처 검색 같은 기법으로 아키텍처 설계 속도를 높일 수는 있지만, 탄탄한 기초 지식은 여전히 중요하다.

- **설명하기가 본질적으로 더 어려움**: 지난 몇 년간 심층 신경망에 대한 주요 비판 중 하나는 결과를 설명하기가 매우 어렵다는 점이다. 사실 이는 당연한데, 심층 신경망의 핵심이 문제의 구체적인 내용을 추상적으로 다루는 것이기 때문이다. 많은 경우 이것이 문제되지 않지만, 최근에는 인종이나 성별 편향과 같은 바람직하지 않은 작동을 보이는 심층 신경망 사례가 여럿 있었고, 이런 문제는 설명하고 해결하기가 더 어렵다. 의료나 금융처럼 규제가 엄격한 산업에서도 문제가 생긴다. 이런 분야에서는 특정 결정이 왜 내려졌는지 입증할 법적 의무가 있을 수 있는데, 그 결정에 심층 신경망이 관여했다면 이는 매우 어려운 과제가 된다.

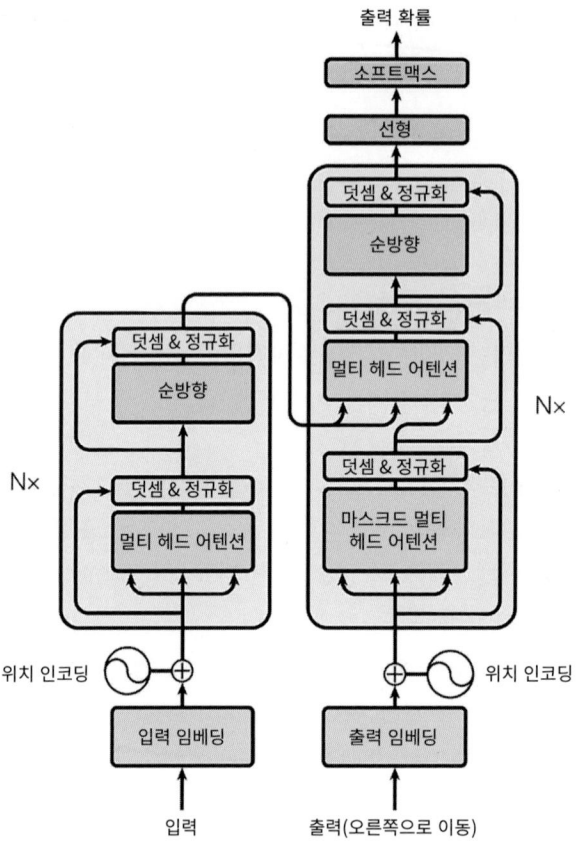

그림 7.2 구글 브레인의 〈Attention Is All You Need〉 논문[3]에 처음 공개된 트랜스포머 아키텍처

이런 점들을 모두 고려할 때, 머신러닝 엔지니어링 시스템에서 딥러닝 모델을 사용하려면 무엇을 살펴봐야 할까? 가장 먼저 할 수 있는 일은 모델을 직접 훈련하는 대신 이미 훈련된 모델을 사용하는 것이다. 물론 이때는 모델과 학습 데이터가 우리 애플리케이션에 충분한 품질을 갖췄는지 확인해야 하는 위험이 따른다. 따라서 항상 주의하면서 실사를 진행해야 한다.

하지만 많은 경우 이 방식은 충분히 괜찮다. 우리가 하려는 작업에서 성능이 좋다고 이미 널리 알려진 모델을 사용할 수도 있기 때문이다. 또한 자체 테스트를 거친다면 기존 모델을 가져다 쓰는 운영상의 위험을 감수할 만한 사용 사례도 있다. 바로 그런 예시를 들어보자. 가상의 조직에서 고객과 직원 사이의 문자 대화를 요약하는 간단한 파이프라인을 만들어보자.

---

3 https://arxiv.org/abs/1706.03762

이때 허깅 페이스 트랜스포머 라이브러리에서 제공하는 그림 7.2와 같은 기성 트랜스포머 모델을 사용할 수 있다.

시작하려면 허깅 페이스 모델 서버에서 다운로드할 모델의 이름만 있으면 된다. 여기서는 페가수스 텍스트 요약 모델을 사용할 것이다. 허깅 페이스는 모델을 쉽게 사용할 수 있도록 '파이프라인' API를 제공한다.

```
from transformers import pipeline
summarizer = pipeline("summarization", model= "google/pegasus-xsum")
```

첫 번째 딥러닝 모델로 추론하는 것은 이 파이프라인에 입력을 전달하기만 하면 된다. 앞서 말한 봇과 사람의 대화 예시에 대해, 텍스트를 입력하고 어떤 결과가 나오는지 살펴보자. 주문한 물건에 대해 문의하는 고객과 챗봇의 가상 대화를 요약해보자. 대화 내용은 다음과 같다.

```
text = "Customer: Hi, I am looking for some help regarding my recent purchase of a bouquet
of flowers. ChatBot: Sure, how can I help you today? Customer: I purchased a bouquet the
other day, but it has not arrived. ChatBot: What is the order ID? Customer: 0123456. ChatBot:
Please wait while I fetch the details of your order... It doesn't seem like there was an
order placed as you described; are you sure of the details you have provided?"
```

이제 이 대화를 요약기 pipeline 객체에 입력해 결과를 출력한다.

```
summary = summarizer(text)
print(summary)
```

【 실행 결과 】

```
[{'summary_text': 'This is a live chat conversation between a customer and a ChatBot.'}]
```

결과를 보면 모델이 이 대화의 성격을 잘 요약했음을 알 수 있다. 이는 딥러닝 혁명 이전에는 매우 어렵거나 불가능했을 작업을 얼마나 쉽게 수행할 수 있게 됐는지를 보여준다.

방금 봤던 예시에서는 사전 훈련된 트랜스포머 모델을 써서 텍스트 요약이라는 특정 작업을 수행했다. 새로운 데이터를 학습시켜 모델을 업데이트할 필요도 없었다. 다음 절에서는 자신의 데이터로 모델을 업데이트하고 싶을 때 어떻게 해야 하는지 알아보겠다.

7.1.3 미세 조정과 전이 학습

이전 섹션에서 작업에 적합한 기존 딥러닝 모델만 있다면 솔루션을 쉽게 구축할 수 있다는 것을 보여줬다. 그러나 "이 모델이 내 특정 문제에 정확히 맞지 않는다면 어떻게 할 수 있을까?"라는 질문을 스스로 해보는 것이 좋다. 여기서 **미세 조정(fine-tuning)**과 **전이 학습(transfer learning)** 개념이 등장한다. 미세 조정은 기존 딥러닝 모델을 새로운 데이터로 계속 훈련하는 것이다. 처음부터 시작하지 않으므로 최적화된 네트워크를 훨씬 빨리 얻을 수 있다. 전이 학습은 신경망 상태의 대부분을 동결하고 마지막 계층만 새로운 데이터로 다시 훈련해서 약간 다른 작업을 수행하거나 같은 작업을 우리 문제에 더 적합한 방식으로 수행하도록 하는 것이다. 두 방법 모두 특징 표현과 같은 원래 모델의 강력한 특징은 유지하면서 특정 사용 사례에 맞게 조정할 수 있다.

이를 더 구체적으로 설명하기 위해 실제 전이 학습 예시를 살펴보겠다. 미세 조정도 비슷한 과정을 따르지만 신경망을 수정하는 단계는 포함하지 않는다. 여기서는 허깅 페이스의 **datasets**와 **evaluate** 패키지를 사용한다. 기본 **BERT(Bidirectional Encoder Representations from Transformers)** 모델을 가져와서 전이 학습으로 다국어 아마존 리뷰 말뭉치[4]의 영어 리뷰 별점을 추정하는 분류기를 만드는 방법을 보여줄 것이다.

그림 7.3은 이 데이터셋의 리뷰 예시를 보여준다.

```
1  dataset = fetch_dataset()
2  import pprint
3  pprint.pprint(dataset[100])

Found cached dataset amazon_reviews_multi (/Users/apmcm/.cache/huggingface/datase
views_multi/en/1.0.0/724e94f4b0c6c405ce7e476a6c5ef4f87db30799ad49f765094cf9770e0f

{'language': 'en',
 'product_category': 'sports',
 'product_id': 'product_en_0610451',
 'review_body': 'Two nights in the water tide to our dock in the lake..... I'd '
                'say something liked this.',
 'review_id': 'en_0143676',
 'review_title': 'Let the picture tell you how go this is',
 'reviewer_id': 'reviewer_en_0377453',
 'stars': 1}
```

그림 7.3 다국어 아마존 리뷰 말뭉치의 리뷰와 별점 예시

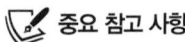 **중요 참고 사항**

다음 예시에서는 BERT 모델을 사용했지만, DistilBERT나 AIBERT 같은 다양한 변형 모델도 동일하게 사용할 수 있다. 이러한 변형 모델들은 더 작은 크기로 설계되어 훈련 속도가 빠르면서도 원래 BERT 모델의 성능을 대부분 유지한다. 크기가 작아서 다운로드도 더 빠를 수 있으니 여러 모델을 시험해 보기를 권한다.

---

4 https://registry.opendata.aws/amazon-reviews-ml/

전이 학습 예시를 시작해 보자.

1. 먼저 datasets 패키지로 데이터셋을 가져온다. 허깅 페이스 데이터셋에 사용할 수 있는 '구성'과 '분할' 개념을 사용하면 특정 하위 집합과 훈련/테스트/검증용 데이터를 지정할 수 있다. 여기서는 영어 리뷰를 사용하고 처음에는 훈련용 데이터를 사용한다. 그림 7.3은 데이터셋의 예제 레코드를 보여준다. 다음 코드로 데이터를 가져올 수 있다.

```python
import datasets
from datasets import load_dataset

def fetch_dataset(dataset_name: str="amazon_reviews_multi",
                  configuration: str="en", split: str="train"
                 ) -> datasets.arrow_dataset.Dataset:
    '''
    허깅 페이스 데이터셋 서버에서 데이터셋을 가져온다.
    '''
    dataset = load_dataset(dataset_name, configuration, split=split)
    return dataset
```

2. 다음은 데이터셋을 토큰화한다. 이를 위해 사용할 BERT 모델과 짝을 이루는 AutoTokenizer를 활용한다. 해당 토크나이저를 가져오기 전에, 먼저 선택한 토크나이저로 데이터셋을 변환하는 함수를 작성해 보자. 또한 데이터셋을 가져와 나중에 파이토치에서 사용할 수 있는 형태로 만드는 로직도 정의한다. 테스트를 위해 데이터를 다운샘플링하는 옵션도 추가했다.

```python
import typing
from transformers import AutoTokenizer

def tokenize_dataset(tokenizer: AutoTokenizer,
                     dataset: datasets.arrow_dataset.Dataset,
                     sample=True) -> datasets.arrow_dataset.Dataset:
    '''
    허깅 페이스 데이터셋 객체를 토큰화하고 이후 파이토치 로직에서
    사용할 수 있는 형식으로 만든다.
    '''
    tokenized_dataset = dataset.map(
        lambda x: tokenizer(x["review_body"], padding="max_length", truncation=True),
        batched=True
    )
```

```
        # 파이토치는 타깃 칼럼의 이름이 "labels"여야 한다.
        tokenized_dataset = tokenized_dataset.rename_column("stars", "labels")

        # 이 메서드를 사용해 데이터셋을 파이토치 형식으로 만들 수 있다
        tokenized_dataset.set_format(
            type="torch", columns=["input_ids", "token_type_ids", "attention_mask",
"labels"]
        )

        # 테스트를 빠르게 하기 위해 다운샘플링
        if sample==True:
            tokenized_dataset_small = tokenized_dataset.\
                                    shuffle(seed=42).select(range(10))
            return tokenized_dataset_small
        else:
            return tokenized_dataset
```

3. 다음으로 모델에 데이터를 공급하기 위한 파이토치 데이터로더를 만들어야 한다.

```
from torch.utils.data import DataLoader

def create_dataloader(
    tokenized_dataset: datasets.arrow_dataset.Dataset,
    batch_size: int = 16,
    shuffle: bool = True
):
    dataloader = DataLoader(tokenized_dataset,
                            shuffle=shuffle,
                            batch_size=batch_size)
    return dataloader
```

4. 모델 훈련 로직을 정의하기 전에, 훈련 실행을 위한 학습 스케줄러와 최적화 도구를 정의하는 헬퍼 함수를 작성하면 유용할 것이다. 이는 다음 단계에서 정의할 훈련 함수에서 호출할 수 있다. 이 예시에서는 AdamW 옵티마이저를 사용한다.

```
from torch.optim import AdamW
from transformers import get_scheduler
```

```python
def configure_scheduler_optimizer(
    model: typing.Any,
    dataloader: typing.Any,
    learning_rate: float,
    num_training_steps: int) -> tuple[typing.Any, typing.Any]:
    '''
    AdamW 옵티마이저를 사용해 훈련에 사용할 학습 스케줄러를 반환한다.
    '''
    optimizer = AdamW(model.parameters(), lr=learning_rate)

    lr_scheduler = get_scheduler(
        name="linear",
        optimizer=optimizer,
        num_warmup_steps=0,
        num_training_steps=num_training_steps
    )

    return lr_scheduler, optimizer
```

5. 이제 전이 학습을 사용해 훈련하려는 모델을 정의할 수 있다. transformers 라이브러리는 핵심 BERT 모델을 기반으로 한 신경망의 분류 헤드를 변경하는 데 도움이 되는 매우 유용한 래퍼를 제공한다. 이 모델을 인스턴스화하고 클래스 수를 전달하면, 예측 실행 시 각 클래스에 대한 로짓을 제공하도록 신경망 아키텍처가 암시적으로 업데이트된다. 추론을 실행할 때는 이러한 로짓의 최댓값에 해당하는 클래스를 추론된 클래스로 사용한다. 먼저 모델을 훈련하는 로직을 함수로 정의해 보자.

```python
import torch
from tqdm.auto import tqdm

def transfer_learn(
    model: typing.Any,
    dataloader: typing.Any,
    learning_rate: float = 5e-5,
    num_epochs: int = 3,
    progress_bar: bool = True )-> typing.Any:

    device = torch.device("cuda") if torch.cuda.is_available() else\
            torch.device("cpu")
    model.to(device)
```

```
num_training_steps = num_epochs * len(dataloader)
lr_scheduler, optimizer = configure_scheduler_optimizer(
    model = model,
    dataloader = dataloader,
    learning_rate = learning_rate,
    num_training_steps = num_training_steps
)

if progress_bar:
    progress_bar = tqdm(range(num_training_steps))
else:
    pass

model.train()
for epoch in range(num_epochs):
    for batch in dataloader:
        batch = {k: v.to(device) for k, v in batch.items()}
        outputs = model(**batch)
        loss = outputs.loss
        loss.backward()
        optimizer.step()
        lr_scheduler.step()
        optimizer.zero_grad()
        if progress_bar:
            progress_bar.update(1)
        else:
            pass

return model
```

6. 마지막으로 토크나이저를 가져오고, 이를 사용해 데이터셋을 토큰화해 데이터로더를 만든다. 그런 다음 모델을 정의하고 전이 학습을 수행해 최종 모델을 만든다. 학습 스케줄러와 최적화 도구 설정은 전이 학습 함수 내부에서 이뤄진다.

```
tokenizer = AutoTokenizer.from_pretrained("bert-base-cased")
tokenized_dataset = tokenize_dataset(tokenizer=tokenizer,
                                     dataset=dataset, sample=True)
dataloader = create_dataloader(tokenized_dataset=tokenized_dataset)
```

```
model = AutoModelForSequenceClassification.from_pretrained(
        "bert-base-cased", num_labels=6)  # 0~5점
transfer_learned_model = transfer_learn(
    model = model,
    dataloader=dataloader
)
```

7. 그런 다음 허깅 페이스의 evaluate 패키지나 다른 원하는 방법을 사용해 테스트 분할에서 모델의 성능을 평가할 수 있다. 아래 예시에서는 앞서 설명한 대로 model.eval()을 호출하여 모델을 평가 모드로 설정한다.

```
import evaluate

device = torch.device("cuda") if torch.cuda.is_available() else\
    torch.device("cpu")
metric = evaluate.load("accuracy")
model.eval()

eval_dataset = fetch_dataset(split="test")
tokenized_eval_dataset = tokenize_dataset(
    tokenizer=tokenizer,dataset=eval_dataset, sample=True)
eval_dataloader = create_dataloader(
    tokenized_dataset=tokenized_eval_dataset)

for batch in eval_dataloader:
    batch = {k: v.to(device) for k, v in batch.items()}
    with torch.no_grad():
        outputs = model(**batch)
    logits = outputs.logits
    predictions = torch.argmax(logits, dim=-1)
    metric.add_batch(predictions=predictions,
                     references=batch["labels"])

metric.compute()
```

이는 다음과 같이 계산된 지표 값이 포함된 딕셔너리를 반환한다.

```
{'accuracy': 0.8}
```

지금까지 파이토치와 허깅 페이스 transformers 라이브러리를 사용해 전이 학습을 수행하는 방법을 알아봤다.

허깅 페이스 transformers 라이브러리는 이제 더 추상적인 방식으로 미세 조정을 수행할 수 있는 강력한 Trainer API도 제공한다. 앞선 예시와 같은 토크나이저와 모델을 사용할 때 Trainer API는 다음과 같이 활용할 수 있다.

1. Trainer API를 사용할 때는 초매개변수와 기타 플래그를 포함할 수 있는 TrainingArguments 객체를 정의해야 한다. 체크포인트 출력 경로만 지정하고 나머지는 기본값을 사용해 보자.

```
from transformers import TrainingArguments
training_args = TrainingArguments(output_dir="trainer_checkpoints")
```

2. 앞선 예시에서 사용한 evaluate 패키지를 활용해 지정된 지표를 계산하는 함수를 정의하고, 이를 메인 trainer 객체에 전달할 수 있다.

```
import numpy as np
import evaluate

metric = evaluate.load("accuracy")

def compute_metrics(eval_pred):
    logits, labels = eval_pred
    predictions = np.argmax(logits, axis=-1)
    return metric.compute(predictions=predictions, references=labels)
```

3. 그런 다음 관련된 모든 입력 객체와 함께 trainer 객체를 정의한다.

```
trainer = Trainer(
    model=model,
    args=training_args,
    train_dataset=train_dataset,
    eval_dataset=eval_dataset,
    compute_metrics=compute_metrics,
)
```

머신러닝 엔지니어링 with 파이썬

4. 지정된 구성과 객체로 모델을 훈련한다.

```
trainer.train()
```

이것이 허깅 페이스에 있는 기존 모델로 직접 훈련하는 방법이다.

Trainer API는 3장 '모델에서 모델 팩토리까지'에서 다룬 옵튜나 같은 도구를 사용해 초매개변수 최적화를 수행하는 좋은 방법도 제공한다는 점을 알아두면 좋다. 옵튜나 trial 탐색 공간을 지정하면 된다.

```
def optuna_hp_space(trial):
    return {
        "learning_rate": trial.suggest_float("learning_rate", 1e-6, 1e-4, log=True)
    }
```

그런 다음 초매개변수 검색의 각 상태에서 신경망을 초기화하는 함수를 정의한다.

```
def model_init():
    model = AutoModelForSequenceClassification.from_pretrained(
        "bert-base-cased", num_labels=6)
    return model
```

이제 이를 **Trainer** 객체에 전달하기만 하면 된다.

```
trainer = Trainer(
    model=None,
    args=training_args,
    train_dataset=train_dataset,
    eval_dataset=eval_dataset,
    compute_metrics=compute_metrics,
    tokenizer=tokenizer,
    model_init=model_init,
)
```

마지막으로 초매개변수 탐색을 실행하고 최상의 실행을 가져올 수 있다.

```
best_run = trainer.hyperparameter_search(
    n_trials=20,
```

```
        direction="maximize",
        hp_space=optuna_hp_space
    )
```

지금까지 허깅페이스의 도구를 사용해 파이토치 딥러닝 모델의 전이 학습과 미세 조정을 수행하는 예시를 살펴봤다. 중요한 점은 미세 조정과 전이 학습도 훈련 과정이므로 3장 '모델에서 모델 팩토리까지'에서 설명한 모델 팩토리 방법론을 적용할 수 있다는 것이다. 예를 들어 3장에서 설명한 '훈련-실행' 과정의 '훈련'이 사전 훈련된 딥러닝 모델의 미세 조정이나 전이 학습을 의미할 수 있다.

앞서 자세히 다뤘듯이 딥러닝 모델은 다양한 문제를 해결하는 강력한 도구가 될 수 있다. 최근 몇 년간 여러 단체와 조직이 적극적으로 연구한 동향 중 하나는 이러한 모델의 크기를 키웠을 때 어떤 일이 가능한지였다. 다음 절에서는 딥러닝 모델이 매우 커졌을 때 어떤 일이 일어나는지 살펴보면서 이 질문에 답하기 시작할 것이다. LLM의 세계로 들어갈 시간이다.

7.2 대규모 언어 모델

이 글을 쓰기 몇 달 전인 2023년 3월, OpenAI는 GPT-4를 출시했다. 이 모델은 정확한 수치는 공개되지 않았지만 1조 개의 매개변수를 가진 것으로 알려져 역대 가장 큰 머신러닝 모델일 수 있다. 이후 마이크로소프트와 구글도 비슷한 규모의 모델을 사용한 고급 채팅 기능을 자사 제품군에 도입했다고 발표했으며, 다양한 오픈소스 패키지와 도구가 출시됐다. 이러한 솔루션은 모두 지금까지 개발된 가장 큰 신경망 모델인 LLM을 활용한다. LLM은 텍스트뿐 아니라 동영상과 오디오까지 아우르는 **파운데이션 모델**이라는 더 큰 범주에 속한다. 필자의 대략적인 분류에 따르면 이러한 모델은 대부분의 조직이 처음부터 훈련하기에는 너무 크다. 따라서 조직들은 이러한 모델을 제3자 서비스로 사용하거나, 기존 모델을 호스팅하고 미세 조정할 것이다. 이러한 통합 과제를 안전하고 안정적으로 해결하는 것이 현대 머신러닝 엔지니어링의 주요 과제 중 하나다. 새로운 모델과 기능이 매일 나오는 것 같으니 시간을 지체할 수 없다. 시작해 보자!

7.2.1 LLM 기본 개념과 구조

LLM 기반 시스템의 주된 목적은 다양한 텍스트 입력에 대해 사람과 비슷한 응답을 만드는 것이다. LLM은 앞서 살펴본 트랜스포머 아키텍처를 기반으로 한다. 이를 통해 입력을 병렬로 처리할 수 있어서 같은 양의 데이터를 훈련할 때 다른 딥러닝 모델보다 시간이 훨씬 적게 걸린다.

모든 트랜스포머와 마찬가지로 LLM의 아키텍처는 셀프 어텐션와 순방향 신경망을 활용하는 여러 인코더와 디코더로 구성된다.

간단히 말하면 인코더는 입력을 처리해서 적절한 수치 표현으로 변환한 다음 디코더로 전달하고, 디코더는 이를 바탕으로 출력을 생성한다. 트랜스포머의 마법은 문장 속 단어들의 맥락적 관계를 포착하는 **셀프 어텐션(self-attention)**에서 나온다. 이는 이러한 관계를 수치로 표현하는 **어텐션 벡터(attention vectors)**를 만들어내며, 여러 개의 어텐션 벡터를 계산할 때는 **멀티 헤드 어텐션(multi-headed attention)**라고 부른다. 인코더와 디코더는 모두 셀프 어텐션 메커니즘을 사용해 입력과 출력 시퀀스의 맥락적 의존성을 포착한다.

LLM에서 많이 사용되는 트랜스포머 기반 모델 중 하나는 BERT다. 구글이 개발한 BERT는 다양한 자연어 처리 작업에 맞게 미세 조정할 수 있는 사전 훈련 모델이다.

또 다른 인기 있는 아키텍처는 OpenAI가 만든 **GPT(Generative Pre-trained Transformer)**다. OpenAI가 2022년 11월에 출시해 세상을 놀라게 한 챗GPT는 3세대 GPT 모델을 사용한 것으로 알려져 있다. 이 글을 쓰는 2023년 3월 현재 이 모델은 4세대까지 발전했으며 매우 강력하다. GPT-4는 아직 비교적 새롭지만, 이미 인공지능의 미래와 우리가 **인공일반지능(AGI)**에 도달했는지를 둘러싼 뜨거운 논쟁을 불러일으키고 있다. 필자는 아직 도달하지 않았다고 생각하지만, 그래도 이 분야에 있기에 정말 흥미진진한 시기다!

LLM을 모든 새로운 비즈니스 환경이나 조직에서 처음부터 훈련하기 어려운 이유는 엄청난 규모의 데이터셋이 필요하기 때문이다. 2020년에 출시된 GPT-3은 거의 5천억 개의 텍스트 토큰으로 훈련됐다. 여기서 토큰은 LLM의 훈련과 추론 과정에서 사용되는 단어의 작은 조각으로, 영어에서는 대략 4개의 문자에 해당한다. 엄청난 양의 텍스트다! 따라서 이러한 모델의 훈련 비용도 막대하며, 추론 비용조차 매우 클 수 있다. 이는 모델 생산이 주목적이 아닌 조직에서는 이 정도 규모의 투자를 정당화할 만한 규모의 경제와 수익을 얻기 어렵다는 뜻이다. 게다가 전문 기술, 최적화된 인프라, 그리고 그만한 데이터를 확보하는 능력까지 고려하면 더욱 어렵다.

몇 년 전 조직들이 자체 인프라와 전문성에 대한 투자를 줄이고 사용량에 따라 지불하는 방식으로 전환한 퍼블릭 클라우드의 등장과 비슷한 점이 많다. 가장 정교한 머신러닝 모델에서도 같은 일이 일어나고 있다. 하지만 이는 더 작고 도메인에 특화된 모델이 배제됐다는 뜻은 아니다. 오히려 필자는 조직이 자신만의 고유한 데이터셋을 활용해 경쟁 우위를 확보하고 더 나은 제품을 만드는 방법 중 하나로 이러한 모델이 계속 남을 것이라고 생각한다. 가장 성공적인 팀은 이러한 접근 방식과 대규모 모델의 접근 방식을 견고하게 결합하는 팀일 것이다.

하지만 규모만이 중요한 요소는 아니다. 챗GPT와 GPT-4는 엄청난 양의 데이터로 훈련됐을 뿐 아니라 **인간 피드백을 통한 강화 학습(RLHF)**이라는 기법으로 미세 조정됐다. 이 과정에서 모델에 대화형 질문 같은 프롬프트가 주어지면 모델은 여러 가지 응답을 생성한다. 그러면 평가자가 이러한 응답의 품질에 대해 피드백을 제공하는데, 보통 순위를 매기는 방식이며 이를 바탕으로 **보상 모델(reward model)**을 훈련한다. 그다음 **근접 정책 최적화(PPO: Proximal Policy Optimization)** 같은 기법으로 이 모델을 사용해 기본 언어 모델을 미세 조정한다. 이 모든 세부 사항은 이 책의 범위를 벗어나지만, 이것이 어떤 팀에서나 쉽게 확장할 수 있는 평범한 데이터 과학이 아니라는 걸 이해했기를 바란다. 그리고 이런 상황이므로 우리는 이러한 도구를 일종의 '블랙박스'로 보고 제3자 솔루션으로 사용하는 방법을 배워야 한다. 다음 절에서 이를 다룰 것이다.

7.2.2 API를 통한 LLM 활용

앞 절에서 설명했듯이, LLM을 비롯한 기반 모델을 다루려는 ML 엔지니어에게 가장 큰 변화는 더 이상 모델 아티팩트, 훈련 데이터, 테스트 데이터에 직접 접근할 수 없다는 점이다. 대신 모델을 외부 서비스처럼 취급하고 호출해서 사용해야 한다. 다행히 이를 구현하기 위한 다양한 도구와 기법이 있다.

다음 예시에서는 인기 있는 **랭체인(LangChain)** 패키지를 사용해 LLM을 활용하는 파이프라인을 구축하는 방법을 보여준다. 랭체인이라는 이름은 LLM의 강력한 기능을 활용하기 위해 여러 시스템 및 정보원과의 상호작용을 연쇄적으로 연결해야 한다는 점에서 유래했다. 랭체인은 또한 NLP와 텍스트 기반 애플리케이션을 다룰 때 유용한 다양한 기능을 제공한다. 예를 들어 텍스트 분할, 벡터 데이터베이스 작업, 문서 로딩 및 검색, 대화 상태 유지 등의 유틸리티가 포함돼 있다. 따라서 꼭 LLM을 다루지 않더라도 이 패키지를 살펴볼 만하다.

먼저 OpenAI API를 호출하는 기본 예제를 살펴보자.[5]

1. 랭체인과 openai 파이썬 바인딩을 설치한다.

```
pip install langchain
pip install openai
```

---

5 (옮긴이) 이 예제는 원서가 쓰여진 2023년 당시 랭체인 버전에 맞춰 작성되었으나, 7장의 실습 환경(mlewp-chapter07.yml)에 명시된 langchain 0.0.274를 설치해 테스트하면 TypeError가 발생한다. 2025년 2월 현재 랭체인 최신 버전인 langchain 0.3.19로 바꿔 테스트하면 LangChainDeprecationWarning이 뜨기는 하지만 잘 실행된다.

2. OpenAI 계정이 있고 API 키에 접근할 수 있다고 가정한다. API 키는 환경 변수로 설정하거나 깃허브가 제공하는 것과 같은 시크릿 관리자에 저장할 수 있다. 여기서는 환경 변수로 접근할 수 있다고 가정한다.

```
import os
openai_key = os.getenv('OPENAI_API_KEY')
```

3. 이제 파이썬 스크립트나 모듈에서 랭체인 래퍼를 통해 액세스되는 OpenAI API를 사용해 호출할 모델을 정의할 수 있다. 여기서는 GPT-3.5 챗 모델 중 마지막에 나온 gpt-3.5-turbo를 사용한다.[6]

```
from langchain.chat_models import ChatOpenAI
gpt = ChatOpenAI(model_name='''gpt-3.5-turbo''')
```

4. 랭체인은 프롬프트 템플릿을 통해 LLM을 사용하는 파이프라인을 구축할 수 있게 해준다. 프롬프트 템플릿을 사용하면 모델에 프롬프트를 보내고 응답을 파싱하는 방식을 표준화할 수 있다.

```
template = '''Question: {question}

Answer: '''

prompt = PromptTemplate(
    template=template,
    input_variables=['question']
)
```

5. 이제 첫 번째 '체인'을 만들 수 있다. 체인은 랭체인에서 관련된 단계들을 하나로 묶는 메커니즘이다. 이 첫 번째 체인은 프롬프트 템플릿과 입력을 사용해 LLM API에 적합한 프롬프트를 생성한 다음 적절하게 형식이 지정된 응답을 반환하는 간단한 체인이다.

```
# 사용자 질문
question = "'Machine Learning Engineering with Python'의 저자 Andrew McMahon은 어디에서 일하나요?"

# 프롬프트 템플릿 > LLM 체인 생성
llm_chain = LLMChain(
    prompt=prompt,
```

---

6 (옮긴이) gpt-4o-mini 모델로 바꿔도 작동한다.

```
    llm=gpt
)
```

6. 이제 이 질문을 실행하고 결과를 터미널에 출력해 테스트할 수 있다.

```
print(llm_chain.run(question))
```

실행하면 다음과 같이 출력된다.

> AI 언어 모델인 저는 실시간 정보에 접근할 수 없습니다. 다만 Andrew McMahon은 영국 브리스톨에서 활동하는 프리랜서 데이터 과학자이자 소프트웨어 엔지니어입니다.

필자가 영국 글래스고에서 대형 은행의 ML 엔지니어로 일한다는 점을 고려하면, 가장 정교한 LLM 도 틀릴 수 있다는 것을 알 수 있다. 이처럼 LLM이 그럴듯하지만 틀린 답을 제시하는 현상을 환각 (hallucination)이라고 부른다. LLM이 틀린 답을 하는 경우에 관해서는 'LLM 검증과 프롬프트 관리 · 운영' 절에서 다시 다루겠지만, 이 예제는 LLM과 프로그래밍 방식으로 표준화된 상호작용을 하는 기본적인 메커니즘을 잘 보여주는 좋은 사례다.

랭체인은 또한 체인의 **generate** 메서드를 사용해 여러 프롬프트를 한 번에 처리할 수 있다.

```
questions = [
    {'question': "'Machine Learning Engineering with Python'의 저자 Andrew McMahon은 어디에서
일하나요?"},
    {'question': "MLOps가 무엇인가요?"},
    {'question': "ML 엔지니어링이 무엇인가요?"},
    {'question': "좋아하는 아이스크림이 뭐예요?"}
]
print(llm_chain.generate(questions))
```

이 일련의 질문에 대한 응답은 상당히 장황하지만, 반환된 객체의 첫 번째 요소는 다음과 같다.

```
generations=[[ChatGeneration(text='AI 모델러이자 데이터 과학자인 Andrew McMahon은 네트워킹
기업 시스코의 자회사인 시스코 메라키에서 근무하며, 미국 샌프란시스코 베이 에이리어에
있습니다.', generation_info=None, message=AIMessage(content='AI 모델러이자 데이터 과학자인
Andrew McMahon은 네트워킹 기업 시스코의 자회사인 시스코 메라키에서 근무하며, 미국
샌프란시스코 베이 에이리어에 있습니다.', additional_kwargs={}))], ...]
```

역시 정확하지 않은 답변이다. 하지만 요점은 이해했을 것이다! 프롬프트 엔지니어링과 더 나은 대화 설계를 통해 어렵지 않게 훨씬 더 나은 결과를 얻을 수 있다. 직접 이것저것 시도하면서 재미있게 실험해보기 바란다.

랭체인과 LLM에 관해서는 겉핥기로 다뤘지만, 머신러닝 워크플로에 이러한 모델 호출을 통합하기에는 충분할 것이다.

이제 AI 어시스턴트를 활용한 소프트웨어 개발을 살펴보면서, LLM이 머신러닝 엔지니어링 도구의 중요한 부분으로 자리 잡아가는 또 다른 방식을 알아보자.

7.2.3 LLM으로 코딩하기

LLM은 자연어 생성과 분석에만 유용한 것이 아니라 프로그래밍 언어에도 활용될 수 있다. OpenAI의 코덱스(Codex) 모델군이 바로 이를 위해 만들어졌다. 이 모델은 수백만 개의 코드 저장소로 훈련받아 프롬프트에 따라 적절한 코드를 생성할 수 있다[7]. 코딩을 위한 AI 어시스턴트인 깃허브 코파일럿(GitHub Copilot)이 출시된 이후, AI의 코딩 지원이 일반화되기 시작했다.

많은 사람이 이런 도구들이 생산성을 크게 높이고 개발 작업을 더 즐겁게 만든다고 평가한다. 깃허브가 발표한 연구에 따르면, 설문에 참여한 2,000명의 개발자 중 60~75%가 소프트웨어 개발 시 좌절감이 줄고 만족도가 높아졌다고 답했다. 또한 95명의 더 작은 집단(대조군 50명 포함)을 대상으로 한 실험에서는, 주어진 명세에 따라 자바스크립트로 HTTP 서버를 개발할 때 속도가 향상됐다고 밝혔다. AI 코딩 어시스턴트가 모든 개발자의 행복도와 생산성을 높인다고 단정 짓기 전에 더 많은 연구가 필요하지만, 깃허브의 설문과 실험 결과[8]는 분명 이 도구가 시도해볼 만한 가치가 있음을 보여준다.

이와 관련해 스탠퍼드 대학교 연구진이 arXiv에 발표한 흥미로운 선행 연구(arXiv:2211.03622 [cs. CR])에 따르면, OpenAI의 `codex-davinci-002` 모델을 기반으로 한 AI 코딩 어시스턴트를 사용한 개발자들이 코드에 보안 취약점을 더 많이 도입했고, 이러한 문제가 있음에도 자신의 작업에 더 자신감을 느꼈다고 한다. 다만 이들이 사용한 모델은 OpenAI가 현재 제공하는 LLM 계열에서는 비교적 오래된 것이므로 추가 연구가 필요하다. 이는 AI 코딩 어시스턴트가 개발 속도는 높이지만 버그도 더 많이 만들 수 있다는 흥미로운 가능성을 제기한다. 시간이 지나면 알 수 있을 것이다. 이 분야는 강력한 오픈

---

7 (옮긴이) Codex 모델은 서비스가 종료됐다.
  https://platform.openai.com/docs/deprecations#2023-03-20-codex-models
8 https://github.blog/news-insights/research/research-quantifying-github-copilots-impact-on-developer-productivity-and-happiness/

소스 경쟁자들이 등장하면서 더욱 치열해지고 있다. 특히 허깅 페이스(Hugging Face)와 서비스나우(ServiceNow)가 협력해 개발한 스타코더[9]가 주목할 만하다. 한 가지 확실한 점은 이러한 어시스턴트가 계속 발전하면서 우리 곁에 머물 것이라는 사실이다. 이 절에서는 이러한 AI 어시스턴트를 다양한 방식으로 활용하는 방법을 살펴본다. AI와 함께 일하는 법을 배우는 것이 머지않아 ML 엔지니어링 작업 과정의 핵심이 될 것이다. 지금부터 배워보자!

먼저 ML 엔지니어는 언제 AI 코딩 어시스턴트를 사용하면 좋을까? 깃허브의 연구 결과와 커뮤니티의 의견을 보면, 이러한 어시스턴트는 파이썬을 비롯한 잘 알려진 언어로 상용구(boilerplate) 코드를 작성할 때 도움이 된다. 특별히 혁신적이거나 색다른 작업을 할 때는 적합하지 않은 것 같지만, 이 부분도 살펴보자.

그렇다면 실제로 AI의 도움을 받아 코딩하려면 어떻게 해야 할까? 이 책을 쓰는 시점에는 각각 장단점이 있는 두 가지 주요 방식이 있다(혁신 속도를 고려하면 머지않아 뇌–컴퓨터 인터페이스로 AI와 작업하게 될지도 모른다. 누가 알겠는가?).

- **에디터나 IDE 직접 통합**: 이 책에서 사용한 PyCharm이나 VS Code처럼 코파일럿을 지원하는 코드 에디터와 IDE에서는 코드를 입력할 때 자동 완성 제안을 받을 수 있다. 코드의 주석에 프롬프트 정보를 넣어 LLM 모델에 전달할 수도 있다. 개발자들이 이러한 개발 환경을 계속 사용하는 한 이 통합 방식은 유지될 것이며, 앞으로 더 많은 AI 어시스턴트가 등장할 것으로 예상된다.

- **채팅 인터페이스**: 코파일럿 대신 OpenAI의 GPT-4처럼 다른 LLM을 사용한다면 채팅 인터페이스를 통해 작업하면서 코딩 환경과 채팅 사이에서 필요한 정보를 복사해 붙여넣어야 할 것이다. 좀 더 번거로울 수 있지만 원하는 모델을 자유롭게 바꾸거나 여러 모델을 결합할 수 있어 훨씬 더 유연하다. 필요한 접근 권한과 API만 있다면 이런 모델에 코드를 입력하는 자체 코드를 만들 수도 있지만, 그러면 사실상 코파일럿 같은 도구를 다시 만드는 셈이 된다!

두 가지 방식을 모두 살펴보면서 향후 ML 엔지니어링 프로젝트에서 어떤 도움을 받을 수 있는지 알아보자.

깃허브 코파일럿 웹페이지에서 개인 구독을 신청하면 무료 체험판을 이용할 수 있다. 가입한 후에는 선택한 코드 에디터에 맞는 설정 방법을 깃허브 문서[10]에서 확인할 수 있다.

VS Code에서 이 설정을 마치면 바로 코파일럿을 사용할 수 있다. 예를 들어 새로운 파이썬 파일을 열고

---

9 https://huggingface.co/blog/starcoder
10 https://docs.github.com/en/copilot/getting-started-with-github-copilot

일반적인 임포트문을 입력하기 시작하면, 첫 번째 함수를 작성할 때 그림 7.4처럼 코파일럿이 전체 함수를 완성하는 제안을 한다.

```
copilot_examples.py 1 ●
copilot_examples.py > load_data
1 ∨ import pandas as pd
2   import numpy as np
3   from sklearn.datasets import load_wine
4   ✦
5   def load_data():
        data = load_wine()
        df = pd.DataFrame(data.data, columns=data.feature_names)
        df['target'] = data.target
        return df
```

그림 7.4 VS Code에서 깃허브 코파일럿이 제안한 자동 완성

앞서 언급했듯이 코파일럿에 입력을 제공하는 방법은 이것만이 아니다. 주석을 작성함으로써 모델에 더 많은 정보를 알려줄 수 있다. 그림 7.5를 보면, 앞부분에 설명 주석을 추가하면 함수에 원하는 로직을 정의하는 데 도움이 된다는 것을 알 수 있다.

```
# 수치형 특징을 표준화하고 범주형 특징을 원핫 인코딩하는 함수
def standardize(df):
    df_std = df.copy()
    for column in df_std.columns:
        if df_std[column].dtype != 'object':
            df_std[column] = (df_std[column] - df_std[column].mean()) / df_std[column].std()
        else:
            df_std = pd.get_dummies(df_std, columns=[column], drop_first=True)
    return df_std
```

그림 7.5 앞부분에 주석을 달면 코파일럿이 원하는 로직의 코드를 제안하는 데 도움이 된다

코파일럿을 최대한 활용하려면 다음 사항에 유의하는 것이 좋다.

- **가능한 한 모듈화하라:** 코드를 최대한 모듈화할수록 좋다. 이는 유지보수와 빠른 개발에 도움이 될 뿐 아니라, 코덱스 모델이 더 적절한 자동 완성을 제안하는 데도 도움이 된다. 함수가 길고 복잡해질수록 코파일럿의 제안은 좋지 않을 것이다.

- **명확한 주석을 작성하라:** 이는 항상 좋은 습관이지만 코파일럿이 필요한 코드를 이해하는 데 특히 도움이 된다. 파일 맨 위에 솔루션이 수행할 작업을 설명하는 긴 주석을 쓰고, 함수 앞에는 짧지만 정확한 주석을 다는 것이 좋다. 그림 7.5의 예시는 함수가 특징을 어떻게 준비해야 하는지 구체적으로 설명하는 주석을 보여준다. 만약 주석을 단순히 "특징 표준화"라고 작성했다면 이 정도로 완성도 높은 제안을 받지 못했을 것이다.

- **인터페이스와 함수 시그니처를 작성하라:** 그림 7.5처럼 함수 시그니처와 타입을 먼저 제공하거나, 클래스라면 클래스 정의의 첫 줄을 먼저 작성하면 도움이 된다. 이는 모델이 나머지 코드 블록을 완성하는 데 도움이 되는 기초가 된다.

이 정도면 AI와 함께 솔루션을 만들어가는 여정을 시작하기에 충분할 것이다. 이러한 도구가 더 보편화되면서 개발 작업 과정을 획기적으로 개선할 기회가 많아질 것으로 생각한다.

이제 LLM을 사용해 파이프라인을 만드는 방법과 개발을 돕는 데 활용하는 방법을 알았으니, 이 분야에서 가장 중요하면서도 해결되지 않은 질문이 가장 많은 흥미진진한 주제로 넘어가보자. 이는 모두 LLM을 실제로 운영할 때 고려해야 할 점들, 즉 요즘 LLM옵스라고 부르는 분야와 관련이 있다.

7.3 LLM 검증과 프롬프트 관리 · 운영

최근 LLM에 대한 관심이 높아지면서 온갖 소프트웨어 시스템에 LLM을 통합하고 싶어 하는 사람이 늘고 있다. ML 엔지니어라면 '운영 측면에서는 어떤 의미가 있을까?'라는 질문을 던져야 한다. 이 책에서 계속 설명했듯이 ML 시스템의 운영과 개발을 결합한 것을 ML옵스라고 한다. 그리고 LLM을 다루는 일에는 고유한 과제가 있을 것으로 예상되기에, ML옵스의 새로운 하위 분야를 나타내기 위해 LLM옵스(LLMOps)라는 용어가 생겼다.

LLM옵스는 정말 다른 것일까? 사실 크게 다르지 않다. 다만 고유한 과제가 있는 ML옵스의 하위 분야로 보아야 한다. LLM옵스가 직면한 주요 과제는 다음과 같다.

- **미세 조정에도 더 큰 인프라가 필요함:** 앞서 설명했듯이 대규모 언어 모델은 일반적인 조직이나 팀이 직접 훈련하기에는 너무 크다. 따라서 팀은 오픈소스 모델이나 상용 모델 등 외부에서 개발된 모델을 활용하고 이를 미세 조정해야 한다. 이 규모의 모델을 미세 조정하는 것도 매우 비용이 많이 들므로 매우 효율적인 데이터 수집, 준비, 훈련 파이프라인을 구축하는 것이 더욱 중요해진다.

- **모델 관리 방식이 다름:** 3장 '모델에서 모델 팩토리까지'에서 여러 차례 보여줬듯이, 효과적인 ML 엔지니어링을 위해서는 모델 버전 관리와 실험 및 훈련 과정의 계보를 보여주는 메타데이터 저장에 관한 모범 사례를 정의해야 한다. 모델이 외부에서 호스팅되는 경우가 많아지면서 이런 작업이 더 어려워졌다. 훈련 데이터, 핵심 모델 아티팩트, 심지어는 자세한 모델 아키텍처에도 접근할 수 없기 때문이다. 버전 메타데이터는 gpt-4-v1.3처럼 공개된 모델 메타데이터로 제한될 것이다. 이 정보만으로는 부족하므로 특정 시나리오에서 모델이 어떻게 작동했는지 이해하기 위해 자체 실행 예시와 테스트 결과로 이 메타데이터를 보강하는 방법을 생각해야 할 것이다. 이는 다음 요점과도 연결된다.

- **롤백이 더 어려워짐**: 모델이 제3자에 의해 외부에서 호스팅된다면 해당 서비스의 로드맵을 통제할 수 없다. 즉, 모델 버전 5에 문제가 생겨 버전 4로 돌아가고 싶어도 그렇게 할 수 없을 수 있다. 이는 이 책에서 자세히 다룬 모델 성능 드리프트와는 다른 종류의 '드리프트'지만 점점 더 중요해질 것이다. 따라서 문제가 생겼을 때 대비해 기능이나 규모가 훨씬 작더라도 마지막 수단으로 전환할 수 있는 자체 모델을 준비해야 한다.

- **모델 성능 관리가 더 어려워짐**: 앞서 언급했듯이 기반 모델이 외부 호스팅 서비스로 제공되면서 통제력이 약해졌다. 따라서 드리프트나 다른 버그 등 사용 중인 모델에 문제가 발견되더라도 할 수 있는 일이 매우 제한적이므로 앞서 설명한 기본 롤백을 고려해야 한다.

- **자체 안전장치 구축이 핵심 과제가 됨**: LLM은 환각 현상을 보이고, 잘못된 정보를 제공하며, 훈련 데이터를 그대로 재생산하기도 하고, 심지어 의도치 않게 사용자의 기분을 상하게 할 수도 있다. 점점 더 많은 조직이 LLM을 도입하는 상황에서, 이러한 문제들 때문에 맞춤형 안전장치를 적용하는 방법을 개발해야 할 필요성이 커지고 있다. 예를 들어 LLM으로 차세대 챗봇을 만든다면, LLM 서비스와 채팅 인터페이스 사이에 감정 변화의 급격한 변동이나 가려야 할 중요 키워드나 데이터를 검사하는 시스템 계층을 둘 수 있다. 이 계층은 더 단순한 ML 모델과 다양한 기법을 활용할 수 있다. 가장 정교한 수준에서 이 시스템 계층은 챗봇이 조직의 윤리 규범이나 다른 규범을 위반하지 않도록 보장하는 역할을 한다. 예를 들어 기후 위기를 중점 분야로 삼은 조직이라면 챗봇과 나누는 대화에서 기후 과학의 핵심 연구 결과에 반하는 내용이 있는지 실시간으로 검사하려 할 것이다.

파운데이션 모델의 시대가 이제 막 시작됐으므로, ML 엔지니어들이 앞으로도 오랫동안 해결해야 할 복잡한 과제가 계속 늘어날 것이다. ML 커뮤니티가 개발한 가장 정교하고 첨단의 기능을 활용하면서도 소프트웨어가 매일같이 안전하고 효율적이며 안정적으로 작동하게 만드는 일은 우리 커뮤니티가 직면한 매우 흥미로운 과제다. 이 도전에 함께할 준비가 됐는가?

LLM 검증에 대한 논의를 시작으로 이러한 주제를 좀 더 자세히 살펴보자.

7.3.1 LLM 검증하기

LLM과 같은 생성형 AI 모델의 검증은 다른 머신러닝 모델과 매우 다르고 더 복잡하다. 가장 큰 이유는 LLM이 전에 없던 복잡한 데이터를 생성한다는 점이다. LLM이 어떤 문서를 요약하고 분석하면서 생성한 문단이 '좋은' 답변인지 어떻게 판단할 수 있을까? LLM이 데이터를 표 형식으로 바꿨을 때 제대로 변환했는지 어떻게 측정할 수 있을까? 생성형 모델에서 '모델 성능'과 '드리프트'는 무엇을 의미하며 어떻게 계산할 수 있을까? 정보 검색이나 검색 기반 생성(RAG)[11] 솔루션을 만든다면, LLM이 생성한 텍스트가 사실과 부합하는지는 어떻게 평가할 수 있을까?

---

11 https://arxiv.org/pdf/2005.11401.pdf 참조

또한 LLM이 생성한 결과물에서 조직의 평판을 해칠 수 있는 편향되거나 유해한 내용을 어떻게 걸러낼지도 중요하다. LLM 검증은 매우 복잡한 문제다.

어떻게 해결할 수 있을까? 다행히 이 문제를 해결하는 데 도움이 되는 벤치마크 도구와 데이터셋이 여럿 나와 있다. 아직 초기 단계라 실제 사용 사례는 많지 않지만, 전반적인 현황을 파악하고 발전 방향을 따라가는 데 도움이 되는 주요 내용을 설명하겠다. 대표적인 LLM 평가 프레임워크와 데이터셋은 다음과 같다.

- **OpenAI Evals**: LLM이 생성한 텍스트 완성 결과를 검증하는 크라우드소싱 테스트 프레임워크다. evals의 핵심 개념은 LLM과 상호 작용할 때 반환되는 문자열 테스트를 표준화하기 위한 메커니즘인 '완성 함수 프로토콜'이다. OpenAI Evals 깃허브[12]에서 사용할 수 있다.

- **HELM(Holistic Evaluation of Language Models)**: 스탠퍼드 대학교의 HELM 벤치마크[13]는 자체를 LLM 성능에 대한 '살아 있는 벤치마크'로 소개한다. 다양한 데이터셋, 모델, 메트릭을 제공하고 이러한 다양한 조합에 걸친 성능을 보여준다. 이는 매우 강력한 리소스로, 자체 테스트 시나리오의 기반으로 사용하거나 사용 사례에 특정 LLM을 사용할 때의 위험과 잠재적 이점을 이해하기 위해 정보를 직접 사용할 수 있다.

- **Guardrails AI**: 이는 pydantic과 동일한 스타일로 LLM 출력을 검증할 수 있는 파이썬 패키지다. 프롬프트에 대한 응답이 기준에 맞지 않을 때 LLM에 다시 요청하는 등의 제어 흐름도 구축할 수 있다. 프롬프트 형식과 기대되는 작동을 XML과 비슷한 RAIL(Reliable AI Markup Language) 파일로 정의한다. Guardrails AI 깃허브[14]에서 사용할 수 있다.

이런 프레임워크는 계속 새로 나오고 있다. 점점 더 많은 조직이 LLM 기반 시스템을 개념 증명 수준에서 실제 프로덕션 솔루션으로 발전시키려 하면서, 이러한 핵심 개념과 데이터셋을 이해하는 것이 더욱 중요해질 것이다. 다음 섹션에서는 LLM 애플리케이션을 구축할 때 '프롬프트' 관리와 관련된 구체적인 과제들을 간단히 알아보겠다.

7.3.2 프롬프트옵스(PromptOps)

생성형 AI에 텍스트를 입력할 때 우리가 입력하는 데이터를 흔히 '프롬프트'라고 부른다. 이는 이러한 모델과의 상호작용이 대화의 성격을 띠며, 사람이 던진 질문이 답변을 요구하듯 입력에 대한 응답이 필요

---

12 https://github.com/openai/evals
13 https://crfm.stanford.edu/helm/latest/
14 https://github.com/guardrails-ai/guardrails

하다는 개념을 반영한 것이다. 여기서는 단순함을 위해, 사용자 인터페이스나 API 호출을 통해 LLM에 제공하는 모든 입력 데이터를 프롬프트라고 부르겠다.

프롬프트는 일반적인 ML 모델의 입력 데이터와는 많이 다르다. 형식에 구애받지 않고, 길이도 다양하며, 대부분의 경우 모델이 어떻게 작동하기를 바라는지에 대한 의도를 담고 있다. 다른 ML 모델링 문제에서도 비정형 텍스트 데이터를 입력할 수는 있지만, 이러한 의도성은 찾아볼 수 없다. 이런 특성 때문에 이러한 모델을 다루는 ML 엔지니어는 몇 가지 중요한 사항을 고려해야 한다.

첫째, 프롬프트를 어떻게 구성할지가 중요하다. 최근 데이터 커뮤니티에서 **프롬프트 엔지니어링 (prompt engineering)**이라는 용어가 널리 쓰이고 있는데, 이는 프롬프트의 내용과 형식을 설계하는 데 많은 고민이 필요하다는 점을 반영한다. ML 시스템을 이러한 모델과 함께 설계할 때는 이 점을 명심해야 한다. '내 애플리케이션이나 사용 사례에 맞춰 프롬프트 형식을 표준화할 수 있을까?', '사용자 또는 입력 시스템이 제공하는 것에 적절한 추가 포맷이나 내용을 제공하여 더 나은 결과를 도출할 수 있는가?'와 같은 질문을 해야 한다. 이 책에서는 이를 '프롬프트 엔지니어링'이라고 부르겠다.

둘째, 프롬프트는 일반적인 ML 입력과 다르므로 이를 추적하고 관리하는 것이 새롭고 흥미로운 과제다. 같은 프롬프트를 입력하더라도 모델이 다르면 출력이 달라지며, 심지어 같은 모델의 다른 버전에서도 이런 현상이 발생한다는 점에서 이 과제는 더욱 복잡해진다. 프롬프트의 계보와 그에 따른 출력을 추적하는 방법을 신중히 생각해야 한다. 나는 이러한 과제를 **프롬프트 관리(prompt management)**라고 부른다.

마지막으로, 시스템이 사용자의 프롬프트 입력을 허용하는 경우(예: 채팅 인터페이스)에는 프롬프트에만 국한되지 않는 새로운 과제가 생긴다. 이러한 시스템에서는 모델이 어떠한 방식으로든 가드 레일을 회피하지 않도록 들고나는 데이터에 대한 스크리닝 및 난독화 규칙을 적용해야 한다. 또한 훈련 데이터를 추출해 개인 식별 정보나 기타 중요 정보를 알아내려는 적대적 공격도 막아야 한다.

LLM옵스라는 새롭고 도전적인 분야를 탐험하기 시작할 때는 이러한 프롬프트 관련 과제를 잘 기억해 두어야 한다. 이제 이 장에서 다룬 내용을 간단히 정리하며 마무리하겠다.

7.4 요약

이 장에서는 딥러닝에 초점을 맞췄다. 특히 딥러닝의 이론적 핵심을 다룬 다음, 신경망을 직접 만들고 훈련하는 방법을 설명했다. 기성 모델을 추론에 사용하는 예시를 살펴보고, 미세 조정과 전이 학습을 통해 특정 사용 사례에 맞게 모델을 조정하는 방법도 알아봤다. 모든 예시는 딥러닝 프레임워크인 파이토치와 허깅 페이스 API를 기반으로 했다.

이어서 지금까지 만들어진 가장 큰 모델인 LLM이 무엇이고 머신러닝 엔지니어링에 어떤 의미가 있는지 살펴봤다. LLM의 중요한 설계 원리와 작동 방식을 간략히 탐색하고, 인기 있는 랭체인 패키지와 OpenAI API를 사용해 파이프라인에서 LLM과 상호작용하는 방법을 보였다. 또한 LLM을 활용한 소프트웨어 개발 생산성 향상이 머신러닝 엔지니어에게 어떤 의미가 있는지도 살펴봤다.

마지막으로 새로운 주제인 LLM옵스를 다뤘다. LLM옵스는 이 책에서 계속 논의해 온 머신러닝 엔지니어링과 ML옵스의 원칙을 LLM에 적용하는 것이다. LLM옵스의 핵심 구성 요소와 함께 LLM을 검증하는 데 사용할 수 있는 새로운 기능, 프레임워크, 데이터셋도 다뤘다. 3장 '모델에서 모델 팩토리까지'에서 다룬 실험 추적 개념을 이 경우에 어떻게 적용할 수 있는지 설명하고, LLM 프롬프트 관리에 대한 지침도 제시했다.

다음 장에서는 책의 마지막 부분을 시작하면서 쿠버네티스를 사용해 머신러닝 마이크로서비스를 구축하는 상세한 엔드투엔드 예시를 다룬다. 이를 통해 이 책에서 배운 많은 기술을 적용해볼 수 있다.

08

예제 ML
마이크로서비스 구축

이 장에서는 지금까지 책에서 배운 내용을 실제 예제와 함께 살펴본다. 1장 '머신러닝 엔지니어링 소개'에서 다룬 시나리오 중 하나인 매장 물품 판매 예측 서비스를 구축하는 것을 기반으로 한다. 먼저 시나리오를 자세히 살펴보고 솔루션을 구현하는 데 필요한 주요 의사결정을 설명한 다음, 이 책에서 배운 프로세스와 도구, 기법을 활용해 머신러닝 엔지니어링 관점에서 문제의 핵심 부분을 해결하는 방법을 보여준다. 이 장을 마치면 다양한 비즈니스 문제를 해결하기 위한 머신러닝 마이크로서비스를 직접 구축하는 방법을 명확히 이해할 수 있을 것이다.

이 장에서 다룰 내용은 다음과 같다.

- 예측 문제 이해

- 예측 서비스 설계

- 도구 선택

- 스케일링 훈련

- FastAPI로 모델 서빙

- 컨테이너화 및 쿠버네티스 배포

각 주제는 복잡한 머신러닝 개발 과정에서 엔지니어로서 내려야 할 다양한 결정을 살펴볼 기회가 될 것이다. 이는 실제 현장에서 이런 작업을 수행할 때 유용한 참고 자료가 될 것이다.

이제 예측 마이크로서비스를 구축해 보자!

8.1 기술 요구사항

이 장의 코드 예제는 다음 프로그램이 설치되어 있으면 더 쉽게 따라할 수 있다.

- Postman 또는 다른 API 개발 도구

- minikube나 kind와 같은 로컬 쿠버네티스 클러스터 관리자

- 쿠버네티스 CLI 도구, kubectl

책의 깃허브 저장소의 Chapter08 폴더에는 여러 하위 구성 요소를 위한 여러 콘다 환경 .yml 파일이 있다.

- mlewp-chapter08-train: 훈련 스크립트 실행을 위한 환경을 지정한다.

- mlewp-chapter08-serve: 로컬 FastAPI 웹 서비스 빌드를 위한 환경을 지정한다.

- mlewp-chapter08-register: MLflow 추적 서버 실행을 위한 환경 사양을 제공한다.

환경별로 다음 명령을 사용해 콘다 환경을 생성한다.

```
conda env create -f <ENVIRONMENT_NAME>.yml
```

이 장의 쿠버네티스 예제는 클러스터와 배포할 서비스에 대한 구성도 필요하다. 이는 Chapter08/forecast 폴더의 여러 .yml 파일에서 확인할 수 있다. 카인드(kind)를 사용한다면 간단한 구성으로 다음과 같이 클러스터를 생성할 수 있다.

```
kind create cluster
```

또는 저장소에 제공된 구성 .yaml 파일 중 하나를 사용할 수 있다.

```
kind create cluster --config cluster-config-ch08.yaml
```

미니쿠브(minikube)는 카인드와 같이 클러스터 구성 `.yaml`을 읽는 옵션을 제공하지 않으므로, 대신 다음 명령을 실행해 로컬 클러스터를 배포하면 된다.

```
minikube start
```

8.2 예측 문제 이해

1장 '머신러닝 엔지니어링 소개'에서 소매업체의 매장별 상품 수요를 예측하는 임무를 맡은 머신러닝 팀 사례를 다뤘다. 가상의 업무 담당자들이 제시한 요구사항은 다음과 같다.

- 예측 결과를 웹 기반 대시보드에서 조회할 수 있어야 한다.
- 필요한 경우 사용자가 예측 업데이트를 요청할 수 있어야 한다.
- 예측은 개별 매장 단위로 이뤄져야 한다.
- 사용자는 한 세션에서 자신의 지역이나 매장에만 관심이 있고 전체 추세는 신경 쓰지 않는다.
- 한 세션에서 예측 업데이트 요청 횟수는 적다.

이러한 요구사항을 바탕으로 2장 '머신러닝 개발 프로세스'에서 설명한 대로 Jira 같은 도구에 등록할 사용자 스토리를 만들 수 있다. 다음은 이러한 요구사항을 다루는 사용자 스토리의 예시다.

- **사용자 스토리 1**: 물류 계획 담당자로서 아침 9시에 대시보드에 로그인하여 앞으로 며칠간의 매장별 상품 수요 예측을 확인함으로써 물류 수요를 미리 파악하고 싶다.
- **사용자 스토리 2**: 물류 계획 담당자로서 예측이 오래됐다고 판단되면 업데이트를 요청하고 싶다. 물류 수요에 대한 의사결정을 효과적으로 하기 위해 5분 이내에 새로운 예측 결과를 받고 싶다.
- **사용자 스토리 3**: 물류 계획 담당자로서 특정 매장의 예측을 필터링하여 어떤 매장이 수요를 이끄는지 파악하고 이를 의사결정에 활용하고 싶다.

이러한 사용자 스토리는 전체 솔루션 개발에 매우 중요하다. 우리는 이 문제의 머신러닝 엔지니어링 측면에 초점을 맞추고 있으므로, 이제 이것이 솔루션 구축에 어떤 의미가 있는지 자세히 살펴보자.

예를 들어 매장 수준의 상품 수요 예측을 확인하고 싶다는 요구는 솔루션의 머신러닝 부분에 대한 기술적 요구사항으로 잘 변환된다. 이는 목표 변수가 특정 날짜에 필요한 상품 수량이라는 것을 알려준다. 또한 머신러닝 모델이 매장 수준에서 작동해야 하므로, 매장별로 모델을 하나씩 만들거나 매장이라는 개념을 특징으로 사용해야 한다는 것을 알 수 있다.

마찬가지로 "예측이 오래됐다고 판단되면 업데이트를 요청하고 싶고… 5분 이내에 새로운 예측 결과를 받고 싶다"라는 요구사항은 훈련에 대한 명확한 지연 시간 제약을 제시한다. 훈련에 며칠이 걸리는 시스템을 구축하면 요구사항을 만족할 수 없으므로, 전체 데이터로 하나의 모델을 만드는 것이 최선의 해결책이 아닐 수 있다.

마지막으로 '특정 매장의 예측을 필터링하고 싶다'는 요청은 우리가 만들 시스템이 데이터에서 매장 식별자를 활용해야 하지만, 이것이 반드시 알고리즘의 특징이 될 필요는 없다는 점을 뒷받침한다. 따라서 특정 매장의 예측 요청이 오면 매장 ID로 해당 매장을 식별하고, 이 ID를 필터로 사용해 조회나 검색을 통해 해당 매장의 머신러닝 모델과 예측만을 가져오는 애플리케이션 로직을 고려해 볼 수 있다.

이 과정을 살펴보면 몇 줄의 요구사항만으로도 실제로 어떻게 문제를 해결할지 구체화하기 시작할 수 있다는 것을 알 수 있다. 이러한 생각과 다른 아이디어들은 팀원들과의 간단한 브레인스토밍을 통해 표 8.1과 같이 정리할 수 있다.

표 8.1 사용자 스토리를 기술적 요구사항으로 변환하기

사용자 스토리	세부 정보	기술적 요구사항
1	물류 계획 담당자로서 아침 9시에 대시보드에 로그인하여 앞으로 며칠간의 매장별 상품 수요 예측을 확인함으로써 물류 수요를 미리 파악하고 싶다.	• 목표 변수 = 품목 수요 • 예측 기간: 1~7일 • 대시보드나 다른 시각화 솔루션을 위한 API 접근
2	물류 계획 담당자로서 예측이 오래됐다고 판단되면 업데이트를 요청하고 싶다. 물류 수요에 대한 의사결정을 효과적으로 하기 위해 5분 이내에 새로운 예측 결과를 받고 싶다.	• 가벼운 재훈련 • 매장별 모델
3	물류 계획 담당자로서 특정 매장의 예측을 필터링하여 어떤 매장이 수요를 이끄는지 파악하고 이를 의사결정에 활용하고 싶다.	• 매장별 모델

이제 이러한 문제 이해를 바탕으로 솔루션의 머신러닝 부분에 대한 설계를 구체화해 보자.

8.3 예측 서비스 설계

앞 절의 요구사항은 우리가 달성해야 할 목표를 정의하지만, 그것을 이루는 방법까지 알려주지는 않는다. 5장 '배포 패턴과 도구'에서 배운 설계와 아키텍처 지식을 바탕으로 설계를 시작해 보자.

먼저 어떤 설계 방식을 택할지 결정해야 한다. 동적 요청이 필요하므로 5장에서 다룬 마이크로서비스 아키텍처를 따르는 것이 합리적이다. 이를 통해 모델 저장소에서 적절한 모델을 가져와 요청받은 추론을 수행하는 것에만 집중하는 서비스를 만들 수 있다. 따라서 예측 서비스는 대시보드와 모델 저장소 사이에 인터페이스를 제공해야 한다.

또한 사용자가 한 세션에서 여러 매장 조합을 다루고 이들의 예측 결과를 오가며 확인하고 싶을 수 있으므로, 이를 효율적으로 처리할 방법을 제공해야 한다.

시나리오를 보면 예측 요청은 매우 많지만 모델 업데이트 요청은 상대적으로 적을 것이 분명하다. 따라서 훈련과 예측을 분리하는 것이 좋으며, 3장 '모델에서 모델 팩토리까지'에서 설명한 훈련-보관 프로세스를 따를 수 있다. 이렇게 하면 예측할 때마다 전체 훈련을 다시 할 필요가 없고 예측용 모델을 비교적 빠르게 가져올 수 있다.

요구사항을 보면 이번에는 훈련 시스템이 드리프트 모니터링이 아닌 사용자의 동적 요청에 의해 작동할 수 있다는 것을 알 수 있다. 이는 솔루션이 들어오는 모든 요청에 대해 재훈련을 하는 것이 아니라, 특정 요청에 대해 재훈련이 필요한지 아니면 모델이 이미 최신 상태인지를 판단할 수 있어야 한다는 점에서 복잡성을 더한다. 예를 들어 네 명의 사용자가 같은 지역/매장/품목 조합을 보면서 모두 재훈련을 요청한다면, 모델을 네 번이나 재훈련할 필요가 없다는 것이 분명하다. 대신 훈련 시스템이 요청을 기록하고, 재훈련을 수행한 다음, 나머지 요청은 안전하게 무시해야 한다.

이 책에서 여러 번 논의했듯이 머신러닝 모델을 서빙하는 방법은 여러 가지가 있다. 매우 강력하고 유연한 방법 중 하나는 모델이나 모델 서빙 로직을 독립 서비스로 감싸서 머신러닝 추론에 필요한 작업만 수행하도록 제한하는 것이다. 이 장에서는 이런 서빙 패턴을 살펴볼 것이며, 이는 서로 다른 기능을 개별적으로 분리된 서비스로 나누는 전형적인 '마이크로서비스' 아키텍처다. 이 방식은 소프트웨어 시스템에 복원력과 확장성을 부여하므로 익숙해지면 좋은 패턴이다. 또한 3장 '모델에서 모델 팩토리까지'에서 설명했듯이 훈련, 추론, 모니터링 서비스로 구성돼야 하는 머신러닝 시스템 개발에도 특히 적합하다. 이 장에서는 장단점이 다른 여러 접근법을 사용해 마이크로서비스 아키텍처로 머신러닝 모델을 서빙하는 방법을 설명한다. 이를 통해 여러분은 향후 프로젝트에서 이 예시들을 응용하고 발전시킬 수 있을 것이다.

이러한 설계 요점들을 그림 8.1과 같이 상위 수준 설계도로 정리할 수 있다.

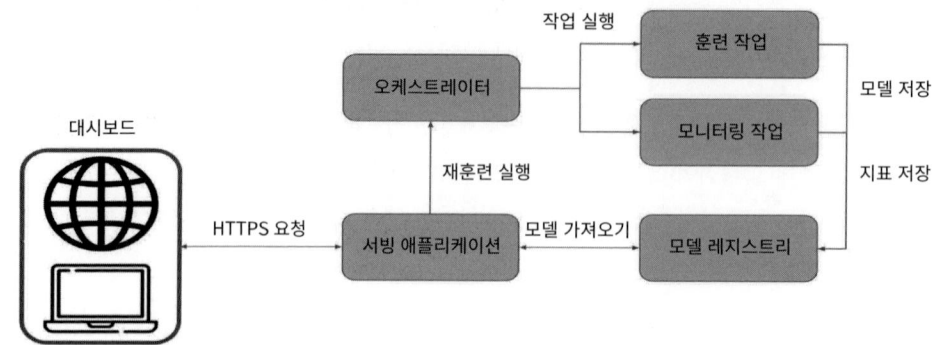

그림 8.1 예측 마이크로서비스의 상위 수준 설계

다음 절에서는 개발에 앞서 도구를 선택하면서 이러한 상위 수준의 설계 고려사항을 더 자세히 살펴보겠다.

8.4 도구 선택

이제 설계의 큰 그림이 그려졌고 기술 요구사항도 명확히 정리했으니 솔루션 구현에 사용할 도구를 선택해 보자.

가장 중요하게 고려할 점은 데이터 모델링과 예측 기능 구현에 어떤 프레임워크를 사용할지다. 시계열 모델링이 필요하고 재훈련과 예측도 빨라야 하므로, 이런 조건에 맞는 몇 가지 선택지의 장단점을 먼저 살펴보자.

표 8.2는 그 결과를 보여준다.

표 8.2 예측 문제 해결을 위한 머신러닝 도구의 장단점 비교

도구/프레임워크	장점	단점
사이킷런 (Scikit-learn)	• 대부분의 데이터 과학자가 이미 알고 있음 • 사용하기 쉬운 문법 • 활발한 커뮤니티 지원 • 우수한 특징 공학과 파이프라인 지원	• 자체 시계열 모델링 기능 없음(단, 인기 있는 sktime 패키지로 보완 가능) • 시계열 데이터에 모델을 적용하려면 더 많은 특징 공학 필요

도구/프레임워크	장점	단점
프로핏 (Prophet)	• 예측에 특화 • 내장된 초매개변수 최적화 기능 • 많은 기능이 기본 제공 • 다양한 문제에서 정확한 결과 • 기본적인 신뢰 구간 제공	• 사이킷런만큼 널리 사용되지 않음(그래도 비교적 인기 있음) • 내부 방식이 복잡해서 데이터 과학자가 블랙박스 처럼 사용하게 될 수 있음 • 자체적인 확장성 부족
스파크 ML (Spark ML)	• 대용량 데이터 처리에 적합한 기본 확장성 • 우수한 특징 공학과 파이프라인 지원	• 자체 시계열 모델링 기능 없음 • 알고리즘 선택의 폭이 좁음 • 디버깅이 더 어려움

표 8.2의 내용을 보면 **프로핏(Prophet)** 라이브러리가 좋은 선택이 될 것 같다. 예측력, 필요한 시계열 기능, 팀의 개발자와 과학자들의 경험 사이에서 좋은 균형을 제공할 것이다.

이제 데이터 과학자들은 이 정보를 바탕으로 개념 증명을 만들 수 있다. 1장 '머신러닝 엔지니어링 소개' 의 '예제 2: 예측 API'에서 프로핏을 표준 소매 데이터셋에 적용한 것과 비슷한 코드를 작성하면 된다.

모델링에 사용할 머신러닝 패키지는 정했지만 다른 구성 요소도 살펴봐야 한다. 프런트엔드 애플리케이션이 백엔드에 작업을 요청할 수 있도록 웹 애플리케이션 프레임워크가 필요하다. 또한 이 백엔드 애플리케이션에 많은 요청이 들어올 수 있으므로 확장성을 고려해 구축해야 한다. 각 매장마다 하나씩, 여러 모델을 훈련해야 하므로 최대한 병렬 처리하는 것이 좋다. 마지막으로 모델 관리 도구와 함께 훈련과 모니터링 작업을 일정에 따라 또는 동적으로 실행할 오케스트레이션 계층이 필요하다.

이 모든 것을 종합해서 프로핏 라이브러리 외에 필요한 저수준 도구를 결정할 수 있다. 다음과 같이 정리해 보자.

1. **프로핏(Prophet)**: 1장 '머신러닝 엔지니어링 소개'에서 다룬 예측 라이브러리다. 여기서는 이 라이브러리의 작동 방식을 더 자세히 살펴보고, 1장의 소매점 사례에 나온 것과 같은 예측 모델을 만들기 위한 훈련 파이프라인을 개발한다.

2. **쿠버네티스(Kubernetes)**: 6장 '스케일링'에서 설명했듯이 컴퓨팅 클러스터 전반에서 여러 컨테이너를 조율하는 플랫폼으로, 확장성이 뛰어난 머신러닝 모델 서빙 솔루션을 구축할 수 있다. 여기서는 주 애플리케이션을 호스팅하는 데 사용한다.

3. **레이 트레인(Ray Train)**: 6장에서 Ray를 살펴봤다. 여기서는 Ray Train으로 여러 프로핏 예측 모델을 병렬로 훈련하고, 주 웹 서비스로 들어오는 요청에 따라 이런 작업을 실행할 수 있게 한다.

4. **ML플로(MLflow)**: 3장 '모델에서 모델 팩토리까지'에서 다룬 도구로, 여기서는 모델 레지스트리로 사용된다.

5. **패스트API(FastAPI)**: 파이썬의 대표적인 백엔드 웹 프레임워크에는 장고, 플라스크, FastAPI가 있다. 우리는 FastAPI를 사용해 예측을 제공하고 솔루션의 다른 구성 요소와 상호작용하는 주 백엔드 라우팅 애플리케이션을 만든다. FastAPI는 사용하기 쉽고 성능이 뛰어난 웹 애플리케이션을 만들기 위한 프레임워크로, FastAPI 홈페이지에 따르면 우버, 마이크로소프트, 넷플릭스 같은 유명 기업에서도 사용하고 있다.

📝 중요 참고 사항

최근 FastAPI를 오래 실행되는 서비스에 사용할 때 메모리 누수가 발생할 수 있다는 논의[1]가 있었다. 따라서 FastAPI 엔드포인트를 실행하는 머신에 충분한 RAM을 확보하는 것이 매우 중요하다. 많은 경우 심각한 문제는 아니지만, FastAPI 커뮤니티에서 활발히 논의되는 주제다. **라이트스타(Litestar)**[2] 같은 프레임워크에서는 이런 문제가 없는 것으로 보인다. 따라서 이어지는 예시와 여러분의 프로젝트에서 서빙 계층용 웹 프레임워크를 자유롭게 시도해 보기 바란다. 그래도 FastAPI는 여러 장점이 있는 매우 유용한 프레임워크이므로 이 장에서는 계속 사용할 것이다. 다만 앞서 말한 점을 염두에 두는 것이 중요하다.

이 장에서는 모델을 확장성 있게 서빙하는 것과 관련된 시스템 구성 요소에 초점을 맞출 것이다. 예약된 훈련과 재훈련 부분은 9장 'ETML(추출, 변환, 머신러닝) 사례 연구'에서 다룬다. 여기서 초점을 맞추는 구성 요소는 '서빙 계층'을 구성한다고 볼 수 있다. 단, Ray를 사용해 여러 예측 모델을 병렬로 훈련하는 방법도 보여주겠다.

이제 도구도 선택했으니 머신러닝 마이크로서비스를 만들어 보자.

8.5 훈련 스케일링

6장 '스케일링'에서 Ray를 소개할 때, 데이터 크기나 처리 시간 때문에 확장 가능한 병렬 컴퓨팅 프레임워크가 필요한 사례를 살펴봤다. 하지만 명시적으로 언급하지 않은 것이 있다. 대규모 데이터에 대해 하나의 모델을 훈련하거나 하나의 모델을 더 빨리 훈련하는 것이 아니라, 여러 모델을 한꺼번에 훈련해야 할 때도 이런 프레임워크가 필요하다는 점이다. 여기서는 바로 그런 경우를 다룰 것이다.

1장 '머신러닝 엔지니어링 소개'에서 설명한 소매점 예측 예시에는 여러 소매점의 데이터가 있다. 소매점 번호나 식별자를 특징으로 사용해 하나의 모델을 만드는 대신, 각 소매점마다 예측 모델을 따로 훈련하

---

1 https://github.com/tiangolo/fastapi/discussions/9082

2 https://litestar.dev/

는 것이 더 나은 전략일 수 있다. 개별 소매점 수준의 데이터에는 예측에 도움이 되는 특징이 있을 텐데, 모든 소매점의 데이터를 합쳐서 모델을 만들면 이런 특징들이 평균화되어 버리기 때문이다. 따라서 우리는 이 방식을 택할 것이며, 여기서 Ray의 병렬 처리 기능을 활용해 여러 예측 모델을 동시에 훈련할 수 있다.

이를 위해 **Ray**를 사용하려면 1장의 훈련 코드를 약간 수정해야 한다. 먼저 데이터 전처리 함수와 예측 모델 훈련 함수를 하나로 합칠 수 있다. 이렇게 하면 각 소매점의 데이터 조각에서 실행할 수 있는 단일 순차 처리 과정이 만들어진다. 원래의 전처리와 모델 훈련 함수는 다음과 같다.

```python
import ray
import ray.data
import pandas as pd
from prophet import Prophet

def prep_store_data(
    df: pd.DataFrame,
    store_id: int = 4,
    store_open: int = 1
) -> pd.DataFrame:
    df_store = df[
        (df['Store'] == store_id) &\
        (df['Open'] == store_open)
    ].reset_index(drop=True)
    df_store['Date'] = pd.to_datetime(df_store['Date'])
    df_store.rename(columns= {'Date': 'ds', 'Sales': 'y'}, inplace=True)
    return df_store.sort_values('ds', ascending=True)


def train_predict(
    df: pd.DataFrame,
    train_fraction: float,
    seasonality: dict
) -> tuple[pd.DataFrame, pd.DataFrame, pd.DataFrame, int]:
    # 분할 데이터 가져오기
    train_index = int(train_fraction*df.shape[0])
    df_train = df.copy().iloc[0:train_index]
    df_test = df.copy().iloc[train_index:]
```

```
# Prophet 모델 생성
model=Prophet(
    yearly_seasonality=seasonality['yearly'],
    weekly_seasonality=seasonality['weekly'],
    daily_seasonality=seasonality['daily'],
    interval_width = 0.95
)

# 훈련 및 예측
model.fit(df_train)
predicted = model.predict(df_test)
return predicted, df_train, df_test, train_index
```

이제 이 함수들을 하나로 합칠 수 있다. 새 함수는 판다스 데이터프레임을 받아서 데이터를 전처리하고 프로핏 예측 모델을 훈련한 다음, 테스트 세트에 대한 예측값과 훈련 데이터셋, 테스트 데이터셋, 그리고 **train_index** 값으로 표시되는 훈련 세트의 크기를 반환한다. 이 함수를 분산 처리하려면 6장 '스케일링' 에서 소개한 **@ray.remote** 데코레이터를 사용해야 한다. 데코레이터에 **num_returns=4** 인수를 전달해서 이 함수가 네 개의 값을 튜플로 반환한다는 것을 Ray에 알려준다.

```
@ray.remote(num_returns=4)
def prep_train_predict(
    df: pd.DataFrame,
    store_id: int,
    store_open: int=1,
    train_fraction: float=0.8,
    seasonality: dict={'yearly': True, 'weekly': True, 'daily': False}
) -> tuple[pd.DataFrame, pd.DataFrame, pd.DataFrame, int]:
    df = prep_store_data(df, store_id=store_id, store_open=store_open)
    return train_predict(df, train_fraction, seasonality)
```

이제 원격 함수를 만들었으니 적용만 하면 된다. 먼저 1장 '머신러닝 엔지니어링 소개'에서처럼 데이터셋이 판다스 데이터프레임으로 읽혀 있다고 가정한다. 여기서는 데이터셋이 메모리에 들어갈 만큼 작고 계산이 많이 필요한 변환 작업이 없다고 본다. 이렇게 하면 판다스의 똑똑한 데이터 처리 로직을 활용할 수 있다. 예를 들어 헤더 행의 다양한 형식을 처리할 수 있고, 분산 처리 전에 친숙한 판다스 문법으로 필터링이나 변환 작업을 수행할 수 있다. 데이터셋이 더 크거나 변환 작업이 더 복잡하다면 Ray API의 **ray.**

data.read_csv() 메서드를 사용해 데이터를 Ray Dataset으로 읽을 수도 있다. 이렇게 하면 데이터가 자체 데이터 조작 문법을 가진 Arrow 형식으로 읽힌다.

이제 분산 훈련과 테스트를 시작할 준비가 됐다. 먼저 각 소매점에 대해 모델을 훈련할 것이므로 데이터 셋에서 모든 소매점 식별자를 가져온다.

```
store_ids = df['Store'].unique()
```

다른 작업을 시작하기 전에 6장 '스케일링'에서 다룬 ray.init() 명령으로 Ray 클러스터를 초기화한다. 이렇게 하면 원격 함수를 처음 호출할 때 초기화가 실행되는 것을 피할 수 있어서, 벤치마킹을 할 경우 실제 처리 시간을 정확하게 측정할 수 있다. 성능을 높이기 위해 ray.put()을 사용해 판다스 데이터프 레임을 Ray 객체 저장소에 저장할 수도 있다. 이렇게 하면 작업을 실행할 때마다 데이터셋이 복제되는 것을 막을 수 있다. 객체를 저장소에 넣으면 ID가 반환되며, 이 ID를 원본 객체처럼 함수 인수로 사용할 수 있다.

```
ray.init(num_cpus=4)
df_id = ray.put(df)
```

다음으로 Ray 작업을 클러스터에 제출해야 한다. 이때 Ray 객체 참조가 반환되며, 나중에 ray.get을 사용해 처리 결과를 가져올 수 있다. 여기서 사용한 문법이 복잡해 보일 수 있지만 하나씩 살펴보면 이해 하기 쉽다. 핵심은 파이썬의 map 함수로, zip 문법의 결과에 리스트 연산을 적용한다. zip(*iterable) 패턴을 사용하면 리스트 컴프리헨션의 모든 요소를 언패킹할 수 있어서, 예측 객체 참조, 훈련 데이터 객체 참조, 테스트 데이터 객체 참조, 그리고 마지막으로 훈련 인덱스 객체 참조의 목록을 얻을 수 있다. 객체 저장소에 있는 데이터프레임을 참조할 때는 df_id를 사용한다는 점에 주목하자.

```
pred_obj_refs, train_obj_refs, test_obj_refs, train_index_obj_refs = map(
    list,
    zip(*([prep_train_predict.remote(df_id, store_id) for store_id in
    store_ids])),
)
```

이제 ray.get()을 사용해 이러한 작업의 실제 결과를 가져와야 한다.

```
ray_results = {
    'predictions': ray.get(pred_obj_refs),
    'train_data': ray.get(train_obj_refs),
    'test_data': ray.get(test_obj_refs),
    'train_indices': ray.get(train_index_obj_refs)
}
```

각 모델의 값은 ray_results['predictions'][<인덱스>] 같은 방식으로 접근할 수 있다.

깃허브 저장소의 Chapter08/train/train_forecasters_ray.py 파일에는 이 코드와 함께 비교를 위해 프로핏 모델을 순차적으로 하나씩 훈련하는 예제 반복문도 있다. 4개의 CPU를 사용하는 Ray 클러스터로 필자의 맥북에서 실험한 결과, Ray를 사용했을 때는 1,115개의 프로핏 모델을 40초 조금 못 되게 훈련했고, 순차 코드를 사용했을 때는 3분 50초 정도 걸렸다. 별다른 최적화도 하지 않았는데 거의 6배나 빨라진 것이다.

> **✏️ 중요 참고 사항**
>
> 3장 '모델에서 모델 팩토리까지'에서 자세히 다룬 문법을 사용해 모델과 메타데이터를 MLflow에 저장하는 부분은 다루지 않았다. 통신 오버헤드를 줄이려면 우리가 예측값을 저장한 딕셔너리처럼 메타데이터를 훈련 과정의 결과로 임시 저장했다가 마지막에 한꺼번에 MLflow에 기록하는 것이 좋을 것이다. 이렇게 하면 Ray 프로세스가 MLflow 서버와 통신하느라 느려지는 것을 막을 수 있다. 또한 앞서 설명한 Ray Dataset API를 사용하고 변환 로직을 Arrow 문법에 맞게 수정하면 이 병렬 처리를 더 최적화할 수 있었을 것이다. 마지막으로 Modin(이전 이름은 Pandas on Ray)을 사용하는 방법도 있었다. Modin을 사용하면 판다스 문법을 그대로 쓰면서도 Ray의 병렬 처리를 활용할 수 있다.

이제 우리 솔루션의 서빙 계층을 만들어서 다른 시스템과 사용자가 이러한 예측 모델을 활용할 수 있게 해보자.

8.6 FastAPI로 모델 서빙하기

파이썬으로 머신러닝 모델을 마이크로서비스로 서빙하는 가장 간단하고 유연한 방법은 서빙 로직을 경량 웹 애플리케이션으로 감싸는 것이다. 플라스크(Flask)가 파이썬 사용자들 사이에서 오랫동안 인기를 끌었지만, 이제는 패스트API(FastAPI) 웹 프레임워크가 여러 장점을 가지고 있어 더 나은 대안으로 진지하게 고려해 볼 만하다.

FastAPI가 경량 마이크로서비스에 탁월한 선택인 이유는 다음과 같다.

- **데이터 검증**: FastAPI는 **Pydantic** 라이브러리를 기반으로 하며 실행 시점에 타입 힌트를 강제할 수 있다. 이를 통해 매우 쉽게 데이터 검증 단계를 구현할 수 있어 시스템의 견고성이 높아지고 예외적인 상황에 대처하기가 쉬워진다.

- **내장된 비동기 워크플로**: FastAPI는 async와 await 키워드로 비동기 작업 관리를 기본으로 제공한다. 덕분에 많은 경우 추가 라이브러리 없이도 필요한 로직을 매끄럽게 구축할 수 있다.

- **개방형 명세**: FastAPI는 **OpenAPI REST API 표준**과 **JSON Schema** 선언형 언어를 포함한 여러 오픈소스 표준을 기반으로 한다. 이는 데이터 모델 문서를 자동으로 생성하는 데 도움이 된다. 이러한 명세 덕분에 FastAPI의 작동 방식이 투명해지고 사용하기가 매우 쉽다.

- **자동 문서 생성**: 앞서 데이터 모델에 관해 언급했지만, FastAPI는 SwaggerUI를 사용해 서비스 전체에 대한 문서도 자동으로 생성한다.

- **성능**: 이름처럼 정말 빠르다! 플라스크 같은 대부분의 프레임워크는 WSGI(웹 서버 게이트웨이 인터페이스) 표준을 사용하는 반면, FastAPI는 ASGI(비동기 서버 게이트웨이 인터페이스)를 사용한다. ASGI는 이전 작업이 끝나기를 기다리지 않고도 작업을 실행할 수 있어 단위 시간당 더 많은 요청을 더 효율적으로 처리한다. 반면 WSGI는 작업을 순차적으로 실행하므로 요청 처리에 더 오랜 시간이 걸린다.

이상이 이 예제에서 예측 모델을 서빙하는 데 FastAPI를 사용하면 좋은 이유다. 그렇다면 어떻게 사용할 수 있을까? 이제 그 방법을 알아보자.

모든 마이크로서비스는 지정된 형식으로 데이터를 받는데, 이를 '요청(request)'이라고 한다. 그리고 '응답(response)'이라고 하는 데이터를 반환한다. 마이크로서비스의 역할은 요청을 받아서, 요청이 정의하거나 입력으로 제공하는 일련의 작업을 실행하고, 적절한 출력을 만든 다음 이를 지정된 형식으로 변환하는 것이다. 기본적인 내용처럼 보일 수 있지만, 이런 기본 내용을 다시 확인하는 것이 중요하며 이는 우리 시스템을 설계하는 출발점이 된다. 설계할 때는 다음 사항을 반드시 고려해야 한다.

1. **요청 및 응답 스키마**: REST API를 구축할 것이므로 요청과 응답의 데이터 모델을 스키마가 있는 JSON 객체로 정의하는 것이 자연스럽다. 이때 핵심은 스키마를 최대한 단순하게 만들되, 클라이언트(요청 서비스)와 서버(마이크로서비스)가 적절한 작업을 수행하는 데 필요한 모든 정보를 담는 것이다. 예측 서비스를 만드는 것이므로 요청 객체는 시스템이 적절한 예측을 제공할 수 있도록 충분한 정보를 제공해야 하며, 상위 솔루션이 이 예측을 사용자에게 보여주거나 추가 로직을 수행할 수 있어야 한다. 응답에는 실제 예측 데이터나 예측 결과가 저장된 위치 정보가 들어가야 한다.

2. **컴퓨팅**: 1장 '머신러닝 엔지니어링 소개'에서 설명했듯이, 이 경우 응답 객체인 예측을 만들려면 계산이 필요하다. 머신러닝 마이크로서비스를 설계할 때는 필요한 컴퓨팅 리소스의 크기와 실행에 필요한 적절한 도구를 잘 고려해야 한

다. 예를 들어 추론을 위해 대용량 GPU가 필요한 컴퓨터비전 모델을 실행한다면, CPU만 있는 작은 머신에서 웹 애플리케이션 백엔드를 실행하는 서버로는 이 작업을 수행할 수 없다. 마찬가지로 추론 단계에서 테라바이트 단위의 데이터를 처리해야 한다면, 전용 클러스터에서 실행되는 스파크나 Ray 같은 병렬화 프레임워크를 사용해야 할 수 있다. 이런 프레임워크는 당연히 웹 애플리케이션을 서빙하는 머신과는 별도의 머신에서 실행해야 한다. 컴퓨팅 요구사항이 충분히 작고 다른 위치에서 데이터를 가져오는 것이 그리 부담스럽지 않다면, 웹 애플리케이션을 호스팅하는 동일한 머신에서 추론을 실행할 수 있다.

3. **모델 관리**: 머신러닝 서비스이므로 당연히 모델이 필요하다! 이는 3장 '모델에서 모델 팩토리까지'에서 자세히 설명했듯이, 적절한 모델 버전을 관리하는 강력한 프로세스를 구현해야 한다는 뜻이다. 이 예제의 요구사항에 따르면 비교적 동적인 방식으로 다양한 모델을 활용할 수 있어야 한다. 이를 위해서는 신중한 고려가 필요하며, 3장에서 다룬 MLflow 같은 모델 관리 도구를 사용해야 한다. 또한 5장 '배포 패턴과 도구'에서 설명한 블루/그린 배포나 카나리 배포처럼 모델을 업데이트하고 롤백하는 전략도 고려해야 한다.

4. **성능 모니터링**: 이 책 전체에서 자세히 다뤘듯이, 머신러닝 시스템에서는 모델 성능을 모니터링하고 필요할 때 모델을 업데이트하거나 롤백하는 적절한 조치를 취하는 것이 매우 중요하다. 추론에 대한 실제 데이터를 서비스에 즉시 반환할 수 없다면, 실제 값과 추론을 수집한 다음 원하는 계산을 수행하는 별도의 프로세스가 필요하다.

이상이 솔루션을 구축할 때 고려해야 할 중요한 사항들이다. 이 장에서는 1번과 3번 사항에 초점을 맞추고, 훈련과 모니터링 시스템을 배치 방식으로 구축하는 방법은 9장에서 다룰 것이다. 이제 솔루션에 반영할 요소들을 파악했으니 구축을 시작해 보자!

8.6.1 응답 및 요청 스키마

요구사항에서 가정한 것처럼 클라이언트가 특정 매장에 대한 예측을 요청한다면, 이 요청에는 몇 가지 정보가 명시되어야 한다. 우선 ML 마이크로서비스와 클라이언트 애플리케이션의 데이터 모델 간에 공통으로 사용할 매장 식별자를 통해 어떤 매장인지 지정해야 한다.

둘째, 예측 시간 범위는 애플리케이션에서 쉽게 해석하고 서비스할 수 있는 적절한 형식으로 제공돼야 한다. 또한 시스템은 요청에 시간 범위가 지정되지 않았을 때 적절한 예측 시간 범위를 생성하는 로직도 갖춰야 한다. 클라이언트가 단순히 '매장 X의 예측'만 요청한다면, 현재부터 미래 일정 기간에 대한 예측을 제공하는 기본 작동 방식을 설정하는 것이 합리적이며 클라이언트 애플리케이션에도 유용할 것이다.

이를 충족하는 가장 간단한 요청 JSON 스키마는 다음과 같다.

```
{
    "storeId": "4",
    "beginDate": "2023-03-01T00:00:00Z",
    "endDate": "2023-03-07T00:00:00Z"
}
```

이것이 JSON 객체이므로 모든 필드는 문자열이지만 파이썬 애플리케이션 내에서 쉽게 해석할 수 있는 값으로 채워진다. 또한 Pydantic 라이브러리는 나중에 논의할 데이터 검증을 적용하는 데 도움이 될 것이다. 또한 클라이언트 애플리케이션이 여러 예측을 요청할 수 있도록 허용해야 하므로 이 JSON이 요청 객체 목록을 허용하도록 확장될 수 있도록 해야 한다.

```
[
    {
        "storeId": "2",
        "beginDate": "2023-03-01T00:00:00Z",
        "endDate": "2023-03-07T00:00:00Z"
    },
    {
        "storeId": "4",
        "beginDate": "2023-03-01T00:00:00Z",
        "endDate": "2023-03-07T00:00:00Z"
    }
]
```

앞서 언급했듯이, 클라이언트가 store_id만 지정해 요청하더라도 시스템이 작동하도록 애플리케이션 로직을 구축하고자 한다. 이때 시스템은 현재부터 미래의 특정 시점까지를 적절한 예측 기간으로 추론한다.

따라서 다음과 같은 내용을 API 호출의 JSON 본문으로 제출할 때 애플리케이션이 작동해야 한다.

```
[
    {
        "storeId": "4",
    }
]
```

이러한 요청에 대한 제약 조건을 적용하기 위해 Pydantic BaseModel을 상속하고 방금 만든 유형 요구 사항을 정의하는 데이터 클래스를 만들 수 있다.

```python
from pydantic import BaseModel

class ForecastRequest(BaseModel):
    store_id: str
    begin_date: str | None = None
    end_date: str | None = None
```

여기서는 store_id가 문자열이어야 하지만 예측의 시작 날짜와 종료 날짜는 None으로 지정될 수 있 도록 허용했다. 날짜가 지정되지 않은 경우 비즈니스 지식을 기반으로 유용한 예측 시간 창이 요청의 datetime부터 7일 후까지라고 합리적으로 가정할 수 있다. 이것은 변경되거나 심지어 애플리케이션 구 성에서 구성 변수로 제공될 수 있는 것이다. 여기서는 더 흥미로운 것에 초점을 맞추기 위해 해당 측면을 다루지 않을 것이며, 이는 독자에게 재미있는 연습으로 남겨둔다!

예제의 경우 예측 모델은 Prophet 라이브러리를 기반으로 할 것이며, 앞서 논의한 바와 같이 이는 예측 을 실행할 datetime에 대한 인덱스를 필요로 한다. 요청을 기반으로 이를 생성하기 위해 간단한 도우미 함수를 작성할 수 있다.

```python
import pandas as pd

def create_forecast_index(begin_date: str = None, end_date: str = None):
    # 예측 시작 날짜 변환
    if begin_date == None:
        begin_date = datetime.datetime.now().replace(tzinfo=None)
    else:
        begin_date = datetime.datetime.strptime(begin_date,
            '%Y-%m-%dT%H:%M:%SZ').replace(tzinfo=None)

    # 예측 종료 날짜 변환
    if end_date == None:
        end_date = begin_date + datetime.timedelta(days=7)
    else:
        end_date = datetime.datetime.strptime(end_date,
            '%Y-%m-%dT%H:%M:%SZ').replace(tzinfo=None)
```

```
    return pd.date_range(start = begin_date, end = end_date, freq = 'D')
```

이 논리를 통해 모델 저장소 계층(이 경우 MLflow)에서 검색되면 예측 모델에 대한 입력을 만들 수 있다.

응답 객체는 어떤 데이터 형식으로든 예측을 반환해야 하며, 클라이언트 애플리케이션이 반환된 객체를 생성을 트리거한 응답과 편리하게 연결할 수 있는 충분한 정보를 반환하는 것이 항상 필수적이다. 이를 충족하는 간단한 스키마는 다음과 같을 것이다.

```
[
    {
        "request": {
            "store_id": "4",
            "begin_date": "2023-03-01T00:00:00Z",
            "end_date": "2023-03-07T00:00:00Z"
        },
        "forecast": [
            {
                "timestamp": "2023-03-01T00:00:00",
                "value": 20716
            },
            {
                "timestamp": "2023-03-02T00:00:00",
                "value": 20816
            },
            {
                "timestamp": "2023-03-03T00:00:00",
                "value": 21228
            },
            {
                "timestamp": "2023-03-04T00:00:00",
                "value": 21829
            },
            {
                "timestamp":  "2023-03-05T00:00:00",
                "value": 21686
            },
            {
```

```
                "timestamp": "2023-03-06T00:00:00",
                "value": 22696
            },
            {
                "timestamp": "2023-03-07T00:00:00",
                "value": 21138
            }
        ]
    }
]
```

여기서는 요청 JSON 스키마와 동일한 방식으로 이를 목록으로 확장할 수 있도록 할 것이다. 이 장의 나머지 부분에서는 이러한 스키마로 작업할 것이다. 이제 애플리케이션에서 모델을 관리하는 방법을 살펴보겠다.

8.6.2 마이크로서비스에서 모델 관리하기

3장 '모델에서 모델 팩토리까지'에서 ML 시스템의 모델 아티팩트와 메타데이터 저장 계층으로 MLflow를 활용하는 방법을 자세히 살펴봤다. 여기서도 같은 방식을 사용할 것이다. MLflow 추적 서버가 이미 실행 중이라고 가정하고, 이와 상호작용하는 로직만 정의하면 된다. 필요하다면 3장을 다시 참고하기 바란다.

다음과 같은 작업을 수행하는 로직이 필요하다.

1. MLflow 서버에 프로덕션용 모델이 있는지 확인한다.

2. 지정한 기준에 맞는 모델 버전을 가져온다. 예를 들어 정해진 기간 내에 훈련된 모델이어야 하고, 검증 지표가 원하는 범위 안에 있어야 한다.

3. 필요한 경우 예측 세션 중에 모델을 재사용할 수 있도록 캐시에 저장한다.

4. 응답 객체에서 요구하는 경우 여러 모델에 대해 위의 모든 작업을 수행한다.

1번 항목을 수행하려면 MLflow 모델 레지스트리에 프로덕션 준비 완료로 태그가 지정된 모델이 있어야 한다. 그러면 3장 '모델에서 모델 팩토리까지'에서 다룬 `MlflowClient()`와 `mlflow pyfunc` 기능을 활용할 수 있다.

```
import mlflow
import mlflow.pyfunc
from mlflow.client import MlflowClient
import os

tracking_uri = os.getenv("MLFLOW_TRACKING_URI")
mlflow.set_tracking_uri(tracking_uri)
client = MlflowClient(tracking_uri=tracking_uri)


def get_production_model(store_id:int):
    model_name = f"prophet-retail-forecaster-store-{store_id}"
    model =mlflow.pyfunc.load_model(
        model_uri=f"models:/{model_name}/production"
    )
    return model
```

2번 항목을 위해서는 아래 설명할 MLflow 기능을 사용해 특정 모델의 지표를 가져올 수 있다. 먼저 모델 이름으로 해당 모델의 메타데이터를 가져온다.

```
model_name = f"prophet-retail-forecaster-store-{store_id}"
latest_versions_metadata = client.get_latest_versions(
    name=model_name
)
```

이렇게 하면 다음과 같은 데이터셋이 반환된다.

```
[<ModelVersion: creation_timestamp=1681378913710, current_stage='Production', description='',
last_updated_timestamp=1681378913722, name='prophet-retail-forecaster-store-3',
run_id='538c1cbded614598a1cb53eebe3de9f2', run_link='', source='/Users/apmcm/dev/Machine-
Learning-Engineering-with-Python-Second-Edition/Chapter07/register/artifacts/0/538c1cbded614
598a1cb53eebe3de9f2/artifacts/model', status='READY', status_message='', tags={}, user_id='',
version='3'>]
```

이 데이터를 사용해 해당 객체에서 버전을 가져온 다음 모델 버전 메타데이터를 조회할 수 있다.[3]

---

3 (옮긴이) client.get_latest_versions()는 모델 버전 객체들의 리스트를 반환하므로 latest_versions_metadata[0].version과 같이 인덱싱 후 속성을 얻어내야 할 것으로 보인다.

```
latest_model_version_metadata = client.get_model_version(
    name=model_name,
    version=latest_versions_metadata.version
)
```

이 메타데이터는 대략 다음과 같은 형태다.

```
<ModelVersion: creation_timestamp=1681377954142, current_stage='Production', description='',
last_updated_timestamp=1681377954159, name='prophet-retail-forecaster-store-3',
run_id='41f163b0a6af4b63852d9218bf07adb3', run_link='', source='/Users/apmcm/dev/Machine-
Learning-Engineering-with-Python-Second-Edition/Chapter07/register/artifacts/0/41f163b0a6af4
b63852d9218bf07adb3/artifacts/model', status='READY', status_message='', tags={}, user_id='',
version='1'>
```

이 모델 버전의 지표 정보는 run_id와 연결돼 있으므로 이를 가져와야 한다.

```
latest_model_run_id = latest_model_version_metadata.run_id
```

run_id 값은 다음과 같은 형태다.

```
'41f163b0a6af4b63852d9218bf07adb3'
```

이 정보를 사용해 특정 실행의 모델 지표를 가져온 다음, 원하는 로직을 추가로 수행할 수 있다. 지푯값을 가져오려면 다음과 같은 구문을 사용하면 된다.

```
client.get_metric_history(run_id=latest_model_run_id, key='rmse')
```

예를 들어 2장의 '지속적인 모델 성능 테스트'(67쪽)에서 적용한 것처럼, 예측 서비스에서 사용하기 전에 평균 제곱근 오차가 지정한 값보다 낮아야 한다는 조건을 넣을 수 있다.

또한 시간이 경과함에 따라 모델이 허용 범위를 넘어설 경우 서비스가 재훈련을 시작하게 할 수도 있다. 기존 훈련 시스템 위에 모델 관리 계층을 얹는 셈이다.

5장 '배포 패턴과 도구'에서 다룬 것처럼 훈련 과정이 AWS MWAA에서 실행되는 Airflow DAG로 오케스트레이션된다면, 다음 코드로 훈련 파이프라인을 실행할 수 있다.

```python
import boto3
import http.client
import base64
import ast

# mwaa_env_name = '사용할 환경명'
# dag_name = '사용할 DAG명'

def trigger_dag(mwaa_env_name: str, dag_name: str) -> str:
    client = boto3.client('mwaa')

    # 웹 토큰 가져오기
    mwaa_cli_token = client.create_cli_token(
        Name=mwaa_env_name
    )

    conn = http.client.HTTPSConnection(
        mwaa_cli_token['WebServerHostname']
    )

    mwaa_cli_command = 'dags trigger'
    payload = mwaa_cli_command + " " + dag_name

    headers = {
        'Authorization': 'Bearer ' + mwaa_cli_token['CliToken'],
        'Content-Type': 'text/plain'
    }

    conn.request("POST", "/aws_mwaa/cli", payload, headers)

    res = conn.getresponse()
    data = res.read()

    dict_str = data.decode("UTF-8")
    mydata = ast.literal_eval(dict_str)

    return base64.b64decode(mydata['stdout']).decode('ascii')
```

다음으로는 FastAPI 서비스가 이러한 여러 로직을 감싸도록 이 요소들을 어떻게 통합하는지 설명한 다음, 앱을 컨테이너화하고 배포하는 방법을 살펴본다.

8.6.3 모든 구성 요소 통합하기

요청과 응답 스키마를 정의하고 모델 저장소에서 적절한 모델을 가져오는 로직도 작성했다. 이제 남은 일은 이 모든 것을 연결하고 실제로 모델을 사용해 추론을 수행하는 것이다. 여기에는 몇 가지 단계가 있는데, 하나씩 살펴보겠다. FastAPI 백엔드의 메인 파일은 **app.py**이며 여러 애플리케이션 라우트를 포함한다. 이 장의 나머지 부분에서는 각 코드와 관련된 임포트 구문을 바로 앞에 표시하지만, 실제 파일에서는 PEP8 규칙에 따라 파일 맨 위에 임포트 구문이 모여 있다.

먼저 로거를 정의하고 가져온 모델과 서비스 핸들러를 위한 간단한 메모리 내 캐시로 전역 변수를 설정한다.

```
# 로깅
import logging
log_format = "%(asctime)s - %(name)s - %(levelname)s - %(message)s"
logging.basicConfig(format = log_format, level = logging.INFO)


handlers = {}
models = {}
MODEL_BASE_NAME = f"prophet-retail-forecaster-store-"
```

여러 클라이언트가 동시에 요청을 보내 경쟁 조건이 발생하지 않고 앱이 독립적으로 실행된다는 것이 확실할 때만 전역 변수를 사용해 애플리케이션 라우트 간에 객체를 전달하는 것이 좋다. 동시 요청이 있으면 여러 프로세스가 변수를 덮어쓰려고 할 것이다. 연습 삼아 전역 변수 대신 **Redis**나 **Memcache** 같은 캐시를 사용하도록 이 예제를 수정해 볼 수 있다.

다음으로 FastAPI 앱 객체를 생성하고 **startup** 수명주기 이벤트 메서드를 사용해 앱 시작 시 실행할 로직을 정의한다.

```
from fastapi import FastAPI
from registry.mlflow.handler import MLFlowHandler


app = FastAPI()
```

```
@app.on_event("startup")
async def startup():
    await get_service_handlers()
    logging.info("전역 서비스 핸들러를 업데이트했습니다")

async def get_service_handlers():
    mlflow_handler = MLFlowHandler()
    global handlers
    handlers['mlflow'] = mlflow_handler
    logging.info("mlflow 핸들러 {}를 가져옵니다".format(mlflow_handler))
    return handlers
```

이미 언급했듯이 FastAPI는 비동기 워크플로를 잘 지원하여, 다른 작업이 완료되기를 기다리는 동안 컴퓨팅 리소스를 사용할 수 있다. 서비스 핸들러 인스턴스화는 시간이 좀 걸릴 수 있어서 여기서 이 방식을 채택하면 좋다. async 키워드를 사용하는 함수를 호출할 때는 await 키워드를 써야 한다. 이는 async 함수를 호출한 함수의 나머지 부분이 결과가 반환될 때까지 일시 중단되고 그동안 리소스를 다른 작업에 사용할 수 있다는 뜻이다. 여기서는 MLflow 추적 서버에 대한 연결을 처리할 핸들러 하나만 인스턴스화한다.

registry.mlflow.handler 모듈은 내가 작성한 것으로 앱 전체에서 사용할 메서드가 있는 MLFlowHandler 클래스를 포함한다. 해당 모듈의 내용은 다음과 같다.

```
import mlflow
from mlflow.client import MlflowClient
from mlflow.pyfunc import PyFuncModel
import os

class MLFlowHandler:
    def __init__(self) -> None:
        tracking_uri = os.getenv('MLFLOW_TRACKING_URI')
        self.client = MlflowClient(tracking_uri=tracking_uri)
        mlflow.set_tracking_uri(tracking_uri)

    def check_mlflow_health(self) -> None:
        try:
            experiments = self.client.search_experiments()
```

```
            return '서비스가 실험 목록을 반환했습니다'
        except:
            return 'MLflow 호출 중 오류 발생'

    def get_production_model(self, store_id: str) -> PyFuncModel:
        model_name = f"prophet-retail-forecaster-store-{store_id}"
        model = mlflow.pyfunc.load_model(
            model_uri=f"models:/{model_name}/production"
        )
        return model
```

보다시피 이 핸들러에는 MLflow 추적 서버가 실행 중인지 확인하고 프로덕션 모델을 가져오는 메서드가 있다. MLflow API를 쿼리하여 앞서 언급한 메트릭 데이터를 수집하는 메서드를 추가할 수도 있다.

이제 기본 **app.py** 파일로 돌아가서 서비스의 상태를 확인하기 위해 짧은 상태 확인 엔드포인트를 작성했다.

```
@app.get("/health/", status_code=200)
async def healthcheck():
    global handlers

    logging.info("헬스 체크에서 핸들러를 가져왔습니다.")
    return {
        "serviceStatus": "OK",
        "modelTrackingHealth": handlers['mlflow'].check_mlflow_health()
    }
```

다음은 주어진 소매점 ID에 대한 프로덕션 모델을 가져오는 메서드다. 이 함수는 모델이 전역 변수(간단한 캐시 역할)에 이미 있는지 확인하고 없으면 추가한다. 이 메서드를 확장해서 모델의 수명이나 애플리케이션에 모델을 가져올지 결정하는 데 사용할 다른 지표에 관한 로직을 포함할 수 있다.

```
async def get_model(store_id: str):
    global handlers
    global models
    model_name = MODEL_BASE_NAME + f"{store_id}"
    if model_name not in models:
        models[model_name] = handlers['mlflow'].\
```

```
        get_production_model(store_id=store_id)

    return models[model_name]
```

마지막으로 예측 엔드포인트가 있다. 클라이언트는 이전에 정의한 요청 객체로 이 애플리케이션을 호출하여 MLflow에서 가져온 프로핏 모델을 기반으로 한 예측을 받을 수 있다. 이 책의 다른 부분과 마찬가지로 긴 주석은 생략했다.

```
@app.post("/forecast/", status_code=200)
async def return_forecast(forecast_request: List[ForecastRequest]):
    forecasts = []

    for item in forecast_request:
        model = await get_model(item.store_id)

        forecast_input = create_forecast_index(
            begin_date=item.begin_date,
            end_date=item.end_date
        )

        forecast_result = {}
        forecast_result['request'] = item.dict()

        model_prediction = model.predict(forecast_input)[['ds', 'yhat']]\
        .rename(columns={'ds': 'timestamp', 'yhat': 'value'})

        model_prediction['value'] = model_prediction['value'].astype(int)
        forecast_result['forecast'] = model_prediction.to_dict('records')

        forecasts.append(forecast_result)

    return forecasts
```

그런 다음 이 명령으로 앱을 로컬에서 실행한다.

```
uvicorn app:app --host 127.0.0.1 --port 8000
```

앱을 실행한 상태로 개발하고 싶다면 --reload 플래그를 추가할 수 있다. 포스트맨(또는 curl이나 다른 도구)을 사용해 앞서 설명한 것과 같은 요청 본문으로 이 엔드포인트를 조회하면(그림 8.2 참고) 그림 8.3과 같은 출력을 얻을 수 있다.

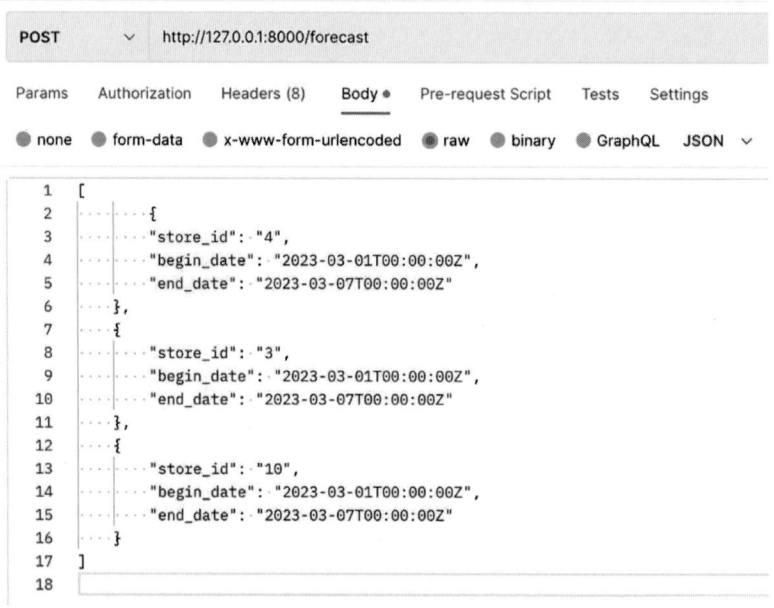

그림 8.2 포스트맨 앱에서 머신러닝 마이크로서비스로 보낸 요청

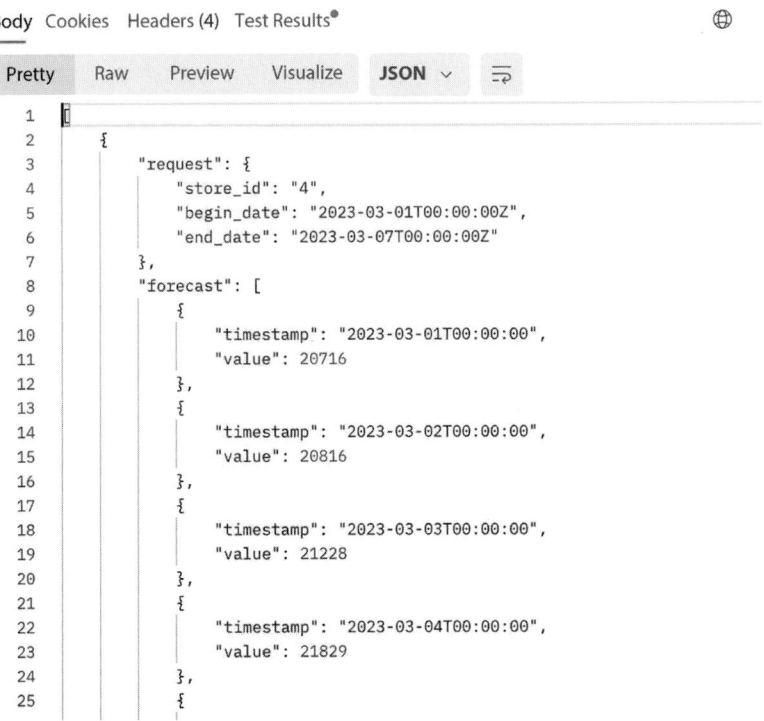

그림 8.3 포스트맨으로 조회했을 때 머신러닝 마이크로서비스의 응답

이렇게 해서 끝이다. 엔드포인트로 요청이 오면 소매점의 프로핏 모델 예측을 반환하는 비교적 간단한 머신러닝 마이크로서비스를 만들었다! 이제 이 애플리케이션을 컨테이너화하고 확장 가능한 서빙을 위해 쿠버네티스 클러스터에 배포하는 방법을 살펴보겠다.

8.7 쿠버네티스를 활용한 컨테이너화와 배포

5장 '배포 패턴과 도구'에서 도커를 소개할 때, 코드를 캡슐화하고 여러 플랫폼에서 일관되게 실행하는 방법을 설명했다. 이번에도 비슷한 작업을 하지만 목표가 다르다. 단순히 다른 인프라에서 애플리케이션을 단독으로 실행하는 대신, 로드 밸런서가 요청을 효과적으로 라우팅하면서 마이크로서비스의 여러 복제본이 동시에 실행되게 할 것이다. 이렇게 하면 잘 작동하는 시스템을 거의 무제한으로 확장할 수 있다.

다음과 같은 여러 단계를 실행하여 이를 수행할 것이다.

1. 도커로 애플리케이션을 컨테이너화한다.

2. 이 컨테이너 이미지를 도커 허브에 푸시해 저장한다(AWS ECR이나 기타 클라우드 제공자의 유사한 서비스를 사용해도 된다).

3. 쿠버네티스 클러스터를 만든다. 여기서는 미니쿠브를 사용해 로컬에서 실행하지만, 클라우드의 관리형 쿠버네티스 서비스를 사용할 수도 있다. AWS의 경우 EKS가 이에 해당한다.

4. 확장 가능한 서비스와 로드 밸런서를 클러스터에 정의한다. 이를 위해 매니페스트라는 것을 사용하는데, 이는 쿠버네티스 클러스터의 서비스와 배포 설정을 코드로 정의하는 방법이다.

5. 서비스를 배포하고 예상대로 작동하는지 테스트한다.

이번 절에서는 이러한 단계를 살펴보겠다.

8.7.1 애플리케이션 컨테이너화

앞서 책에서 설명했듯이 도커를 사용하려면 Dockerfile에서 컨테이너 빌드 방법과 필요한 의존성 설치 방법을 지정해야 한다. 이 애플리케이션의 경우 파이썬 패키지 의존성이 모두 담긴 requirements.txt 파일이 있다고 가정하고, FastAPI 컨테이너 이미지 중 하나를 기반으로 사용할 수 있다.[4]

```
FROM tiangolo/uvicorn-gunicorn-fastapi:latest
COPY ./requirements.txt requirements.txt
RUN pip install --no-cache-dir --upgrade -r requirements.txt
COPY ./app /app
CMD ["uvicorn", "main:app", "--host", "0.0.0.0", "--port", "8080"]
```

다음 명령을 사용해 이 도커 컨테이너를 빌드할 수 있다. 여기서는 컨테이너 이름을 custom-forecast-service라고 지정했다.

```
docker build -t custom-forecast-service:latest .
```

빌드가 완료되면 도커 허브에 올려야 한다. 터미널에서 도커 허브에 로그인한 다음 다음 명령으로 계정에 푸시하면 된다.

---

4 (옮긴이) 실제 파일명이 app.py이고 컨테이너의 containerPort가 8000으로 지정된 경우, 마지막 줄을 다음과 같이 수정한다.
CMD ["uvicorn", "app:app", "--host", "0.0.0.0", "--port", "8000"]

```
docker login
docker push <DOCKER_USERNAME>/custom-forecast-service:latest
```

이렇게 하면 다른 빌드 프로세스나 솔루션에서 컨테이너를 내려받아 실행할 수 있다.

컨테이너를 도커 허브에 올리기 전에 다음 명령으로 컨테이너화된 애플리케이션이 실행되는지 테스트할 수 있다. 여기서는 맥북 프로에서 로컬로 컨테이너를 실행하기 위해 플랫폼 플래그를 포함했다.

```
docker run -d --platform linux/amd64 -p 8000:8080 electricweegie/custom-forecast-service
```

컨테이너를 빌드하고 공유했으므로 이제 쿠버네티스를 사용해 이를 스케일링하는 작업을 할 수 있다.

8.7.2 쿠버네티스로 확장하기

숙련된 개발자에게도 쿠버네티스는 학습 곡선이 가파른 도구다. 여기서는 기초만 다루면서 앞으로의 학습을 위한 발판을 마련하고자 한다. 이 절에서는 머신러닝 마이크로서비스를 로컬 쿠버네티스 클러스터에 배포하는 과정을 살펴본다. 이는 원격 클러스터에 배포할 때도 거의 동일한 단계를 거치기 때문이다. 실제 프로덕션 환경에서 쿠버네티스 클러스터를 원활하게 운영하려면 네트워킹, 클러스터 리소스 구성과 관리, 보안 정책 등 다양한 주제를 검토해야 한다. 이런 주제를 모두 자세히 다루려면 한 권의 책이 따로 필요할 것이다. 6장에서 언급한 《Kubernetes in Production Best Practices》는 이러한 세부 사항을 배우기에 좋은 책이다. 이 장에서는 대신 쿠버네티스로 머신러닝 마이크로서비스를 개발하고 실행하는 데 필요한 가장 중요한 단계를 이해하는 데 초점을 맞추겠다.

먼저 쿠버네티스 개발 환경을 준비해 보자. 여기서는 미니쿠브(minikube)를 사용할 것이다. REST API 호출로 서비스를 설정할 수 있는 유용한 유틸리티가 포함돼 있기 때문이다. 이 책의 앞부분에서는 kind(Kubernetes in Docker)를 사용했는데, 여기서도 사용할 수는 있다. 다만 문서를 참고하면서 좀 더 많은 작업을 해야 할 것이다.

미니쿠브를 설치하려면 사용 중인 플랫폼에 맞는 공식 설치 가이드[5]를 따르면 된다.

미니쿠브를 설치했다면 다음 명령으로 기본 구성을 사용하는 첫 번째 클러스터를 시작할 수 있다.

---

5 https://minikube.sigs.k8s.io/docs/start/

```
minikube start
```

클러스터가 실행되면 다음 명령으로 **fast-api** 서비스를 클러스터에 배포할 수 있다.

```
kubectl apply -f direct-kube-deploy.yaml
```

여기서 **direct-kube-deploy.yaml**은 다음 코드가 포함된 매니페스트다.

```yaml
apiVersion: apps/v1
kind: Deployment
metadata:
  name: fast-api-deployment
spec:
  replicas: 2
  selector:
    matchLabels:
      app: fast-api
  template:
    metadata:
      labels:
        app: fast-api
    spec:
      containers:
        - name: fast-api
          image: electricweegie/custom-forecast-service:latest
          resources:
            limits:
              memory: "128Mi"
              cpu: "500m"
              ports:
                - containerPort: 8000
```

이 매니페스트는 쿠버네티스 Deployment를 정의한다. 이 Deployment는 **fast-api**라는 컨테이너가 포함된 파드 템플릿의 복제본 두 개를 생성하고 관리한다. 여기서 컨테이너는 앞서 만들어 공개한 도커 이미지인 **electricweegie/custom-forecast-service:latest**를 실행한다. 또한 파드 안에서 실행되는 컨테이너의 리소스 제한을 정의하고, 컨테이너가 8000번 포트에서 수신 대기하도록 설정한다.

이제 애플리케이션이 포함된 Deployment를 만들었으니, 이 솔루션이 들어오는 트래픽을 처리할 수 있게 해야 한다. 여러 복제본으로 들어오는 트래픽을 효율적으로 분산하려면 로드 밸런서를 통하는 것이 좋다. 미니쿠브에서는 다음 단계를 거쳐야 한다.

1. 미니쿠브 클러스터에서 실행되는 서비스는 기본적으로 네트워크나 호스트 머신에 접근할 수 없다. 따라서 tunnel 명령으로 클러스터 IP 주소로 가는 경로를 만들어야 한다.

```
minikube tunnel
```

2. 새 터미널 창을 연다. 이렇게 하면 터널이 계속 실행되고, 기존에 설정한 디플로이먼트에 접근할 수 있는 LoadBalancer 유형의 쿠버네티스 서비스를 만들 수 있다.

```
kubectl expose deployment fast-api-deployment --type=LoadBalancer --port=8080
```

3. 다음 명령을 실행하면 서비스에 접근할 수 있는 외부 IP를 확인할 수 있다.

```
kubectl get svc
```

출력은 다음과 비슷할 것이다.

```
NAME                  TYPE          CLUSTER-IP      EXTERNAL-IP     PORT(S)         AGE
fast-api-deployment   LoadBalancer  10.96.184.178   10.96.184.178   8080:30791/TCP  59s
```

이제 로드 밸런서 서비스의 EXTERNAL-IP를 사용해 API에 접근할 수 있다. 포스트맨이나 다른 API 개발 도구에서 http://<EXTERNAL-IP>:8080을 루트 URL로 지정하면 쿠버네티스에 성공적으로 구축하고 배포한 FastAPI 서비스를 사용할 수 있다.

8.7.3 배포 전략

5장 '배포 패턴과 도구'에서 설명했듯이 ML 서비스를 배포하고 업데이트하는 데는 여러 가지 전략을 사용할 수 있다. 여기에는 두 가지 요소가 있다. 하나는 모델 배포 전략이고 다른 하나는 모델을 서빙하는 호스팅 애플리케이션이나 파이프라인의 배포 전략이다. 이 둘은 함께 실행할 수도 있다.

여기서는 방금 쿠버네티스에 배포한 애플리케이션을 카나리 배포와 블루/그린 배포 전략을 사용해 업데이트하는 방법을 살펴본다. 이를 기본 애플리케이션에 적용하는 방법을 이해하면, 동일한 업데이트 전략을 모델에도 적용할 수 있다. 이를 위해 카나리 또는 블루/그린 배포에서 적절한 태그가 지정된 모델 버전을 사용할 수 있다. 예를 들어 MLflow 모델 레지스트리에서 '스테이징' 단계를 '블루' 모델로 사용하고, '그린'으로 전환할 때는 이 장의 앞부분과 3장 '모델에서 모델 팩토리까지'에서 설명한 구문을 사용해 이 모델을 '프로덕션' 단계로 이동할 수 있다.

카나리 배포는 새 버전의 애플리케이션을 프로덕션 환경의 일부에만 배포하는 것이므로, 카나리 애플리케이션의 복제본을 하나만 만들고 실행하도록(큰 클러스터에서는 더 많을 수 있음) 새로운 배포 매니페스트를 작성할 수 있다. 이 경우에는 이전 매니페스트의 복제본 수를 '1'로 수정하면 된다.

카나리 배포도 같은 로드 밸런서에 연결하려면 쿠버네티스의 리소스 레이블 개념을 활용해야 한다. 그런 다음 원하는 레이블이 있는 리소스를 선택하는 로드 밸런서를 배포한다. 이러한 로드 밸런서를 배포하는 매니페스트 예제는 다음과 같다.

```yaml
apiVersion: v1
kind: Service
metadata:
  name: fast-api-service
spec:
  selector:
    app: fast-api
  ports:
  - protocol: TCP
    port: 8000
    targetPort: 8000
  type: LoadBalancer
```

또는 미니쿠브에서 다음 명령어를 사용할 수 있다.

```
kubectl expose deployment fast-api-deployment --name=fast-api-service --type=LoadBalancer
--port=8000 --target-port=8000 --selector=app=fast-api
```

로드 밸런서와 카나리 배포를 마친 후에는 클러스터나 모델의 로그를 모니터링하여 카나리 배포가 성공적인지, 더 많은 트래픽을 받아야 하는지 판단할 수 있다. 성공적이라면 배포 매니페스트의 복제본 수만 늘리면 된다.

블루/그린 배포는 매우 유사한 방식으로 작동한다. 각 경우 배포 매니페스트를 편집하여 애플리케이션에 블루 또는 그린 레이블을 지정하기만 하면 된다. 그러나 블루/그린과 카나리 배포의 핵심 차이점은 트래픽 전환이 좀 더 갑작스럽다는 것이다. 다음 명령어를 사용하면 서비스의 셀렉터 정의를 수정하여 로드 밸런서가 프로덕션 트래픽을 그린 배포로 전환한다.

```
kubectl patch service fast-api-service -p '{"spec":{"selector":{"app":"fast-api-green"}}}'
```

이제 쿠버네티스에서 카나리와 블루/그린 배포를 수행하는 방법을 알게 됐다. 예측 서비스의 여러 버전을 시험해 볼 수 있으니 한번 해보자.

8.8 요약

이 장에서는 지난 7장까지에서 다룬 도구와 기법을 활용해 현실적인 비즈니스 문제를 해결하는 예를 살펴봤다. 동적으로 트리거되는 예측 알고리즘이 필요할 때 여러 작은 서비스가 원활하게 상호작용하는 설계가 빠르게 필요해지는 과정을 자세히 설명했다. 특히 이벤트 처리, 모델 훈련, 모델 저장, 예측 수행을 담당하는 컴포넌트로 이루어진 설계를 만들었다. 그런 다음 실제 시나리오에서 이러한 설계를 구현할 도구를 선택하는 방법을 살펴봤다. 주어진 작업에 대한 적합성과 개발자의 친숙도 등을 고려했다. 마지막으로 이 문제를 반복적이고 안정적으로 해결할 솔루션을 구축하는 데 필요한 핵심 코드를 신중하게 정의했다.

이 책의 마지막 장인 9장에서는 배치 머신러닝 프로세스를 예시로 구현한다. 여기서는 ETML(추출, 변환, 머신러닝)이라는 패턴을 소개하고, 이 패턴에 따라 솔루션을 구축할 때 고려해야 할 핵심 사항들을 다룬다.

09

ETML(추출, 변환, 머신러닝)
사례 연구

8장에 이어 이번 장에서도 이 책에 소개한 여러 도구와 기법을 현실적인 시나리오에 적용해 볼 것이다. 1장 '머신러닝 엔지니어링 소개'에 소개한 또 다른 사례를 바탕으로, 택시 운행 데이터를 정기적으로 군집화해야 하는 상황을 가정한다. 책에서 다룬 다른 개념도 살펴볼 수 있도록, 각 택시 운행 데이터에는 교통 뉴스 사이트와 택시 기사–본부 간 통화 내용 등 여러 출처의 텍스트 데이터가 핵심 운행 정보와 결합되어 있다고 가정한다. 이 데이터를 **대규모 언어 모델(LLM: Large Language Model)**을 통해 요약한다. 요약 결과는 기본 운행 데이터와 함께 대상 데이터 위치에 저장되어 향후 택시 운행을 조사하거나 분석할 때 중요한 맥락을 제공한다. 또한 파이프라인 오케스트레이션 도구로 아파치 Airflow를 사용하면서, Airflow 작업을 더욱 견고하고 유지보수 가능하며 확장 가능하게 만드는 고급 개념도 다룰 것이다. 실제 환경에서 솔루션을 구축할 때 내려야 할 주요 결정과 다른 장에서 다룬 내용을 활용한 구현 방법을 살펴본다.

이 유스케이스를 통해 세계적으로 가장 널리 쓰이는 머신러닝 솔루션 패턴인 일괄 추론 프로세스를 살펴볼 수 있다. 필자는 데이터를 가져와서 변환한 뒤 머신러닝을 수행하는 특성을 반영해 이를 **ETML(Extract, Transform, Machine Learning)**이라 부른다.

이 장에서는 다음 내용을 다룬다.

- 일괄 처리 문제 이해

- ETML 솔루션 설계

- 도구 선택하기

- 빌드 실행

이 내용을 통해 성공적인 ETML 솔루션을 구축하는 데 필요한 의사결정과 단계를 이해할 수 있을 것이다.

먼저 1장에서 소개한 상위 수준의 문제를 다시 살펴보고, 지금까지 배운 내용을 바탕으로 비즈니스 요구사항을 기술적 솔루션 요구사항으로 변환하는 방법을 알아본다.

9.1 기술 요구사항

다른 장과 마찬가지로 이 장의 코드 예제를 실행할 환경을 만들려면 다음을 실행하면 된다.

```
conda env create -f mlewp-chapter09.yml
```

이렇게 하면 Airflow, PySpark, 그리고 몇 가지 지원 패키지가 설치된다. Airflow 예제는 로컬에서 작업하며, 클라우드 배포가 필요하다면 5장 '배포 패턴과 도구'를 참고하면 된다. 위 콘다 명령으로 Airflow를 로컬에 설치했다면 PySpark와 Airflow PySpark 커넥터 패키지도 함께 설치됐을 것이다. 이제 터미널에서 다음과 같이 입력해 Airflow를 독립 실행(standalone) 모드로 실행할 수 있다.

```
airflow standalone
```

이 과정에서 로컬 데이터베이스와 모든 관련 Airflow 컴포넌트가 초기화된다. 터미널에는 많은 내용이 출력되지만, 첫 단계 출력의 마지막 부분에서 생성된 사용자 ID와 비밀번호를 포함한 로컬 서버 실행 정보를 확인할 수 있다. 예시는 그림 9.1과 같다.

```
webserver  | [2023-05-21 21:55:46 +0100] [4488] [INFO] Starting gunicorn 20.1.0
webserver  | [2023-05-21 21:55:46 +0100] [4488] [INFO] Listening at: http://0.0.0.0:8080 (4488)
webserver  | [2023-05-21 21:55:46 +0100] [4488] [INFO] Using worker: sync
webserver  | [2023-05-21 21:55:46 +0100] [4499] [INFO] Booting worker with pid: 4499
webserver  | [2023-05-21 21:55:46 +0100] [4500] [INFO] Booting worker with pid: 4500
webserver  | [2023-05-21 21:55:46 +0100] [4501] [INFO] Booting worker with pid: 4501
webserver  | [2023-05-21 21:55:46 +0100] [4502] [INFO] Booting worker with pid: 4502
standalone |
standalone | Airflow is ready
standalone | Login with username: admin  password: pqrXyuMhWyP5sMTP
standalone | Airflow Standalone is for development purposes only. Do not use this in production!
standalone |
```

그림 9.1 Airflow를 로컬에서 standalone 모드로 실행할 때 만들어지는 로그인 정보의 예. 이 모드는 개발용이며 프로덕션 환경에 사용하지 말라는 메시지가 보인다.

제공된 URL로 이동하면(스크린숏 두 번째 줄에서 앱이 http://0.0.0.0:8080에서 실행 중임을 볼 수 있음) 그림 9.2와 같은 페이지가 나타나며, 여기서 로컬 사용자명과 패스워드로 로그인할 수 있다(그림 9.3 참조). Airflow에 로그인하면 워크로드 작성에 참고할 수 있는 다양한 DAG와 작업 예시를 볼 수 있다.

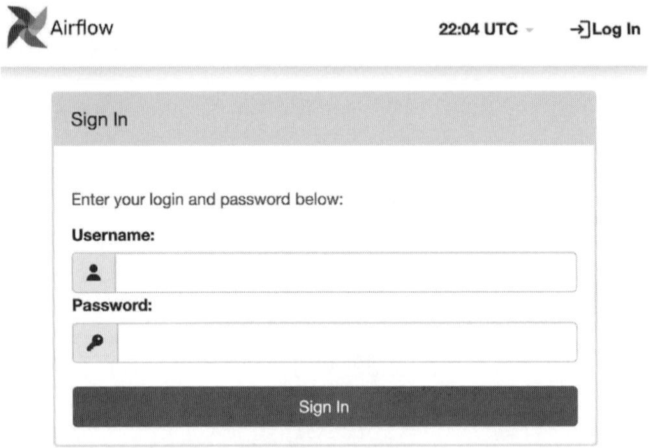

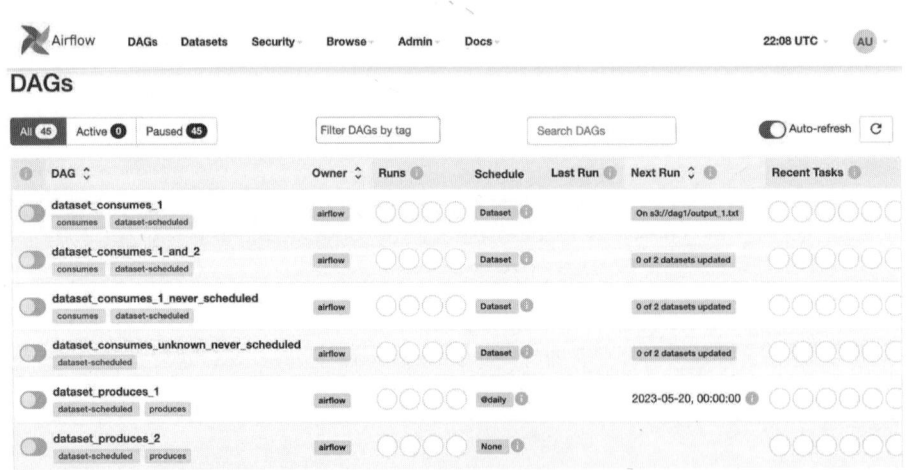

그림 9.2 로컬 머신에서 실행한 Airflow 인스턴스의 로그인 페이지

그림 9.3 Airflow 인스턴스에 로그인했을 때 나오는 페이지. DAG 예제가 여러 개 들어 있다.

이제 기본 설정을 마쳤으니, 솔루션을 만들기에 앞서 해결하고자 하는 문제에 관해 살펴보자.

9.2 일괄 처리 문제 이해

1장 '머신러닝 엔지니어링 소개'에서는, 매일 비정상적인 운행을 분석하고자 하는 택시 회사의 사례를 살펴봤다. 고객의 요구사항은 다음과 같았다.

- 운행 거리와 시간을 기준으로 운행을 군집화하고 이상값을 찾아낸다.

- 분석가들이 장거리 운행이나 장시간 운행을 파악하고 싶어 하므로, 속도(거리÷시간)는 사용하지 않는다.

- 분석은 매일 정해진 시간에 수행한다.

- 추론에 필요한 데이터는 사내 데이터 레이크에서 가져온다.

- 분석 결과를 회사 내의 다른 시스템에서 활용할 수 있게 제공한다.

이 장 서두에서 설명한 내용을 바탕으로 다음 요구 사항을 추가할 수 있다.

- 시스템 결과에는 운행 분류 정보와 관련 텍스트 데이터 요약이 포함돼야 한다.

- 이상 운행에 대해서만 텍스트 데이터를 요약한다.

2장 '머신러닝 개발 프로세스' 및 8장 '예제 ML 마이크로서비스 구축'에서 했던 것처럼, 이러한 요구사항에서 다음과 같은 사용자 스토리를 만들 수 있다.

- **사용자 스토리 1**: 운영 분석가 또는 데이터 과학자로서, 비정상적으로 긴 운행 시간(분)이나 거리(마일)를 보인 운행에 대해 명확한 레이블을 부여하고 싶다. 이를 통해 비정상 운행의 규모를 추가로 분석하고 모델링할 수 있다. 비정상으로 간주되는 기준은 다른 운행과 관련해 비정상을 정의하는 적절한 ML 알고리즘에 의해 결정돼야 한다.

- **사용자 스토리 2**: 운영 분석가 또는 데이터 과학자로서, 일부 운행이 비정상인 이유에 대해 추가 분석과 모델링을 수행할 수 있도록 관련 텍스트 데이터 요약을 얻고 싶다.

- **사용자 스토리 3**: 내부 애플리케이션 개발자로서, 대시보드와 다른 애플리케이션을 쉽게 구축할 수 있도록 모든 출력 데이터를 클라우드의 중앙 위치로 보내고 싶다.

- **사용자 스토리 4**: 운영 분석가 또는 데이터 과학자로서, 분석을 업데이트하고 물류 관리자에게 업데이트를 제공할 수 있도록 매일 아침 9시까지 전날 운행 중 비정상 또는 정상 운행을 명확하게 보여주는 보고서를 받아 보고 싶다.

사용자 스토리 1은 일반적인 군집화 방법론, 특히 이상치를 −1로 표시하는 **DBSCAN** 알고리즘을 사용함으로써 해결할 수 있다.

사용자 스토리 2는 7장에서 논의한 LLM의 능력, 즉 딥러닝, 생성 AI, LLM옵스를 활용해 처리할 수 있다. 입력 배치의 일부로 받은 텍스트 데이터를 랭체인이나 기본 파이썬 로직으로 포맷된 프롬프트와 함께 GPT 모델로 보낼 것이다.

사용자 스토리 3에 따르면 결과를 클라우드 상의 한 위치로 전송해야 한다. 이렇게 하면 데이터 엔지니어링 파이프라인이나 웹 애플리케이션 파이프라인에서 데이터를 가져갈 수 있다. 최대한 유연성을 확보하기 위해 지정된 **AWS(Amazon Web Services) S3(Simple Storage Service)** 버킷에 결과를 저장할 것이다. 처음에는 **JSON(JavaScript Object Notation)** 형식으로 데이터를 내보낼 것이다. 이 형식은 이미 여러 장에서 다뤘으며, 애플리케이션 개발에서 널리 사용되고 대부분의 데이터 엔지니어링 도구에서 읽을 수 있다.

마지막 사용자 스토리 4는 시스템에 필요한 스케줄링에 대한 지침을 제공하며, 이는 매일 배치 작업을 실행해야 함을 나타낸다.

이러한 내용을 머신러닝 솔루션의 기술 요구사항으로 정리하면 표 9.1과 같다.

표 9.1 사용자 스토리를 기술 요구 사항으로 변환

사용자 스토리	세부 사항	기술 요구사항
1	운영 분석가 또는 데이터 과학자로서, 비정상적으로 긴 운행 시간이나 거리를 보인 운행에 대해 명확한 레이블을 부여하고 싶다. 이를 통해 비정상 운행의 규모를 추가로 분석하고 모델링할 수 있다.	• 알고리즘 유형 = 이상 탐지 / 군집화 / 이상치 탐지 • 특징 = 운행 시간 및 거리
2	운영 분석가 또는 데이터 과학자로서, 일부 운행이 비정상적인 이유에 대해 추가 분석과 모델링을 수행할 수 있도록 관련 텍스트 데이터 요약을 제공받고 싶다.	• 알고리즘 유형 = 텍스트 요약 • 잠재적 모델 = BERT와 같은 트랜스포머, GPT 모델과 같은 LLM • 입력 요구사항 = 포매팅된 프롬프트
3	내부 애플리케이션 개발자로서, 대시보드와 다른 애플리케이션을 쉽게 구축할 수 있도록 모든 출력 데이터를 클라우드의 중앙 위치로 보내고 싶다.	시스템 출력 대상 = AWS S3
4	운영 분석가 또는 데이터 과학자로서, 분석을 업데이트하고 물류 관리자에게 업데이트를 제공할 수 있도록 전날 운행에 대한 출력 데이터를 매일 아침에 보고 싶다.	일괄 작업 주기 = 매일

사용자 스토리를 기술 요구사항으로 변환하는 과정은 ML 엔지니어에게 매우 중요한 기술이며, 잠재적 솔루션을 설계·구현하는 속도를 크게 높일 수 있다. 이 장의 나머지 부분에서는 표 9.1의 정보를 사용할 것이지만, 여러분이 이 기술을 연습할 수 있도록 주어진 시나리오에 대한 다른 잠재적 사용자 스토리와 그에 따른 기술 요구사항을 생각해 보자. 시작하는 데 도움이 될 몇 가지 아이디어는 다음과 같다.

- 회사의 데이터 과학자는 운행 시간과 텍스트 데이터에 언급된 교통 문제 등 다양한 특징을 바탕으로 고객 만족도를 예측하는 모델을 만들고 싶어 할 수 있다. 이들은 얼마나 자주 데이터를 원할까? 어떤 데이터가 필요할까? 구체적으로 그 데이터로 무엇을 할까?

- 회사의 모바일 앱 개발자는 교통과 날씨 상황을 고려해 예상 운행 시간을 예측하고 이를 사용자에게 보여주고 싶어 할 수 있다. 이를 어떻게 구현할 수 있을까? 데이터를 일괄 처리할까, 아니면 이벤트 기반 솔루션이 필요할까?

- 고위 경영진은 의사결정을 위해 여러 변수에 걸친 회사의 성과 보고서를 원할 수 있다. 어떤 종류의 데이터를 보고 싶어 할까? 어떤 머신러닝 모델이 더 깊은 통찰을 제공할 수 있을까? 데이터를 얼마나 자주 준비해야 하며, 어떤 솔루션으로 결과를 보여줄 수 있을까?

시스템이 무엇을 해야 하고 어떻게 해야 하는지에 대한 초기 작업을 마쳤으니, 이제 이를 종합해 초기 설계를 시작해 보자.

9.3 ETML 솔루션 설계

요구사항을 보면 데이터를 받아 머신러닝 추론으로 보강한 다음 목표 위치로 출력하는 솔루션이 필요하다는 것을 알 수 있다. 어떤 설계를 하든 이러한 단계를 포함해야 한다. 이는 ETML 솔루션의 전형적인 모습이며, 머신러닝 분야에서 대표적인 패턴이기도 하다. 다음과 같은 상황에 특히 적합하므로 앞으로도 오랫동안 중요성을 유지할 것이다.

- **지연 시간이 중요하지 않을 때**: 정해진 일정에 따라 실행해도 되고 높은 처리량이나 짧은 응답 시간이 필요하지 않다면, ETML 일괄 처리는 훌륭한 선택이다.

- **데이터를 일괄 처리하는 것이 유리한 알고리즘을 사용하는 경우**: 이번 예제의 군집화 방식이 좋은 예다. 새로운 데이터가 들어올 때마다 모델을 지속적으로 업데이트하는 온라인 방식의 군집화도 가능하지만, 관련 데이터를 한데 모아서 일괄 처리하는 것이 더 단순한 접근 방식이다. 딥러닝 모델에도 비슷한 논리가 적용된다. 효율을 최대화하려면 대규모 데이터를 GPU에서 병렬로 처리해야 한다.

- **이벤트 기반 또는 스트리밍 메커니즘을 사용할 수 없는 경우:** 많은 조직이 여전히 일괄 처리 방식을 사용하는 것은 대안이 없어서다! 다른 방식으로 작동하는 플랫폼으로 전환하려면 투자가 필요한데, 그럴 여유가 없을 때도 있다.

- **더 단순하기 때문에:** 앞의 내용과 관련이 있는데, 이벤트 기반이나 스트리밍 시스템을 구축하려면 팀이 새로운 것을 배워야 하는 반면, 일괄 처리는 직관적이고 시작하기 쉽다.

이제 설계를 논의하자. 설계에서 다뤄야 할 핵심 요소는 표 9.1에 정리돼 있다. 이를 바탕으로 가장 중요한 측면을 다루는 설계도를 만들 수 있으며, 어떤 기술로 어떤 프로세스를 처리할지도 정할 수 있다. 그림 9.4는 이러한 초기 설계를 나타낸다. S3 버킷에서 데이터를 가져오고, 군집화한 데이터를 S3에 중간 저장한 다음, LLM으로 텍스트 데이터를 요약한 최종 결과를 타깃 S3로 내보내는 Airflow 파이프라인을 사용하는 과정을 보여준다.

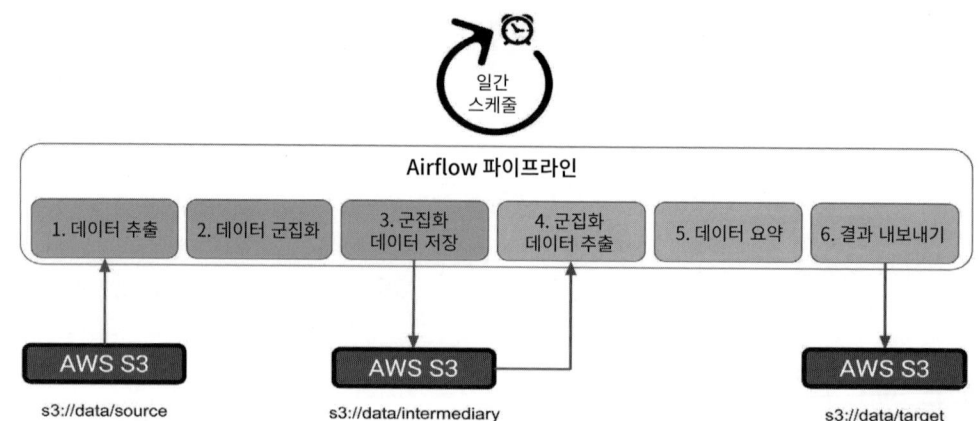

그림 9.4 ETML 군집화 및 요약 시스템의 상위 수준 설계. 전체 파이프라인의 1~3단계는 군집화 단계이고 4~6단계는 요약 단계다.

다음 절에서는 이전 장들에서 배운 내용을 바탕으로 이 문제를 해결하는 데 활용할 수 있는 도구를 살펴보겠다.

9.4 도구 선택하기

ETML 문제를 다룰 때 따져봐야 할 점들을 몇 가지로 추릴 수 있다. 어떤 인터페이스를 만들지, 필요한 규모의 변환과 모델링을 위해 어떤 도구가 필요한지, 그리고 이 모든 요소를 어떻게 조율할지 등이다. 이러한 고려 사항을 하나씩 살펴보자.

9.4.1 인터페이스와 저장소

ETML의 추출과 적재 단계를 수행할 때는 데이터를 저장하는 시스템과 어떻게 연결할지 고려해야 한다. 어떤 데이터베이스나 데이터 기술을 선택하든, 필요한 규모와 속도로 추출할 수 있는 적절한 도구를 사용하는 것이 중요하다. 이 예제에서는 AWS의 S3를 저장소로 사용하고, AWS boto3 라이브러리와 AWS CLI로 인터페이스를 구현한다. 물론 다른 접근 방식도 가능한데, 표 9.2에서 몇 가지 방식의 장단점을 비교했다.

표 9.2 ETML ETML 솔루션을 위한 데이터 저장소와 인터페이스 옵션의 장단점

잠재적 도구	장점	단점
AWS CLI, S3, boto3	• 사용이 비교적 단순하고 문서가 풍부하다 • 다양한 AWS 도구 및 서비스와 연결할 수 있다	• 클라우드에 종속적이다 • 다른 환경이나 기술에는 적용할 수 없다
SQL 데이터베이스와 JDBC/ODBC 커넥터	• 도구를 가리지 않는 편이다 • 플랫폼과 클라우드 간 호환성이 있다 • 저장소와 쿼리를 최적화할 수 있다	• 데이터 모델링과 데이터베이스 관리가 필요하다 • 비정형 데이터에는 최적화되지 않았다
벤더의 클라우드 데이터 웨어하우스 API	• 문서와 예제가 잘 갖춰져 있다 • 최적화가 잘돼 있다 • 최신 플랫폼은 널리 사용되는 다른 플랫폼과 연결성이 좋다 • 여러 클라우드에서 관리형 서비스를 사용할 수 있다	• 데이터 모델링과 데이터베이스 관리가 필요하다 • 비정형 데이터를 지원하기는 하지만 구현이 쉽지 않을 수 있다 • 비용이 많이 들 수 있다

이러한 옵션들을 고려할 때, 이 시나리오에서는 AWS CLI, S3, boto3 패키지를 사용하는 것이 가장 간단하면서도 유연한 방식일 것 같다. 다음 절에서는 모델링 접근 방식의 확장성과 관련된 의사 결정을 살펴보겠다. 이는 때로는 매우 큰 규모가 될 수 있는 일괄 처리 데이터를 다룰 때 매우 중요하다.

9.4.2 모델 확장

6장 '스케일링'에서는 분석과 머신러닝 워크로드를 확장하는 여러 방법을 다뤘다. 현재 사용 사례에 이러한 방법이나 다른 방법을 적용할 수 있는지 검토하고 적절히 활용해야 한다. 반대로 생각하면, 데이터양이 적다면 대규모 인프라를 구축할 필요도 없고 처리 과정을 크게 최적화할 필요도 없다. 각 사례의 상황과 맥락을 고려해 판단해야 한다.

표 9.3은 솔루션의 군집화 부분에 사용할 수 있는 도구들의 장단점을 정리한 것이다.

표 9.3 ETML 솔루션의 모델링을 위한 도구와 장단점(확장성과 사용 편의성을 중심으로)

잠재적 도구	장점	단점
스파크 ML	• 대규모 데이터셋으로 확장 가능	• 클러스터 관리가 필요 • 작은 데이터셋이나 처리 요구 사항에는 오버헤드가 클 수 있음 • 알고리즘 선택이 비교적 제한적
판다스 UDF를 사용한 스파크	• 대규모 데이터셋으로 확장 가능 • 파이썬 기반 알고리즘을 모두 사용 가능	• 병렬화가 쉽지 않은 문제에는 적합하지 않을 수 있음
사이킷런	• 많은 데이터 과학자에게 친숙함 • 다양한 인프라에서 실행 가능 • 훈련과 서빙의 오버헤드가 작음	• 자체적인 확장성이 높지 않음
Ray AIR 또는 Ray Serve	• API가 비교적 사용하기 쉬움 • 많은 ML 라이브러리와 통합이 잘됨	• 새로운 유형의 클러스터(Ray 클러스터)로 클러스터 관리 필요 • ML 엔지니어에게 비교적 새로운 기술임

이러한 옵션들을 고려할 때, 이 예시에서는 데이터 규모가 크지 않다고 가정하면 사이킷런 모델링 방식을 무리 없이 사용할 수 있다. 이는 최대한의 유연성을 제공하고 팀의 데이터 과학자들이 가장 쉽게 사용할 수 있는 방식이기 때문이다. 나중에 더 높은 확장성이 필요하다면 사이킷런 코드를 스파크의 판다스 UDF로 변환하는 작업이 그리 어렵지 않다는 점도 참고하자.

앞서 설명했듯이 이 ETML 솔루션의 ML 부분은 군집화와 텍스트 요약으로 구성된다. 표 9.4는 텍스트 요약에 사용할 수 있는 옵션과 각각의 장단점을 보여준다.

표 9.4 ETML 솔루션의 텍스트 요약 구성 요소를 위한 도구 옵션

잠재적 도구	장점	단점
OpenAI(또는 다른 업체)의 GPT 계열 모델	• 사용이 간단함(7장에서 이미 다뤘다) • 현재 이용 가능한 모델 중 성능이 가장 뛰어날 수 있음	• 비용이 많이 들 수 있음 • 모델에 대한 통제력이 낮음 • 데이터와 모델 계보가 불투명함
오픈소스 LLM	• 데이터와 모델 계보가 더 투명함 • 더 안정적임(모델을 직접 통제할 수 있음)	• 대규모 인프라가 필요함 • 최적화가 필요할 경우 매우 전문적인 기술이 필요함 • 더 많은 운영 관리가 필요함(LLM옵스)

잠재적 도구	장점	단점
BERT 변형 등 LLM이 아닌 다른 딥러닝 모델	• 일부 오픈소스 LLM보다 설정이 쉬움 • 충분히 연구되고 문서화됨 • 재훈련과 미세 조정이 더 쉬움(더 작은 모델) • 일반적인 ML옵스 적용 가능 • 프롬프트 엔지니어링이 필요하지 않을 수 있음	• API 호출보다는 운영 부담이 크지만 LLM 호스팅보다는 적음 • 성능이 더 낮음

이제 확장 가능한 머신러닝 모델 관련 도구 선택을 살펴봤으니, ETML 솔루션의 또 다른 중요한 주제인 일괄 처리 스케줄링 관리 방법을 알아보겠다.

9.4.3 ETML 파이프라인 스케줄링

ETML과 같은 일괄 처리는 보통 일간 배치와 잘 어울린다. 하지만 앞서 언급한 두 가지를 고려하면 작업 스케줄링 시점을 신중하게 정해야 한다. 예를 들어 파이프라인의 한 단계에서 읽기 전용 복제본이 없는 프로덕션 데이터베이스에 접속해야 한다고 하자. 이런 경우 월요일 오전 9시에 대량의 쿼리를 실행하면 해당 데이터베이스를 사용하는 다른 솔루션의 성능에 큰 문제가 생길 수 있다. 마찬가지로 야간에 실행 하면서 다른 일괄 업로드가 진행 중인 시스템에 데이터를 적재하려 하면 리소스 경쟁이 발생해 처리 속 도가 느려질 수 있다. 여기에는 모든 상황에 통용되는 정답이 없으므로, 선택 가능한 방안들을 잘 검토하 는 것이 중요하다. 다음 표는 이 문제의 스케줄링과 작업 관리를 위해 이 책에서 다룬 도구들의 장단점을 비교한 것이다.

표 9.5 아파치 Airflow를 사용한 스케줄링 관리의 장단점

잠재적 도구	장점	단점
아파치 에어플로 (Apache Airflow)	• 스케줄링 관리가 우수하다 • API가 비교적 사용하기 쉽다 • 문서화가 잘 돼 있다 • AWS MWAA와 같은 클라우드 호스팅 서비스를 이용할 수 있다 • 머신러닝, 데이터 엔지니어링을 비롯한 다양한 워크로드에 유연하게 적용할 수 있다	• 파이프라인 테스트에 시간이 걸린다 • MWAA 같은 클라우드 서비스는 비용이 많이 든다 • Airflow는 범용성이 높아서(장점이 될 수도 있음) 머신러닝 워크로드에 특화된 기능이 많지 않다

잠재적 도구	장점	단점
젠ML (ZenML)	• API가 비교적 사용하기 쉽다 • 문서화가 잘 돼 있다 • ML 엔지니어를 위해 설계됐다 • 여러 유용한 ML옵스 통합 기능을 제공한다 • 클라우드 옵션을 제공한다	• 파이프라인 테스트에 시간이 걸린다 • Airflow에 비해 학습 곡선이 약간 더 가파르다
쿠브플로 (Kubeflow)	• API가 비교적 사용하기 쉽다 • 문서화가 잘 돼 있다 • 쿠버네티스 사용이 필요한 경우 이를 크게 단순화한다	• AWS에서 사용하려면 AWS용으로 수정된 버전이 필요하다 • 다른 도구들보다 익히기가 더 어렵다 • 쿠버네티스가 내부에서 작동하므로 디버깅이 더 어려울 수 있다

표 9.3, 9.4, 9.5를 보면 검토한 모든 옵션이 매우 강력한 장점을 가지고 있고 단점은 그리 많지 않다. 즉, 우리의 문제를 해결할 수 있는 기술 조합이 여러 가지 있다는 뜻이다. 요구사항을 보면 매일 일괄 처리해야 하는 비교적 작은 데이터셋이 있고, 여기에 먼저 군집화나 이상 탐지 알고리즘을 적용한 다음 LLM으로 추가 분석을 수행해야 한다. 이런 경우 모델링 패키지로는 사이킷런을, API를 통해 호출하는 OpenAI의 GPT 모델을, 오케스트레이션에는 아파치 Airflow를 선택하면 적합할 것이다. 물론 이외에도 다른 조합이 가능하다. 이 장의 나머지 부분에서 다룰 예시를 다른 도구로도 시도해 보면 재미있을 것이다. 다양한 방법을 알고 있으면 ML 엔지니어가 여러 상황에 더 잘 대응할 수 있다.

다음 절에서는 이러한 정보를 바탕으로 솔루션을 어떻게 실행할지 살펴보겠다.

9.5 빌드 실행

이번 절에서는 1장 '머신러닝 엔지니어링 소개'에서 보인 개념 증명 코드를 Airflow 같은 스케줄링 도구가 호출할 수 있는 컴포넌트로 나누는 방법을 중점적으로 다룬다.

이를 통해 이 책에서 배운 머신러닝 엔지니어링 기술을 어떻게 적용하는지 보여줄 것이다. 이어지는 내용에서는 여러 머신러닝 기능을 활용하는 Airflow 파이프라인을 구축하는 데 초점을 맞출 것이다. 이를 통해 몇 줄의 코드로 비교적 복잡한 솔루션을 만들 수 있다.

9.5.1 고급 Airflow 기능을 사용한 ETML 파이프라인 구축

5장 '배포 패턴과 도구'에서 Airflow를 이미 자세히 다뤘지만, 주로 DAG를 클라우드에 배포하는 방법에 중점을 뒀다. 이번 절에서는 DAG에 고급 기능과 제어 흐름을 추가하는 방법에 집중한다. 5장에서 설명한 프로세스로 배포할 수 있다는 전제하에, 여기서는 로컬 환경에서 작업한다.

먼저 좋은 DAG 설계 방법을 살펴보자. 대부분은 이 책에서 다룬 좋은 소프트웨어 엔지니어링 방법을 직접 적용한 것이다. 자세한 복습이 필요하면 4장 '패키징'을 다시 참고하자. 여기서는 이러한 방법을 Airflow에 어떻게 적용하는지 중점적으로 설명한다.

- **태스크의 관심사를 분리**: 4장에서 설명했듯이 관심사 분리란 특정 코드나 소프트웨어가 최소한의 중복으로 특정 기능을 수행하게 하는 것이다. 이는 특정하고 집중된 기능을 하는 '원자'들로 솔루션을 구축한다는 의미에서 '원자성'이라고도 한다. Airflow DAG 수준에서는 각 태스크가 명확한 하나의 작업만 수행하게 함으로써 이 원칙을 구현할 수 있다. 이 예시에서는 '추출', '변환', 'ML', '적재' 단계가 명확히 구분돼 있어서 각각에 특정 태스크를 두는 것이 합리적이다. 태스크가 복잡하다면 더 세분화할 수도 있다. 이는 좋은 제어 흐름과 오류 처리를 만드는 데도 도움이 된다. 작고 원자적인 코드는 실패 모드를 예상하고 테스트하고 관리하기가 훨씬 쉽기 때문이다. 이 절의 코드 예시에서 이를 실제로 확인할 수 있다.

- **재시도 기능 활용하기**: 각 단계에 다양한 인자를 설정해, 태스크가 여러 상황에서 어떻게 작동할지를 제어할 수 있다. 그중에서도 '재시도(retries)'는 중요한 요소인데, 태스크가 실패했을 때 같은 과정을 다시 시도하도록 지시하는 기능이다. 이는 일시적인 실패를 어느 정도 견딜 수 있도록 하는(즉, 시스템의 회복 탄력성을 높이는 데) 도움이 된다. 예를 들어 네트워크가 잠깐 끊기거나, HTTP 기반 REST API 호출이 일시적으로 실패하는 등 다양한 원인에 대응할 수 있다. 또한 재시도 사이에 지연(Delay)을 주거나, 지수 백오프(Exponential backoff)를 적용할 수도 있다. 지수 백오프는 재시도할 때마다 대기 시간이 점차 길어지는 방식인데, 예컨대 API 사용에 제한(Rate limit)이 걸렸을 때, 일정 시간이 지나면 다시 요청할 수 있도록 하는 데 유용하다.

- **DAG의 멱등성을 보장**: 멱등성(idempotency)이란 어떤 코드를 같은 입력값으로 여러 번 실행해도 항상 똑같은 결과가 나오는 것을 말한다. 대부분의 프로그램이 이렇게 작동할 것 같지만 실제로는 그렇지 않다. 예를 들어 이 책에서 많이 다룬 사이킷런이나 파이토치의 ML 모델은 내부에 상태를 저장하는 객체를 사용한다. 그래서 멱등성은 자연스럽게 생기는 것이 아니라 의도적으로 설계해 넣어야 한다. 멱등성은 ETML 파이프라인에서 매우 중요하다. 어떤 작업을 다시 시도해야 할 때 예상치 못한 문제 없이 안전하게 반복할 수 있어야 하기 때문이다. DAG 전체의 멱등성을 확보하려면 DAG를 구성하는 각각의 태스크부터 멱등성을 갖도록 만들어야 한다. 다만 ETML에는 ML 모델이 들어가기 때문에 멱등성 확보가 쉽지 않다. 따라서 재시도 구조와 ML 처리 단계가 서로 조화롭게 작동하도록 꼼꼼히 설계해야 한다.

- **Airflow 오퍼레이터와 프로바이더 패키지 생태계를 활용**: Airflow에는 다양한 작업을 수행하는 많은 연산자가 있으며, 다른 도구와의 연동을 돕는 프로바이더 패키지라는 것들도 많이 있다. 이런 좋은 것들을 **적극적으로 활용**하자. 이는 4장 '패키징'에서 언급한 '바퀴를 다시 발명하지 말라'라는 원칙과도 맞닿아 있다. 덕분에 개발자는 핵심 로직에만 집중할 수 있고, 굳이 반복적인 통합 코드를 직접 작성하지 않아도 된다. 예를 들어 스파크 작업을 처리하기 위해서는 스파크 프로바이더 패키지를 사용하면 된다. 다음 명령어를 실행해 설치할 수 있다.

```
pip install apache-airflow
pip install pyspark
pip install apache-airflow-providers-apache-spark
```

그런 다음, 예를 들어 spark-script.py라는 이름의 스크립트를 Airflow DAG에서 스파크 애플리케이션으로 제출해 보려면, 다음과 같이 작성하면 된다.

```
from datetime import datetime
from airflow.models import DAG
from airflow.providers.apache.spark.operators.spark_jdbc import SparkJDBCOperator
from airflow.providers.apache.spark.operators.spark_sql import SparkSqlOperator
from airflow.providers.apache.spark.operators.spark_submit import SparkSubmitOperator

DAG_ID = "spark_example"

with DAG(
    dag_id=DAG_ID,
    schedule=None,
    start_date=datetime(2023, 5, 1),
    catchup=False,
    tags=["example"],
) as dag:
    submit_job = SparkSubmitOperator(
        application="${SPARK_HOME}/examples/src/main/python/spark-script.py",
        task_id="submit_job"
    )
```

- **with DAG() as dag: 구문을 활용**: DAG를 정의하는 세 가지 주요 방식이 있으며, 앞의 코드에 보인 콘텍스트 관리자 패턴이 그중 하나다. 그 밖에 DAG 생성자를 사용해서 파이프라인의 모든 태스크에 전달하는 방법도 있고, 함수에 데코레이터를 붙여 DAG로 변환할 수도 있다. 콘텍스트 관리자를 사용하면 파이썬의 다른 경우와 마찬가지로 코드 블록이 예외로 종료되더라도 콘텍스트 내에서 정의된 리소스가 올바르게 정리된다. 생성자를 사용하는 방식은 파이

파라인에서 정의하는 모든 태스크에 dag=dag_name을 전달해야 해서 꽤 번거롭다. 데코레이터를 사용하면 기본적인 DAG는 깔끔하지만, 더 복잡한 DAG를 만들면 읽고 유지보수하기가 꽤 어려워질 수 있다.

- **테스트를 잊지 말자!:** 이 책을 읽고 머신러닝 엔지니어로서 자신감이 생기고 나면 '테스트는 어떻게 하지?'라는 의문이 들 것이다. 당연한 질문이다. 코드의 품질은 그것을 검증할 수 있는 테스트의 수준에 달려 있기 때문이다. 다행히 Airflow는 DAG를 로컬에서 테스트하고 디버깅할 수 있는 기본 기능을 제공한다. IDE나 에디터에서 디버깅할 때는 위 예시처럼 DAG 이름이 dag라면 DAG 정의 파일에 아래 코드만 추가하면 된다. 그러면 선택한 디버거 안에서 로컬의 직렬화된 파이썬 프로세스로 DAG가 실행된다. 이때는 스케줄러를 실행하지 않고 단일 프로세스에서 DAG 단계만 실행하므로 오류가 있으면 빨리 발견되고 개발자가 빠르게 피드백을 받을 수 있다.

```python
if __name__ == "__main__":
    dag.test()
```

또한 이 책의 4장과 그 밖의 곳에서 했던 것처럼 pytest를 사용할 수 있다.

지금까지 활용할 수 있는 중요한 개념들을 살펴봤으니, 이제 Airflow DAG를 자세히 구축해 보겠다. 이 과정에서 솔루션에 복원력을 어떻게 부여하는지 보여주는 방식으로 진행할 것이다.

먼저 이 예시에서는 ETML 프로세스를 두 번 수행한다. 군집화 컴포넌트 처리에 한 번, 텍스트 요약 처리에 한 번이다. 이렇게 하면 단계 사이에 중간 저장소(이 경우 AWS S3)를 활용해 시스템의 안정성을 높일 수 있다. 두 번째 단계가 실패하더라도 첫 번째 단계의 처리 결과는 보존되기 때문이다. 우리가 살펴볼 예시는 이를 비교적 간단하게 구현하지만, 이 책의 다른 부분과 마찬가지로 기본 원리만 지킨다면 이 개념을 확장하고 원하는 도구와 프로세스에 맞게 응용할 수 있다.

이제 DAG를 만들어보자. 태스크가 두 개밖에 없는 비교적 간단한 DAG다. 먼저 전체 코드를 보여주고 세부 내용을 설명하겠다.

```python
from __future__ import annotations
import datetime
import pendulum
from airflow import DAG
from airflow.operators.python import PythonOperator
from utils.summarize import LLMSummarizer
from utils.cluster import Clusterer
import logging
```

```
logging.basicConfig(level=logging.INFO)

# 버킷명은 환경 변수에서 읽어도 됨
bucket_name = "etml-data"
date = datetime.datetime.now().strftime("%Y%m%d")
file_name = f"taxi-rides-{date}.json"

with DAG(
    dag_id="etml_dag",
    start_date=pendulum.datetime(2021, 10, 1),
    schedule_interval="@daily",
    catchup=False,
) as dag:
    logging.info("DAG started ...")
    logging.info("Extracting and clustering data ...")

    extract_cluster_load_task = PythonOperator(
        task_id="extract_cluster_save",
        python_callable=Clusterer(bucket_name, file_name).cluster_and_label,
        op_kwargs={"features": ["ride_dist", "ride_time"]}
    )

    logging.info("Extracting and summarizing data ...")
    extract_summarize_load_task = PythonOperator(
        task_id="extract_summarize",
        python_callable=LLMSummarizer(bucket_name, file_name).summarize
    )

    extract_cluster_load_task >> extract_summarize_load_task
```

코드에서 볼 수 있듯이 태스크가 두 개 있고 >> 연산자로 순차 실행을 지정했다. 각 태스크가 하는 일은 다음과 같다.

- extract_cluster_load_task: 이 태스크는 지정된 S3 버킷에서 입력 데이터를 가져와 DBSCAN으로 군집화한 다음, 모델 출력과 결합한 원본 데이터를 중간 저장소에 저장한다. 여기서는 간단히 같은 버킷을 중간 저장소로 사용했지만, 연결할 수만 있다면 어떤 저장소나 솔루션이든 사용할 수 있다.

- extract_summarize_load_task: 이 태스크도 마찬가지로 먼저 boto3 라이브러리로 S3에서 데이터를 가져온다. 그다음 데이터에서 선택한 텍스트 필드, 특히 배치를 실행한 날의 지역 뉴스, 날씨, 교통 정보가 담긴 필드를 LLM으로 요약한다.

DAG가 이렇게 짧은 이유는 대부분의 로직을 보조 모듈로 추상화했기 때문이다. 이는 단순화, 관심사 분리, 모듈화라는 원칙에 따른 것이다. 이런 주요 개념은 4장 '패키징'에서 자세히 설명했다.

DAG에서 사용하는 첫 번째 작업은 utils.cluster 모듈의 Clusterer 클래스를 활용한다. 이 클래스는 클러스터링 기능을 구현하고 있으며, 그 전체 정의는 다음과 같다(간결함을 위해 표준 임포트는 생략했다).

```python
import boto3
from sklearn.preprocessing import StandardScaler
from sklearn.cluster import DBSCAN
from utils.extractor import Extractor


model_params = {
    'eps': 0.3,
    'min_samples': 10,
}


class Clusterer:
    def __init__(
        self, bucket_name: str,
        file_name: str,
        model_params: dict = model_params
    ) -> None:
        self.model_params = model_params
        self.bucket_name = bucket_name
        self.file_name = file_name

    def cluster_and_label(self, features: list) -> None:
        extractor = Extractor(self.bucket_name, self.file_name)
        df = extractor.extract_data()
        df_features = df[features]
        df_features = StandardScaler().fit_transform(df_features)
        db = DBSCAN(**self.model_params).fit(df_features)
```

```
# 군집화 결과에서 레이블 추출
core_samples_mask = np.zeros_like(db.labels_, dtype=bool)
core_samples_mask[db.core_sample_indices_] = True
labels = db.labels_

# 데이터셋에 레이블을 추가하고 반환
df['label'] = labels
date = datetime.datetime.now().strftime("%Y%m%d")
boto3.client('s3').put_object(
    Body=df.to_json(orient='records'),
    Bucket=self.bucket_name,
    Key=f"clustered_data_{date}.json"
)
```

이 클래스의 생성자에는 기본 model_params를 참조하는 부분이 있는데, 매개변수를 구성 파일에서 읽어도 되지만 잘 보이게 코드에 넣은 것이다. 군집화와 레이블링을 실제로 처리하는 메서드는 비교적 단순하다. 입력된 특징을 표준화하고, DBSCAN 군집화 알고리즘을 적용한 다음, 처음에 추출한 데이터셋에 군집 레이블을 추가해 내보낸다. 중요한 점은 군집화에 사용할 특징을 리스트로 받는다는 것이다. 이렇게 하면 나중에 더 풍부한 데이터로 군집화하고 싶을 때 DAG의 첫 번째 PythonOperator에 전달하는 op_kwargs 인수만 수정하면 된다.

Clusterer 클래스를 사용하는 첫 번째 태스크가 성공적으로 실행되면 소스 레코드와 군집 레이블이 담긴 JSON 파일이 생성된다. 그림 9.5는 이 파일에서 무작위로 뽑은 레코드 두 개를 보여준다.

```
{
    "ride_dist": 5.0956885357,
    "ride_time": 0.1182137494,
    "ride_speed": 43.105717902,
    "ride_id": 20230524134,
    "selection_idx": 1,
    "news": "It is expected to be a busy shopping day today as many retailers attempt are offering discounts to try to lure shoppers back into city
    centre stores after the COVID-19 pandemic and lockdown. Many are expected to make there way into Glasgow city centre today to take advantage of
    the discounts on offer. There is also an expected surge in activity on online shopping sites.",
    "weather": "The weather is expected to be sunny and dry over the next few days, with temperatures in the mid-teens looking set to entice people
    out and about.",
    "traffic": "Traffic is expected to be heavy on the M8 motorway near Glasgow today due to an influx of shoppers into the city centre.",
    "label": 0
},
{
    "ride_dist": 7.2791349999,
    "ride_time": 0.4467654754,
    "ride_speed": 16.2929666702,
    "ride_id": 20230524135,
    "selection_idx": 0,
    "news": "Reports are that there has been an accident on the M8 motorway near Glasgow due to icy conditions on the roads. No one has been
    seriously injured but the road is blocked and traffic is backed up for miles. The police are on the scene and are expected to aid the clearing of
    the scene in the next few hours.",
    "weather": "The forecast for the West of Scotland over the next few days is for cold and wet weather with icy conditions to remain. Drivers are
    advised to only make journeys where absolutely necessary, especially since the current cold spell has already led to a number of accidents across
    the region.",
    "traffic": "There is a traffic jam on the M8 motorway near Glasgow. Expect delays.",
    "label": -1
},
```

그림 9.5 ETML 파이프라인의 군집화 단계 이후 생성된 데이터의 두 가지 예시 레코드

이 예시 맨 앞에서 보았듯이 또 다른 유틸리티 클래스인 **Extractor**를 utils.extractor 모듈에서 가져온다. 이는 단순히 boto3 기능을 감싸는 래퍼로, 다음과 같이 정의돼 있다.

```python
import pandas as pd
import boto3


class Extractor:
    def __init__(self, bucket_name: str, file_name: str) -> None:
        self.bucket_name = bucket_name
        self.file_name = file_name

    def extract_data(self) -> pd.DataFrame:
        s3 = boto3.client('s3')
        obj = s3.get_object(Bucket=self.bucket_name, Key=self.file_name)
        df = pd.read_json(obj['Body'])
        return df
```

이제 DAG에서 사용하는 또 다른 클래스인 utils.summarize 모듈의 LLMSummarizer를 살펴보자.[1]

```python
openai.api_key = os.environ['OPENAI_API_KEY']


class LLMSummarizer:
    def __init__(self, bucket_name: str, file_name: str) -> None:
        self.bucket_name = bucket_name
        self.file_name = file_name

    def summarize(self) -> None:
        extractor = Extractor(self.bucket_name, self.file_name)
        df = extractor.extract_data()
        df['summary'] = ''

        df['prompt'] = df.apply(
            lambda x:self.format_prompt(
                x['news'],
                x['weather'],
                x['traffic']
```

---

1 (옮긴이) 이 코드는 OpenAI 파이썬 라이브러리 버전 0.28 이하에서 작동한다. 0.28 이하 버전과 1.0.0 이상 버전 사이에는 중요한 변경 사항이 있다. https://wikidocs.net/231847 참조.

```python
            ),
            axis=1
        )
        df.loc[df['label']==-1, 'summary'] = df.loc[
            df['label']==-1, 'prompt'
        ].apply(lambda x: self.generate_summary(x))
        date = datetime.datetime.now().strftime("%Y%m%d")
        boto3.client('s3').put_object(
            Body=df.to_json(orient='records'),
            Bucket=self.bucket_name,
            Key=f"clustered_summarized_{date}.json"
        )


    def format_prompt(self, news: str, weather: str, traffic: str) -> str:
        prompt = dedent(f'''
            The following information describes conditions relevant to taxi journeys through
a single day in Glasgow, Scotland.
            News: {news}
            Weather: {weather}
            Traffic: {traffic}
            Summarise the above information in 3 sentences or less.
            ''')
        return prompt


    def generate_summary(self, prompt: str) -> str:
        # OpenAI API를 시도하고 작동하지 않으면 대체
        try:
            response = openai.ChatCompletion.create(
                model = "gpt-3.5-turbo",
                temperature = 0.3,
                messages = [{"role": "user", "content": prompt}]
            )
            return response.choices[0].message['content']
        except:
            response = openai.Completion.create(
                model="text-davinci-003",
                prompt = prompt
            )
        return response['choices'][0]['text']
```

이 클래스는 **Clusterer** 클래스와 비슷한 설계 패턴을 따르되, 메서드는 하드코딩된 표준 템플릿으로 선택한 OpenAI LLM에 프롬프트를 전달하는 역할을 한다. 이 프롬프트 템플릿도 솔루션의 구성 파일로 분리할 수 있지만, 여기서는 보기 쉽게 코드에 직접 넣었다. 이 프롬프트는 LLM에 지역 뉴스, 날씨, 교통 보고서의 관련 정보를 요약하도록 요청한다. 이렇게 만든 간단한 요약문은 후속 분석이나 사용자 인터페이스에 활용할 수 있다. 마지막으로 중요한 점은 OpenAI API를 감싸는 요약 생성 메서드에 **try-except** 절이 있어서 첫 번째 모델 호출에 문제가 생기면 다른 모델을 사용한다는 것이다. 2023년 5월 현재 OpenAI API는 지연 시간과 속도 제한 면에서 여전히 불안정하므로, 이런 방식으로 더 안정적인 워크플로를 만들 수 있다.[2]

그림 9.6은 DAG에서 **LLMSummarizer** 클래스를 실행한 출력 예시다.

```
{
    "ride_dist": 7.1756319208,
    "ride_time": 0.5520666183,
    "ride_speed": 12.9977645499,
    "ride_id": 20230524391,
    "selection_idx": 2,
    "news": "Economic conditions are slowly improving for the West of Scotland after a series of targeted investments in the area. Some high profile companies from across the globe have been lured to the Greater Glasgow Area after a targeted campaign by the Scottish Government to attract more investment in the area. The main pitch laid out to the investors has been centered around Scotland's excellent education system and it's very high quality of life for employees and customers.",
    "weather": "The forecast for the Greater Glasgow Area today remains overcast with a chance of showers and mild winds.",
    "traffic": "Traffic is expected to be normal today in the Greater Glasgow Area.",
    "label": -1,
    "summary": "Economic conditions in the West of Scotland are improving due to targeted investments and the attraction of high profile companies. The weather in the Greater Glasgow Area today will be overcast with a chance of showers and mild winds. Traffic is expected to be normal.",
    "prompt": "\nThe following information describes conditions relevant to taxi journeys through a single day in Glasgow, Scotland.\n\nNews: Economic conditions are slowly improving for the West of Scotland after a series of targeted investments in the area. Some high profile companies from across the globe have been lured to the Greater Glasgow Area after a targeted campaign by the Scottish Government to attract more investment in the area. The main pitch laid out to the investors has been centered around Scotland's excellent education system and it's very high quality of life for employees and customers.\nWeather: The forecast for the Greater Glasgow Area today remains overcast with a chance of showers and mild winds.\nTraffic: Traffic is expected to be normal today in the Greater Glasgow Area.\n\nSummarise the above information in 3 sentences or less.\n"
},
```

그림 9.6 LLMSummarizer의 출력 예시. 뉴스, 날씨, 교통 정보를 입력받아 전반적인 교통 상황을 이해하기 쉬운 간단한 요약문을 생성한다.

이 코드는 프롬프트 템플릿 부분을 최적화할 수 있다. LLM 출력을 더 일관되게 만들도록 프롬프트 엔지니어링을 적용할 여지가 있기 때문이다. 7장 '딥러닝, 생성형 AI, LLM옵스'에서 다룬 랭체인 같은 도구로 모델에 더 복잡한 프롬프트를 전달할 수도 있다. 이는 독자가 직접 해볼 수 있는 재미있는 과제로 남겨둔다.

이제 DAG와 그 구성 요소에 대한 모든 로직을 정의했으니, 독립 실행 모드에서도 이것을 실제로 어떻게 실행하도록 구성할까? 4장에서 AWS 호스팅 및 관리형 Airflow 솔루션인 MWAA에 DAG를 배포할 때, 시스템이 읽을 수 있는 특정 버킷에 DAG를 보내야 했던 것을 기억할 것이다.

---

2 (옮긴이) text-davinci-003 모델은 2024년 1월에 중단됐지만 이 예에서 소개하는 개념은 여전히 유용하다. https://platform.openai.com/docs/deprecations 참조.

자체 호스팅 또는 로컬 Airflow 인스턴스의 경우에도 동일한 사항이 적용된다. 이번에는 $AIRFLOW_ HOME 폴더에 있는 dags 폴더로 DAG를 보내야 한다. Airflow 설치를 위해 이를 명시적으로 구성하지 않은 경우 일반적으로 홈 디렉터리 아래에 있는 airflow라는 폴더에서 기본값을 사용하게 된다. 이를 찾고 많은 다른 유용한 정보를 얻으려면 다음 명령을 실행할 수 있으며 그림 9.7에 표시된 출력이 생성된다.

```
airflow info
```

```
> airflow info

Apache Airflow
version                    | 2.6.1
executor                   | SequentialExecutor
task_logging_handler       | airflow.utils.log.file_task_handler.FileTaskHandler
sql_alchemy_conn           | sqlite:////Users/apmcm/airflow/airflow.db
dags_folder                | /Users/apmcm/airflow/dags
plugins_folder             | /Users/apmcm/airflow/plugins
base_log_folder            | /Users/apmcm/airflow/logs
remote_base_log_folder     |

System info
OS                         | Mac OS
architecture               | arm
uname                      | uname_result(system='Darwin', node='Andrews-MacBook-Pro.loca
locale                     | ('en_US', 'UTF-8')
python_version             | 3.10.8 | packaged by conda-forge | (main, Nov 22 2022, 08:25
python_location            | /opt/homebrew/Caskroom/miniforge/base/envs/mlewp-chapter08/l

Tools info
git                        | git version 2.39.1
ssh                        | OpenSSH_9.0p1, LibreSSL 3.3.6
kubectl                    | NOT AVAILABLE
gcloud                     | NOT AVAILABLE
cloud_sql_proxy            | NOT AVAILABLE
mysql                      | NOT AVAILABLE
sqlite3                    | 3.39.5 2022-10-14 20:58:05 554764a6e721fab307c63a4f98cd958c
psql                       | NOT AVAILABLE

Paths info
airflow_home               | /Users/apmcm/airflow
system_path                | /opt/homebrew/Caskroom/miniforge/base/envs/mlewp-chapter08/l
                           | texes/App/usr/bin:/usr/bin:/bin:/usr/sbin:/bin:/var/run/co
                           | xd/codex.system/bootstrap/usr/appleinternal/bin
python_path                | /opt/homebrew/Caskroom/miniforge/base/envs/mlewp-chapter08/l
                           | rew/Caskroom/miniforge/base/envs/mlewp-chapter08/lib/python
                           | /apmcm/airflow/plugins
airflow_on_path            | True

Providers info
apache-airflow-providers-apache-spark    | 4.0.1
apache-airflow-providers-common-sql      | 1.4.0
apache-airflow-providers-ftp             | 3.3.1
apache-airflow-providers-http            | 4.3.0
apache-airflow-providers-imap            | 3.1.1
apache-airflow-providers-sqlite          | 3.3.2
```

그림 9.7 airflow info 명령의 출력

$AIRFLOW_HOME 폴더의 위치를 찾았고 dags라는 폴더가 아직 없다면 만든다. 하위 모듈을 사용하지 않는 간단하고 독립적인 DAG의 경우 5장의 MWAA 예제에서 DAG를 S3로 보냈던 것과 유사하게 이 폴더로 DAG를 복사하기만 하면 된다. 이 예제에서는 여러 하위 모듈을 사용하므로 4장 '패키징'에서 개발

한 기술을 사용해 패키지로 설치하고 Airflow 환경에서 사용할 수 있도록 하거나 하위 모듈을 동일한 dags 폴더로 보낼 수 있다. 단순함을 위해 여기서는 그렇게 할 것이지만 이에 대한 자세한 내용은 공식 Airflow 문서를 참조하라.

코드를 복사하고 Airflow UI에 접속하면 그림 9.8과 같이 DAG를 볼 수 있다. Airflow 서버가 실행 중인 한, DAG는 지정된 일정에 따라 실행된다. 테스트를 위해 UI에서 수동으로 실행할 수도 있다.

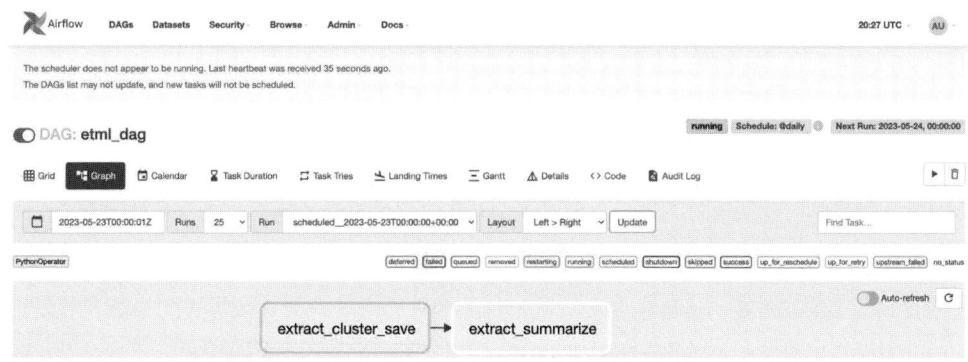

그림 9.8 Airflow UI에 표시된 ETML DAG

DAG를 실행하면 그림 9.9와 같이 S3 버킷에 중간 및 최종 출력 JSON 파일이 생성된다.

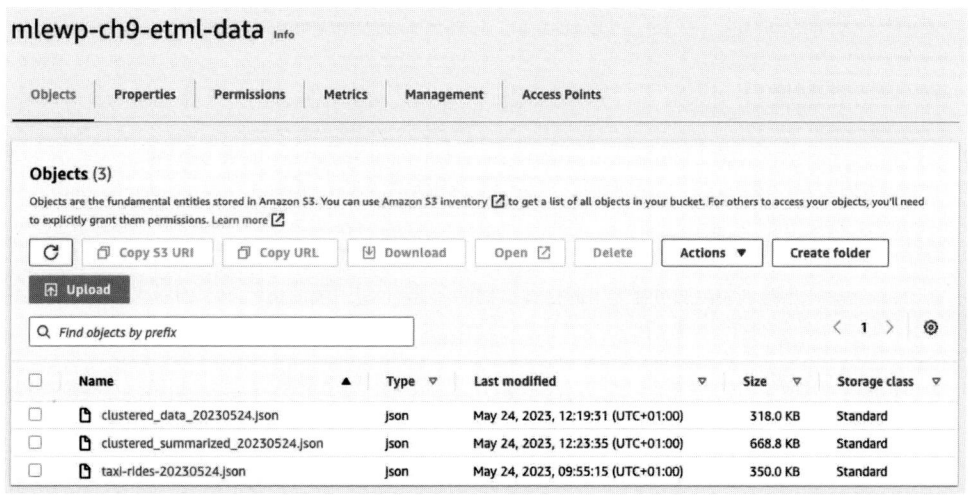

그림 9.9 DAG가 성공적으로 실행되어 중간 및 최종 JSON 파일이 생성된다.

이로써 택시 탑승 데이터를 입력받아 탑승 거리와 시간을 기준으로 군집화한 다음, LLM을 사용해 상황 정보에 대한 텍스트 요약을 수행하는 ETML 파이프라인을 구축했다.

9.6 요약

이 장에서는 2장 '머신러닝 개발 프로세스', 3장 '모델에서 모델 팩토리까지', 4장 '패키징', 5장 '배포 패턴과 도구'에서 배운 기법들을 실제 사례에 적용하는 방법을 다뤘다. 택시 승차 데이터를 군집화해서 비정상적인 운행을 찾고, 관련 텍스트에 자연어 처리를 적용해 이를 자동으로 설명하는 것이었다. 이 문제는 일반적인 배치 머신러닝 엔지니어링 솔루션을 체계화하는 방법으로 제시한 ETML 패턴을 사용해 해결했으며, 이를 자세히 설명했다. 가능한 솔루션의 설계와 함께 모든 머신러닝 엔지니어링 팀이 거쳐야 할 도구 선택에 관해서도 다뤘다. 마지막으로 이 솔루션을 프로덕션에 적용하기 위해 필요한 핵심 작업을 자세히 살펴봤다. 특히 사이킷런 패키지, AWS boto3 라이브러리, OpenAI API를 아우르는 머신러닝 기능을 객체 지향 프로그래밍 기법으로 감싸서 LLM을 활용한 복잡한 기능을 만드는 방법을 보여줬다. 또한 이러한 기능을 안정적으로 조율하기 위해 Airflow의 고급 기능을 사용하는 방법도 자세히 살펴봤다.

이번 장을 마지막으로 이 책을 모두 마쳤다. 이 책에서는 팀 구성 방법과 개발 프로세스부터 패키징, 확장, 스케줄링, 배포, 테스트, 로깅에 이르기까지 머신러닝 엔지니어링과 관련된 다양한 주제를 다뤘다. AWS와 관리형 클라우드 서비스도 살펴보고, 오케스트레이션, 파이프라인, 확장을 가능하게 하는 오픈소스 기술도 깊이 있게 다뤘으며, LLM, 생성형 AI, LLM옵스라는 흥미진진한 새로운 세계도 탐구했다.

머신러닝 엔지니어링과 ML옵스는 빠르게 움직이고 끊임없이 변화하며 흥미진진한 분야라서 한 권의 책으로는 모든 것을 다룰 수 없다. 하지만 이 2판에서는 다음 세대의 머신러닝 엔지니어링 인재 양성에 중요하다고 생각하는 영역의 폭과 깊이를 더하려 했다. 이 책을 읽은 독자들이 충분한 준비가 됐다고 느낄 뿐 아니라, 미래를 만들어가는 일에 대해 나처럼 매일 설레기를 바란다. 이 분야에서 일하고 있거나 앞으로 일하려는 사람이라면, 내가 보기에 역사적으로 매우 특별한 시기에 있다. 머신러닝 시스템이 더욱 강력해지고, 널리 퍼지며, 성능이 좋아져야 하므로, 머신러닝 엔지니어링 기술에 대한 수요는 계속 늘어날 것이다. 이 책이 그러한 기회를 잡는 데 필요한 도구를 제공했기를, 그리고 독자 여러분도 필자만큼 이 여정을 즐겼기를 바란다!